Perspectivas económicas de América Latina 2024

FINANCIANDO EL DESARROLLO SOSTENIBLE

Por favor, cite esta publicación de la siguiente manera:
OECD et al. (2024), *Perspectivas económicas de América Latina 2024: Financiando el desarrollo sostenible*, OECD Publishing, Paris, https://doi.org/10.1787/25aed2f5-es.

ISBN 978-92-64-71941-5 (impresa)
ISBN 978-92-64-85616-5 (PDF)
ISBN 978-92-64-60506-0 (HTML)

Perspectivas Económicas de América Latina
ISSN 2072-5191 (impresa)
ISSN 2072-5183 (en línea)

Número de referencia del CAF: CAF-513i-2024

Número de referencia de la CEPAL: LC/TS.2024/125

Unión Europea
ISBN 978-92-68-22579-0 (PDF)
Número de catálogo: MN-01-24-008-ES-N (PDF)
ISBN 978-92-68-22580-6 (impresa)
Número de catálogo: MN-01-24-008-ES-C (impresa)

Imágenes: Diseño de portada relizado por Aida Buendía con imágenes de © Shutterstock.com.

Las erratas de las publicaciones se encuentran en línea en: https://www.oecd.org/en/publications/support/corrigenda.html.

Prefacio

Desde 2007, cada edición del informe anual *Perspectivas económicas de América Latina* (LEO) analiza uno de los múltiples desafíos a los que se enfrenta la región de América Latina y el Caribe (ALC) en su transición hacia un desarrollo sostenible e inclusivo, comparando el desempeño de ALC con el de otras regiones, sugiriendo recomendaciones de políticas públicas y aportando experiencias y buenas prácticas.

El informe LEO se beneficia de los conocimientos especializados y las contribuciones de varias instituciones. En 2011, la Comisión Económica para América Latina y el Caribe de las Naciones Unidas se sumó a la OCDE como coautora del informe, al igual que el Banco de Desarrollo de América Latina y el Caribe en 2013 y la Comisión Europea en 2018.

En esta 17.ª edición del LEO, *Financiando el desarrollo sostenible*, se examinan y analizan varias fuentes de financiamiento en un contexto de espacio fiscal limitado, explicando las opciones existentes para un mejor financiamiento de las agendas de desarrollo a escala nacional, regional e internacional. Además, el documento ofrece recomendaciones en materia de políticas para que los gobiernos optimicen la recaudación de impuestos, el gasto fiscal y la gestión de la deuda pública. Se resalta el papel estratégico del sector privado y la forma en que un mayor desarrollo de los mercados financieros podría canalizar una mayor inversión privada hacia los objetivos de desarrollo. Por último, el informe subraya la necesidad de reforzar las alianzas internacionales para acelerar la movilización de recursos exteriores hacia el desarrollo sostenible de la región.

Agradecimientos

Los socios de este informe son la Comisión Económica para América Latina y el Caribe de las Naciones Unidas (CEPAL), el Banco de Desarrollo de América Latina y el Caribe (CAF), la Comisión Europea (CE) y el Centro de Desarrollo de la Organización para la Cooperación y el Desarrollo Económicos (OCDE). Este informe cuenta con el apoyo de la Dirección General de Asociaciones Internacionales de la Comisión Europea (INTPA).

La contribución del Centro de Desarrollo de la OCDE a este informe ha sido liderada y dirigida por Sebastián Nieto Parra, jefe de la Unidad para América Latina y el Caribe del Centro de Desarrollo de la OCDE, con la coordinación de Olivia Cuq y René Orozco, analista de políticas y economista de esta Unidad, respectivamente, bajo la dirección de Ragnheiður Elín Árnadóttir, directora del Centro de Desarrollo de la OCDE, y Federico Bonaglia, director adjunto del Centro de Desarrollo de la OCDE. La contribución de la CEPAL ha estado liderada por Marco Llinás, director de la División de Producción, Productividad y Gestión, Daniel Titelman, director de la División de Desarrollo Económico y Sebastián Rovira, oficial de Asuntos Económicos de la Unidad de Innovación y Nuevas Tecnologías, bajo la dirección de José Manuel Salazar-Xirinachs, secretario ejecutivo de la CEPAL. La contribución de la CAF ha estado liderada por Verónica Frisancho Robles, economista jefe, Ignacio Corlazzoli, gerente de Movilización de Recursos y Gestión de Alianzas Globales, y Reinier Schliesser, economista principal y director encargado de la Dirección de Estudios Macroeconómicos, bajo la dirección de Sergio Díaz-Granados, presidente ejecutivo de CAF. La contribución de la Comisión Europea fue dirigida por Diana Montero Melis, jefa de unidad adjunta de la Dirección General de Asociaciones Internacionales de la Comisión Europea (INTPA) y Marc Vothknecht (INTPA), bajo la dirección de Olivier Luyckx, antiguo jefe de unidad - América del Sur y operaciones regionales, Felice Zaccheo, Jefe de Unidad - Programas Regionales para América Latina y el Caribe, y Félix Fernández-Shaw, director para América Latina y el Caribe y relaciones con todos los países y territorios de ultramar (INTPA).

El informe se benefició de la investigación y la colaboración de varios autores de estas instituciones, entre los que se incluyen María Carolina Arcila (OCDE), Els Berghmans (CE), Carl Bernadac (AFD), Marie-Pierre Bourzai (AFD), Laura Buchet (OCDE), Adriana Caicedo (OCDE), Regina Casillas Rodríguez (OCDE), Luis Cecchi (OCDE), Chiara Cirignaco (CE), Olivia Cuq (OCDE), Rita Da Costa (OCDE), Victoria de la Puente (OCDE), Jimena Durán (CAF), Sofia Faurie (OCDE), Alessandro Ferrario (CE), Eleonore Fignolet (CE), Sonia García Lorenzana (OCDE), Martín Grandes (OCDE), Laura Gutiérrez Cadena (OCDE), Rodolfo Lazarich (CE), Martina Lejtreger (OCDE), Oswaldo López (CAF), Carlos Maldonado (CEPAL), Xavier Mancero (CEPAL), Thomas Manfredi (OCDE), Diana Mejía (CAF), Nathalia Montoya González (OCDE), Mariana Navarro (OCDE), Sebastián Nieto Parra (OCDE), Esteban Pérez (CEPAL), René Orozco (OCDE), Noel Pérez (CEPAL), Zoe Pigasse (OCDE), Ramón Pineda (CEPAL), Claudia Robles (CEPAL), Callum Ryan (OCDE), Daniel Titelman (CEPAL), Manuel Toledo (CAF), Francisco Villarreal (CEPAL), María José Zambrano (AFD) y Juan Vázquez Zamora (OCDE). Rosario Hernando Cruz (OCDE) ha prestado un apoyo administrativo invaluable durante la elaboración del informe.

Un grupo de expertos y colegas de la OCDE han participado de forma especialmente activa y generosa a lo largo del proceso de producción, brindando opiniones, aportes o gráficos, comentarios y orientación estratégica al informe. Nos gustaría destacar el apoyo de Michael Abendschein, Jens Arnold, Julia Benn, Marisa Berbegal, Bert Brys, Magdalena Burtscher, Aida Caldera, Pietrangelo De Biase , Gabriel Di Paolantonio, Luisa Dressler, Charlotte Dubald, Abdoulaye Fabregas, Camilo Gamba, Jason Gagnon, Paula Garda, Pilar Garrido, Antonio Gomes, Alberto González, Andrea Grifoni, Paul Horrocks, Felix Hugger, Raphaela Hyee, Kentaro Kato, Fatos Koc, Horacio Levy, Mario López Roldán, Alejandra Medina, Chiara Monticone, Pierce O'Reilly, Lorenzo Pavone, Sarah Perret, Cecilia Piemonte, Luca Policino, Monika Queisser, Emma Raiteri, Claudia Ramírez, Yannic Rehm, Katherine Scrivens, Daniela Sena, Micheal Sicsic, Joseph Stead, Yung Tang y John-David Tochon.

El contenido del informe se ha enriquecido gracias a las constructivas observaciones recibidas a raíz de la consulta informal efectuada el 21 de febrero de 2024 a los países de ALC y los miembros del Comité Directivo del Centro de Desarrollo de la OCDE; las reuniones virtuales de expertos que se celebraron los días 16 y 17 de abril de 2024; y la reunión de consulta al sector privado que tuvo lugar el 11 de abril de 2024. Además de los delegados de ALC en el Comité Directivo del Centro de Desarrollo de la OCDE, estamos especialmente agradecidos con los expertos, académicos, representantes del sector privado y otros funcionarios públicos que nos prestaron su apoyo durante la reunión de expertos, la reunión de consulta al sector privado y las reuniones informales: Alberto Arenas (CEPAL), Nour Barnat (UNCTAD), Romy Calderón (ALIDE), Javier Carbajal Galarza (ALIDE), Anderson Caputo (BID), Andrea Costafreda (Oxfam), Joana Conde (BEI), Eric David (delegación francesa ante la OCDE), Francisco Duque (Superintendencia Financiera de Colombia), Alejandra del Mar Dussán Zuluaga (BID), Andrés Felipe Espejo Rivera (CEPAL), Ernesto Espíndola (CEPAL), Almudena Fernández (PNUD), Juan Huitzilihuitl Flores Zendejas (Universidad de Ginebra), Sebastián García Andrade (Banco Central de Colombia), Chris Garroway (ONU), Felipe Andrés Guerra Cuadrado (Superintendencia Financiera de Colombia), Petra Kynclova (UNCTAD), Eirini Koutra (BEI), Kristin Lang (BEI), José Ignacio López (ANIF), Juan Martínez (BID), Baptiste Mesa (AFD), María Luisa Montero Marinho (CEPAL), Natalia Moreno Rigollot (Telefónica), Hugo Ñopo (Banco Mundial), José Antonio Ocampo (Universidad de Columbia), Anu Peltola (UNCTAD), Javier Pérez (Banco Central de España), Fazia Pusterla (BID), Andrea Repetto (Pontificia Universidad Católica de Chile), Nuria Rodríguez Aller (COFIDES), José Antonio Sanahuja (Universidad Complutense de Madrid), Isabel Fernández Sarabia (BEI), Ricardo Santos (BEI), Paola Subacchi (Sciences Po), Luciana Trindade de Aguiar (PNUD), Andrea Trujillo (Superintendencia Financiera de Colombia), Oscar Valencia (BID), Ana Valero (Telefónica), Marta Vegas (Telefónica), Guido Zack (Fundar) y Nancy Eugenia Zamudio Gómez (Banco Central de Colombia).

Las notas-país se han beneficiado de las aportaciones constructivas, los análisis y las comprobaciones realizadas por las delegaciones de Chile, Colombia, Costa Rica y México ante la OCDE, así como por las embajadas en Francia de Argentina, Brasil, Ecuador, El Salvador, Guatemala, Panamá, Paraguay, Perú, República Dominicana y Uruguay. Las embajadas y delegaciones de la OCDE también han coordinado los relevantes aportes provenientes de diferentes ministerios nacionales y áreas gubernamentales. El Centro de Desarrollo de la OCDE también expresa su sincero agradecimiento a la Agence Française de Développement (AFD), el Departamento Nacional de Planeación (DNP) de Colombia, la Unión Europea, el Ministerio de Asuntos Exteriores de España, la Agencia Suiza para el Desarrollo y la Cooperación, Telefónica y la Universidad del Rosario por su apoyo al informe *Perspectivas económicas de América Latina*.

Por último, nos gustaría dar las gracias a la División de Publicaciones y Comunicaciones del Centro de Desarrollo de la OCDE, en particular a Aida Buendía, Delphine Grandrieux, Elizabeth Nash, Henri-Bernard Solignac-Lecomte y Felix Zimmermann, por su inagotable paciencia y su diligente labor en la producción de este informe y el material asociado. Los autores también agradecen sinceramente las actividades de edición y corrección realizadas por Mary Bortin y Jill Gaston; los servicios de coordinación de la traducción al español prestados por Alejandro Barranco, Julia Gregory y Alexander Summerfield; y los servicios de edición y corrección en español prestados por Liliana Tafur y el diseño de las infografías realizado por Milagros Gastaldi.

Editorial

El informe *Perspectivas económicas de América Latina: Financiando el desarrollo sostenible* es el fruto de una sólida colaboración entre la OCDE, la Comisión Económica para América Latina y el Caribe-CEPAL, el Banco de Desarrollo de América Latina y el Caribe-CAF y la Comisión Europea.

En esta 17ª edición, el informe analiza cómo los países de América Latina y el Caribe (ALC) pueden movilizar recursos para enfrentar los desafíos socioeconómicos y fomentar el desarrollo económico, la transición energética y el crecimiento, en línea con los Objetivos de Desarrollo Sostenible. Propone recomendaciones de políticas concretas para incrementar la eficiencia del gasto, optimizar la asignación presupuestaria, mejorar el acceso al financiamiento y aumentar la productividad.

El informe destaca que los países pueden mejorar el gasto público, la recaudación de impuestos y la forma en que adquieren y gestionan la deuda pública. Una mejor asignación del gasto hacia los hogares y las empresas que más lo necesitan incrementaría el valor de los recursos invertidos, así como la confianza de los ciudadanos y las empresas en el gobierno. La optimización de la administración tributaria y la mejora en los ingresos tributarios impulsaría la capacidad del Estado para fortalecer instituciones, brindaría servicios públicos de calidad, minimizaría las distorsiones al emprendimiento y promovería la igualdad de oportunidades.

Sistemas financieros más profundos, eficientes y accesibles pueden ofrecer a ciudadanos y empresas de los países de ALC mayores oportunidades de inversión. Los países de la región han logrado avances significativos en la profundidad y el acceso al financiamiento. El crédito interno al sector privado aumentó de 22% del PIB en 2000 al 50% en 2022. La proporción de personas mayores de 15 años con una cuenta bancaria casi se duplicó, pasando del 29% en 2011 al 57% en 2021.

Para profundizar estos avances, el informe recomienda invertir en innovación y educación digital, así como expandir el financiamiento de mercado. La banca digital y los pagos electrónicos han ganado relevancia, pero la educación financiera continúa siendo limitada. La capitalización bursátil representa el 36% del PIB, en comparación con el 65% en los países de la OCDE, y una gran parte de la participación está concentrada en grandes empresas. La expansión de los mercados de renta fija y de acciones, incluidos el capital de riesgo y el capital privado, impulsaría la innovación y la productividad. Instrumentos financieros innovadores, como bonos verdes, sociales, sostenibles y vinculados a la sostenibilidad, bonos de catástrofe y canjes de deuda por naturaleza, podrían movilizar recursos adicionales, aunque será necesario avanzar en la regulación y supervisión de estas herramientas.

La renovación de alianzas regionales e internacionales será clave para generar mayores recursos en ALC. Esto incluye la Agenda de Inversiones Global Gateway UE-ALC, que busca movilizar 45 mil millones de euros en inversiones en ALC para 2027. Una mejor coordinación entre los bancos de desarrollo nacionales, regionales y multilaterales, así como con otros actores del mercado de capitales, será fundamental para lograr este objetivo.

En los próximos meses, la región de ALC tendrá la oportunidad de llevar su perspectiva al debate mundial sobre la transformación de la arquitectura financiera internacional, entre otras a través del seguimiento del Pacto de París por los Pueblos y el Planeta y también en la Cumbre sobre Finanzas en Común y la Cuarta Conferencia Internacional sobre la Financiación para el Desarrollo de las Naciones Unidas.

Estamos dispuestos a trabajar juntos para apoyar los esfuerzos de la región, y confiamos en que este informe proporcione una base sólida para el ambicioso diálogo político que se necesita a escala nacional, regional e internacional.

Mathias Cormann

Secretario General de la OCDE

Sergio Díaz-Granados

Presidente Ejecutivo de la CAF – Banco de Desarrollo de América Latina y el Caribe

José Manuel Salazar-Xirinachs

Secretario Ejecutivo de la CEPAL

Jutta Urpilainen

Comisaria de Asociaciones Internacionales Comisión Europea

Índice

GRÁFICOS

INFOGRAFÍAS

TABLAS

RECUADROS

Acrónimos y abreviaturas

AAAA	Agenda de Acción de Addis Abeba
ADR	*American Depositary Receipt*
AECID	Agencia Española de Cooperación Internacional para el Desarrollo
AFD	*Agence Française de Développement* (Agencia Francesa de Desarrollo)
AIE	Agencia Internacional de la Energía
AIGG	Agenda de Inversiones Global Gateway de la Unión Europea en América Latina y el Caribe
ALC	Acuerdo de Libre Comercio
ALC	América Latina y el Caribe
ALIDE	Asociación Latinoamericana de Instituciones Financieras para el Desarrollo
ALMP	Políticas activas del mercado de trabajo
AOD	Ayuda oficial al desarrollo
AOP	Asia Oriental y el Pacífico
APEC	Foro de Cooperación Económica Asia-Pacífico
APP	Asociaciones público-privadas
AR	Autorregresivo
AS	África subsahariana
AM	Asia Meriodional
ASEAN	Asociación de Naciones de Asia Sudoriental
ASG	Ambiental, social y de gobernanza
B2C	De empresa a cliente
BAsD	Banco Asiático de Desarrollo
BCIE	Banco Centroamericano de Integración Económica
BEI	Banco Europeo de Inversiones
BID/IDB	Banco Interamericano de Desarrollo (Inter-American Development Bank)
BIICC	Bono indexado a indicadores de cambio climático
BIRF	Banco Internacional de Reconstrucción y Fomento
BMD	Bancos Multilaterales de Desarrollo
BNCR	Banco Nacional de Costa Rica
BPD	Bancos públicos de desarrollo
BPI	Banco de Pagos Internacionales
BROU	Banco República Oriental del Uruguay
CAD	Comité de Ayuda al Desarrollo
CAF	Banco de Desarrollo de América Latina y el Caribe (Corporación Andina de Fomento)
CAT	Bonos de catástrofe
CBI	Programa de Ciudadanía por Inversión
CDN	Contribuciones Determinadas a Nivel Nacional
CEESEG	Grupo de la Bolsa de Valores de Europa Central y Oriental
CEMBI	Corporate Emerging Markets Bond Index

CEPAL/ECLAC	Comisión Económica para América Latina y el Caribe de las Naciones Unidas (Economic Commission for Latin America and the Caribbean)
CIV	Vehículos de inversión colectiva
CMIM	Iniciativa de Multilateralización de Chiang Mai
CONEVAL	Consejo Nacional de Evaluación de la Política de Desarrollo Social (México)
CRA	Agencias de calificación crediticia
CSS	Cooperación Sur-Sur
CSS	Contribuciones a la seguridad social
DAES	Departamento de Asuntos Económicos y Sociales
DEG	Derechos Especiales de Giro
DFNS	Canjes de deuda por naturaleza
EMBIG	Emerging Markets Bond Index Global
ETF	Fondos Cotizados
EUR	Euro
FAO	Organización de las Naciones Unidas para la Alimentación y la Agricultura (Food and Agriculture Organization)
FEDS+	Fondo Europeo de Desarrollo Sostenible Plus
FfD4	Cuarta Conferencia Internacional sobre la Financiación para el Desarrollo
FIDA	Fondo Internacional de Desarrollo Agrícola
FMI/IMF	Fondo Monetario Internacional (International Monetary Fund)
G20	Grupo de los 20
GEI	Gases de efecto invernadero
GEM	Mercados emergentes globales
GGBI	Iniciativa Global de Bonos Verdes
GPG	Bienes públicos mundiales (del inglés *global public goods*)
GSSS	Bonos verdes, sociales, sostenibles y vinculados a la sostenibilidad
HHI	Índice Herfindahl-Hirschman
HP	Hodrick-Prescott
I+D	Investigación y desarrollo
IA	Inteligencia artificial
ICMA	Asociación Internacional de Mercados de Capitales
IED	Inversión extranjera directa
IES	Instituciones de educación superior
IFAD	Fondo Internacional de Desarrollo Agrícola (International Fund for Agricultural Development)
IFD	Instituciones de financiamiento del desarrollo
IIF	Instituto de Finanzas Internacionales
INB	Ingreso Nacional Bruto
INEC	Instituto Nacional de Estadística y Censos (Costa Rica)
IPC	Índice de Precios de Consumo
IPM	Índice de Pobreza Multidimensional
IPO	Salida a bolsa
ISSD	Iniciativa de Suspensión del Servicio de la Deuda
ITID	Base de Datos sobre Incentivos Fiscales a la Inversión
ITRM	Ingresos por impuestos medioambientales
IVA	Impuesto sobre el valor agregado
KPI	Indicadores clave de rendimiento
LACIF	Instrumento para Inversiones en América Latina y el Caribe
Mercosur	Mercado Común del Sur
MILA	Mercado Integrado Latinoamericano
Mipymes	Micro, pequeñas y medianas empresas

MNE	Empresas multinacionales
MSCI	Morgan Stanley Capital International
MPPN	Multidimensional Poverty Peer Network
MTFFS	Marcos fiscales a mediano plazo
MXN	Pesos mexicanos
NAFTA	Tratado de Libre Comercio de América del Norte
NFIS	Estrategia Nacional de Inclusión Financiera
NIM	Margen de interés neto
NPL	Non-Performing Loans (Préstamo improductivo)
NYSE	Bolsa de valores de Nueva York
OCDE/OECD	Organización para la Cooperación y el Desarrollo Económicos (Organisation for Economic Co-operation and Development
ODS	Objetivos de Desarrollo Sostenible
OICV	Organización Internacional de Comisiones de Valores
OIT/ILO	Organización Internacional del Trabajo (International Labour Organization)
OMC	Organización Mundial del Comercio
OMNA	Oriente Medio y Norte de África
OMS/WHO	Organización Mundial de la Salud (World Health Organization)
ONG	Organizaciones no gubernamentales
ONU	Organización de las Naciones Unidas
OPHI	Oxford Poverty and Human Development Initiative
OPI	Oferta Pública Inicial
PAYG	Sistema [de pensiones] de reparto
PEID	Pequeños Estados Insulares en Desarrollo
PFE	Presión Fiscal Equivalente
PHC	Atención primaria de la salud
PIB	Producto Interno Bruto
PISA	Programa para la Evaluación Internacional de Alumnos
PMA	Programa Mundial de Alimentos
PND	Planes nacionales de desarrollo
PNL	Organizaciones Privadas No Lucrativas
PTF	Productividad total de los factores
Pymes	Pequeñas y medianas empresas
RCT	Ensayo Controlado Aleatorizado (Randomized Controlled Trial)
RICYT	Red de Indicadores de Ciencia y Tecnología Iberoamericana e Interamericana
ROA	Rendimiento de los activos
SBIE	Exclusión de ingresos vinculada a una presencia económica
SCE	Sistemas de comercio de emisiones
SEC	Securities and Exchange Commission
SLB	Bonos vinculados a la sostenibilidad
SOCX	Base de datos de gasto social de la OCDE
SPO	Oferta pública secundaria
SPV	Vehículo de propósito especial
SSB	Bebidas azucaradas
SPT	Objetivos de desempeño en sostenibilidad
T3	Tercer trimestre
TFT	Trabajo no retribuido (del inglés, *Time for Trade*)
TIC	Tecnologías de la información y la comunicación
TIE	Tasa impositiva efectiva
TIE	Tasa impositiva prevista por la normativa

TIEM	Tasa impositiva efectiva media
TIEM	Tasa impositiva efectiva marginal
TMG	Tasa mínima efectiva global del impuesto de sociedades
TOSSD	Apoyo Oficial Total para el Desarrollo Sostenible
TTE	Tratamiento tributario estándar
UE	Unión Europea
UNCTAD	Conferencia de las Naciones Unidas sobre Comercio y Desarrollo
UNDP	Programa de las Naciones Unidas para el Desarrollo
UNESCO	Organización de las Naciones Unidas para la Educación, la Ciencia y la Cultura
UNICEF	Fondo Internacional de Emergencia de las Naciones Unidas para la Infancia (United Nations Children's Fund)
USD	Dólar de Estados Unidos
VC	Capital de riesgo
WFP	World Food Programme (Programa Mundial de Alimentos)

Resumen ejecutivo

Los países de América Latina y el Caribe (ALC) necesitan una gran cantidad de recursos económicos para lograr un desarrollo sostenible. Actualmente, se estima que el déficit de gasto necesario para cumplir con las principales prioridades de desarrollo se sitúa en un promedio de 99 000 millones de dólares estadounidenses (USD) al año. Para movilizar estos recursos, se necesita una estrategia coordinada entre los sectores público y privado a escala nacional, regional e internacional.

ALC presenta una brecha de financiamiento considerable, agravada por el contexto socioeconómico

El contexto socioeconómico obstaculiza los esfuerzos encaminados a movilizar más ingresos internos. El crecimiento económico ha sido modesto debido en parte a los desafíos estructurales, tales como la baja productividad. En 2023, la productividad laboral promedio de ALC ascendió a un 33% de la correspondiente a la OCDE, lo que constituye un descenso desde el 40% registrado en 1990. La pobreza sigue siendo elevada en ALC y representó el 26.8% de la población total de la región en 2024, mientras que la pobreza extrema continua afectando a una de cada diez personas en ALC. La alta inflación ha exacerbado la situación de pobreza, ya que para las personas en situación de pobreza extrema, el precio de la canasta de bienes consumidos normalmente fue un 20% más elevado en 2023 que en 2021, una diferencia muy superior al aumento del 13.1% registrado en los niveles de precios generales de la región. Más de la mitad de los ocupados de ALC siguen desempeñando trabajos informales, con bajos salarios y un seguro social limitado. Además, las vulnerabilidades son más marcadas en el caso de las mujeres y los jóvenes.

El margen de maniobra para formular políticas que respalden la demanda agregada es limitado. Muchos países mantienen un marco restrictivo en materia de política monetaria con el fin de mantener bajo control las expectativas sobre la inflación y están atravesando una fase de consolidación fiscal, tras el descenso considerable del espacio fiscal después de la pandemia.

Los países de ALC tendrán que mejorar sus mecanismos de recaudación de impuestos, ejecución de gastos y gestión de la deuda pública

Los ingresos tributarios de ALC alcanzaron, en promedio, un 21.5% del PIB en 2022, por debajo del 34.0% de la OCDE, lo que ha restringido la capacidad de los gobiernos para financiar las agendas de desarrollo. Las estructuras tributarias de la región se caracterizan por una enorme dependencia de los impuestos indirectos (un 48% de los impuestos totales, principalmente IVA), que suelen ser más regresivos que los impuestos directos. Estas políticas deben enfocarse en aumentar la recaudación del impuesto sobre la renta de las personas físicas, racionalizar el gasto tributario, explorar fuentes de ingresos adicionales, tales como los impuestos recurrentes sobre la propiedad inmueble o los impuestos relacionados con la salud y el medioambiente, fomentar una cultura de cumplimiento de las obligaciones fiscales y mejorar la administración tributaria. Asimismo, debe mejorar la efectividad del gasto, que suele priorizar el gasto corriente y ser procíclico, disminuyendo en épocas de crisis (sobre todo las inversiones de capital) y aumentando en épocas de bonanza (en particular el gasto corriente).

Mejorar la gestión de la deuda puede contribuir a liberar ingresos para el desarrollo. Los niveles de deuda pública de la región siguieron siendo elevados en 2023, aunque existe una gran heterogeneidad –que oscila entre menos de un 40% del PIB y más del 100%–, con un elevado costo de servicio de la deuda. Mientras que los países de la OCDE redujeron su servicio de la deuda de un 6.4% de los ingresos tributarios en 2012 a un 4.8% en 2022, en ALC aumentó del 9.8% al 12.2%. En la última década, el servicio de la deuda ha superado el gasto público básico, llegando, en algunos países, a sobrepasar el gasto en educación y a duplicar el gasto en salud y las inversiones de capital.

Incrementar la profundidad y la innovación en los mercados financieros puede ayudar a movilizar más recursos privados

Un sistema financiero correctamente desarrollado, que proporcione servicios esenciales tales como préstamos, productos de ahorro y seguros, puede ayudar a las personas y las empresas a incrementar el consumo, invertir en capital físico y humano y promover el emprendimiento empresarial. En este sentido, las políticas deberían enfocarse en mejorar tres dimensiones de los sistemas financieros: i) que carecen de *profundidad*, al situarse el crédito interno al sector privado en el 50% del PIB en 2022, por debajo del 80% de otras regiones; ii) cuyo *acceso* es limitado, en particular en el caso de los más vulnerables, pues la titularidad de cuentas se situaba en el 57% en 2021, por debajo del promedio de la OCDE del 94%. Existen importantes disparidades en el acceso al crédito entre los hogares formales e informales. Por ejemplo, en algunos casos, el acceso a préstamos para vivienda por parte de los hogares informales puede ser hasta seis veces menor en comparación con los hogares formales; iii) cuya *eficiencia* es escasa, ya que los bancos presentaban unos elevados márgenes de interés netos del 5% en 2021, por encima del nivel promedio de la OCDE, del 1.7%.

Los mercados de capitales –de renta variable y deuda– en ALC siguen teniendo un tamaño reducido, siendo heterogéneos y estando concentrados. Las políticas deben promover la diversificación de las fuentes de financiamiento, aumentar la estabilidad financiera y promover inversiones a largo plazo. En 2022, la capitalización del mercado de renta variable alcanzó el 35.9% del PIB, por debajo de los niveles de la OCDE, del 64.7%. La mayoría de los mercados de ALC están más concentrados que los de Corea, siendo las excepciones Brasil y Chile, que se encuentran entre los menos concentrados de la región. Sin embargo, todos ellos siguen teniendo niveles de concentración superiores a los de la Bolsa de Nueva York. Al mismo tiempo, en 2023, el monto de bonos corporativos en ALC representaba en torno al 2% del total mundial. Los mercados regionales de deuda se centran en el sector público, que representó un 81% de las emisiones durante el período 2015-23. En ese mismo período, las empresas de ALC emitieron bonos principalmente en moneda extranjera (un 58% de las emisiones corporativas), lo que las expone a riesgos de tasa de cambio, aunque los vencimientos de estos bonos son mayores que los de los mercados emergentes (9.3 años frente a 5.2 años en promedio). Las políticas deberían tratar de impulsar la participación de inversores institucionales, modernizar las regulaciones, mejorar la competencia financiera e intensificar la integración regional.

Las instituciones de financiamiento del desarrollo (IFD) pueden canalizar más recursos hacia las prioridades de desarrollo, cubriendo cuestiones de profundidad de los mercados financieros, redistribuyendo los riesgos y promoviendo mercados inclusivos. Su amplio conocimiento del mercado local y sus sólidos vínculos con los sectores público y privado son fundamentales para adelantar proyectos y facilitar los flujos de capital. Un 34% de las IFD tienen el mandato específico de promover la inclusión financiera de las micro y las pequeñas y medianas empresas a través de instrumentos tales como los sistemas de garantías y los préstamos. Sin embargo, solo un 19% de los instrumentos financieros que proponen abordan la transición verde, la igualdad de género y la transformación digital o la innovación.

Una agenda regional unificada puede evidenciar la perspectiva de ALC sobre los desafíos globales en materia de financiamiento, en coordinación con socios internacionales

La Cuarta Conferencia Internacional sobre Financiación para el Desarrollo, que se celebrará en 2025, representa una oportunidad clave para que la región adopte un enfoque estratégico. Dicha Conferencia permitirá el diseño de reformas para promover la financiación para el desarrollo en aspectos clave como la mejora de la liquidez, la medición del riesgo, la movilización del financiamiento privado y una mayor coordinación entre los proveedores de desarrollo. Una agenda regional unificada no solo permitiría exponer la perspectiva de ALC sobre los desafíos internacionales en materia de financiamiento, sino también fomentar el debate sobre herramientas innovadoras de distribución del riesgo, financiamiento mixto y mejores regulaciones para fortalecer el panorama financiero de ALC.

La cooperación internacional será fundamental para incrementar los recursos, entre ellos los fondos comprometidos a través de la Iniciativa Global Gateway y los instrumentos de deuda. Herramientas de financiamiento tales como los bonos verdes, sociales, sostenibles y vinculados a la sostenibilidad (GSSS, por sus siglas en inglés), los bonos de catástrofe, los canjes de deuda por naturaleza y las cláusulas sobre desastres naturales pueden movilizar inversión pública y privada en las áreas donde más se necesiten. Una mejor regulación y supervisión a través de marcos de finanzas sostenibles consolidados será esencial para garantizar la efectividad de dichos instrumentos y mitigar los riesgos.

Resumen

La región de América Latina y el Caribe (ALC) requiere recursos financieros adicionales para abordar los importantes retos socioeconómicos a los que se enfrenta y, al mismo tiempo, cumplir las agendas de desarrollo. Por ejemplo, actualmente se estima que la brecha de financiamiento para cumplir los Objetivos de Desarrollo Sostenible se sitúa en un promedio de 99 000 millones de USD por año (UNCTAD, 2023[1]). Para movilizar los recursos requeridos será necesario adoptar una estrategia coordinada que incluya a los sectores público y privado, así como mecanismos de financiamiento innovadores y una estrecha coordinación con los socios internacionales.

El contexto socioeconómico actual dificulta cada vez más la movilización de los recursos necesarios para ALC

El bajo crecimiento de la productividad sigue afectando al desarrollo económico de largo plazo de la región. La actividad económica en ALC se ha ralentizado desde 2023 debido a la combinación de dinámicas cíclicas y los retos estructurales de largo plazo que caracterizan a la región. En 2023, la productividad laboral promedio de ALC se sitúo en el 33% de la OCDE, por debajo del 40% registrado en 1990 (Gráfico 1). El bajo crecimiento de la productividad afecta a la mayoría de los sectores económicos, y gran parte de la brecha de la productividad laboral con respecto a las economías avanzadas puede atribuirse a las diferencias en la productividad total de los factores.

Gráfico 1. Productividad laboral por hora trabajada en ALC como porcentaje de la productividad laboral en la OCDE

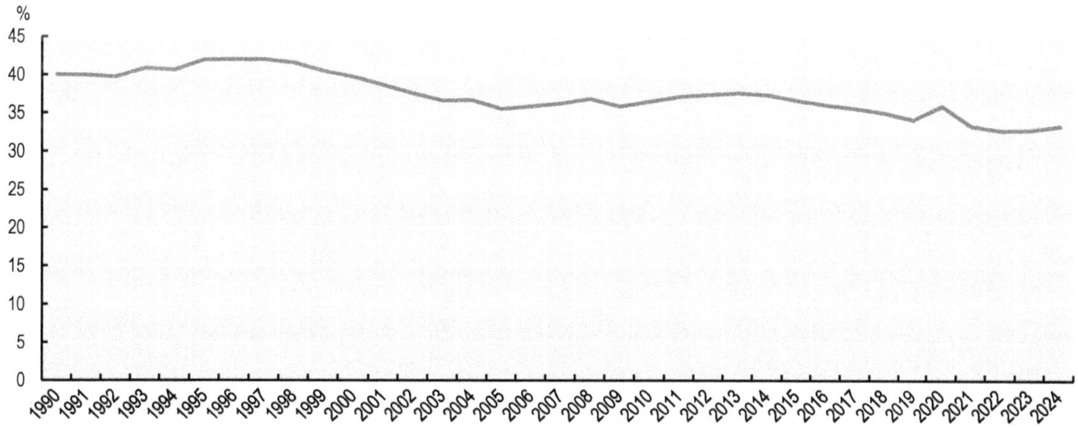

Nota: ALC se refiere al promedio simple que incluye a Argentina, Bolivia, Brasil, Chile, Colombia, Costa Rica, República Dominicana, Ecuador, Guatemala, Jamaica, México, Paraguay, Perú, Trinidad y Tobago, Uruguay y Venezuela. En el caso de la OCDE, se trata de un promedio simple que incluye a sus 38 países miembros.
Fuente: Elaboración de los autores basándose en (The Conference Board, 2024[2]).

StatLink https://stat.link/874q3x

El contexto actual deja poco margen a las políticas monetarias y fiscales para apoyar el crecimiento económico. Muchas economías de ALC han mantenido una política monetaria restrictiva para anclar las expectativas de inflación. Al igual que en el resto del mundo, la inflación en la región está convergiendo hacia los niveles previos a la pandemia del COVID-19. Tras alcanzar su punto máximo a mediados de 2022, la inflación comenzó a descender en la segunda mitad de 2023 en la mayoría de los países de ALC. La política monetaria ha sido fundamental para contener la inflación general y mantener bajo control las expectativas al respecto. En adelante, las autoridades monetarias deberían mantener esta precaución.

Las economías de la región están atravesando una fase de consolidación fiscal, ya que el espacio de maniobra de ALC se ha reducido de forma considerable desde la pandemia. Como consecuencia de la dinámica macroeconómica y de los esfuerzos permanentes de consolidación fiscal, el ratio de deuda sobre el PIB ha comenzado a converger hacia los niveles prepandemia. Sin embargo, la dinámica de la deuda y las cuentas fiscales deben seguir monitoreándose de cerca, mientras que un marco fiscal debe desempeñar un papel fundamental.

Las condiciones socioeconómicas también son complejas, teniendo en cuenta de la persistencia de la pobreza y la inflación. Aunque ha disminuido en las últimas décadas, la pobreza sigue siendo elevada en ALC y representó el 26.8% de la población total de la región en 2024, mientras que la pobreza extrema se ha mantenido relativamente estable, afectando a una de cada diez personas en ALC (ECLAC, 2024[3]). La elevada y persistente inflación ha agravado las condiciones de vida de la población de ALC, sobre todo de las personas más vulnerables. En 2023, el nivel general de precios de la región era un 13.1% superior al de 2021, mientras que para las personas que viven en la pobreza extrema, el precio de la canasta de bienes consumidos normalmente fue un 20% más elevado.[1]

El empleo informal está muy extendido en los mercados laborales de la región. En 2022, más de la mitad de los trabajadores de ALC tenían un empleo informal (55.7%), lo cual constituye una ligera mejora con respecto a 2010 (59.4% con empleos informales). La informalidad afecta tanto a hombres (55.9%) como a mujeres (55.4%), pero en los países donde la informalidad general es especialmente alta, las mujeres tienen una mayor probabilidad que los hombres a tener un empleo informal (ILO, 2024[4]). La informalidad afecta al nivel de vida no solo de los trabajadores, sino también de las personas dependientes que viven en ese hogar. En los últimos años, un 64.9% de la población de ALC vivía en hogares en los que al menos uno de los sustentos económicos principales procedía del sector informal. En particular, un 42.5% de los hogares dependía por completo del empleo informal y en un 22.4% de los hogares sus ingresos procedían tanto del sector formal como del informal. Los hogares que dependían exclusivamente del empleo formal representaban un 25.1% de la población, si bien existe una elevada heterogeneidad en toda la región (Gráfico 2).

Gráfico 2. Distribución de la población en ALC, según el nivel de trabajo informal en el hogar, último año disponible

Porcentajes de la población

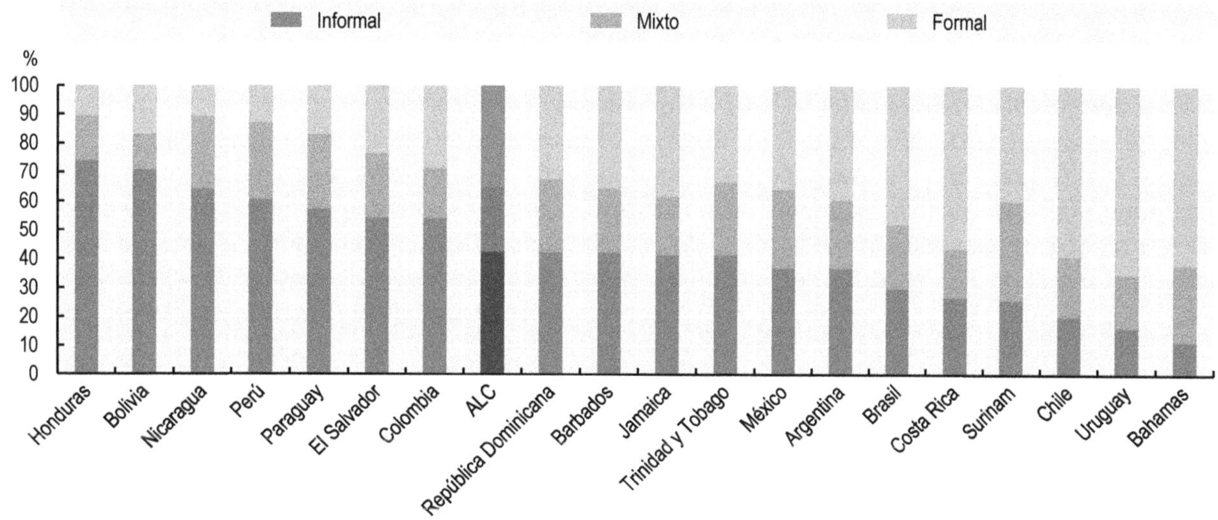

Nota: Datos del último año disponible de la encuesta a hogares de cada país. Se refieren a 2013 en el caso de Bahamas; a 2014 en el caso de Nicaragua y Trinidad y Tobago; a 2017 en el caso de Chile; a 2016 en el caso de Barbados; a 2018 en el caso de Argentina, Bolivia, República Dominicana, Paraguay y Uruguay; a 2019 en el caso de Brasil, Honduras, Jamaica y Perú; a 2020 en el caso de Costa Rica y México; a 2021 en el caso de Colombia y El Salvador; a 2022 en el caso de Surinam.
Fuente: Elaboración de los autores basándose en (OECD, 2024[5]).

StatLink https://stat.link/lm8wo4

La movilización de financiamiento público y privado es esencial para cerrar las brechas de desarrollo en ALC. Las persistentes desigualdades, la vulnerabilidad al cambio climático y las recientes disrupciones socioeconómicas exigen una estrategia de inversión coordinada, enfocada en sectores prioritarios alineados con políticas de desarrollo productivo (ECLAC, 2024[6]). Los Planes Nacionales de Desarrollo (PND) ofrecen marcos para una asignación eficaz de recursos, apoyando sectores de alto impacto críticos para la resiliencia de la región y fomentando sinergias entre los sectores público y privado. En este contexto, el contrato social actúa como una base para movilizar recursos públicos y privados al fomentar una gobernanza inclusiva y participativa que construye confianza, fortalece los sistemas fiscales y alinea los intereses de diversos actores con metas de desarrollo sostenible a largo plazo (OECD et al., 2021[7]). La participación del sector privado, a través de modelos de financiamiento innovadores, introduce escalabilidad, innovación y competitividad, al tiempo que respalda las agendas de desarrollo nacional. A pesar de las limitaciones fiscales existentes, la alineación de recursos públicos y privados con los objetivos de desarrollo sostenible permite un cambio económico transformador en sectores prioritarios, facilitando los cambios estructurales esenciales para garantizar un sólido crecimiento a largo plazo de la región.

Para cumplir sus agendas de desarrollo los países de ALC tendrán que mejorar cómo gastan los recursos, recaudan los impuestos y gestionan la deuda pública

La optimización de la asignación presupuestaria y el aumento de la eficiencia del gasto pueden liberar recursos adicionales. Así, para financiar sus agendas de desarrollo, los gobiernos deben reasignar e implementar presupuestos estratégicos que prioricen sectores clave. Por ejemplo, el petróleo sigue siendo el combustible fósil más subvencionado en ALC, lo que puede beneficiar a los hogares de rentas altas y a las industrias intensivas en carbono. La mejora del diseño presupuestario y una mayor coordinación en la ejecución presupuestaria y disponibilidad de datos pueden garantizar la financiación adecuada de cada prioridad de desarrollo, tanto a nivel nacional como local.

Actualmente, los ingresos fiscales en ALC son insuficientes para materializar sus objetivos de desarrollo. La recaudación tributaria permite a los gobiernos financiar servicios públicos esenciales, infraestructuras y programas de bienestar social. Sin embargo, en 2022, los ingresos fiscales de ALC ascendían a tan solo el 21.5% del PIB, oscilando entre el 10.6% de Guyana y el 33.3% de Brasil, y por debajo del promedio del 34.0% registrado en la OCDE (OECD et al., 2024[8]). La estructura tributaria de la región apenas contribuye a mitigar la desigualdad, ya que sigue dependiendo en gran medida de los impuestos indirectos —que representaron el 48% del total de impuestos en 2022 (32% en la OCDE)— y en la que destaca sobre todo el IVA. En 2022, el impuesto sobre la renta de las personas físicas y las contribuciones a la seguridad social representaban solo el 26.7% del total de los ingresos fiscales de ALC, frente al 48.4% en los países de la OCDE en 2021. Por el contrario, en 2021, el aporte del impuesto de sociedades era superior en ALC (16% del total de impuestos) que en los países de la OCDE (12%) (Gráfico 3) (OECD et al., 2024[8]).

Gráfico 3. Estructura impositiva promedio como porcentaje del total de ingresos fiscales en la región de ALC y la OCDE, 2022

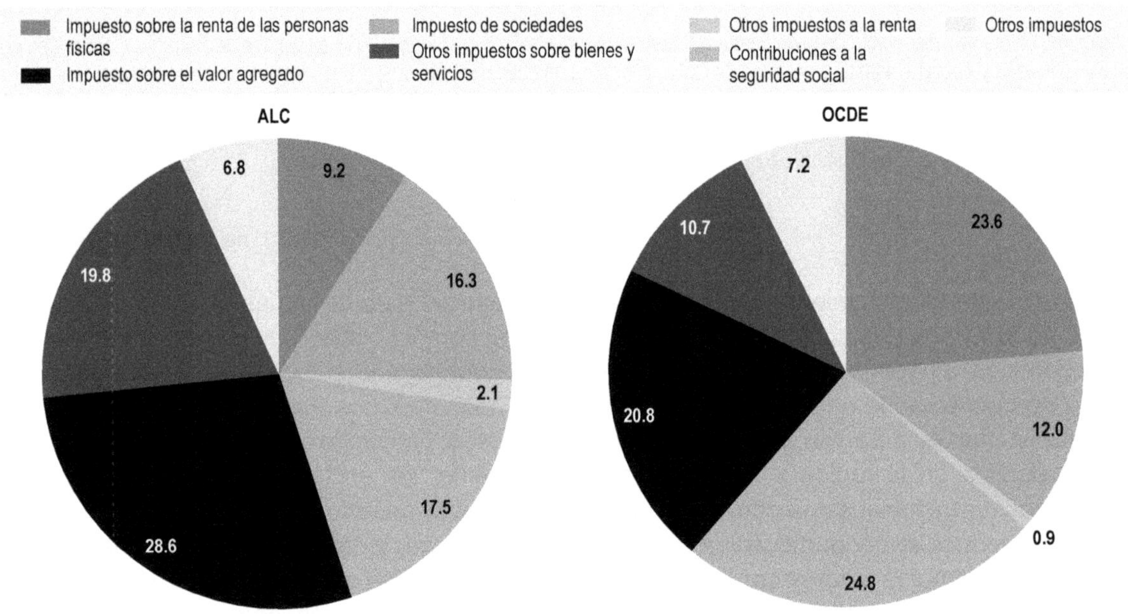

Nota: El promedio de ALC excluye Venezuela dado que no se dispone de datos. Ecuador se excluye del promedio de ALC al calcular los ingresos provenientes del impuesto sobre la renta de las personas físicas y el impuesto de sociedades debido a problemas con la calidad de los datos. El promedio de la OCDE representa el promedio no ponderado de 38 países miembros de la OCDE (entre los que se incluyen, Chile, Colombia, Costa Rica y México).
Fuente: Elaboración de los autores basándose en (OECD et al., 2024[8]).

StatLink https://stat.link/e26b5o

ALC cuenta con una amplia gama de opciones de política tributaria que podrían ayudar a aumentar los ingresos e incidir de forma positiva en las agendas de desarrollo. La ampliación de los impuestos recurrentes sobre la propiedad inmueble —que en 2022 representaban en promedio el 0.4% del PIB en ALC frente al 1% en los países de la OCDE— puede aumentar los ingresos y promover la redistribución de la riqueza. Para mejorar la recaudación y la progresividad de los impuestos es fundamental simplificar el proceso tributario, garantizar una administración eficiente y fomentar una aplicación equitativa. Los impuestos a la salud sobre el tabaco, el alcohol y las bebidas azucaradas pueden impulsar la recaudación al tiempo que reducen los riesgos a la salud y sus costos a largo plazo. Los impuestos relacionados con el medioambiente en ALC se sitúan en promedio en el 0.9% del PIB, frente al 1.8% en los países de la OCDE, y dependen en gran medida de los impuestos sobre los combustibles y las subvenciones a la energía. La ampliación de los impuestos sobre el carbono, los sistemas de comercio de emisiones y los créditos de carbono podría generar ingresos y reducir las emisiones, siempre que se tenga en cuenta la protección de las poblaciones vulnerables. Además, si se revisan las elevadas tasas impositivas efectivas a las empresas y se optimizan los incentivos al pago de impuestos, se puede contribuir a apoyar la inversión y el emprendimiento. Actualmente, la tasa impositiva efectiva promedio para un determinado proyecto de inversión es del 23.9%, frente al 21.9% en los países de la OCDE y el 17.1% en 25 economías emergentes (Hanappi et al., 2023[9]).

Mejorar la gestión de la deuda pública también puede contribuir a liberar recursos para el desarrollo. En 2021, los niveles de deuda pública en la región variaban en gran medida —entre el 23% y el 140% del PIB— con aspectos heterogéneos en la composición de la deuda, como la moneda de emisión, los marcos legislativos y los perfiles de vencimiento. En algunos casos, la deuda en moneda nacional representaba entre el 66% y el 95% de la deuda total, mientras que en otros, las emisiones en moneda extranjera suponían entre el 70% y el 90% del total. El incremento en los niveles de deuda, sumado a las elevadas tasas de interés, ha tenido un impacto sobre los costos del servicio de la deuda, restringiendo el espacio fiscal para inversiones orientadas al desarrollo. En 2022, la relación entre el servicio de la deuda y los ingresos fiscales en la región alcanzó el 12.2%, frente al 9.8% en 2012 y por encima del promedio de la OCDE del 4.8% (Gráfico 4). En la última década, el servicio de la deuda ha superado el gasto público básico en varios países, llegando, en algunos casos, a superar el gasto en educación, y duplicar el gasto en salud y las inversiones de capital.

Gráfico 4. Relación entre servicio de deuda e ingresos fiscales en ALC, 2012 y 2022

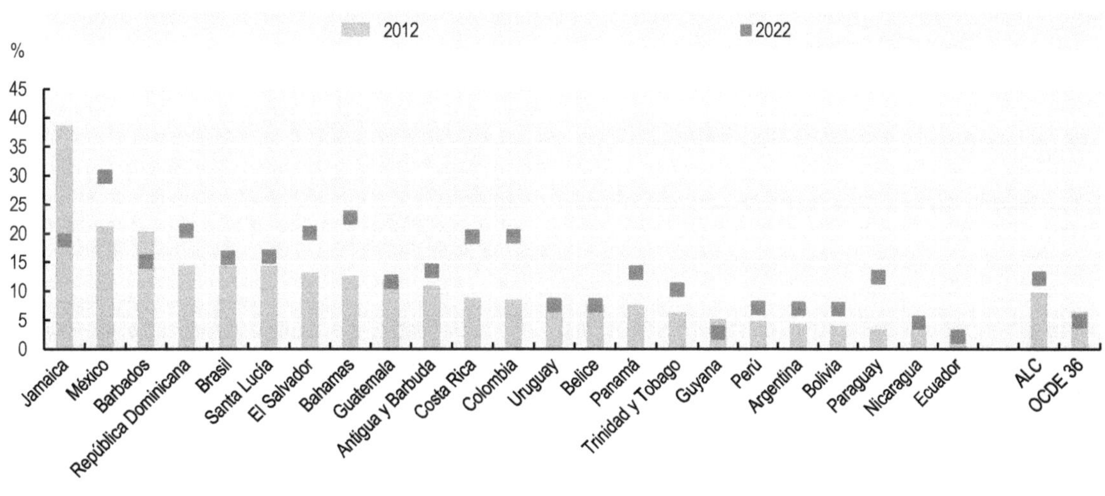

Fuente: Elaboración de los autores basándose en (OECD et al., 2024[8]; IMF, 2023[10]).

StatLink https://stat.link/nc6gvl

Es esencial contar con unos mercados financieros bien desarrollados e inclusivos para canalizar los recursos privados hacia el desarrollo

Los mercados financieros son fundamentales para el crecimiento económico y el desarrollo. Proporcionan a individuos y empresas acceso a servicios esenciales, como préstamos, ahorros y seguros, y les permiten aumentar la inversión en capital físico y humano y suavizar el consumo.

Los sistemas financieros de ALC se encuentran rezagados, ya que carecen de acceso, profundidad y eficiencia. La profundidad financiera en ALC es baja y el crédito interno al sector privado se situaba en 2022 en el 50% del PIB, por detrás de otras regiones donde supera el 80% (Gráfico 5, Panel A). Asimismo, los depósitos bancarios como porcentaje del PIB se situaban en 2021 en el 55.1% en ALC, en comparación con el 99.3% en los países de la OCDE (Gráfico 5, Panel B). Aunque el acceso a los servicios financieros ha mejorado, y el porcentaje de titularidad de cuentas ha aumentado desde el 29.6% en 2011 al 57.2% en 2021, sigue estando por debajo del promedio de la OCDE (93.7%). La eficiencia del sector bancario es limitada, ya que presenta un margen neto por intereses del 5.0%, por encima del promedio de la OCDE del 1.7%. Si bien esto denota rentabilidad, también muestra que el crédito resulta costoso debido a diversos factores que varían entre países tales como la elevada concentración del mercado, los elevados riesgos, y a unos marcos reguladores inadecuados.

Gráfico 5. Crédito interno al sector privado como porcentaje del PIB y profundidad financiera en ALC, 2022

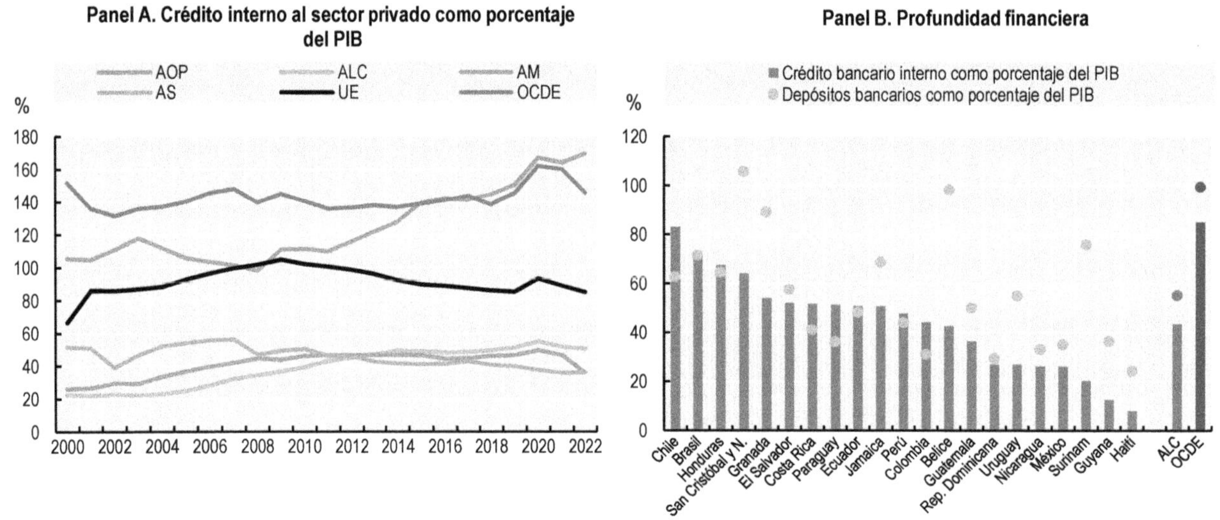

Nota: Las cifras de depósitos bancarios como porcentaje del PIB corresponden a 2021 debido a la disponibilidad de datos. AOP = Asia Oriental y el Pacífico, AM = Asia Meridional, AS = África Subsahariana, UE = Unión Europea y PIB = Producto Interno Bruto.
Fuente: Elaboración de los autores basándose en (World Bank, 2024[11]).

StatLink https://stat.link/vjy93n

La inclusión es un aspecto fundamental de un mercado financiero bien desarrollado. Sin embargo, a pesar de los avances, en ALC sigue habiendo importantes brechas en materia de inclusión financiera. Por ejemplo, los hogares que tienen miembros que trabajan en el sector informal suelen tener peor acceso a los productos financieros (Gráfico 6). La brecha entre los hogares formales e informales varía en gran medida de un país a otro. La mayor disparidad la encontramos en México, donde solo el 2.3% de los hogares informales tienen acceso a préstamos para la compra de vivienda, frente al 14.9% de los hogares formales. En Chile, el 6.4% de los hogares informales tienen acceso a préstamos para la adquisición de vivienda, mientras que los hogares formales alcanzan el 15.6%. En países con brechas menores, como República Dominicana y Nicaragua, el acceso sigue siendo muy limitado para los hogares formales, informales y mixtos.

La innovación digital y la educación financiera pueden servir como vías de avance para mejorar la inclusión financiera. La innovación digital está redefiniendo la inclusión financiera en ALC al superar los tradicionales obstáculos de la banca y ofrecer soluciones alternativas que impulsan el acceso. Entre 2014 y 2021, la proporción de personas mayores de 15 años que realizaron o recibieron un pago digital aumentó del 35.9% a un promedio del 49% en ALC. Además, el 69% de los clientes de los bancos digitales de la región son personas y pequeñas y medianas empresas que anteriormente no estaban bancarizadas o lo estaban en niveles muy básicos, lo que ilustra la capacidad del sector para llegar de forma efectiva a las poblaciones más desatendidas. La mejora de la inclusión financiera depende del avance en la alfabetización financiera. La educación en este ámbito permite tomar decisiones debidamente informadas y ayuda a evitar errores como el exceso de endeudamiento (OECD, 2023[12]). Sin embargo, la educación financiera sigue siendo limitada en ALC, con importantes disparidades de género. En promedio, el 27% de los hombres y solo el 18% de las mujeres entienden lo que se refiere por tasas de interés en nueve países seleccionados, mientras que el 50% de los hombres y el 44% de las mujeres entienden lo que significa la tasa de inflación.

Gráfico 6. Acceso a préstamos para la adquisición de vivienda según el grado de informalidad de los hogares en países seleccionados de ALC

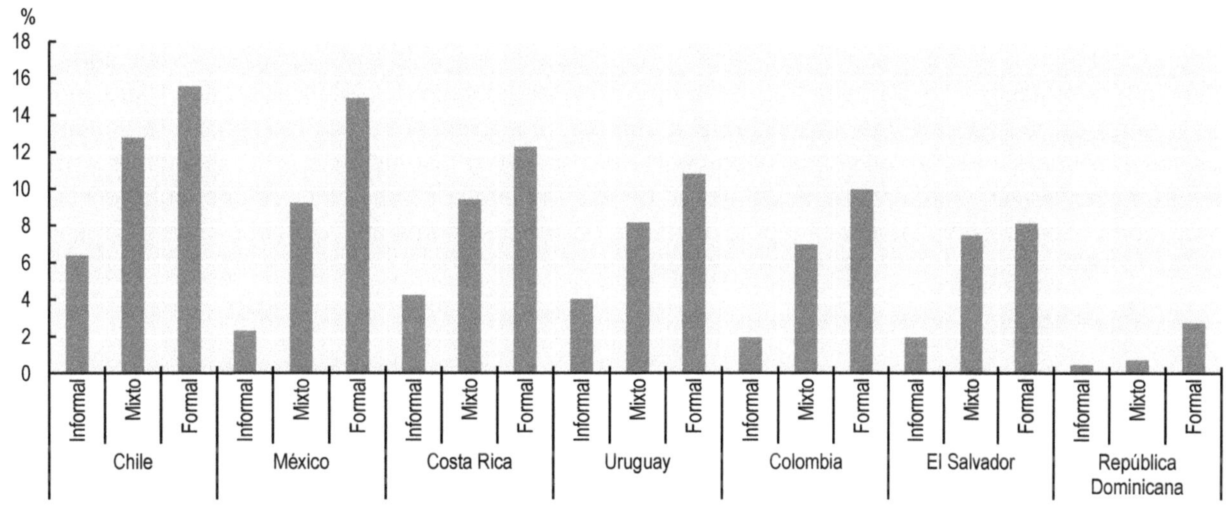

Nota: El gráfico se basa en datos de encuestas de hogares realizadas en los países seleccionados. Las encuestas incluían una pregunta sobre la situación actual del encuestado en materia de vivienda, y sus respuestas se clasificaban en tres categorías: propietario de vivienda, propietario de vivienda con hipoteca o inquilino. El gráfico representa el porcentaje de personas que indicaron ser propietarios de una vivienda y que actualmente tienen hipoteca, ya sea financiada a través de una entidad financiera pública o privada. Los datos presentados abarcan un periodo de varios años en los ocho países de ALC (2017-21); ciertos conjuntos de datos se recopilaron durante la pandemia del COVID-19 y pueden incluir variaciones en las metodologías habituales de recopilación de datos. Los datos de Chile son de 2017, los de Colombia de 2021, los de Costa Rica de 2021, los de República Dominicana de 2018, los de El Salvador del 2021, los de México de 2020 y los de Uruguay de 2018.
Fuente: Elaboración de los autores basándose en (OECD, 2021[13]) y en encuestas nacionales de hogares.

StatLink https://stat.link/v9fc5r

Los mercados de capitales siguen siendo un recurso desaprovechado en gran medida a la hora de financiar sus inversiones

Los mercados de capitales —compuestos por los mercados de renta variable y de renta fija— ofrecen a empresas y gobiernos acceso a diversas fuentes de financiamiento. Los mercados de renta variable y de bonos corporativos nacionales permiten captar capital a largo plazo, ofrecen alternativas de ahorro a los hogares y apoyan la formación de capital, la diversificación de las inversiones y la gestión del riesgo.

En ALC, los mercados de renta variable son reducidos, carecen de liquidez y siguen estando concentrados. En 2022, la capitalización bursátil promedio en la región se situaba en el 35.9% del PIB, frente al 64.7% de los países de la OCDE. Además, el coeficiente de rotación de valores muestra unos bajos niveles de liquidez en el mercado, con un promedio del 24% frente al 53.8% de los países de la OCDE. En la región, la actividad de los mercados de renta variable presenta una elevada concentración tanto en la oferta de acciones como en la propiedad de las mismas y se compone sobre todo de compraventa de valores en el mercado secundario. El índice Herfindahl-Hirschman de capitalización bursátil muestra una importante heterogeneidad en la región en términos de concentración (Gráfico 7, Panel A). La mayoría de los mercados de ALC están más concentrados que los de Corea, siendo las excepciones Brasil y Chile, que se encuentran entre los menos concentrados de la región; sin embargo, todos los mercados de ALC siguen teniendo niveles de concentración superiores a los de la Bolsa de Nueva York. La propiedad de las empresas en ALC se considera que está muy concentrada, ya que el 1% de los accionistas más importantes posee, en promedio, el 46% de las participaciones totales de una empresa, mientras que en otras regiones este promedio se sitúa en el 31% (Gráfico 7, Panel B).

Los mercados de renta variable de ALC han reducido su tamaño en las dos últimas décadas debido a la tendencia negativa de las cotizaciones netas, a medida que las empresas emigran a mercados más avanzados y el acceso de las pymes a estos mercados es limitado. La integración financiera regional puede dar marcha atrás a estas tendencias al aumentar su eficiencia, reducir los costos de transacción para los inversores, mejorar las condiciones de liquidez y reducir los riesgos. La integración regional de los mercados de valores se está llevando a cabo en ALC a través de la holding regional nuam exchange la cual tiene como objetivo la plena integración de las bolsas de valores de Colombia, Lima y Santiago.

Gráfico 7. Concentración de los mercados de renta variable en ALC, 2019 y 2024

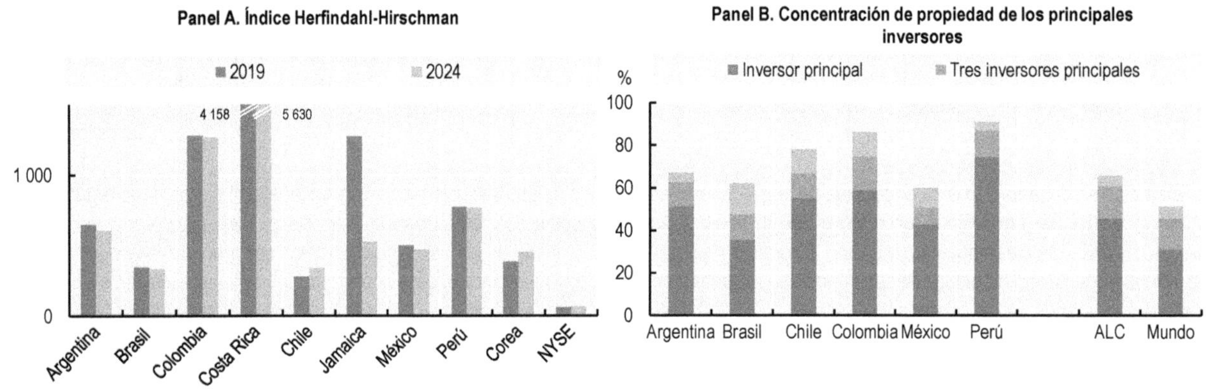

Nota: Un mercado se considera muy concentrado si el índice Herfindahl-Hirschman supera los 1 800 puntos y moderadamente concentrado si se sitúa entre 1 000 y 1 800 puntos. Las bolsas analizadas fueron la Bolsa de Comercio de Buenos Aires en Argentina, la BM&F Bovespa SA Bolsa de Valores Mercadorias e Futuros en Brasil, la Bolsa de Santiago en Chile, la Bolsa de Valores de Colombia, la Bolsa de Valores de Costa Rica, Bolsa de Valores de Jamaica, Bolsa Mexicana de Valores S.A. de C.V., Bolsa de Valores de Lima S.A. en Perú, el mercado de valores de Corea y el mercado de valores de Nueva York (NYSE). Datos consultados el 12 de junio de 2024.
Fuente: Panel A: Elaboración de los autores basándose en (London Stock Exchange Group, 2024[14]) para el Panel A y en (OECD, 2024[15]) para el Panel B.

StatLink https://stat.link/63prwz

En ALC, las emisiones del mercado de bonos privados siguen estando muy poco desarrolladas a pesar de los avances de los últimos años. En 2023, el monto total de bonos corporativos en circulación en la región representó alrededor del 2% del total global. La actividad del mercado sigue concentrada principalmente en el sector público (81% de las emisiones locales de ALC entre 2015 y 2023) y en gran medida en Brasil y México. En el caso del sector corporativo no financiero, existe margen para mejorar la composición por monedas. Entre 2015 y 2023, en promedio en ALC, el 58% del volumen emitido por empresas no financieras se denominaba en moneda extranjera (Gráfico 8, Panel A), lo cual podría exponerlas al riesgo de tasa de cambio. Sin embargo, las empresas de ALC también emiten bonos con un perfil de vencimiento más prolongado en comparación con las de los mercados emergentes. Entre 2015 y 2023, en promedio, las empresas emitieron bonos con un vencimiento de 9.3 años, frente a los 5.2 años de vencimiento en los mercados emergentes (Gráfico 8, Panel B).

Gráfico 8. Composición por monedas y vencimiento promedio de bonos corporativos emitidos por grupos de países, 2015-23

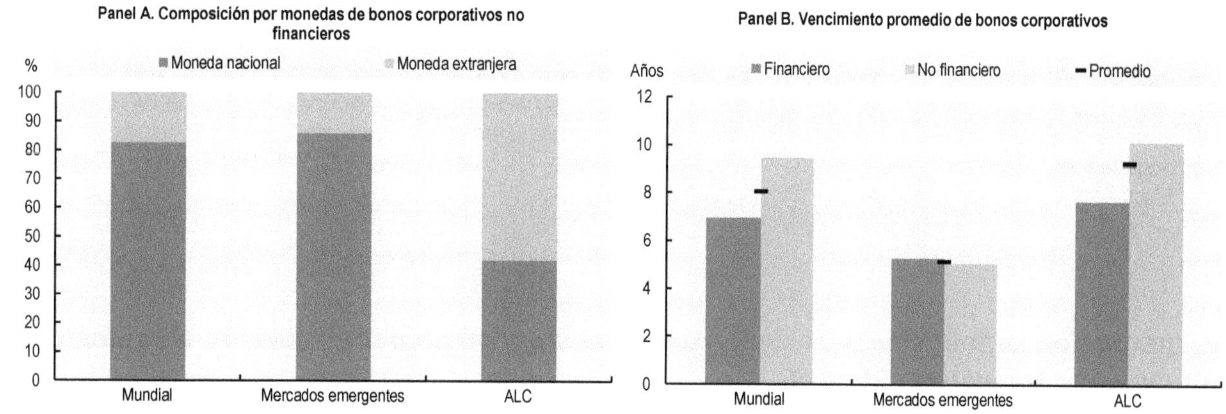

Nota: El gráfico abarca los bonos emitidos durante el periodo comprendido entre el 1 de enero de 2015 y el 31 de diciembre de 2023. Incluye bonos con un vencimiento original superior a un año y emisiones superiores a un millón de USD. Los países incluidos en el grupo ALC son Argentina, Bahamas, Barbados, Bolivia, Brasil, Chile, Colombia, Costa Rica, Ecuador, El Salvador, Guatemala, Honduras, Jamaica, México, Panamá, Paraguay, Perú, República Dominicana, Trinidad y Tobago y Uruguay. Panel A: Los bonos corresponden al importe emitido en USD. Panel B: El vencimiento promedio por año está ponderado por el importe emitido. El vencimiento promedio a lo largo de un periodo de años se calcula como el promedio simple del vencimiento promedio anual.
Fuente: Elaboración de los autores basándose en (OECD, 2024[15]).

StatLink https://stat.link/xfqn78

Las empresas de ALC también pueden acceder a los mercados privados mediante la venta privada de acciones, siendo el capital de riesgo (*Venture capital*) la opción de financiamiento más utilizada en la región. El capital de riesgo representa una oportunidad fundamental para las empresas que tienen dificultades para acceder a los mercados de renta variable y renta fija. Sin embargo, la dinámica reciente del capital de riesgo en ALC se ha ralentizado. En 2016, el financiamiento del capital de riesgo alcanzó los 1 100 millones de USD con 249 operaciones y, en 2021, se sitúo en niveles máximos con 25 100 millones de USD con 859 operaciones, impulsado por los incentivos posteriores al COVID y la alta demanda. Sin embargo, para 2023, el financiamiento del capital de riesgo había descendido hasta los 5 400 millones de USD, por debajo de los niveles anteriores a la pandemia (Gráfico 9). En comparación con otras regiones del mundo, la mayor parte del financiamiento del capital de riesgo en ALC se dirige hacia aplicaciones móviles y tecnología financiera, mientras que la región está rezagada en sectores como la fabricación y el comercio electrónico.

Gráfico 9. Inversión anual de capital de riesgo en ALC, 2016-23

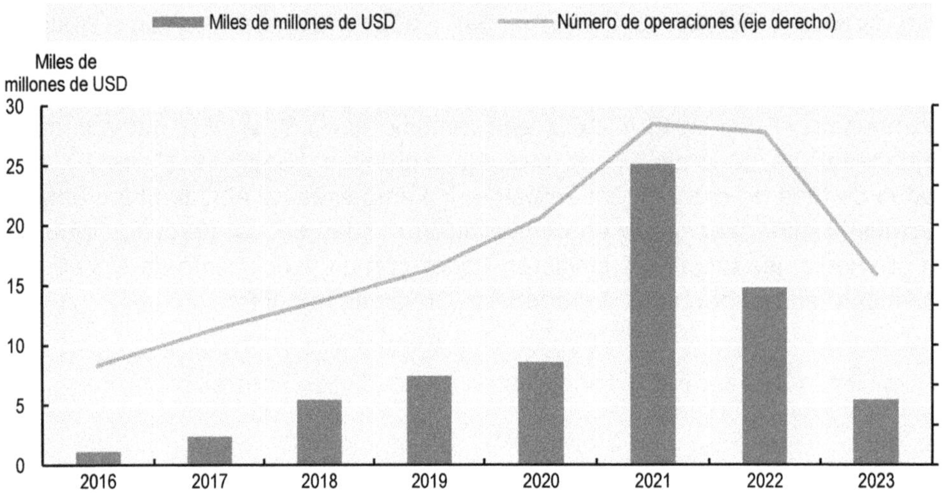

Nota: Debido a la falta de información sobre el volumen de operaciones en algunos casos, los valores del tamaño de las operaciones se han fijado a partir del tamaño promedio por grupos de región objetivo, año y actividad vertical (una dimensión más específica de las actividades de una empresa que ofrece una visión sobre los nichos de mercado que abarcan múltiples sectores, como las industrias *fintech*, *healthtech* y de comercio electrónico).

Fuente: Elaboración de los autores basándose en (Preqin, 2024[16]).

StatLink https://stat.link/bj58lq

Las instituciones financieras de desarrollo desempeñan un papel clave en el refuerzo de los mercados financieros de ALC

Las instituciones de financiamiento del desarrollo (IFD), representadas en su mayoría por bancos públicos de desarrollo nacionales y subnacionales, son fundamentales a la hora de proporcionar servicios financieros innovadores, apoyo técnico y digital, y ampliar el acceso de las empresas a los mercados financieros. En 2023 se realizó un análisis de 38 IFD públicas nacionales y subnacionales en 13 países de ALC que deja claro su papel clave en el financiamiento de las micro, pequeñas y medianas empresas (mipymes). De los 473 instrumentos financieros analizados, el 42% se dirige tanto a mipymes como a grandes empresas, el 39% solo a mipymes, el 7% a instituciones públicas, y el 4% solo a grandes empresas. Las IFD ofrecen a las mipymes una gama de instrumentos financieros que se centran en diversas necesidades, incluidas sus operaciones cotidianas (34%) y el financiamiento de inversiones (45%) (Gráfico 10, Panel A). Las IFD también ayudan a las mipymes a contribuir a la consecución de los objetivos verdes, digitales y de género. Sin embargo, en la actualidad, solo el 19% de los instrumentos abordan al menos uno de estos tres retos transversales: el 51% apoya la transición verde, el 29% se dirige a la igualdad de género y el 20% se centra en la transformación digital y la innovación (Gráfico 10, Panel B).

Gráfico 10. Distribución de tipos de financiamiento e instrumentos financieros dirigidos a las dimensiones verde, digital y de género ofrecidos a mipymes por las IFD en ALC, 2023

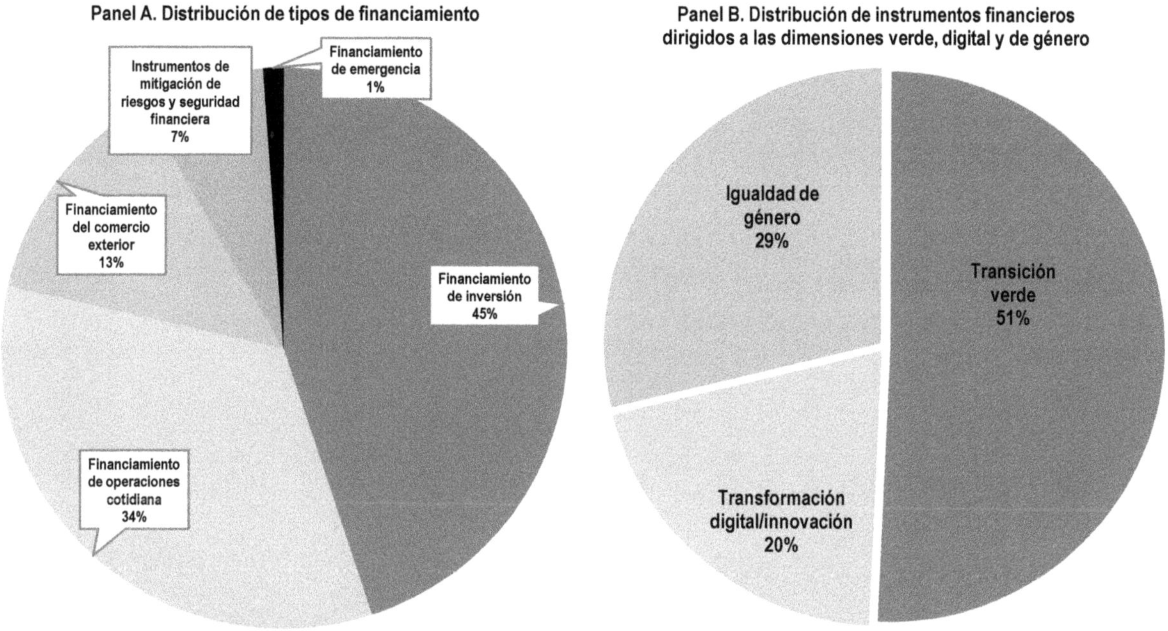

Nota: Panel B: La distribución solo se concentra en el 19% de los instrumentos financieros de las IFD que tenían uno o más servicios dirigidos a una dimensión verde, digital o de género.
Fuente: Elaboración de los autores basándose en datos públicos (informes anuales y de sostenibilidad) consultados en 2023 de 38 IFD públicas de 13 países de ALC: Argentina, Brasil, Chile, Colombia, Costa Rica, El Salvador, Guatemala, México, Panamá, Paraguay, Perú, República Dominicana y Uruguay.

StatLink https://stat.link/uco5l3

El financiamiento y las asociaciones internacionales pueden contribuir a movilizar mayores recursos

En vista de la rápida evolución del entorno de financiamiento internacional, los países de ALC podrían beneficiarse al poner en común sus prioridades en materia de desarrollo y su financiamiento. El financiamiento internacional evoluciona a medida que se adapta a los distintos desafíos mundiales, así como a la aparición de nuevos actores, mientras las economías emergentes y los acreedores no tradicionales van adquiriendo cada vez mayor relevancia en el financiamiento para el desarrollo. Tanto el Pacto de París por los Pueblos y el Planeta (4P) como la Cuarta Conferencia Internacional sobre la Financiación para el Desarrollo de 2025 constituyen oportunidades clave para evaluar las prioridades estratégicas de ALC. La región necesita una agenda compartida para abordar los retos del contexto actual de financiamiento internacional —como el acceso a la liquidez, la percepción del riesgo y el acceso al financiamiento en condiciones favorables, así como la fragmentación y coordinación de los proveedores de desarrollo— de forma que aproveche sus oportunidades de desarrollo e impulse los flujos financieros destinados al desarrollo sostenible.

Los países de ALC deben aprovechar las oportunidades disponibles en materia de financiamiento por parte del sector privado para impulsar así diferentes flujos financieros internacionales. Los inversores privados son el acreedor externo más importante para los gobiernos de ALC, y su peso ha ido creciendo con el tiempo (ECLAC, 2023[17]) (Gráfico 11). Además, la región está bien posicionada para movilizar un mayor financiamiento por parte del sector privado a través de intervenciones oficiales de desarrollo. En

2022, ALC registró el mayor nivel de financiamiento privado dirigido al desarrollo en comparación con el resto de las regiones, con un importe global de 21 200 millones de USD, lo que supone un aumento de 16 veces el nivel de 2012 (OECD Data Explorer, 2024[18]). Mientras que los niveles de ayuda oficial al desarrollo se han reducido, los retos a los que se enfrenta la región de ALC siguen aumentando, lo que hace necesario conseguir una mayor integración de otros flujos financieros a través de un marco de desarrollo sostenible.

Gráfico 11. Componentes de los flujos de financiamiento externos destinados a la región de ALC, 2011-22

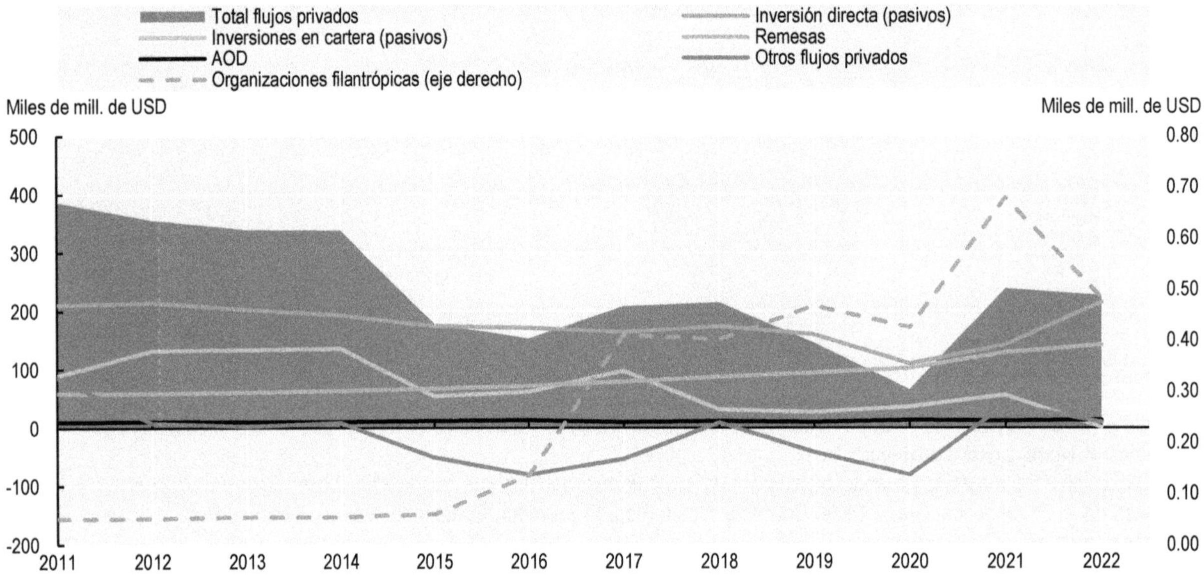

Nota: Los flujos privados totales incluyen inversiones directas (pasivos), inversiones en cartera y otros flujos privados tales como cuentas de capital, derivados financieros y otras inversiones (pasivos).
Fuente: Elaboración de los autores basándose en (OECD, 2024[19]; IMF, 2024[20]).

StatLink https://stat.link/15vurf

La cooperación al desarrollo puede contribuir a reducir los obstáculos a los flujos financieros internacionales así como a los riesgos percibidos. La cooperación al desarrollo puede ofrecer acceso a "instrumentos de reducción de riesgos" como el financiamiento mixto o las garantías otorgadas en condiciones favorables o competitivas cuyo objetivo es distribuir los riesgos entre actores multilaterales, públicos y privados, y así ayudar a movilizar el financiamiento privado (OECD et al., 2023[21]). Los países socios de ALC, como la Unión Europea (UE), están llevando a cabo iniciativas que impulsan la movilización del financiamiento mediante el uso de herramientas de este tipo. Con la Estrategia Global Gateway, la UE ha propuesto un enfoque holístico de colaboración internacional, con estructuras de financiamiento integradas que reúnen a actores de inversión, comercio y cooperación. La Agenda de Inversiones Global Gateway (UE-ALC) promueve un enfoque integral para movilizar inversiones de calidad que creen valor agregado local y promuevan el crecimiento, el empleo y la cohesión social.

Las remesas y la filantropía son otros flujos financieros internacionales claves para ALC. Dado el alto nivel de emigración que presenta ALC, las remesas constituyen una fuente importante y relativamente estable de financiamiento para esta región (IMF, 2017[22]). Sin embargo, la mayoría de remesas se concentran en unos pocos países y los seis principales beneficiarios con respecto al tamaño de los países —El Salvador, Guatemala, Haití, Honduras, Jamaica y Nicaragua— reciben importes considerablemente superiores al resto de países de la región (World Bank, 2024[23]). Por otro lado, los flujos filantrópicos ofrecen a ALC fondos financieros considerables para sectores en los que el sector privado no suele interesarse. Se diferencian sobre todo dos grandes grupos de países que se benefician del grueso del financiamiento filantrópico internacional: i) Brasil, Colombia, El Salvador y México, que recibieron cada uno entre 90 y 100 millones de USD al año de fundaciones filantrópicas, y ii) Ecuador, Guatemala, Haití y Perú, que recibieron cada uno entre 10 y 20 millones de USD al año (OECD, 2023[24]). Las fundaciones filantrópicas también pueden contribuir a impulsar la colaboración entre los proveedores de cooperación internacional, dado su exclusivo poder de convocatoria como agentes no estatales y de los objetivos específicos de sus misiones.

Los bonos verdes, sociales, de sostenibilidad y vinculados a la sostenibilidad (GSSS, por sus siglas en inglés) siguen siendo un mecanismo de financiamiento atractivo, y la cooperación internacional será clave a la hora de impulsar este tipo de títulos de deuda para financiar la agenda de desarrollo sostenible. Los bonos GSSS pasaron de representar el 9.3% de las emisiones totales de bonos de ALC en los mercados internacionales en 2020 a casi el 35% en 2023 (ECLAC, 2024[25]). El giro gradual desde los bonos convencionales hacia los títulos de deuda sostenibles demuestra que el interés de los inversores por los proyectos sostenibles es cada vez mayor. Entre 2014 y 2023, el mercado internacional de bonos GSSS de ALC alcanzó un valor acumulado de 131 000 millones de USD (Gráfico 12, Panel A). En 2023, las emisiones de deuda soberana representaron el mayor porcentaje de emisiones GSSS (con un 74%) seguido de las emisiones corporativas (18%) y de las emisiones supranacionales y cuasi-soberanas (9%) (Gráfico 12, Panel B). La cooperación financiera internacional es clave para superar los obstáculos que impiden el desarrollo del mercado. Esto incluye la creación de marcos armonizados y mecanismos fiables de seguimiento y supervisión para evitar casos de green/SDG washing (OECD, 2024[26]).

El impulso de otras herramientas de deuda, como los bonos de catástrofe, los canjes de deuda por naturaleza y las cláusulas sobre desastres naturales, también será esencial para movilizar recursos. Los bonos de catástrofe pueden aumentar el endeudamiento externo al mejorar la capacidad de endeudamiento de los gobiernos y transferir el riesgo financiero a los inversionistas. Los ejemplos de Jamaica y México muestran el apetito del mercado por estos instrumentos entre los países altamente expuestos. En el caso de los países con una elevada biodiversidad y un excesivo endeudamiento, los canjes de deuda por naturaleza o clima también pueden resultar eficaces, sobre todo como complementos a las reestructuraciones de deuda. Los canjes de deuda por naturaleza se han empleado en la región y están surgiendo nuevas propuestas, sobre todo entre los países del Caribe que tienen una baja calificación crediticia y un limitado acceso a los mercados (OECD/IDB, 2024[27]). Las cláusulas sobre catástrofes naturales pueden permitir a los países de ALC capitalizar los intereses y aplazar los pagos del principal de los bonos cuando se produzcan grandes catástrofes naturales, vinculando así su capacidad de reembolso a su exposición al riesgo. Estas cláusulas ajustan las obligaciones del servicio de la deuda a la capacidad del país para recuperarse de las catástrofes.

Los países de ALC se están centrando en mejorar sus marcos de financiamiento sostenible mediante la armonización de las normas y la ampliación de las definiciones del financiamiento sostenible. Es necesario adoptar normas interoperables y taxonomías comunes para regular, supervisar y verificar la emisión de bonos GSSS y otros instrumentos financieros sostenibles. Si bien los principios y las guías generales ofrecen recomendaciones de utilidad, resulta esencial que los emisores de bonos GSSS establezcan normas y taxonomías más claras y vinculantes a escala nacional. Hasta diciembre de 2023, un total de 14 países de ALC habían puesto en marcha cerca de 180 iniciativas destinadas a desarrollar sus marcos de financiamiento sostenible. Desde 2022 cada vez se adoptan más taxonomías verdes y sostenibles en la región. Argentina, Chile, Colombia, República Dominicana, México y Panamá ya han publicado las suyas y en Brasil, Costa Rica y Perú la publicación de estas taxonomías ya está en marcha. Es fundamental que exista una interoperabilidad y armonización de los distintos marcos en la región, puesto que cada taxonomía determina las prioridades ambientales basándose en su contexto particular.

Gráfico 12. Emisión internacional de bonos GSSS en ALC, por tipo, como porcentaje del total y por emisor, 2014-23

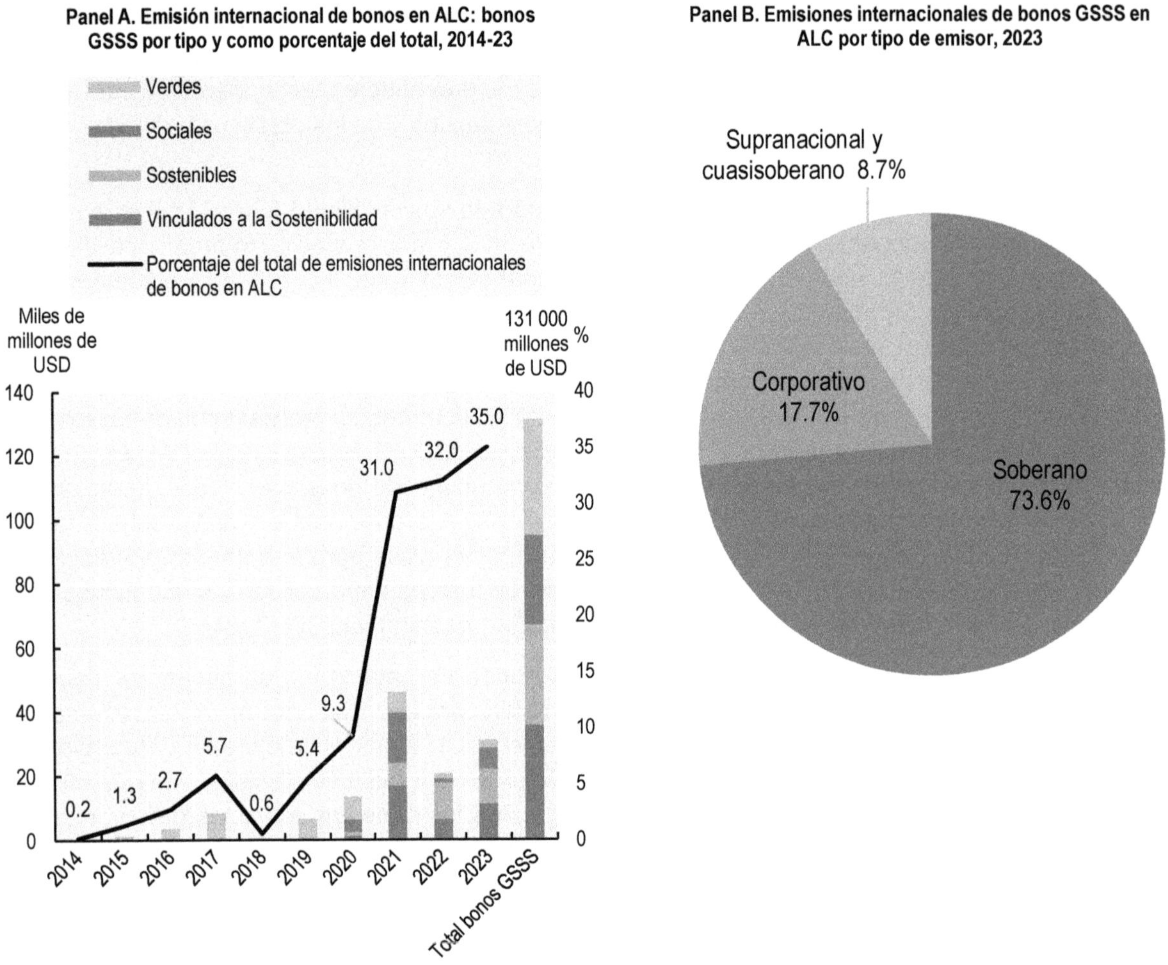

Nota: Panel A: Bonos GSSS se refiere a bonos verdes, sociales, sostenibles y vinculados a la sostenibilidad. El total de bonos sostenibles incluye los bonos azules emitidos. Panel B: Los emisores cuasi-soberanos se definen como empresas con propiedad o control gubernamental total o parcial. Los emisores supranacionales se definen como entidades formadas por dos o más gobiernos centrales para promover el desarrollo económico de los países miembros.
Fuente: Elaboración de los autores basándose en (OECD et al., 2023[21]; ECLAC, 2024[25]).

StatLink https://stat.link/udsjt2

Notas

[1] El promedio simple incluye Brasil, Chile, Colombia, Costa Rica, Ecuador, Guatemala, México, Panamá, Perú y Uruguay.

Referencias

ECLAC (2024), *Capital flows to Latin America and the Caribbean: 2023 year-in-review and early 2024 developments*, United Nations Economic Commission for Latin America and the Caribbean, Santiago, https://repositorio.cepal.org/server/api/core/bitstreams/ce02481f-b84e-409d-8ccd-30ae1c14efb1/content. [25]

ECLAC (2024), *Panorama of Productive Development Policies in Latin America and the Caribbean, 2024*, Economic Commission for Latin America and the Caribbean, Santiago, https://repositorio.cepal.org/entities/publication/ad276f18-1e78-487f-b00c-cd06a228a0df. [6]

ECLAC (2024), *Social Panorama of Latin America and the Caribbean, 2024*, Economic Commission for Latin America and the Caribbean, https://repositorio.cepal.org/items/e1403b62-ae38-461c-af18-00c8ed1610b3. [3]

ECLAC (2023), *Public Debt and Development Distress in Latin America and the Caribbean*, United Nations Economic Commission for Latin America and the Caribbean, https://repositorio.cepal.org/server/api/core/bitstreams/d84a5041-0a2c-4b8e-9b01-d91b187477ce/content. [17]

Hanappi, T. et al. (2023), "Corporate Effective Tax Rates in Latin America and the Caribbean", *IDB Technical Note*, No. IDB-TN-2782, https://doi.org/10.18235/0005168. [9]

ILO (2024), *ILOSTAT*, https://ilostat.ilo.org/data/. [4]

IMF (2024), *Balance of Payments and International Investment Position Statistics (BOP/IIP)*, International Monetary Fund, Washington, DC, https://data.imf.org/?sk=7a51304b-6426-40c0-83dd-ca473ca1fd52. [20]

IMF (2023), *World Economic Outlook Database: October 2023 Edition*, International Monetary Fund, Washington, DC, https://www.imf.org/en/Publications/WEO/weo-database/2023/October. [10]

IMF (2017), *Regional Economic Outlook: Tale of Two Adjustments: Ch.5 Migration and Remittances in Latin America and the Caribbean: Macroeconomic Stabilizers and Engines of Growth?*, International Monetary Fund, Washington, DC, https://www.imf.org/en/Publications/REO/WH/Issues/2017/05/10/wreo0517?intcid=OBanner. [22]

London Stock Exchange Group (2024), *DataStream (Database)*. [14]

OECD (2024), *Capital Market Series dataset*. [15]

OECD (2024), *Key indicators of Informality based on Individuals and their Households (KIIbIH)*, https://shorturl.at/IZXI5. [5]

OECD (2024), *Official Development Assistance (ODA): Disbursements*, OECD, Paris, https://data-explorer.oecd.org/vis?fs[0]=Topic%2C0%7CDevelopment%23DEV%23&pg=0&fc=Topic&bp=true&snb=10&df[ds]=dsDisseminateFinalDMZ&df[id]=DSD_DAC2%40DF_DAC2A&df[ag]=OECD.DCD.FSD&df[vs]=1.0&lc=en. [19]

OECD (2024), "The surge of Green, Social, Sustainability and Sustainability-linked (GSSS) bonds in Latin America and the Caribbean: Facts and policy implications", *OECD Development Policy Papers*, No. 56, OECD Publishing, Paris, https://doi.org/10.1787/f1c893a3-en. [26]

OECD (2023), "Creditor Reporting System: Private philanthropy for development (Edition 2023)", *OECD International Development Statistics* (database), https://doi.org/10.1787/dd620077-en (accessed on 22 November 2024). [24]

OECD (2023), *OECD/INFE 2023 International Survey of Adult Financial Literacy*, OECD Publishing, Paris, https://www.oecd-ilibrary.org/docserver/56003a32-en.pdf?expires=1710932054&id=id&accname=ocid84004878&checksum=FB00A0ED42FB1CAF757C9680E552186B. [12]

OECD (2021), *Key Indicators of Informality based on Individuals and their Household (KIIbIH) database*, OECD Publishing, Paris, https://www.oecd.org/dev/key-indicators-informality-individuals-household-kiibih.htm. [13]

OECD Data Explorer (2024), *Mobilised Private Finance for Development*, OECD, Paris, https://data-explorer.oecd.org (accessed on 9 July 2024). [18]

OECD et al. (2024), *Estadísticas tributarias en América Latina y el Caribe 2024*, OECD Publishing, Paris, https://doi.org/10.1787/ec57392c-es. [8]

OECD et al. (2023), *Perspectivas económicas de América Latina 2023: Invirtiendo para un desarrollo sostenible*, OECD Publishing, Paris, https://doi.org/10.1787/5cf30f87-es. [21]

OECD et al. (2021), *Perspectivas económicas de América Latina 2021: Avanzando juntos hacia una mejor recuperación*, OECD Publishing, Paris, https://doi.org/10.1787/2958a75d-es. [7]

OECD/IDB (2024), *Caribbean Development Dynamics 2025*, OECD Publishing, Paris, https://doi.org/10.1787/a8e79405-en. [27]

Preqin (2024), *Preqin (Database)*, https://www.preqin.com/. [16]

The Conference Board (2024), *Total Economy Database*, The Conference Board, https://www.conference-board.org/data/economydatabase. [2]

UNCTAD (2023), *The Costs of Achieving the SDGs*, United Nations Conference on Trade and Development, Geneva, https://unctad.org/sdg-costing/about. [1]

World Bank (2024), *World Bank Indicators: Personal Remittances, Received (% of GDP) - Latin America & Caribbean*, World Bank, Washington, DC, https://data.worldbank.org/indicator/BX.TRF.PWKR.DT.GD.ZS?end=2022&locations=ZJ&start=2003. [23]

World Bank (2024), *World Development Indicators (Database)*, World Bank, Washington, DC. [11]

1 Desafíos socioeconómicos estructurales y condiciones de financiamiento

Este capítulo examina la necesidad de abordar el desarrollo sostenible de América Latina y el Caribe (ALC) a la vista de la moderada actividad económica de la región. Analiza el bajo crecimiento de la productividad en ALC como un obstáculo estructural para la economía. También se analizan las tendencias macroeconómicas actuales en los países de ALC, prestando especial atención a las condiciones monetarias y el espacio fiscal. El capítulo pasa posteriormente a tratar las condiciones sociales y la pobreza, centrándose en los sistemas de protección social y de salud, así como en los desafíos existentes en el contexto de informalidad laboral generalizada. Plantea cómo financiar la agenda de inversión necesaria para alcanzar un mayor crecimiento sostenible y crear empleo de calidad, además de destacar la necesidad de mejorar la cobertura de los programas sociales para reforzar la protección de los más vulnerables. Por último, el capítulo llama a una planificación coordinada en materia de políticas que integre de forma estratégica a los actores públicos y privados para cubrir la brecha de financiamiento del desarrollo sostenible.

Infografía 1.1. Para financiar las prioridades en materia de desarrollo, se necesitan mayores fuentes de financiamiento en ALC

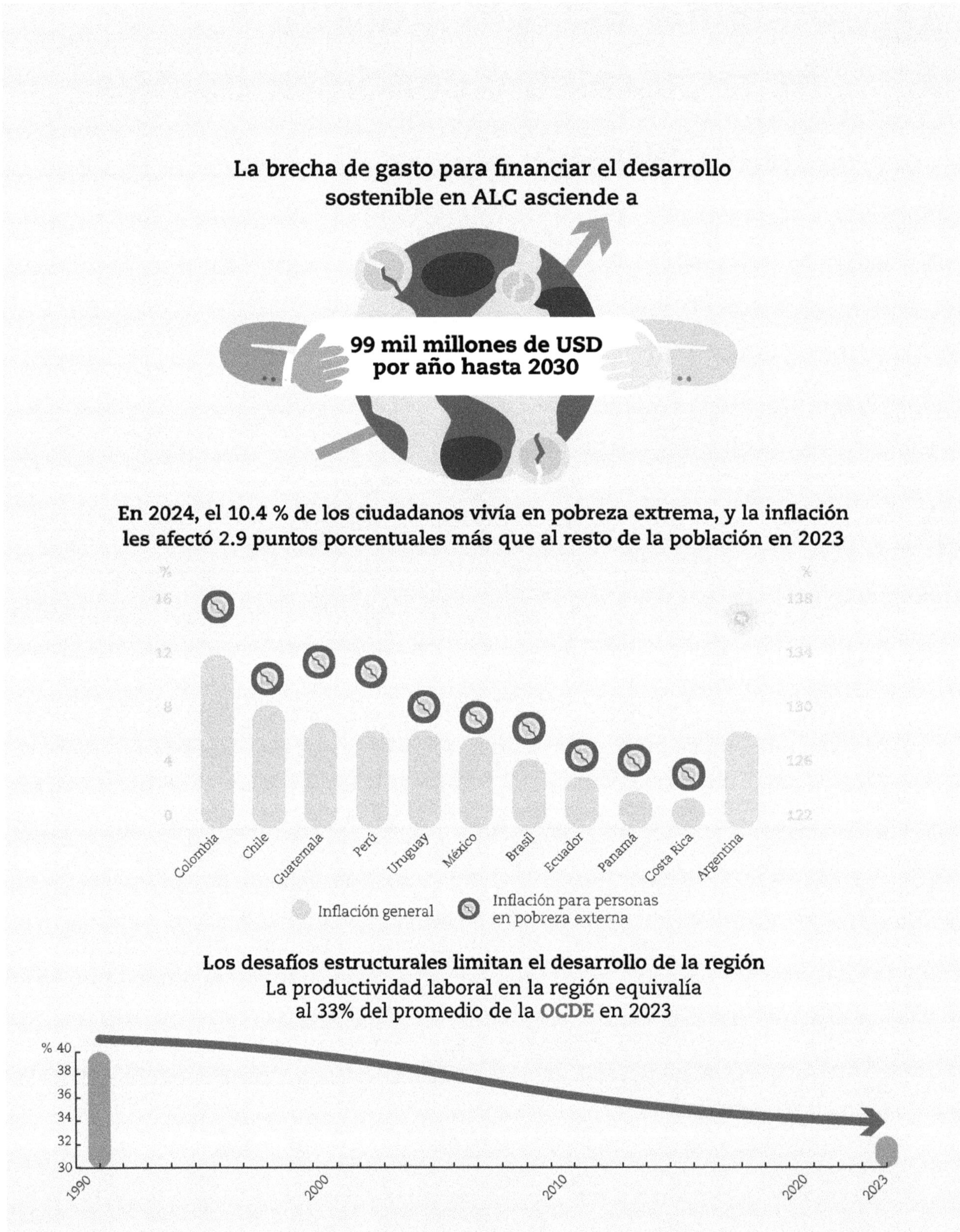

Introducción

América Latina y el Caribe (ALC) es una región vasta y diversa, que presenta una gran diversidad económica y en la que los países enfrentan distintos desafíos según su estructura económica, dinámica comercial, dependencia de las materias primas, potencial energético, etc. Aunque los países de ALC encaran diferentes obstáculos según sus circunstancias, también tienen muchas tendencias en común, entre ellas la vulnerabilidad ante choques externos, la necesidad de una transición a una economía verde, la desigualdad persistente y los problemas de gobernanza. Para superar estos desafíos y aprovechar nuevas oportunidades, serán esenciales los esfuerzos coordinados a escala nacional, regional y global para movilizar los recursos necesarios.

A fin de acometer esta difícil tarea, ALC necesita una planificación efectiva y coordinada en materia de políticas, así como un financiamiento efectivo, con una integración estratégica de los actores públicos y privados. Teniendo en cuenta las limitaciones fiscales, existe una creciente necesidad de mecanismos de financiamiento innovadores y eficientes, y de colaboraciones entre el gobierno, el sector privado y los actores internaciones. Si bien el financiamiento del sector público sigue siendo esencial para superar las dificultades sociales, es fundamental crear incentivos y marcos adecuados para atraer inversión del sector privado hacia objetivos de desarrollo basados en el mercado. Las estrategias en materia de políticas deben trascender las fronteras sectoriales a fin de superar los desafíos sociales, económicos y ambientales interrelacionados. Este enfoque basado en la colaboración tiene por objeto movilizar recursos de manera eficiente, mejorar la resiliencia de las infraestructuras y promover un crecimiento inclusivo.

Estos esfuerzos deben sacarse adelante en un momento en el que la actividad económica de ALC ha sido moderada, debido a la dinámica cíclica y a problemas estructurales. El escaso crecimiento de la productividad sigue afectando al crecimiento económico a largo plazo de la región. En 2023, la productividad laboral promedio de ALC ascendió a un 33% de la correspondiente a la OCDE, lo que constituye un descenso desde el 40% registrado en 1990. Gran parte de esta brecha en la productividad laboral de ALC con respecto a las economías de ingresos altos puede atribuirse a las diferencias en la productividad total de los factores. El escaso crecimiento de la productividad en la región es un problema generalizado, ya que afecta a la mayoría de los sectores de la economía, en especial a aquellos en los que el sector privado desempeña una función principal, por ejemplo, el comercio, la fabricación y los servicios.

La mayoría de las economías de ALC han reaccionado a sus diferentes contextos económicos con instrumentos fiscales y monetarios adecuados, aunque el margen de maniobra es limitado. Por lo que se refiere a la política monetaria, las autoridades de los países que han adoptado un régimen de meta de inflación han mantenido una postura monetaria estricta, con el fin de estabilizar las expectativas de inflación. Al mismo tiempo, las elevadas tasas de interés nacionales han evitado riesgos financieros derivados de unas tasas de interés internacionales más elevadas, que podrían estimular la fuga de capitales. En relación con la política fiscal, la región está atravesando una fase de consolidación, pues el espacio fiscal del que disponen ha descendido significativamente desde la pandemia del COVID-19. Debido al incremento de los niveles de deuda y las subidas de las tasas de interés, el servicio de la deuda, como proporción de los ingresos tributarios, ha aumentado considerablemente. Junto con la necesidad de mejorar los resultados fiscales principales para reducir, o al menos contener, las ratios de deuda sobre el PIB, esta situación ha provocado la necesidad de reducir el gasto principal en algunos países de ALC, por lo que ha disminuido la demanda agregada en un momento en el que la actividad económica ha descendido.

Las tasas de pobreza y empleo informal siguen siendo desafíos socioeconómicos importantes de ALC. Aunque la pobreza ha disminuido en las últimas décadas, sigue siendo elevada en la región, representando el 26.8% de la población total de la región en 2024, mientras que la pobreza extrema se ha mantenido relativamente estable, afectando a una de cada diez personas en la región. En esta región, persiste la pobreza multidimensional —que engloba factores no monetarios como la educación, la salud, la vivienda y las condiciones de saneamiento— y el cambio climático amenaza aún más a las poblaciones más vulnerables. Pese a que las tasas de empleo han aumentado ligeramente, más de la mitad de los ocupados de ALC siguen desempeñando trabajos informales, con bajos salarios y un seguro social limitado. Además, las vulnerabilidades son más marcadas en el caso de las mujeres y los jóvenes. El trabajo informal se encuentra especialmente extendido en las zonas rurales y en sectores como la agricultura y la construcción. Resulta fundamental disponer de políticas efectivas que incorporen índices de pobreza multidimensional y estén orientadas a resolver el problema del empleo informal, a fin de conseguir beneficios sociales específicos, una mejora del empleo formal y una disminución de la desigualdad en la región.

Este capítulo examina el bajo crecimiento económico de ALC, centrándose de manera especial en los desafíos estructurales, habida cuenta de su moderado crecimiento potencial y bajo desempeño en materia de productividad. Además, el capítulo analiza el actual margen de actuación en cuanto a políticas fiscales y monetarias, así como el estado de las cuentas externas de la región. A continuación, pasa a examinar las condiciones sociales de ALC, centrándose en la informalidad y en el papel que podrían desempeñar los sistemas de seguridad social en la reducción de las vulnerabilidades sociales de la región. Por último, el capítulo destaca la necesidad de trazar una hoja de ruta clara para el desarrollo, con una agenda de financiamiento precisa, y concluye con los principales mensajes en materia de políticas.

El débil crecimiento de ALC señala la necesidad de abordar los desafíos estructurales

Desde el año 2022, la región de ALC ha venido experimentando una ralentización económica. Pese a que esta tendencia es el resultado de una dinámica cíclica, siguen influyendo factores estructurales en la mayoría de los países de ALC. Esta situación se ve agravada por la combinación de medidas de política macroeconómica internas en la mayoría de los países de ALC, que no disponen de un espacio fiscal suficiente y presentan tasas de inflación persistentemente altas.

El escaso crecimiento de la productividad constituye un desafío estructural importante en la región

Un desafío estructural principal de ALC es el escaso crecimiento de la productividad, un factor clave en el deficiente desempeño económico de la región y su incapacidad para alcanzar el nivel de las economías desarrolladas. La productividad laboral promedio por hora trabajada de la región ascendió a un 33% del promedio de la OCDE en 2023 y esta diferencia ha aumentado desde 1990, cuando el promedio de ALC se situaba en un 40% (Gráfico 1.1). El bajo crecimiento de la productividad en ALC se asocia a varios factores, entre ellos los bajos niveles de innovación y adopción de tecnologías, la escasa inversión en capital físico y humano, el alto grado de informalidad y una asignación de los recursos que no es óptima (OECD et al., 2019[1]). La asignación de los recursos no es óptima cuando se da a las empresas establecidas un trato favorable a expensas de las nuevas empresas innovadoras o cuando el capital se canaliza hacia empresas políticamente relacionadas en lugar de a las que tienen un mayor potencial de crecimiento (IDB, 2024[2]).

Gráfico 1.1. Productividad laboral por hora trabajada en ALC como porcentaje de la productividad laboral por hora trabajada de la OCDE, 1990-2023

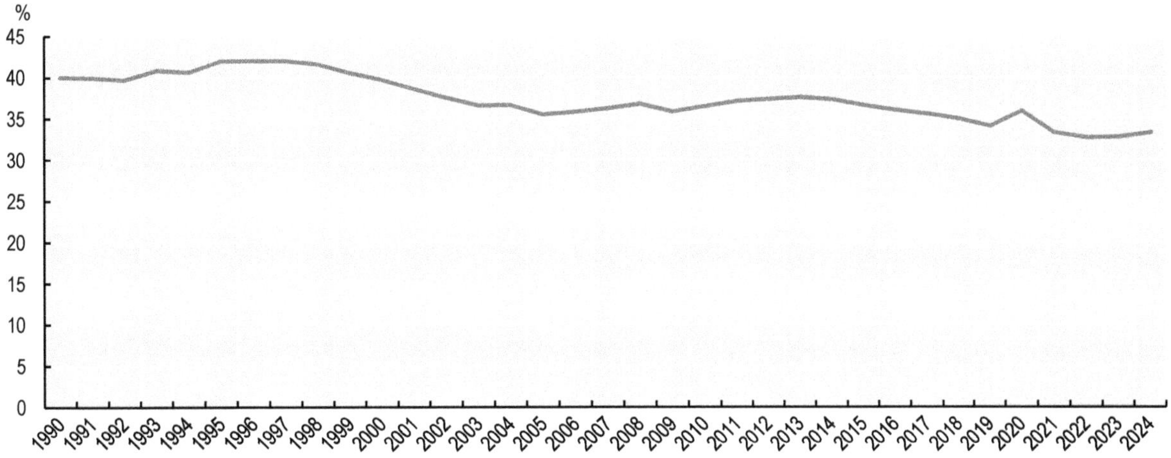

Nota: ALC se refiere a la media simple que incluye a Argentina, Bolivia, Brasil, Chile, Colombia, Costa Rica, República Dominicana, Ecuador, Guatemala, Jamaica, México, Paraguay, Perú, Trinidad y Tobago, Uruguay y Venezuela. En el caso de la OCDE, se trata de una media simple que incluye a sus 38 países miembros.
Fuente: Cálculo de los autores basándose en (The Conference Board, 2024[3]).

StatLink https://stat.link/874q3x

La escasa productividad laboral de ALC se debe principalmente a la reducida eficiencia productiva de las economías de la región. La escasa eficiencia productiva puede atribuirse a décadas de crecimiento insuficiente de la productividad total de los factores (PTF), una medida del grado de eficiencia existente en el uso que la economía hace de sus insumos (entre otros del capital y de la mano de obra) para producir bienes y servicios. Por ejemplo, en promedio, la productividad laboral de ALC es del 70% en comparación con la de Estados Unidos. Cerca del 80% de esta brecha se puede atribuir a diferencias en la PTF, que en ALC es aproximadamente una tercera parte de la de Estados Unidos en promedio (las disparidades en cuanto a capital humano representan la mayor parte de la brecha restante).[1] La PTF lleva desde 1950 situándose por debajo de la PTF de los países de la OCDE (Gráfico 1.2). De 1950 a 1975, la PTF creció en promedio cerca de un 1.1% al año en ALC, menos de la mitad del 2.4% registrado en los países de la OCDE y, desde entonces, los datos de la región han empeorado. De 1975 a 2023, la PTF descendió a una tasa anual promedio del 0.08% en ALC mientras que, en la OCDE, apenas creció en promedio al 0.05%.

Gráfico 1.2. Productividad total de los factores (PTF) en ALC y OCDE, 1950-2023 (1950 = 100)

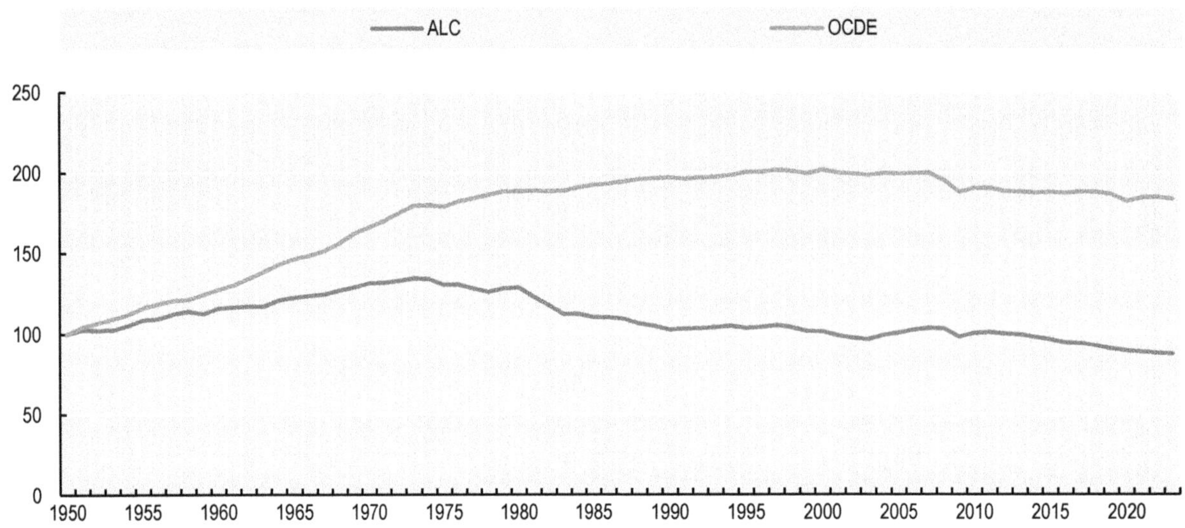

Nota: ALC se refiere a la media simple que incluye a Argentina, Bolivia, Brasil, Chile, Colombia, Costa Rica, República Dominicana, Ecuador, Guatemala, Jamaica, México, Paraguay, Perú, Trinidad y Tobago, Uruguay y Venezuela. En el caso de la OCDE, la media simple incluye a Australia, Austria, Bélgica, Canadá, Dinamarca, Finlandia, Francia, Islandia, Irlanda, Israel, Italia, Japón, Luxemburgo, Países Bajos, Nueva Zelanda, Noruega, Portugal, España, Suecia, Suiza, Turquía, Reino Unido y Estados Unidos.
Fuente: Cálculo de los autores basándose en (The Conference Board, 2024[3]).

StatLink https://stat.link/szp8jy

Los niveles de capital por trabajador también son bajos en la región. En promedio, el nivel de capital por trabajador de ALC se acerca a una cuarta parte del registrado en Estados Unidos. Sin embargo, esta diferencia se explica en última instancia por la estructura de producción ineficiente de las economías de ALC. Así, la inferior PTF posee un efecto negativo directo en la producción y la productividad laboral, además de un efecto perjudicial agravado por la acumulación de capital. En consecuencia, el volumen total de capital en relación con el producto interno bruto (PIB) de ALC es similar en promedio a la ratio registrada en los Estados Unidos.

La evolución de la productividad en la región ha constituido un obstáculo importante para el crecimiento económico, en especial desde la década de 1980 (Gráfico 1.3). Durante el período 1950-70, el crecimiento de la PTF supuso aproximadamente una cuarta parte del crecimiento del PIB real de la región, que en promedio se situó en un 5.3% anual. Sin embargo, en la década de 1970, la PTF no solo no contribuyó al crecimiento económico, sino que en realidad lo frenó ligeramente. Desde 1980, la PTF ha obstaculizado de forma considerable el crecimiento económico, en particular en la década de 1980 y nuevamente desde 2011. Como consecuencia, durante el período 1980-2023, el PIB de ALC creció a una tasa promedio del 2.1% anual, ligeramente por debajo del 2.3% registrado en los países de la OCDE.

Gráfico 1.3. Contabilización del crecimiento (desglose del crecimiento) en ALC, 1950-2023

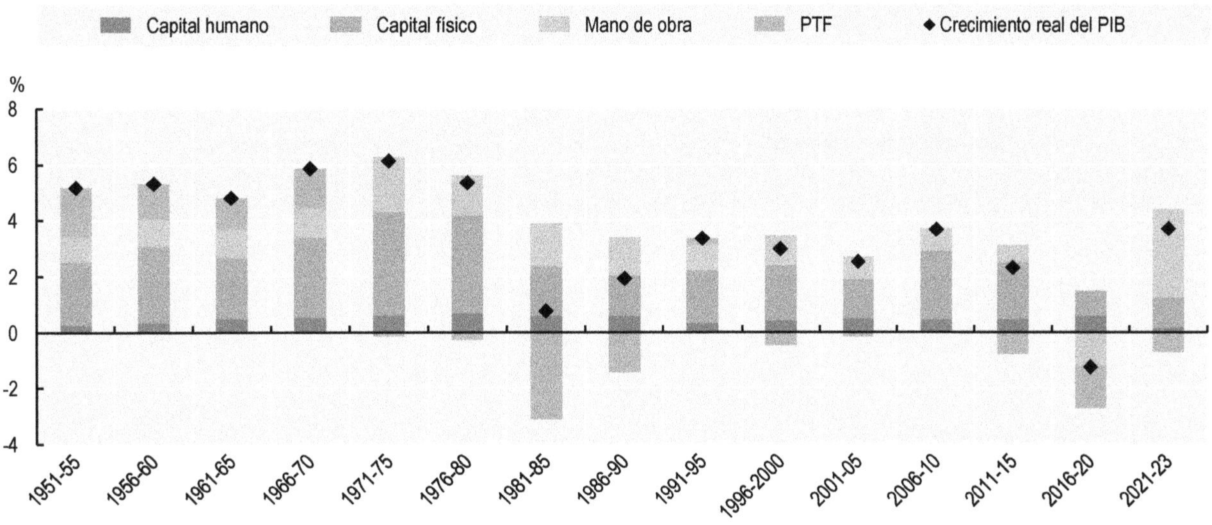

Nota: Contribución de la mano de obra, el capital físico, el capital humano y la productividad total de los factores al crecimiento del PIB real. ALC incluye a Argentina, Bolivia, Brasil, Chile, Colombia, Costa Rica, República Dominicana, Ecuador, Guatemala, Jamaica, México, Paraguay, Perú, Trinidad y Tobago, Uruguay y Venezuela.
Fuente: Cálculo de los autores basándose en (The Conference Board, 2024[3]).

StatLink https://stat.link/q3y47p

Debido al bajo crecimiento de la productividad, las tasas de crecimiento per cápita potenciales de ALC son reducidas e insuficientes para alcanzar la convergencia con las economías de ingresos más altos a medio plazo. Se estima que el crecimiento potencial del PIB per cápita de la región es próximo a un 0.8% al año, con independencia del método de estimación y según los datos del período comprendido entre 1980 y 2023. En comparación, se calcula que el crecimiento potencial del PIB per cápita de las economías de ingresos altos se sitúa cerca del 1.7% anual (Gráfico 1.4).

Gráfico 1.4. Crecimiento potencial del PIB per cápita en ALC y en economías avanzadas

Estimado por distintos métodos desde 1980

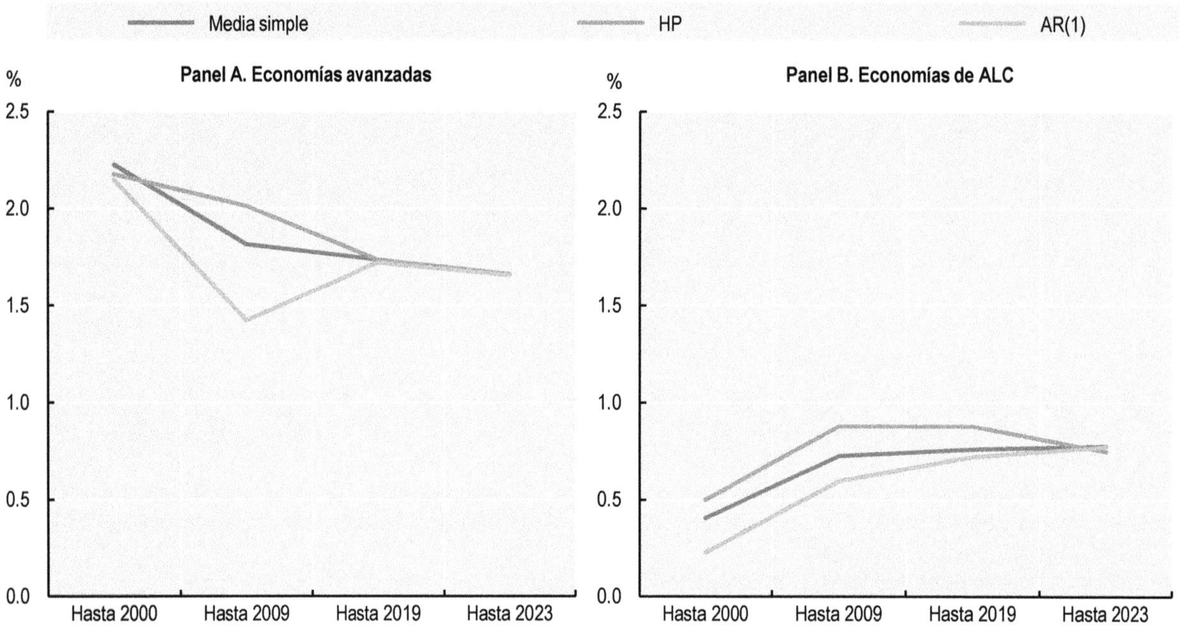

Nota: El crecimiento medio es una media simple del período analizado. HP hace referencia al filtro Hodrick-Prescott, que se utilizó como modelo alternativo debido a su resistencia a las perturbaciones a corto plazo para obtener una representación de curva atenuada (lambda igual a 100). AR(1) hace referencia a un modelo autorregresivo de orden 1. El modelo AR utiliza datos de crecimiento del PIB per cápita. La serie de ALC se refiere a 33 economías, mientras que el término "economías avanzadas" engloba 41 economías enumeradas en la base de datos de Perspectivas de la economía mundial del FMI.
Fuente: Cálculo de los autores basándose en datos de 1980-2023 procedentes de (IMF, 2023[4]).

StatLink https://stat.link/zpagv3

El escaso crecimiento de la productividad de ALC afecta a la mayoría de los sectores de la economía (Gráfico 1.5). La productividad laboral es inferior a la de la OCDE, en promedio, en todos los sectores salvo en la administración y los servicios públicos. Más concretamente, la productividad sectorial relativa promedio de ALC es el 66% de la de la OCDE. La productividad laboral de sectores clave tales como el comercio, la fabricación y otros servicios —que ocupan a una fracción considerable de trabajadores (23%, 10% y 11% respectivamente)— asciende al 33%, el 39% y el 42% de la registrada en la OCDE. La agricultura, que representa un 15% del empleo total, también muestra una brecha importante, ya que la productividad laboral es del 55% con respecto a la OCDE.

Gráfico 1.5. Productividad laboral sectorial (ajustada según PPA) en ALC con respecto a la OCDE, 2017

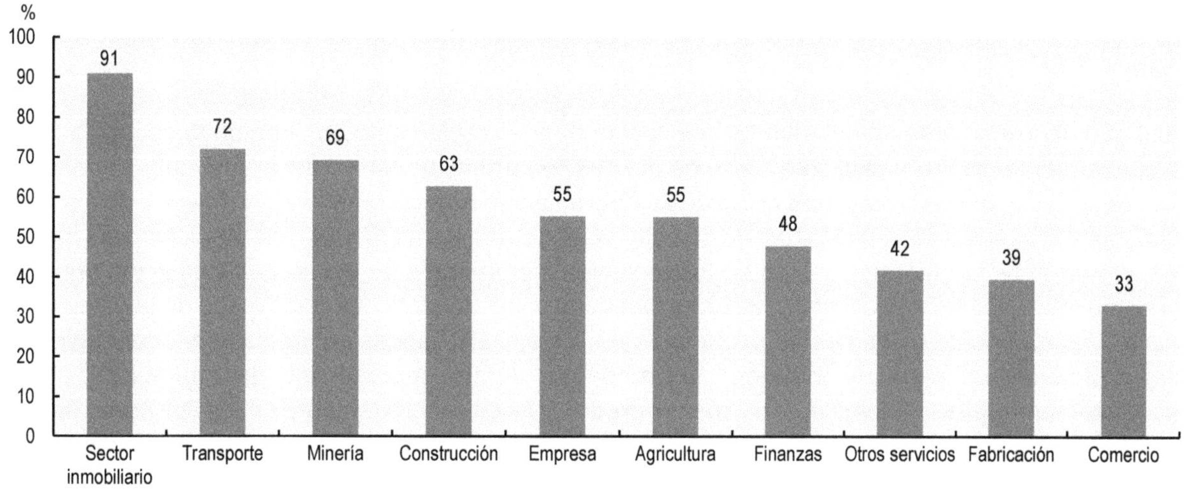

Nota: Análisis basado en los nueve países de ALC siguientes: Argentina, Bolivia, Brasil, Chile, Colombia, Costa Rica, Ecuador, México y Perú. El año más reciente sobre el que existen datos disponibles es 2017.
Fuente: Cálculo de los autores basándose en (Inklaar, Marapin and Gräler, 2023[5]).

StatLink https://stat.link/dts1gm

Los desafíos en materia de productividad que ALC lleva varias décadas encarando han obstaculizado el crecimiento y el desarrollo. Entre los principales factores que han contribuido a esta situación están las instituciones económicas que conforman el entorno empresarial. Estos factores institucionales engloban aspectos críticos tales como la protección de los derechos de propiedad, y la defensa de la observancia de la ley, el cumplimiento de los contratos y el mantenimiento de la capacidad estatal. Los marcos normativos y las políticas públicas también tienen una incidencia significativa. Estos factores influyen colectivamente en el funcionamiento de las empresas, ya que inciden en la productividad por medio de i) la asignación de recursos entre diferentes empresas e industrias; ii) la innovación empresarial; y iii) la entrada y la salida de las empresas. Para garantizar la efectividad de estos mecanismos e invertir en sectores estratégicos, resulta fundamental disponer de un sistema financiero que funcione correctamente (CAF, 2018[6]; OECD et al., 2023[7]).

Un factor clave para el escaso crecimiento de la productividad es el exiguo desarrollo de los sistemas financieros, que son esenciales para el financiamiento de la agenda de desarrollo (Capítulo 3). Los mercados financieros pueden tener efectos importantes en la productividad a través de diversos canales. En primer lugar, el acceso al financiamiento influye de manera importante en las decisiones de las empresas sobre innovación, expansión y exportación. En segundo lugar, la falta de crédito también puede tener consecuencias en las elecciones profesionales de las personas e impedir que empresarios de talento promuevan proyectos con gran potencial. En tercer lugar, un sistema financiero que funcione correctamente es fundamental para que las empresas amortigüen mejor los choques y para que las empresas más vulnerables y productivas sobrevivan. En una economía con escaso acceso al crédito, las empresas que superan los períodos de dificultades no necesariamente son aquellas más productivas. sino más bien las que presentan menores problemas de liquidez. El incremento de la productividad que se podría obtener con la eliminación de las fricciones de crédito oscila entre un 18% y un 24%, y podría llegar a ser del 36%. De igual manera, si los países de la región adoptasen mejores prácticas financieras, podrían lograr incrementos de la productividad del 18% y aumentos de la producción per cápita del 88% (CAF, 2018[6]).

Los desafíos persistentes son más difíciles de superar cuando existe un margen de maniobra limitado en materia de políticas de demanda

Pese a la moderación de la inflación, las autoridades monetarias deberían mantener la cautela

Al igual que ocurre en el resto del mundo, la inflación de esta región está convergiendo hacia los niveles previos a la pandemia. Tras alcanzar máximos del 10% en promedio (salvo en Argentina y Venezuela) a mediados de 2022, desde la segunda mitad de 2023 la inflación ha descendido en la mayoría de los países de ALC, con independencia del régimen de su política monetaria (Gráfico 1.6). Los precios de las materias primas fueron el factor que más influyó en los recientes incrementos de las tasas de inflación principal y subyacente (IDB, 2024[2]; OECD et al., 2023[7]). Desde el inicio de 2023, los descensos de la inflación han resultado especialmente evidentes en economías en las que los bancos centrales son independientes y siguen regímenes de meta de inflación. Sin embargo, dentro de este tipo de regímenes, algunas economías —entre ellas Colombia y, en menor grado, México— han tenido dificultades para reducir la inflación general y estabilizar las expectativas a este respecto mientras que en otros países, como Brasil, Chile y Perú, la normalización de las tasas de inflación y las tasas de interés se consiguió más rápido a partir de la segunda mitad de 2023.

Gráfico 1.6. Inflación mensual en las economías de ALC bajo diferentes regímenes de inflación

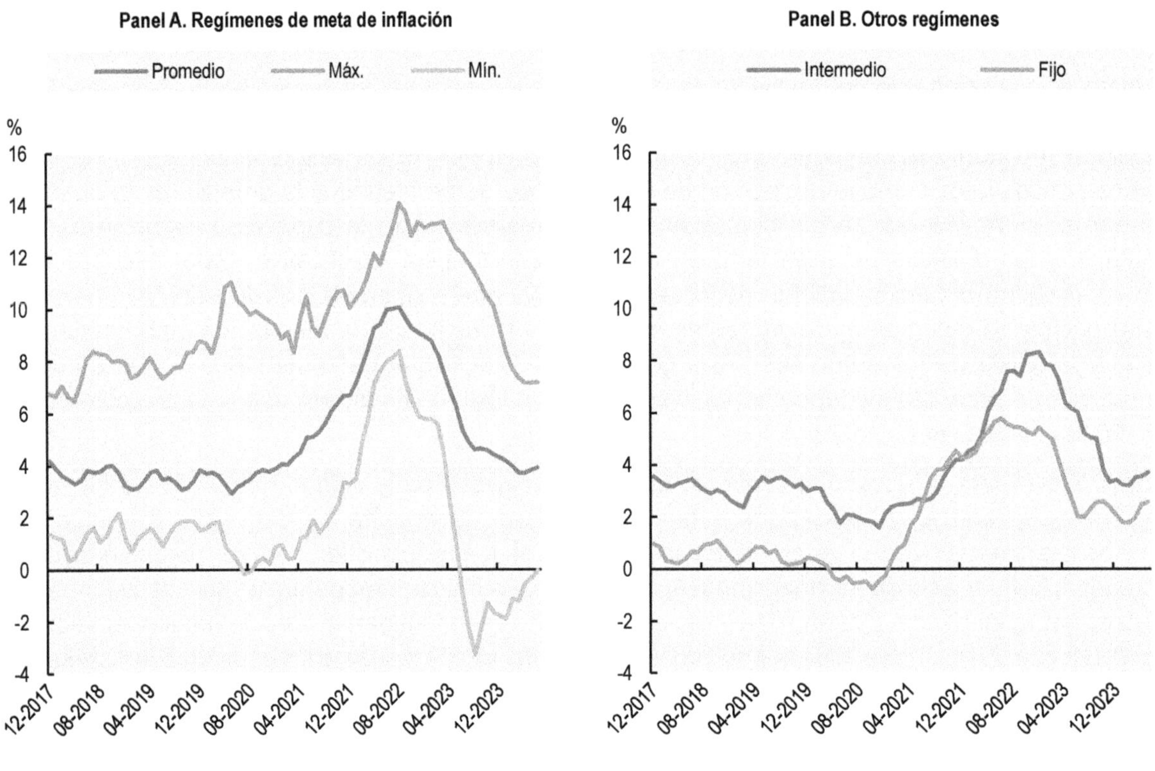

Nota: La media simple de los países de ALC con regímenes de meta de inflación incluye a Brasil, Chile, Colombia, Costa Rica, República Dominicana, Guatemala, Jamaica, México, Paraguay, Perú y Uruguay. Máx = inflación máxima entre los países por mes. Mín = inflación mínima entre los países por mes. En el caso de los regímenes intermedios, la media simple incluye a Bolivia, Honduras, Nicaragua y Trinidad y Tobago. La media simple de los regímenes fijos incluye a Belice, Ecuador, El Salvador, Guyana y Panamá.
Fuente: Cálculo de los autores basándose en LSEG Data and Analytics.

StatLink https://stat.link/70nwh6

La política monetaria ha sido fundamental para contener la inflación general y mantener bajo control las expectativas al respecto. Para controlar tanto la inflación general como las expectativas, los bancos centrales de algunos países de ALC, entre ellos Brasil, Colombia, México y Perú, comenzaron a endurecer sus políticas monetarias incluso antes de que lo hicieran las economías avanzadas. Conforme las presiones inflacionistas se fueron atenuando en dichos países, los bancos centrales de la región también comenzaron a relajar las condiciones monetarias.

Las autoridades monetarias deberían mantener la cautela. Habida cuenta de que las condiciones locales están creando tensiones en lo que se refiere a las expectativas sobre la inflación en algunos países (entre ellos Brasil y México), los bancos centrales de la región deberían mantener la cautela y no relajar las condiciones monetarias con demasiada rapidez. Así se evitará una reducción importante de las diferencias entre las tasas de interés y, por lo tanto, se evitará la fuga de capitales y la depreciación de las divisas.

Los flujos de capital hacia América Latina han sido resilientes

Los flujos de capital a corto plazo destinados a ALC han seguido mostrando resiliencia en vista de las altas tasas de interés registradas en los mercados financieros mundiales. La región obtuvo unas entradas netas de capital a corto plazo de 42 900 millones de USD en 2023 y 24 800 millones de USD en el primer semestre de 2024, de manera que mantuvo un flujo positivo prácticamente todos los meses (Gráfico 1.7).

Gráfico 1.7. Flujos totales en cartera, mayo 2022-mayo 2024 (renta variable y deuda)

Miles de millones de USD (valores actuales)

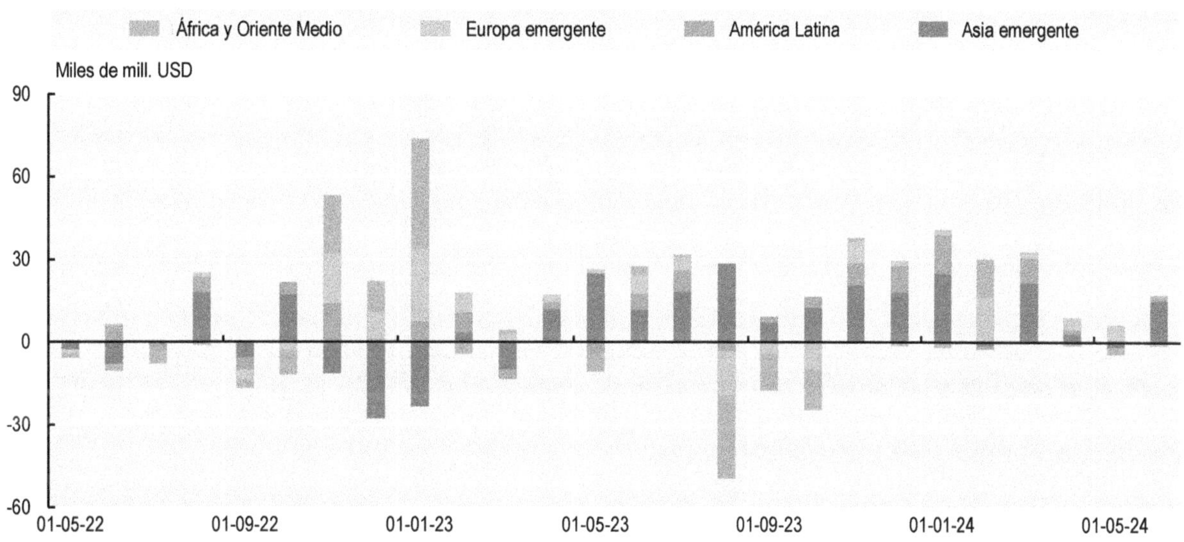

Fuente: Elaboración de los autores basándose en (IIF, 2024[8]).

StatLink https://stat.link/gq7os9

Las entradas positivas en cartera desde 2023 se pueden atribuir en parte a las subidas de las tasas de interés en la región para hacer frente a la elevada inflación. Esta situación ha generado importantes diferencias con las tasas de interés de Estados Unidos y otras economías avanzadas. Las tasas de interés de la mayoría de los países de ALC se mantienen en niveles superiores a los de las economías avanzadas, sobre todo en Brasil y México. Estas diferencias han incrementado el atractivo de la región para los inversores, lo que ha beneficiado a los mercados de renta variable y de deuda. En el caso de los mercados de renta variable, el precio de los activos financieros en la región superó a los del grupo de las

24 economías emergentes que mide el Morgan Stanley Capital International (MSCI), al registrar una revalorización combinada próxima al 3.0%, en comparación con la caída del 4.4% sufrida por el bloque de economías emergentes, según el MSCI Stock Price Index, durante el tercer trimestre de 2023. En el caso de los mercados de bonos, América Latina disfrutó de un año favorable, al sumar entradas de capital netas por valor de 44 000 millones de USD en 2023.

Además de estas entradas en la cartera, la región recibió entradas históricas de inversión extranjera directa (IED) en 2022, con una ligera caída en 2023. Los flujos de entrada marcaron niveles récord de 205 590 millones de USD en 2022, pero descendieron un 9.9% en 2023, hasta los 184 300 millones de USD (2.8% del PIB), siguiendo la tendencia de descenso general a nivel mundial. La región sigue siendo una de las más atractivas del mundo en lo que se refiere a IED (OECD et al., 2023[7]; ECLAC, 2024[9]). En 2022 y 2023, las entradas de IED en la región supusieron más de un 14% de la IED mundial total (Gráfico 1.8). Ante estos elevados flujos de entrada de IED, debería seguir prestándose atención a la calidad. Por IED de calidad se entienden las inversiones que puedan contribuir al aumento de la productividad, la innovación, los salarios y las competencias, así como a la consecución de los objetivos de descarbonización (OECD et al., 2022[10]; OECD, 2019[11]; OECD et al., 2023[7]). Para fomentar una IED de calidad, se necesitan marcos normativos reforzados y estrategias de inversión bien definidas, a fin de garantizar que los flujos de IED puedan orientarse mejor hacia los objetivos de desarrollo.

Gráfico 1.8. Entradas de IED en ALC como % de la IED mundial total, 1990-2023

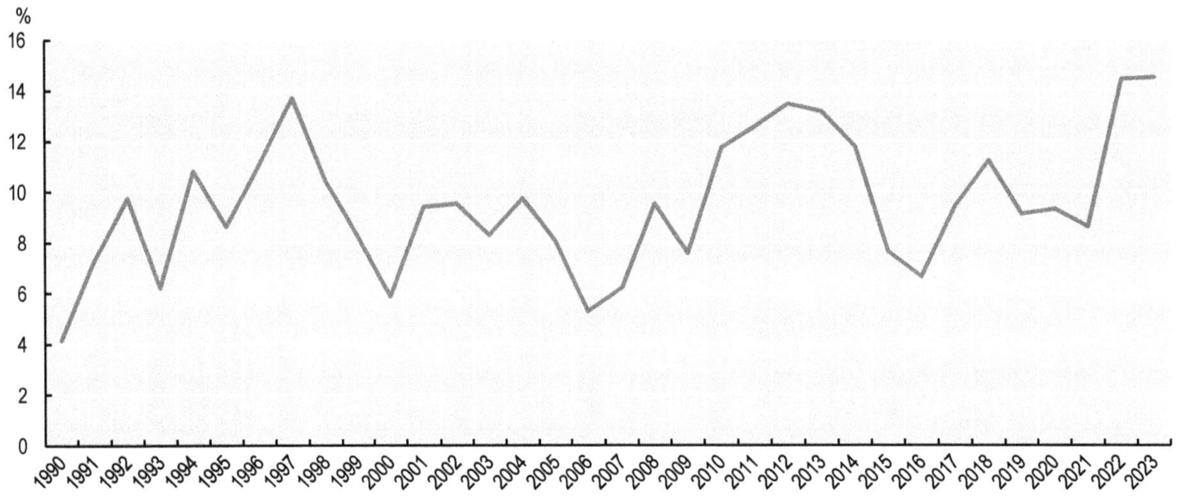

Fuente: Cálculo de los autores basándose en (UNCTAD, 2023[12]).

StatLink https://stat.link/cgoxtu

El incremento de las entradas de IED en ALC se vio impulsado por factores estructurales y a corto plazo. Puesto que la guerra de agresión de Rusia contra Ucrania, iniciada en febrero de 2022, indujo una reconfiguración forzosa de las cadenas de valor en el continente europeo, la lejanía del conflicto transformó a América Latina en un destino seguro. Una gran parte de la inversión se dirigió al sector energético, con una relevancia cada vez mayor de las energías renovables (OECD, 2023[13]). La IED destinada a la región se benefició además de la retención de los beneficios por parte de un elevado número de corporaciones transnacionales en 2022. Esto fue lo que ocurrió sobre todo en Argentina, donde las filiales del país decidieron reinvertir los beneficios generados a lo largo del año, en lugar de transferirlos a la compañía matriz. La IED destinada a la región se vio impulsada además por el avance del *nearshoring*, que se expandió desde 2020, sobre todo en México (OECD, 2024[14]).

El espacio fiscal sigue siendo limitado mientras la región experimenta una consolidación fiscal

Tras el importante estímulo fiscal de 2020-21, la región inició un proceso de consolidación fiscal. El aumento de los ingresos fiscales en 2022, unido a un descenso del gasto público tras los estímulos fiscales adoptados durante la pandemia en 2020, redujeron los déficits fiscales del 6.9% del PIB en 2020 al 2.2% en 2022 en la región. De igual manera, el resultado primario alcanzó un superávit del 0.3% del PIB en 2022, frente a un déficit de 4.0% en 2020 (Gráfico 1.9) (ECLAC, 2024[15]).

Gráfico 1.9. Resultado fiscal global y primario de los gobiernos centrales de ALC como % del PIB, 2010-23

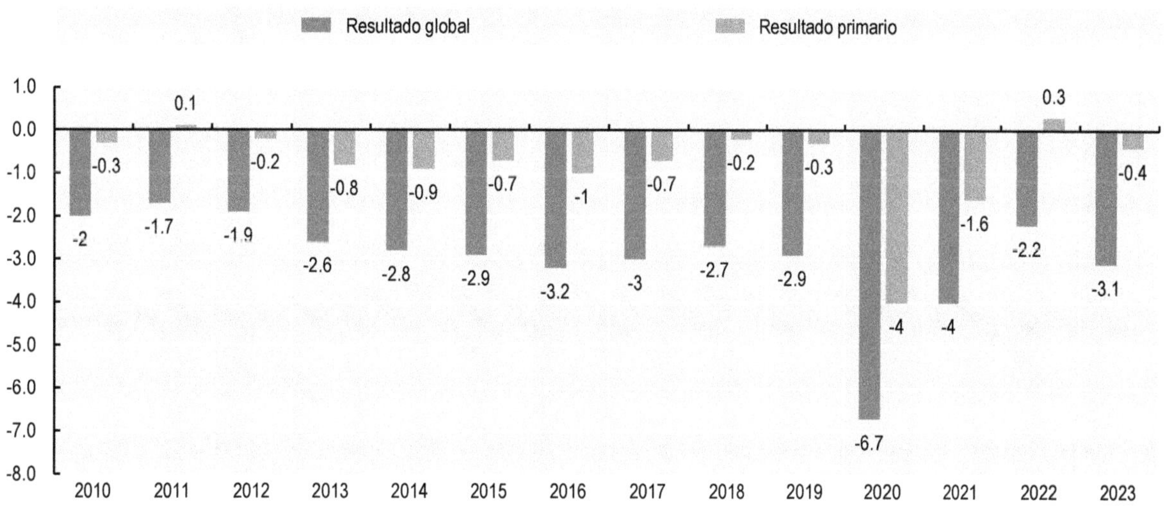

Nota: Argentina, Brasil, Chile, Colombia, Costa Rica, República Dominicana, Ecuador, El Salvador, Guatemala, Honduras, México, Nicaragua, Panamá, Paraguay, Perú y Uruguay.
Fuente: Elaboración de los autores con basándose en (ECLAC, 2024[15]).

StatLink https://stat.link/axzc41

Los ingresos fiscales aumentaron en 2022 en una mayoría de los países de ALC, gracias a los elevados precios de las materias primas y a un crecimiento económico mejor de lo esperado en algunos países. Más concretamente, la ratio impuestos/PIB aumentó en más de un 75% de los países de ALC entre 2021 y 2022, y el promedio correspondiente a toda la región aumentó 0.3 puntos porcentuales, hasta alcanzar el 21.5%, de manera que se mantiene ligeramente por debajo de su nivel prepandemia del 21.6% (Gráfico 1.10). Este incremento del promedio regional se vio impulsado por el impuesto sobre las sociedades, debido al aumento de las ganancias de las empresas petroleras, pese a que se vio parcialmente contrarrestado por un descenso de los ingresos procedentes de los impuestos especiales, a causa de un descenso de la demanda y de la adopción de una serie de medidas de políticas por parte de los países para mitigar el impacto de las subidas de precios de la energía y los alimentos en los hogares y las empresas (OECD et al., 2024[16]).

Gráfico 1.10. Variaciones de la ratio impuestos/PIB de los países de ALC, por principales partidas tributarias, 2022

Variación interanual, puntos porcentuales

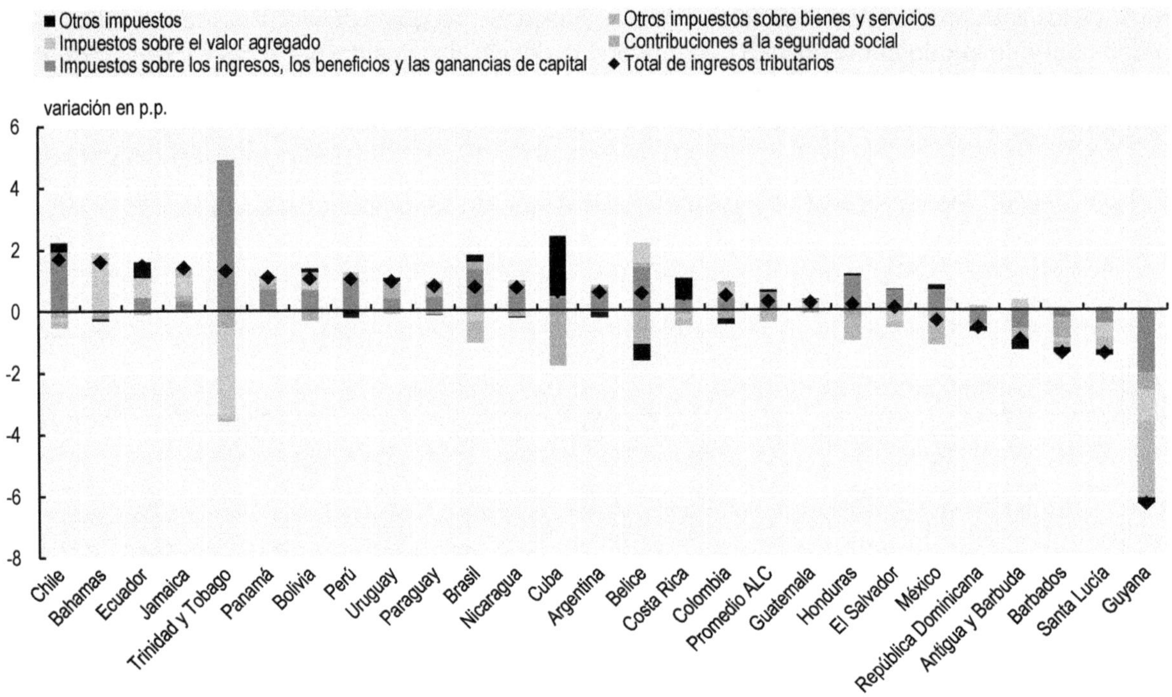

Nota: El promedio de ALC representa el promedio no ponderado de 26 países de ALC incluidos en (OECD et al., 2024[16]); se excluye Venezuela, dada la falta de datos disponibles.
Fuente: Los cálculos de los autores se basan en (OECD et al., 2024[16]).

StatLink https://stat.link/5mrhvw

Mantener una postura fiscal restrictiva está demostrando ser difícil por varios motivos. En primer lugar, el crecimiento se está ralentizando en la región tras la recuperación inicial de la pandemia, lo cual incrementa las presiones sociales y políticas para que los gobiernos gasten más. En segundo lugar, el financiamiento de los paquetes de estímulo fiscal adoptados durante la pandemia supuso la reasignación de recursos de otras partidas de gasto a subsidios y transferencias. Con la remisión de la pandemia, la presión para que se compense esa pérdida de gasto en ámbitos ignorados durante el período 2020-21 es cada vez mayor. En tercer lugar, con las citas electorales fijadas en varios países de la región, se está intensificando el apremio para que se incremente el gasto a corto plazo. En cuarto lugar, las presiones inflacionistas obligaron a las autoridades monetarias a subir las tasas de interés, lo que ha encarecido el servicio de la deuda. Eso es lo que ha sucedido en particular en los países con elevados niveles de deuda, como son los del Caribe, que no solo tienen una deuda superior, sino que sus debilidades fiscales están asociadas a perfiles de deuda más cortoplacistas. Por lo tanto, estos países son más sensibles a los cambios en la deuda a corto plazo y son vulnerables a las interacciones entre unas tasas de interés mundiales más altas y los riesgos de país. Por último, los precios de las materias primas sujetos a una gran volatilidad están afectando a los ingresos fiscales de los principales productores mineros y de hidrocarburos de ALC. Los ingresos relacionados con los hidrocarburos de los principales productores de la región aumentaron del 4.4% del PIB, en promedio, en 2022 al 2.6% en 2021, aunque se calcula que cayeron al 3.9% en 2023. Del mismo modo, los ingresos promedio procedentes del sector de la minería se incrementaron del 0.7% del PIB en 2021 al 0.8% en 2022, aunque en 2023 descendieron aproximadamente hasta el 0.5% del PIB, ya que la tendencia de los precios de los minerales fue a la baja (OECD et al., 2024[16]).

Resulta fundamental para la sostenibilidad fiscal y para proteger las inversiones disponer de marcos fiscales fiables, ya que pueden ayudar a mejorar la disciplina fiscal y reducir las primas de riesgo de la deuda soberana, si establecen normas claras (p. ej., normas fiscales) y directrices en materia de gasto público, recaudación de ingresos y endeudamiento. Los marcos fiscales sólidos pueden aumentar la confianza de los inversores y reducir así el costo de endeudamiento de los gobiernos. También pueden ayudar a proteger las inversiones públicas durante episodios de consolidación fiscal, ya que a los gobiernos les resulta más sencillo recortar el gasto en inversión (Ardanaz and Izquierdo, 2022[17]). Esto no solo incide en el crecimiento a largo plazo, sino que también puede afectar a la recuperación económica. (Arreaza et al., 2022[18]; OECD et al., 2023[7]).

Como consecuencia de la dinámica macroeconómica y de los esfuerzos permanentes de consolidación fiscal, el ratio de deuda sobre el PIB ha comenzado a converger con los niveles prepandemia. Sin embargo, la dinámica de la deuda debería seguir sometiéndose a seguimiento. En 2022, la deuda de los gobiernos centrales de la región representó un 51.5% del PIB, lo que supuso un descenso desde el 56.3% registrado en 2020 (ECLAC, 2024[15]). Este descenso se debe fundamentalmente a que el PIB ha vuelto a los niveles prepandemia en la mayoría de los países de la región y a la reducción de los déficits primarios. La retirada gradual de los paquetes de gasto extraordinario debido a la pandemia ha sido más difícil, aunque ha dado cierto resultado. Las fricciones sociales y políticas han dificultado el desmantelamiento total de los programas de gasto extraordinario según lo previsto. Además, el resultado primario sigue por encima del nivel necesario para estabilizar la deuda y el costo de la deuda es superior al crecimiento del PIB (Gráfico 1.11). Al situarse las tasas de interés por encima del crecimiento económico, el costo de servicio de la deuda crece a mayor velocidad que la economía.

Gráfico 1.11. Dinámica de la deuda pública en ALC, como % del PIB

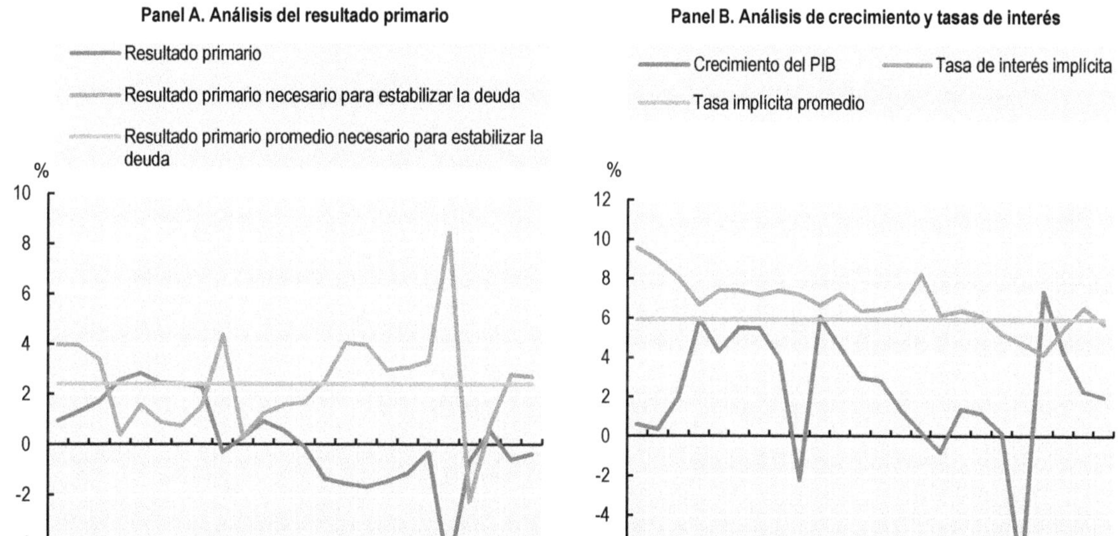

Nota: Promedio ponderado de las 33 economías de ALC que abarca la base de datos de Perspectivas de la economía mundial. Para calcular el resultado primario necesario para estabilizar la deuda, se calcula una tasa implícita como la ratio del servicio de la deuda sobre la deuda total, lo cual arroja el costo de endeudamiento promedio. Además, asumimos una variación cero de la tasa de interés o de otros efectos en la valoración. El resultado primario necesario para estabilizar la deuda se refiere al monto que precisa el gobierno para ajustar su resultado primario y mantener constante la ratio de deuda sobre el PIB, dada la dinámica de tasas de interés y crecimiento $pb_t = d_{t-1}(i_t - g_t)/(1 + g_t)$, donde pb_tes el resultado necesario para estabilizar la deuda sobre el PIB, d_{t-1} es el nivel de deuda pública sobre el PIB del período anterior, i_t es la tasa de interés implícita y g_t es la tasa de crecimiento real del PIB.
Fuente: Los cálculos de los autores se basan en (IMF, 2024[19]).

StatLink https://stat.link/i2w5uv

La dinámica de la deuda pública de la región presenta una heterogeneidad considerable. En países que contaban con sólidos programas de consolidación fiscal ya antes de la pandemia (como Barbados, Ecuador y Jamaica), las ratios de deuda sobre el PIB reanudaron la tendencia a la baja tras un aumento inicial. En otros países (tales como Chile, Colombia, Paraguay y Perú), pese a su considerable heterogeneidad en lo que se refiere a ratios de deuda pública y calificaciones crediticias, la ratio de deuda sobre el PIB se ha estabilizado. Sin embargo, en otras economías (como Brasil), la ratio de deuda sobre el PIB podría estabilizarse en un nivel superior, lo que podría generar fragilidades fiscales. En otros países (Argentina y, en menor medida, México), todavía no hay evidencias claras de que la deuda esté iniciando una trayectoria de estabilización (IMF, 2024[19]).

Condiciones sociales y pobreza: una perspectiva multidimensional

La pobreza sigue siendo elevada en los países de ALC, aunque ha descendido desde principios de este siglo. En 2024, las personas que vivían en la pobreza representaban un 26.8% de la población total de la región (Gráfico 1.12). Dos décadas antes, en 2001, ese porcentaje era del 44.1%. Pese a la reducción generalizada de la pobreza, la pandemia del COVID-19 ha tenido un efecto perjudicial persistente en el bienestar de la población. La pobreza y la pobreza extrema se han mantenido por encima de los niveles prepandémicos en ALC en más de la mitad de los países de la región. En promedio, la situación mejoró ligeramente en 2024 en comparación con 2020, cuando la pobreza alcanzó el 32.8%. Sin embargo, la pobreza extrema se ha mantenido persistentemente alta desde 2001. En 2024, más de una de cada diez personas (10.4%) vivía en situación de pobreza extrema, en comparación con el 12.2% en 2002 (ECLAC, 2024[20]).

Gráfico 1.12. Tasas de pobreza monetaria en países de América Latina seleccionados, 2001-22

Porcentaje de personas que viven por debajo de los umbrales de la pobreza y la pobreza extrema

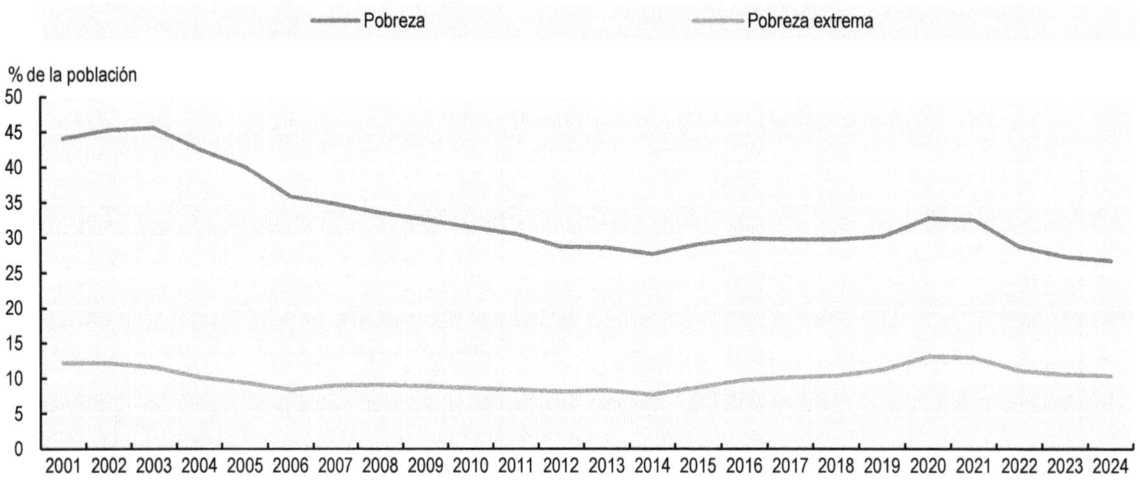

Nota: Promedio ponderado en relación con los siguientes países: Argentina, Bolivia, Brasil, Chile, Colombia, Costa Rica, República Dominicana, Ecuador, El Salvador, Guatemala, Honduras, México, Nicaragua, Panamá, Paraguay, Perú, Uruguay y Venezuela. Los datos de 2023 son proyecciones. Las tasas de recuento de la pobreza y la pobreza extrema se refieren al número de personas que viven por debajo de los umbrales de la pobreza y la pobreza extrema. Los umbrales de la pobreza extrema son el producto de multiplicar el número de calorías necesarias según las recomendaciones internacionales y el costo por kilocaloría, que es el indicador que resume la información sobre la estructura y los precios del consumo alimentario de la población de referencia, el cual se calcula a través de encuestas sobre ingresos y gastos de los hogares o encuestas sobre las condiciones de vida. A su vez, el umbral de la pobreza se obtiene multiplicando el umbral de la pobreza extrema por un factor que expresa el gasto en bienes no alimentarios y en servicios (es decir, el coeficiente de Orshansky). Para obtener más información sobre esta metodología, véase (ECLAC, 2019[21]).
Fuente: Elaboración de los autores basándose en (ECLAC, 2024[20]).

StatLink https://stat.link/x3jmqk

La inflación ha tenido un impacto negativo en las condiciones de vida de las personas que viven en ALC, en especial en las personas más vulnerables. De hecho, el efecto acumulado de los episodios de inflación incide enormemente en los hogares más vulnerables, en particular en aquellos con bajos ingresos o en los que la cabeza de familia es una persona mayor (Caisi et al., 2023[22]). En 2023, el nivel general de precios de la región fue un 13.1% superior al de 2021, aunque para las personas que viven en la pobreza extrema, el precio de la cesta de bienes consumidos normalmente fue un 20% más elevado (Gráfico 1.13, Panel A). La diferencia en las tasas de inflación alcanzó un máximo de 4.4 puntos porcentuales en 2022, durante el primer semestre de 2023 se mantuvo en 4.1 puntos porcentuales (OECD et al., 2023[7]) y, en promedio, fue de 2.9 puntos porcentuales en 2023 (Gráfico 1.13, Panel B). Esta brecha sigue siendo especialmente elevada en Argentina (8.5 puntos porcentuales), Colombia (3.3), Guatemala (4.5) y Perú (4.2). El descenso de la inflación relativa desde mediados de 2023 para la gente que vive por debajo del umbral nacional de la pobreza extrema se debe en parte a una disminución de los precios de las materias primas, que comenzaron a aumentar cuando la guerra de agresión de Rusia contra Ucrania hizo que los precios de los alimentos y la energía se disparasen (OECD, 2023[23]; Rogoff, 2023[24]). Esta situación agravó aún más los problemas ocasionados por la pandemia en las cadenas de valor mundiales (Arriola et al., 2020[25]; OECD et al., 2023[7]), aunque dichas presiones se han atenuado recientemente (ECB, 2023[26]; Giordano and Michalczewsky, 2024[27]).

Gráfico 1.13. Impacto de la inflación en las personas más vulnerables de ALC

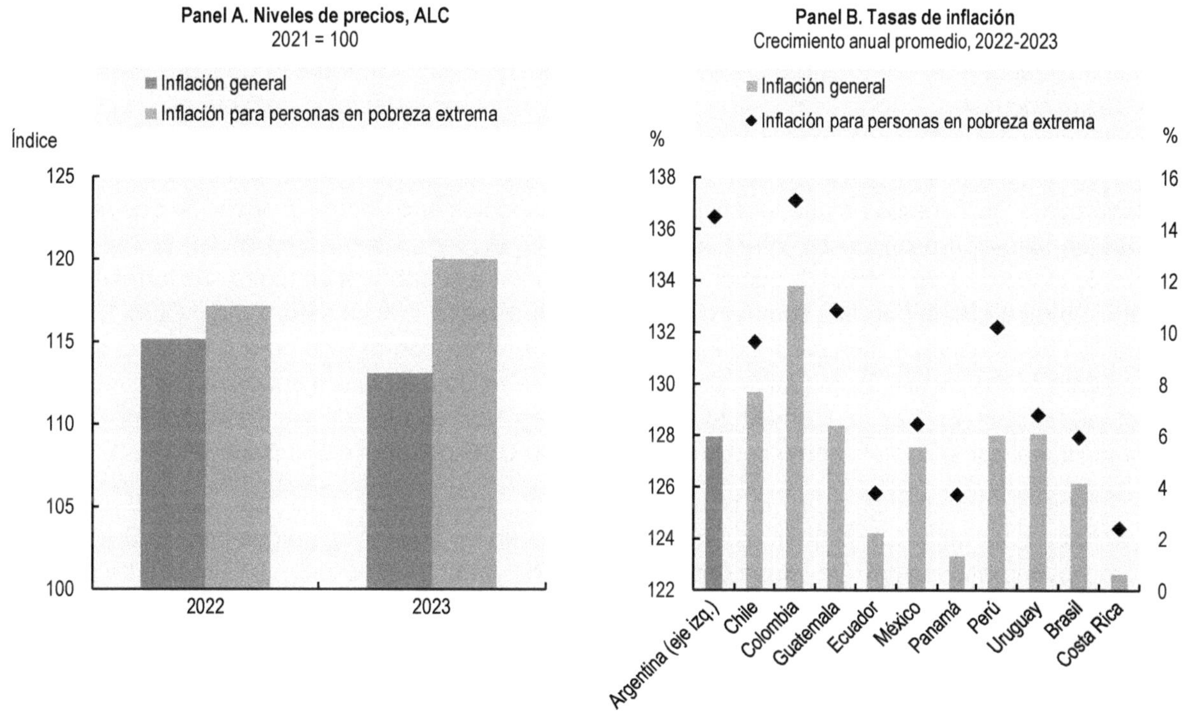

Nota: Los umbrales de la pobreza extrema se basan en el costo de una cesta de alimentos básica que cubre las necesidades básicas y las necesidades calóricas mínimas de los miembros de un hogar de referencia. En el caso de Colombia y Perú, se tuvo en cuenta la categoría de alimentos y bebidas no alcohólicas de su Índice de Precios al Consumo (IPC). En el de Panamá, los datos incluyen los distritos de Panamá y San Miguelito. Para Uruguay, se considera la inflación en Montevideo. Para calcular la tasa de inflación que afecta a las personas en situación de pobreza extrema de Brasil, se utilizaron los promedios de las cestas de las 17 capitales. El Panel A se refiere a los promedios sin ponderar de los niveles de precios de ALC que afectan a los consumidores en general (verde) y a las personas en situación de pobreza extrema (naranja). En el Panel A, se ha excluido a Argentina de los cálculos de los niveles de precios promedio. En el Panel B, los porcentajes correspondientes a Argentina se muestran en el eje de la izquierda.

Fuente: Elaboración de los autores a partir de datos de las oficinas nacionales de estadística sobre el IPC y los umbrales de pobreza.

StatLink https://stat.link/x2s89l

Pese a los avances, la reducción de la pobreza sigue siendo una preocupación social principal en ALC y debe considerarse en todas sus dimensiones. La falta de ingresos suficientes está correlacionada con otras dimensiones que son fundamentales para el bienestar de la población, tales como la educación, la salud, la vivienda y el saneamiento. Las mediciones de los ingresos y de la pobreza multidimensional en la región de ALC han avanzado considerablemente en las últimas décadas gracias a la disponibilidad de microdatos procedentes de encuestas nacionales a hogares realizadas por órganos gubernamentales y oficinas nacionales de estadística (Gasparini, Santos and Tornarolli, 2021[28]; OPHI and UNDP, 2023[29]). Sin embargo, la pobreza de ingresos medida a través de las encuestas a hogares no necesariamente mantiene una correlación perfecta con la pobreza a nivel multidimensional (Alkire and Shen, 2017[30]; Tran, Klasen and Alkire, 2015[31]). Las iniciativas de las Naciones Unidas (ONU) destinadas a abordar el desafío que supone erradicar la pobreza y la privación material en todas sus formas incluyen la Agenda 2030 para el Desarrollo Sostenible, adoptada en 2015, así como los Objetivos de Desarrollo Sostenible (ODS) de las Naciones Unidas. Los esfuerzos para medir la pobreza multidimensional tratan de establecer prioridades claras para la consecución de dichos objetivos (Recuadro 1.1).

Recuadro 1.1. Medición de la pobreza multidimensional

Los indicadores que miden la pobreza suelen basarse en el supuesto de que una cifra sobre la pobreza monetaria puede reflejar el fenómeno que constituye no poder vivir con medios materiales suficientes (Ravallion, 2016[32]). Si bien resulta esencial disponer de datos estadísticos sobre la pobreza monetaria, la pobreza está asociada con una escasez de recursos materiales concretos (Lister, 2004[33]). Por lo tanto, debería considerarse un fenómeno multidimensional (Sen, 1999[34]). La pobreza de ingresos medida a través de las encuestas a hogares no necesariamente guarda una correlación perfecta con la pobreza a nivel multidimensional. Por ello, en las últimas décadas, ha aumentado el reconocimiento de la pobreza como un fenómeno multidimensional. Esto se debe, a juicio de muchos economistas, a que una cifra monetaria como los ingresos no puede reflejar todos los aspectos que abarca la privación que sufren las personas en situación de pobreza (Alkire and Shen, 2017[30]; Tran, Klasen and Alkire, 2015[31]). En el Objetivo de Desarrollo Sostenible 1, que se refiere a poner fin a la pobreza en todas sus formas en todo el mundo, se reconoce la pobreza como un fenómeno multidimensional: La meta 1.1 del ODS 1, sobre la erradicación de la pobreza monetaria de las personas que viven con menos de a 1.90 USD al día, se complementa con la meta 1.2, que es reducir al menos a la mitad la pobreza en todas sus dimensiones para el año 2030. El Banco Mundial también ha aceptado el uso de un indicador de pobreza multidimensional como complemento de la medida de 1.90 USD por día (World Bank, 2017[35]).

Las estimaciones mundiales sobre la pobreza multidimensional relativas a más de 100 países en desarrollo son generadas conjuntamente por el Programa de las Naciones Unidas para el Desarrollo y la Oxford Poverty and Human Development Initiative (OPHI and UNDP, 2023[29]). El Índice de Pobreza Multidimensional (IPM) mundial avanza en la meta 1.2 del ODS 1 y mide las privaciones interrelacionadas de los indicadores relativos a los ODS 1, 2, 3, 4, 6, 7 y 11 (sobre pobreza; hambre; salud y bienestar; educación; agua limpia y saneamiento; energía asequible y no contaminante; y ciudades y comunidades sostenibles). El índice ofrece la ventaja de emplear una metodología sistemática entre los diferentes países.

Dicha metodología comienza construyendo un perfil de privación de cada hogar y de cada una de las personas que viven en él. A estas privaciones se les da seguimiento usando 10 indicadores relacionados con la salud, la educación y el nivel de vida. Algunos ejemplos de dichos indicadores son la tasa de mortalidad infantil, la tasa de asistencia escolar y el porcentaje de hogares que carecen de electricidad o que no disponen de bienes básicos como un teléfono, un televisor, un computador, un refrigerador, una bicicleta o una motocicleta. Todos los indicadores se ponderan por igual dentro de cada dimensión. La puntuación sobre privación de cada persona es la suma de las privaciones ponderadas experimentadas. El IPM mundial considera que las personas se encuentran en situación de pobreza multidimensional si su puntuación sobre privación es de un tercio o superior.

Muchos países han realizado adaptaciones nacionales basándose en el IPM mundial. También existen IPM regionales, incluso con respecto a ALC (ECLAC, 2013[36]). Asimismo, se han publicado indicadores oficiales de pobreza multidimensional en Chile, Colombia, Costa Rica, Ecuador, El Salvador y México, con metodologías nacionales específicas (CONEVAL, 2010[37]; Angulo, Diaz and Pardo Pinzon, 2013[38]; Ministerio de Desarrollo Social de Chile, 2015[39]; Castillo and Perez, 2015[40]; Gobierno de El Salvador, 2015[41]; INEC, 2015[42]). Los datos presentados en este capítulo se refieren a las estimaciones nacionales facilitadas en (ECLAC, 2024[43]).

Fuente: Elaboración de los autores a partir de (OPHI and UNDP, 2023[29]), (OPHI/University of Oxford/UNDP, 2019[44]) y (ECLAC, 2024[45]).

La pobreza multidimensional medida por el IPM mundial varía enormemente entre los diferentes países de ALC. En 2022, la pobreza multidimensional se situó por debajo del 20% en seis países de ALC, aunque fue especialmente alta en El Salvador (33.4%), México (36.3%), Ecuador (38.1%) y Honduras (66.9%) (ECLAC, 2024[45]). De acuerdo con las estimaciones del Programa de las Naciones Unidas para el Desarrollo, cerca de 33 millones de personas de ALC, o casi un 6% de la población regional, se encontraban en situación de pobreza multidimensional aguda en 2023 (OPHI and UNDP, 2023[29]). Entre las dimensiones de la pobreza, las condiciones de vida, en particular la vivienda y los servicios básicos, son las que más contribuyen a la pobreza aguda de la región (38.9%), seguidas de la salud (33.5%) y la educación (27.6%) (ECLAC, 2024[45]). Al mismo tiempo, las consecuencias del cambio climático tienen un mayor impacto en los grupos más vulnerables. A escala mundial, entre 32 y 132 millones de personas corren el riesgo de caer en situación de pobreza debido al cambio climático de aquí a 2030 en la mayoría de los escenarios (Jafino et al., 2020[46]).

Los índices de pobreza multidimensional son una herramienta importante para ayudar a los responsables de la formulación de políticas a entender mejor la pobreza monetaria y otras formas de privación, y para poder abordarlas. En Colombia, se elaboró una versión simplificada del IPM nacional usando datos detallados del censo para identificar zonas del país en situación de privación crítica. La información se utilizó para priorizar determinadas regiones y municipios con el fin de orientar mejor las prestaciones sociales (DANE, 2020[47]). En Chile, se ha utilizado el IPM como una herramienta de política para complementar los datos estadísticos existentes sobre pobreza y diseñar, supervisar y evaluar la política pública para la consecución de los ODS (Gobierno del Chile, 2017[48]). En muchos casos, hacer que las personas pobres participen directamente en la validación de la estructura del IPM nacional puede servir para saber de manera más directa en cuáles de las dimensiones centrarse, así como el nivel de gravedad de la pobreza multidimensional. Algunos países de ALC, como El Salvador y Panamá, han llevado a cabo dicho proceso (OPHI/University of Oxford/UNDP, 2019[44]).

Algunos países de ALC han ampliado el alcance de los IPM en las políticas. Por ejemplo, Costa Rica y México han adoptado e incorporado oficialmente el IPM en sus procesos de asignación presupuestaria, al alinear los recursos con los resultados del IPM nacional. Las asignaciones pueden ajustarse para abordar las privaciones de manera más efectiva, incluso cuando se usa la misma cantidad de recursos presupuestarios agregados. Este tipo de análisis permite a los gobiernos acelerar las reducciones de la pobreza multidimensional redistribuyendo los recursos de acuerdo con las necesidades de cada región o de los grupos vulnerables (MPPN, 2017[49]; OPHI/University of Oxford/UNDP, 2019[44]). Los IPM pueden complementar además la información existente con indicadores ambientales, como un dominio específico de la pobreza multidimensional. Gran parte de la privación material está vinculada a desastres naturales tales como terremotos, deslizamientos de tierra, inundaciones y tormentas (OECD et al., 2022[10]). Las encuestas a hogares sobre diversos temas pueden brindar la oportunidad de identificar qué grupos pobres y vulnerables son las víctimas de privaciones específicas relacionadas con los recursos naturales y ambientales. Chile, la República Dominicana, El Salvador y Panamá han modificado sus encuestas a hogares para incluir un módulo sobre los riesgos de los desastres naturales y la contaminación ambiental (OPHI/University of Oxford/UNDP, 2019[44]).

El trabajo informal, que es generalizado en la región, repercute en las condiciones de vida

Las oportunidades laborales se han estancado en ALC en la última década (ECLAC, 2024[43]). En 2022, la tasa de empleo en la región de las personas con edades comprendidas entre 15 y 64 años se situó en el 65.1%, ligeramente por encima del nivel de 2012, del 64.4%, y por debajo del promedio de la OCDE de 2022, del 69.3% (año en el que se registró un incremento sustancial de 4.4 puntos porcentuales con respecto al observado diez años antes).

Las mujeres y los jóvenes son segmentos de la población sumamente vulnerables en el mercado laboral de la región. En 2022, la brecha de género de las tasas de empleo era de 24.8 puntos porcentuales en los países de ALC, con una oscilación de entre 38.3 puntos porcentuales en Honduras y 11.7 puntos porcentuales en Uruguay. Las oportunidades relativas que ofrece el mercado de trabajo a las mujeres han mostrado escasos avances durante los últimos diez años: la brecha de género se ha contraído tan solo 3.5 puntos porcentuales desde 2012. Los jóvenes de entre 15 y 24 años tienen pocas probabilidades de conseguir empleo. En 2022, la tasa de empleo juvenil era del 39.6%. Estas vulnerabilidades son acumulativas en el mercado laboral de ALC. Las mujeres jóvenes tienen una probabilidad extremadamente baja de conseguir un empleo, con solo tres de cada diez ocupadas en 2022.

Además, en los mercados laborales de la región abundan los empleos de baja calidad y la informalidad. En 2022, más de la mitad de los trabajadores de ALC tenían empleos informales (55.7%) (ILO, 2024[50])[2]. Esta cifra constituye tan solo una ligera mejora con respecto a 2010, cuando un 59.4% de las personas empleadas tenía un trabajo informal. La tasa de informalidad es especialmente alta en Bolivia (83.7%), Ecuador (68.5%), Guatemala (79.6%), Paraguay (67.9%) y Perú (74.4%). Por el contrario, las políticas fiscales efectivas han ayudado a recortar las tasas de informalidad prácticamente a la mitad en Chile y Uruguay (véase más información en el Capítulo 2). En 2022, esta tasa se situó en el 27.4% en Chile y en el 22.1% en Uruguay.

En la región de ALC, tanto hombres como mujeres se encuentran expuestos a las dificultades que acarrea el trabajo informal. En 2022, la proporción de trabajadores informales dentro de cada grupo era del 55.9%, en el caso de los hombres, y del 55.4%, en el caso de las mujeres. Sin embargo, en los países en los que la informalidad es especialmente elevada, las mujeres presentan más probabilidades que los hombres de realizar un trabajo informal. La brecha de género de la tasa de informalidad es considerable en Bolivia (5.0 puntos porcentuales), Ecuador (4.6), Guatemala (4.8), Paraguay (3.0) y Perú (5.7), países en los que cerca de siete de cada diez trabajadores pertenecen al sector informal. Además, la incidencia del trabajo informal es más elevada en sectores como la agricultura (78.0%) y la construcción (75.8%), y es más baja en el sector de la fabricación (47.8%) y los servicios (49.6%). La informalidad también es más predominante en las zonas rurales (71.4%) que en las urbanas (50.5%).

Medir la informalidad de los hogares resulta útil para conocer las características del mercado laboral de cada país. La condición de trabajadores informales o formales de los miembros activos de un hogar tiene consecuencias importantes para los miembros dependientes. El empleo formal de al menos uno de los miembros de un hogar puede incrementar el acceso de este a los sistemas de seguridad social, que con frecuencia cubren al cónyuge y/o los hijos del contribuyente, al igual que ocurre con el seguro médico. Por eso, los hogares en los que solo hay trabajadores informales se enfrentan a vulnerabilidades diferentes de las de los hogares mixtos. Incorporar la dimensión del hogar al análisis de la informalidad ayuda a los responsables de la formulación de políticas a identificar a los destinatarios de los programas de ayuda social y diseñar políticas públicas específicas que aborden las vulnerabilidades y consecuencias negativas de la informalidad para las personas individuales y sus hogares.

En ALC, durante los años previos a 2022, un 64.9% de la población vivía en hogares en los que al menos uno de los sustentos económicos principales procedía del sector informal, ya que un 42.5% de los hogares dependía por completo del empleo informal y un 22.4% de los hogares tenía características mixtas porque sus ingresos procedían del sector formal e informal. Los miembros de los hogares que dependían del empleo formal representaban un 25.1% de la población (Gráfico 1.14). Sin embargo, existe una gran heterogeneidad en toda la región. La proporción de personas que viven en hogares completamente dependientes del sector informal es considerable en países como Honduras (73.9%), Bolivia (70.8%), Nicaragua (64.2%) y Perú (60.6%), mientras que la proporción de personas cuyo sustento procede íntegramente de la economía formal es alta en Uruguay (65.4%), las Bahamas (62.0%), Chile (59.2%) y Costa Rica (56.6%).

Gráfico 1.14. Distribución de la población, según el nivel de trabajo informal en el hogar, último año disponible

% de la población

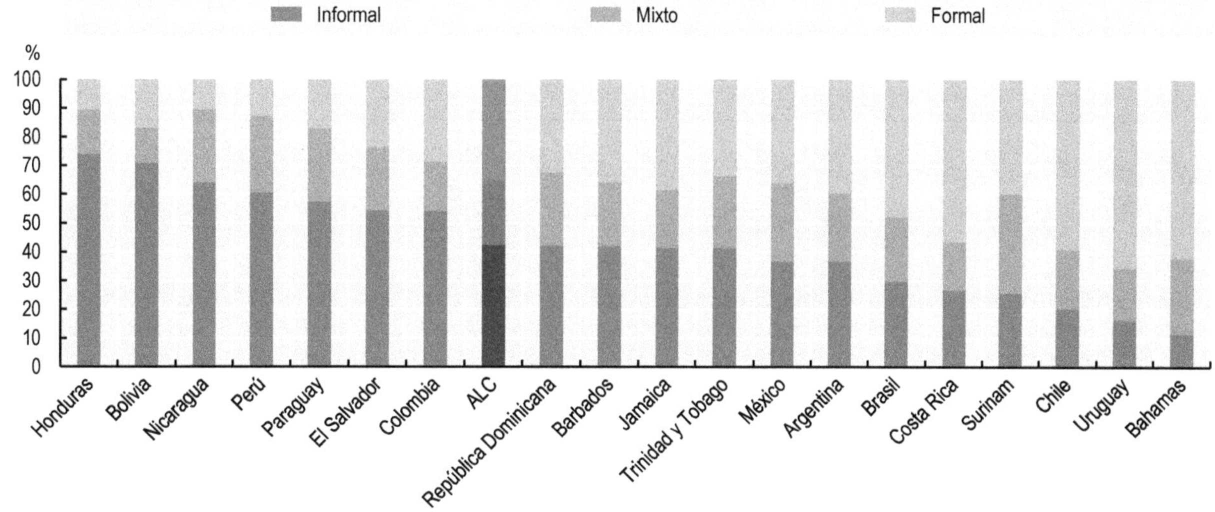

Nota: Datos del último año disponible de la encuesta a hogares de cada país. Se refieren a 2013 en el caso de las Bahamas; a 2016 en el caso de Barbados; a 2014 en el caso de Nicaragua y Trinidad y Tobago; a 2017 en el caso de Chile; a 2018 en el caso de Argentina, Bolivia, la República Dominicana, Paraguay y Uruguay; a 2019 en el caso de Brasil, Honduras, Jamaica y Perú; a 2020 en el caso de Costa Rica y México; a 2021 en el caso de Colombia y El Salvador; a 2022 en el caso de Surinam.
Fuente: Elaboración de los autores basándose en (OECD, 2024[51]).

StatLink https://stat.link/lm8wo4

El trabajo informal, al ser un factor que influye en el reducido salario de las personas y los bajos ingresos de los hogares, incide negativamente en las condiciones de vida. En ALC, durante la década de 2020, un 65.5% de la población que se situaba en el quintil más bajo de distribución de ingresos de los hogares viviría en hogares que dependían íntegramente de la economía informal, un 13.9% en hogares con ingresos procedentes de ambos sectores y un 20.6% en hogares con trabajos formales. En el quintil de ingresos más alto, por el contrario, dichos porcentajes eran respectivamente del 22.2%, el 24.1% y el 53.7% (OECD, 2024[51]).

En otras palabras, la informalidad laboral está vinculada a la pobreza de la región de ALC (Gráfico 1.15). Durante la década de 2020, un 28.2% de los trabajadores informales vivía por debajo del umbral de pobreza nacional en promedio, mientras que solo un 10.5% de los trabajadores formales eran pobres. El porcentaje de trabajadores informales que vivía por debajo del umbral de la pobreza era extremadamente alto en Honduras (62.4), Argentina (58.5%) y México (44.8%). Entre los diferentes países de ALC, cabe destacar que las tasas de pobreza totales de los trabajadores guardan una correlación casi perfecta con la brecha de pobreza entre los trabajadores informales y los trabajadores formales.

Gráfico 1.15. Tasas de pobreza de los trabajadores de ALC según su condición de trabajadores informales

% de trabajadores que viven por debajo del umbral de pobreza nacional

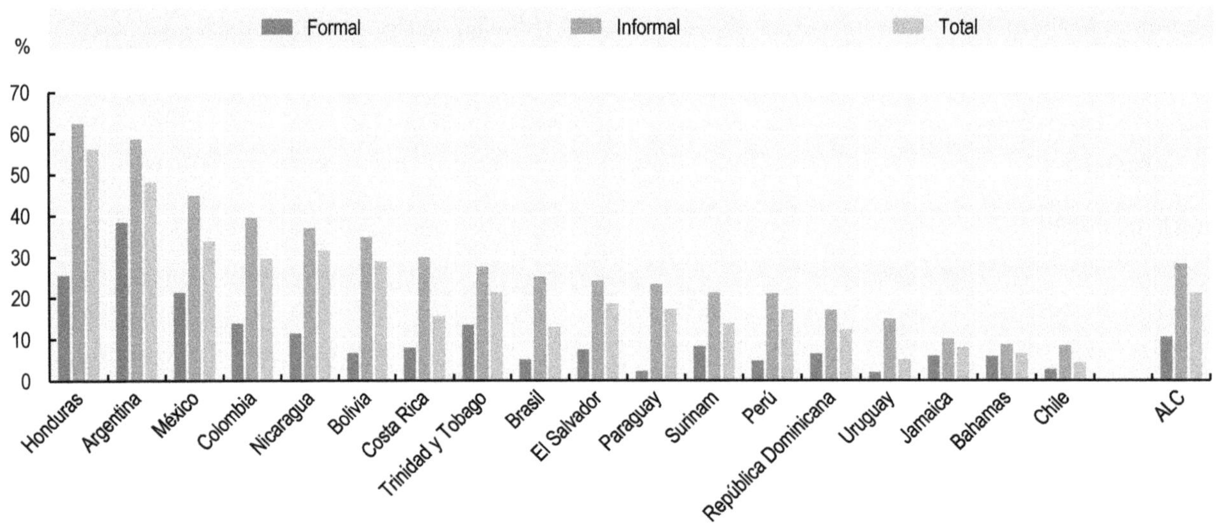

Nota: Datos del último año disponible de la encuesta a hogares de cada país. Se refieren a 2013 en el caso de las Bahamas; a 2014 en el caso de Nicaragua y Trinidad y Tobago; a 2017 en el caso de Chile; a 2018 en el caso de Argentina, Bolivia, República Dominicana, Paraguay y Uruguay; a 2019 en el caso de Brasil, Honduras, Jamaica y Perú; a 2020 en el caso de Costa Rica y México; a 2021 en el caso de Colombia y El Salvador; a 2022 en el caso de Surinam.
Fuente: Elaboración de los autores basándose en (OECD, 2024[51]).

StatLink https://stat.link/vfpb4s

Más allá de su impacto directo en los trabajadores, la economía informal tiene graves consecuencias negativas para los miembros de las familias. En ALC, durante la década de 2020, un 44.8% de los menores de 5 años dependía íntegramente de los ingresos de hogares informales. Ocurre lo mismo en el caso de las personas mayores: un 48.7% de las personas de más de 65 años dependía íntegramente de hogares informales (OECD, 2024[51]). Esto significa que prácticamente la mitad de la población más vulnerable de la región podría no disponer de una cobertura social efectiva, por ejemplo pensiones contributivas o un seguro médico. Orientar los programas de asistencia social hacia este tipo de familia debe ser una prioridad de los gobiernos de ALC.

El uso de las tecnologías de la información y las comunicaciones (TIC) en las políticas de formalización puede constituir un instrumento fundamental para reducir la informalidad en ALC. Estudios recientes han destacado cómo estas han contribuido a la formalización de empresas pequeñas, debido a una mejor trazabilidad de las actividades informales, un avance en la productividad gracias a aplicaciones digitales o a un mejor acceso a instrumentos financieros por parte de las pequeñas empresas o los empleados por cuenta propia, a través de las tecnologías financieras (*fintech*) (ILO, 2022[52]; Filipetto et al., 2022[53]). Por lo tanto, promover la transformación digital en la región podría contribuir al descenso de la informalidad.

Las economías de ALC siguen presentando profundas desigualdades, aunque han disminuido en las décadas recientes debido en parte al elevado crecimiento durante la época en la que los precios de las materias primas se dispararon (Balakrishnan et al., 2021[54]). Los indicadores de las desigualdades que presentan los ingresos disponibles de los hogares, por ejemplo, el índice de Gini, no han experimentado grandes cambios desde 2017, tras los significativos descensos observados desde el inicio de la década de 2000 (Gráfico 1.16). En 2022, el coeficiente de Gini en ALC fue del 0.45. Los países que presentaban los coeficientes de Gini más elevados (indicativos de una mayor desigualdad) eran Brasil y Colombia, por encima de 0.50. Los coeficientes de Gini más bajos se observaron en Argentina, la República Dominicana y Uruguay, con índices entre 0.38 y 0.40. A nivel mundial, en torno a 2015, la región presentaba desigualdades relativas superiores a las de África (0.42), Asia (0.36) y Europa (0.31) (World Bank, 2024[55]).

Gráfico 1.16. Desigualdades de ingresos en los países de ALC, 2002-22

Coeficientes de Gini

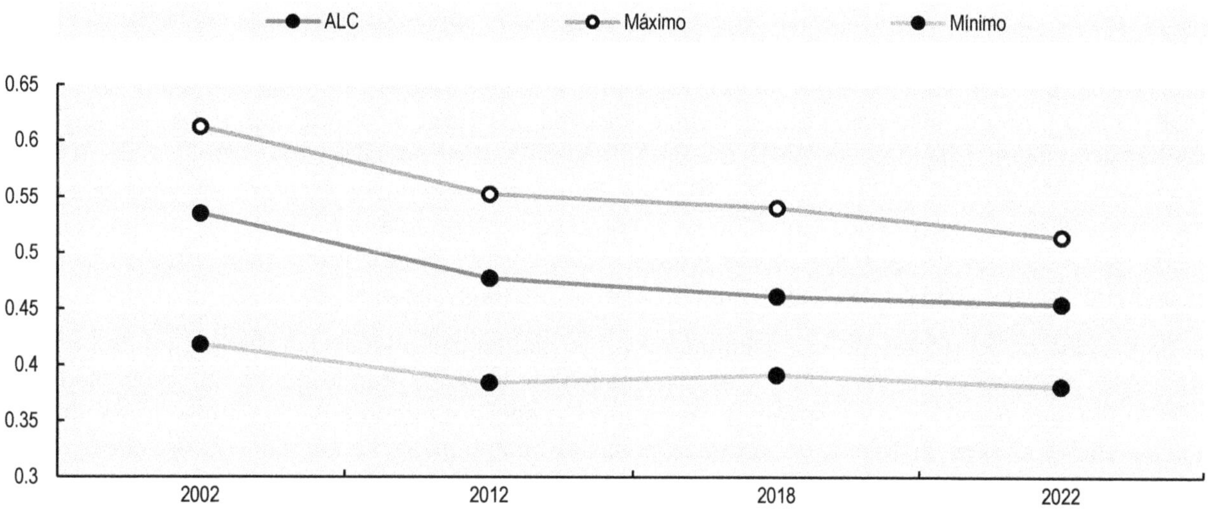

Nota: El gráfico muestra el promedio sin ponderar y los niveles máximo y mínimo de los coeficientes de Gini en los siguientes países de ALC: Bolivia, Brasil, Chile, Colombia, Costa Rica, República Dominicana, Ecuador, El Salvador, Guatemala, Honduras, México, Nicaragua, Panamá, Paraguay, Perú, Uruguay y Venezuela.
Fuente: Elaboración de los autores basándose en (ECLAC, 2024[43]).

StatLink https://stat.link/28sua1

El descenso estructural de la desigualdad en la región durante las últimas dos décadas se ha visto impulsado principalmente por una importante reducción de los desiguales resultados en cuanto ingresos en una selección de países en los que la desigualdad era especialmente elevada. Por ejemplo, la desigualdad de ingresos medida por el coeficiente de Gini fue sumamente elevada a principios de la década de 2000 en Bolivia (0.61), la República Dominicana (0.50) y El Salvador (0.51). Pero en 2022, dicho coeficiente se había contraído respectivamente a 0.42, 0.38 y 0.40. Esta tendencia positiva estuvo relacionada en parte con el hecho de que los precios de las materias primas se disparasen en dichos países (Balakrishnan et al., 2021[54]). Sin embargo, la desigualdad ha sido más persistente en ciertos países de ALC, manteniéndose por encima del promedio regional tanto en 2002 como en 2022, entre ellos Brasil (0.57 en 2002 y 0.51 en 2022), Panamá (0.57 y 0.50) y Paraguay (0.58 y 0.47).

El trabajo formal es el factor que más influye en la desigualdad salarial. En promedio, durante la década de 2020, los empleados formales de ALC ganaban un salario por hora que duplicaba el obtenido por los empleados informales, lo que contribuía a una elevada dispersión de los ingresos del mercado laboral. La ratio es superior al promedio en El Salvador (4.4 veces), Honduras (2.5) y Perú (2.4) y es considerablemente más baja en Barbados (1.7), Chile (1.3), y Brasil y Colombia (1.6).

Un mejor diseño de las políticas de los sistemas de protección social puede potenciar la inclusión social

Para aumentar la inclusión social en ALC, no solo es necesario reforzar el financiamiento sino también mejorar el diseño de las políticas de los sistemas de protección social. En un contexto en el que los recursos son limitados, resulta fundamental promover el diseño de políticas de protección social que sean efectivas y eficientes. Este apartado se centra en el diseño de las pensiones de jubilación, los seguros médicos, las prestaciones por desempleo y las políticas activas del mercado de trabajo en ALC. Comienza con una descripción de los niveles de gasto social en la región y un examen de las diferencias entre los sistemas de protección social contributivos y no contributivos.

En 2022, el gasto social de los gobiernos centrales en relación con el PIB de América Latina descendió por segundo año consecutivo, tras el importante crecimiento registrado en 2020 con la respuesta de emergencia a la pandemia del COVID-19. En 2022, el gasto social de los gobiernos centrales se situó en un 11.5% del PIB, 2.2 puntos porcentuales menos que en 2020, pese a ser ligeramente superior al nivel de 2019 (0.3 puntos porcentuales) (ECLAC, 2023[56]). Utilizando la base de datos de gasto social de la OCDE (SOCX), una clasific ación de los gastos sociales, los países de ALC sobre los que hay datos disponibles gastaron, en promedio, un 12.6% del PIB en protección social en 2018, frente a un 19.7% del PIB en la OCDE (ECLAC, 2023[57]; OECD, 2023[58]). El uso eficiente de los recursos públicos es esencial para promover el bienestar de los ciudadanos, al tiempo que se reduce al mínimo el tener que recurrir a los impuestos directos de los trabajadores (véase el Capítulo 2) (Nuñez and Lasso, 2023[59]; Izquierdo, Pessino and Vuletin, 2018[60]; AFD, 2024[61]; OECD et al., 2019[1]; Cecchini, 2020[62]).

Los principales componentes de los sistemas de protección social pueden clasificarse en dos grandes áreas: i) los sistemas de protección social contributivos, conocidos tradicionalmente como "seguridad social" o "seguro social"; y ii) los sistemas de protección social no contributivos, también denominados "ayudas sociales". Los sistemas de protección social contributivos tienen por objeto ofrecer a los trabajadores y a sus dependientes un seguro adecuado que los proteja ante experiencias vitales que inciden en los medios materiales de los que disponen, por ejemplo, la jubilación, el desempleo, una enfermedad, una discapacidad y la paternidad/maternidad. El acceso a los sistemas de protección social contributivos requiere el pago de contribuciones a la seguridad social, que son deducidas de los salarios o de otros ingresos del trabajo generados en el mercado laboral. Los sistemas de protección social no contributivos consisten en transferencias, subsidios y servicios públicos orientados a la población y los hogares más vulnerables, por ejemplo, a quienes se encuentran en situación de pobreza (ya sea monetaria o multidimensional). Estas prestaciones no suelen financiarse mediante contribuciones a la seguridad social, sino que se incluyen en el presupuesto general, usando recursos procedentes de los impuestos directos e indirectos (Cecchini, 2020[62]; ILO, 2021[63]; OECD, 2019[64]). Debería implantarse un sistema de protección social básica para los trabajadores tanto formales como informales, a pesar de que se necesitarían más ingresos tributarios. Los incentivos para la creación de empleo formal se verían reforzados en el caso de que dicha protección social básica se financiara con cargo a la recaudación de impuestos generales y no con contribuciones a la seguridad social, que suelen incrementar el costo del proceso de formalización. La vinculación de las prestaciones y la concesión de derechos de protección social también puede incrementar el atractivo del empleo formal para los trabajadores (Arnold et al., 2024[65]).

Una combinación efectiva de programas de financiamiento público bien orientados, destinados a incrementar la cobertura de los regímenes de protección social, junto con intervenciones en materia de políticas bien diseñadas e implementadas en los mercados laborales de ALC, puede promover la inclusión social y abordar las actuales carencias en la protección de los grupos vulnerables estrechamente ligadas al empleo informal. En este contexto, diseñar un único régimen de afiliación para los diferentes sistemas de seguridad social, que abarcan las pensiones y el seguro médico, debería contribuir al aumento de la inclusión social a través de la formalización del empleo (OECD, 2024[66]).

Pese a que la mayoría de los sistemas de pensiones, por ejemplo, las pensiones mínimas contributivas, pertenecen a la categoría de sistemas de protección social contributivos, algunos programas, como las pensiones sociales no contributivas, son programas de transferencia de efectivo (Arenas De Mesa, 2019[67]; Arenas de Mesa, Robles and Vila, 2024[68]; OECD, 2024[66]; Arenas De Mesa and Robles, 2024[69]). La finalidad de dichas pensiones no contributivas es equilibrar el consumo a lo largo del ciclo de vida, a fin de facilitar ingresos tras una invalidez o tras el fallecimiento de la persona cabeza de familia, además de mitigar la pobreza de la población de edad avanzada.

Los sistemas de pensiones pueden también clasificarse en categorías según la gestión financiera de los recursos, las normas para la concesión de las prestaciones y el mecanismo de distribución (Cecchini, 2020[62]; Uthoff, 2016[70]). Las diferencias principales están relacionadas con las modalidades de gestión financiera. Los sistemas de pensiones pueden clasificarse como i) sistemas por reparto, en los que la población económicamente activa contribuye al sistema de pago de las pensiones de quienes ya se han jubilado; o ii) sistemas de capitalización, en los que las contribuciones a las pensiones se depositan en una cuenta de ahorro de inversión creada por cada trabajador afiliado para su uso personal al llegar a la edad de jubilación.

Los sistemas de pensiones de ALC han experimentado reformas estructurales importantes desde la década de 1980. Dichas reformas han consistido en general en la transformación del diseño institucional de los sistemas de reparto, mediante la introducción de planes de capitalización individual. En general, las reformas estructurales han derivado en períodos de transición largos durante los cuales han coexistido al menos dos sistemas de pensiones, el nuevo y el antiguo, como ocurrió con la reforma chilena de 1981. Desde entonces, nueve países de ALC (Argentina, Bolivia, Costa Rica, la República Dominicana, El Salvador, México, Panamá, Perú y Uruguay) han incorporado un régimen de capitalización a sus sistemas, ya sea como pilar principal o como complemento del sistema de reparto tradicional (ECLAC, 2018[71]; Cecchini, 2020[62]; OECD, 2023[72]). Colombia ha aprobado recientemente una nueva legislación destinada a incrementar la cobertura, mediante subsidios orientados a trabajadores que no cumplen los requisitos de período mínimo de cotización para obtener una pensión contributiva, en especial a las mujeres (Ministerio del Trabajo, 2024[73]).

Los países de ALC han experimentado además reformas paramétricas destinadas a modificar el marco de los sistemas de reparto, incluso aunque dichas reformas se hayan aplicado también a los sistemas de capitalización. Entre 2008 y 2017, 11 países de América Latina —Brasil, Costa Rica, Cuba, Ecuador, Guatemala, Haití, Honduras, Nicaragua, Paraguay, Uruguay y Venezuela— ajustaron sus sistemas públicos de reparto, mientras que 4 países —Colombia, Chile, El Salvador y Perú— ajustaron sus sistemas de capitalización individual (ECLAC, 2018[71]).

En este contexto, los sistemas de pensiones consistentes exclusivamente en regímenes de capitalización individual han comenzado a ser objeto de crítica en la región. Los economistas argumentan que centrar los esfuerzos del sistema de pensiones exclusivamente en la capacidad de ahorro individual no parece viable, en especial en un contexto de informalidad laboral de larga data (Arnold et al., 2024[65]; Uthoff, 2016[70]; Sojo, 2017[74]). Las contribuciones a los sistemas de pensiones de la región descendieron durante la pandemia. En 2020, solo contribuyó a los sistemas de pensiones un 44.3% de la población económicamente activa, con una ligera recuperación en 2021 (45.7%); la cobertura de la población activa en 2021 fue especialmente baja en el caso de las familias con bajos ingresos (7.1%) y en las zonas rurales (21.8%), así como en el caso de los jóvenes de entre 15 y 19 años (16%) (Robles and Holz, 2024[75]; Arenas de Mesa, Robles and Vila, 2024[68]; Arenas De Mesa and Robles, 2024[69]).

El elevado nivel de informalidad en el mercado laboral de ALC, la gran proporción de empleos inestables del sector formal con escasa capacidad de contribución y el aumento de otras formas de trabajo atípicas, como las vinculadas a las plataformas digitales, plantean desafíos a la hora de incrementar la baja tasa de cobertura de los sistemas de pensiones de la región, en especial en el caso de los sistemas de capitalización individual (Robles and Holz, 2024[75]; ECLAC, 2018[71]). Los sistemas actuales ya han cambiado a una combinación en la que las pensiones sociales no contributivas complementan el sistema contributivo: la cobertura de los sistemas de pensiones no contributivas para personas de 65 años o más se incrementó del 3.4% en 2000 al 26.7% en 2021 (ECLAC, 2018[71]; Robles and Holz, 2024[75]). Diversos estudios se han centrado en los efectos de las pensiones no contributivas en la reducción de la pobreza y la desigualdad en los países de ALC. Los resultados no son concluyentes, pero algunas evidencias estadísticas sostienen la hipótesis de que la pobreza y la pobreza extrema se reducen en el caso de las personas que reciben pensiones sociales, sin que ello plantee riesgos para la sostenibilidad financiera (Arenas de Mesa, Robles and Vila, 2024[68]; Arenas De Mesa and Robles, 2024[69]).[3]

ALC también presenta grandes brechas en términos de acceso al sistema de salud, por lo que la región se enfrenta al desafío de avanzar hacia políticas y sistemas de atención más integrales (OECD, 2023[76]). Sin embargo, el gasto total en salud ha ido en aumento. De 2010 a 2017, la tasa de crecimiento anual promedio del gasto en salud real per cápita fue superior al 3% en la mayoría de los países de la región (Rao et al., 2022[77]).

El gasto público en salud varía enormemente entre los diferentes países de ALC. Esta variable se sitúa cerca del 5% del PIB en países como Argentina, Costa Rica, Nicaragua, Surinam y Uruguay, pero es próxima al 3% del PIB en otros como Colombia, Granada, Guatemala, Honduras, México y Venezuela. Estas cifras se comparan con niveles de gasto en salud en los países de la OCDE de entre el 8% y el 11% del PIB. Particulares y familias siguen financiando un amplio porcentaje del gasto total en salud. Los gastos de bolsillo promedio de la región alcanzaron el 30.3% del gasto total en salud en torno a 2020, lo que equivale a un 2.2% del PIB regional, una cifra que superó el 30% en 14 de 33 países de ALC (Robles and Holz, 2024[75]). Los elevados gastos de bolsillo indican que el acceso a un servicio de salud universal continúa sin estar a disposición de un considerable porcentaje de la población de la región, en un momento en el que los riesgos de enfermedades y desastres naturales están repercutiendo precisamente en este tipo de gastos, tal como han demostrado nuevas amenazas epidemiológicas como la crisis del COVID-19 (Marinho, Dahuabe and Arenas de Mesa, 2023[78]).

Sin embargo, los sistemas de salud están enormemente integrados con otros programas de protección social existentes en la región y la protección social global contribuye de forma importante a la mejora del derecho a la salud, gracias a programas de bajas laborales remuneradas, transferencias de efectivo, inclusión laboral, cuidado y acceso a los servicios básicos. Estos mecanismos de ayuda influyen de manera positiva en la salud de la población y contribuyen a la reducción de las desigualdades en materia de salud a lo largo del ciclo de vida, además de disminuir la carga económica de hogares y gobiernos (Hone, 2018[79]). Este enfoque, que se conoce como atención primaria de la salud, se considera una esfera prioritaria en ALC (ECLAC, 2022[80]; WHO and UNICEF, 2018[81]). La atención primaria de la salud desempeña un papel estratégico en la coordinación de los sistemas de salud con la protección social y la promoción de los cambios necesarios en dichos sistemas para avanzar hacia la universalidad. Mediante el refuerzo de la atención primaria de la salud, se puede abordar la fragmentación de los servicios sanitarios y la segmentación de la demanda de atención basada en la capacidad de pago de la población.

Las prestaciones por desempleo son otro aspecto fundamental de la protección social, ya que su objetivo principal es garantizar las condiciones en materia de ingresos de aquellas personas que, pese a tener capacidad y voluntad para trabajar, no pueden encontrar un empleo (Isgut and Weller, 2016[82]; ILO, 2021[83]; ILO, 2021[63]). Las prestaciones por desempleo se otorgan a través de sistemas contributivos, en los que los trabajadores o las empresas pagan contribuciones a la seguridad social (seguro por desempleo) o a través de transferencias monetarias financiadas con cargo al presupuesto público (ayudas al desempleo) (ECLAC, 2023[56]).

En la actualidad, las prestaciones por desempleo en ALC son insuficientes, ya que solo 10 de los países de la región cuentan con un seguro por desempleo. Esta exigua cobertura se explica por la estructura de los mercados laborales de la región, en los que la informalidad es elevada y hay pocos trabajadores por cuenta propia que tengan capacidad para pagar contribuciones voluntarias (Weller, 2023[84]). Los países tuvieron que ajustar sus programas y políticas de protección social durante la pandemia del COVID-19 para ofrecer ayudas adecuadas a los desempleados (ECLAC, 2022[80]; Velásquez, 2021[85]; Velásquez Pinto, 2003[86]). Las modificaciones introducidas consistieron en reducir las contribuciones mínimas necesarias para adquirir derechos, ampliar la cobertura a otros grupos o en relación con sistemas de desempleo parciales, ampliaciones de la duración de las medidas y un incremento de sus importes. Pese a estos esfuerzos, únicamente un 12.5% de la población desempleada total de la región disfrutaba de prestaciones por desempleo en 2021, con una gran heterogeneidad entre los distintos países. La cobertura no superaba el 10% de los trabajadores desempleados en Argentina, Ecuador y Venezuela, mientras que los países con una cobertura superior a la de los del resto de la región fueron entre otros Barbados (88.0%), Uruguay (31.4%), las Bahamas (26.9%) y Chile (24.3%) (Robles and Holz, 2024[75]). Adaptar las prestaciones por desempleo a las características del mercado laboral y vincularlas a programas activos del mercado de trabajo son acciones fundamentales para promover la reinserción laboral, al tiempo que se protege a los grupos más vulnerables sin desincentivar la formalización del empleo.

Por último, las políticas activas del mercado de trabajo constituyen medidas políticas destinadas a fomentar oportunidades laborales, mejorar la calidad del empleo en términos de formalidad e incrementar las competencias y habilidades de los trabajadores (Espejo et al., 2023[87]; ECLAC, 2024[20]). Las políticas activas del mercado de trabajo bien diseñadas, en cuanto que elementos fundamentales en la implementación de programas de asistencia social, pueden ayudar a reducir las disparidades sociales. El número de programas de este tipo aumentó en 22 países de ALC de 70 en 2010 hasta 121 en 2019 (ECLAC, 2024[20]).

Las políticas activas del mercado de trabajo de la región están orientadas a diferentes etapas de la vida de las personas, en particular a los desempleados y los trabajadores con empleos informales. En 2022, 31 de los 120 programas de la región se enfocaron en la inclusión de los jóvenes en el mercado laboral, aunque se necesitan más esfuerzos, habida cuenta de las importantes brechas a las que se enfrentan los jóvenes en términos de acceso al mercado de trabajo. Otros programas abordan las necesidades de los grupos vulnerables que encaran múltiples barreras en los mercados laborales de ALC, así como a personas con discapacidades, mujeres y minorías étnicas como la población indígena y la afrodescendiente (ECLAC, 2024[20]). Estos programas deberían ampliarse, tanto en número como en alcance, para derribar las barreras de entrada y garantizar la inclusión laboral de los grupos vulnerables que experimentan múltiples formas de desigualdad, discriminación y exclusión (Espejo et al., 2023[87]).

Los tipos de iniciativas habituales en la región de ALC incluyen capacitación técnica y promoción del autoempleo, algo especialmente importante para abordar la informalidad, ya que los trabajadores por cuenta propia se encuentran sobrerrepresentados entre los trabajadores informales. En 2022, 79 programas de inclusión laboral impartieron cursos de capacitación técnica y profesional; 48 promovieron el autoempleo; 21 se dirigieron a programas de creación de empleos indirectos; 10 incluyeron programas de educación para adultos e iniciativas para animar a los estudiantes a seguir estudiando; y 9 constituyeron iniciativas de creación de empleos directos. El foco de los programas de inclusión laboral varía según el grupo de edad objetivo, ya que las necesidades de inclusión son distintas a lo largo del ciclo de vida (Espejo et al., 2023[87]). En términos generales, los datos indican que los cursos de capacitación técnica y profesional son fundamentales para jóvenes y adultos. También es clave anticipar la demanda que habrá en el mercado de futuras competencias, para formular políticas efectivas del mercado laboral (ECLAC, 2024[20]; OECD et al., 2023[7]). Las políticas activas del mercado de trabajo orientadas a las poblaciones más vulnerables deberían promover la inclusión social y el uso eficiente de los recursos económicos. Uno de los desafíos principales a los que se enfrenta la región es el diseño sistemático de estudios de evaluación del impacto. Las pruebas empíricas existentes apuntan a que los programas de capacitación generalmente tienen un impacto positivo en el incremento de las oportunidades laborales de los beneficiarios y que resultan efectivos para aumentar las probabilidades de conseguir un trabajo formal (Escudero et al., 2019[88]). Los escasos estudios disponibles son menos concluyentes con respecto al papel contracíclico de los programas de obras públicas, mientras que los subsidios salariales suelen impulsar las probabilidades de obtención de empleo, en particular cuando se orientan directamente a las personas particulares (ILO, 2016[89]).

El rol del financiamiento público y privado en la reducción de las brechas de desarrollo

La enorme diversidad y abundancia de recursos naturales con los que cuenta ALC se yuxtapone a un contexto de persistentes desigualdades, vulnerabilidad ante el cambio climático y convulsiones socioeconómicas recientes. Los desafíos sociales, económicos y ambientales de carácter estructural que presenta esta región exigen acciones estratégicas en materia de políticas, que tengan como eje central la mejora y el incremento de los niveles de inversión (OECD et al., 2023[7]).

En tal escenario, resulta esencial realizar una planificación de las políticas coordinada y correctamente secuenciada, ya que los desafíos en materia de desarrollo son multidimensionales y no resultan fáciles de superar. Estas dificultades están profundamente interrelacionadas, por lo que son necesarias estrategias que trasciendan las fronteras sectoriales y que aprovechen las sinergias entre los diferentes objetivos de desarrollo (OECD, 2021[90]). Los indicadores multidimensionales de desarrollo ofrecen un marco útil para la formulación de estrategias en materia de políticas que aborden los problemas ampliamente interrelacionados. El marco multidimensional de los ODS es tal vez la referencia más importante para cuantificar el progreso hacia la consecución de múltiples objetivos de desarrollo y, por lo tanto, resulta útil para conocer los costos que tendrá tal desafío (UNCTAD, 2023[91]). Los debates en curso sobre lo que ocurrirá tras la Agenda 2030 reconocen la necesidad de mantener iniciativas destinadas a conseguir un desarrollo sostenible (UofT and UCL, 2024[92]; Partners for Impact, 2024[93]). El marco de medición del bienestar multidimensional de la OCDE ofrece además indicadores útiles para conocer el progreso en materia de desarrollo y los desafíos que quedan por superar (OECD, 2021[90]).

Según las evaluaciones, los avances registrados hasta la fecha en relación con los ODS en ALC no son suficientes para alcanzar la mayor parte de las metas de aquí a 2030. Pese a que un 73% de los indicadores medibles, que representan un 72% de las metas señaladas en la Agenda 2030, apuntan a un avance en el sentido previsto, un 41% de dichos indicadores (equivalente al 47% de las metas) debe intensificar los esfuerzos para agilizar los progresos. Esta aceleración es necesaria para garantizar el cumplimiento de los niveles de referencia fijados para 2030 en los próximos siete años (ECLAC, 2024[45]). Según los datos disponibles, solo se podría alcanzar el 25% de las metas de los ODS de aquí a 2030 (Gráfico 1.17). Los progresos son lentos en cerca del 48% de las metas y, en un 27%, se están experimentando retrocesos (ECLAC, 2022[80]).

Gráfico 1.17. Metas de los Objetivos de Desarrollo Sostenible (ODS) según la posibilidad de cumplimiento a 2030

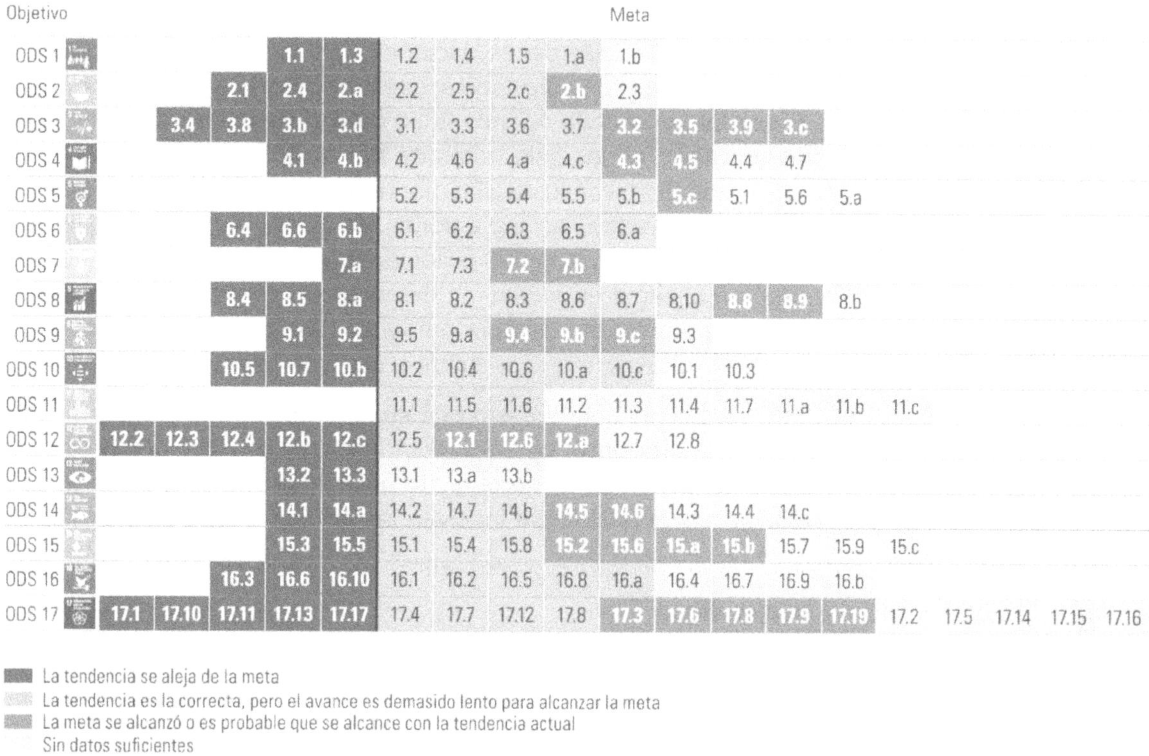

Fuente: *América Latina y el Caribe ante el desafío de acelerar el paso hacia el cumplimiento de la Agenda 2030: transiciones hacia la sostenibilidad*, de la Comisión Económica para América Latina y el Caribe (CEPAL), © 2024 Naciones Unidas, reeditado con permiso de las Naciones Unidas (2024[45]).

El marco de la OCDE para medir el bienestar multidimensional ofrece una herramienta analítica complementaria para conocer el estado y los desafíos principales en el avance hacia un mayor bienestar para los ciudadanos (OECD, 2020[94]). Si miramos más allá de los promedios, se observan amplias variaciones entre los diferentes países y también dentro de estos. Las dos décadas anteriores a la pandemia fueron testigo de incrementos considerables en el bienestar promedio de la región, aunque el ritmo de avance se ha ralentizado desde mediados de la década de 2010 y hasta 2019 persistieron problemas estructurales como la informalidad y las desigualdades (OECD, 2021[90]). Asimismo, muchos de los recursos en los que se fundamenta la sostenibilidad del bienestar –recursos de capital natural, humano, social y económico– se encuentran amenazados o mermados. Adoptar un enfoque en materia de políticas que se centre en el bienestar[4] contribuiría a que los países de ALC aborden desafíos sociales sumamente interrelacionados de manera más efectiva.

La brecha de financiamiento constituye la diferencia entre los niveles actuales de inversión en desarrollo sostenible y la cantidad necesaria para lograr los ODS de aquí a 2030. Cuantificar la brecha de financiamiento para el desarrollo sostenible de ALC es una tarea fundamental que exige esfuerzos colectivos entre los diferentes gobiernos e instituciones multilaterales. Resulta esencial conocer su magnitud para planificar iniciativas de desarrollo efectivas. Pese a los desafíos inherentes que supone esta labor tan compleja, se han puesto en marcha iniciativas para calcular los recursos necesarios para el cumplimiento de los objetivos mundiales en materia económica, social y ambiental (Recuadro 1.2).

Recuadro 1.2. Medición de la brecha de financiamiento para el desarrollo sostenible

La Conferencia de las Naciones Unidas sobre Comercio y Desarrollo (UNCTAD), en colaboración con el Departamento de Asuntos Económicos y Sociales de las Naciones Unidas (DAES) y el Programa de las Naciones Unidas para el Desarrollo (PNUD), ha calculado el gasto necesario a escala internacional para acelerar el progreso hacia la consecución de la Agenda 2030 para el Desarrollo Sostenible.[5] Las estimaciones sobre el gasto total necesario en las seis "rutas de transición" alineadas con los ODS oscilan entre los 5.4 billones de USD y los 6.4 billones de UDS por ruta al año, desde 2023 hasta 2030, mientras que la brecha de financiamiento entre las trayectorias de gasto actuales y la cantidad necesaria oscila entre 275 000 millones de USD y 469 000 millones de USD por ruta al año. Se prevé que cerca de un 80% del gasto deba realizarse en países en desarrollo con ingresos altos medios e ingresos altos, que son los que encaran un mayor costo por persona y una brecha de financiamiento más amplia que las economías en desarrollo con ingresos bajos e ingresos bajos medios.

En el caso de la región de ALC19[6], se calcula que el costo que supone acelerar el progreso hacia la consecución de los ODS es de entre 1.3 billones de USD y 1.6 billones de USD por prioridad de desarrollo. Por lo tanto, la brecha anual promedio entre el gasto necesario y la trayectoria actual se situaría en 99 000 millones de USD. A continuación, se incluyen las brechas mundiales y regionales del grupo de países de ALC19.

Prioridad 1. Protección social y empleo digno

Se calcula que la brecha de financiamiento de los ODS en esta esfera es de 294 000 millones de USD al año entre 2023 y 2030. De estos, son necesarios 44 000 millones de USD para las economías de ingresos bajos e ingresos bajos medios y 249 000 millones de USD para las economías en desarrollo de ingresos altos medios e ingresos altos (UNCTAD, 2023[91]). En 2017, la Organización Mundial de la Salud calculaba que era necesaria una inversión anual considerable, de 371 000 millones de USD, para cumplir el ODS 3 sobre salud en los países de ingresos bajos y medios (WHO, 2017[95]). La Organización Internacional del Trabajo calculó una brecha de financiamiento de 1.2 billones de USD para avanzar en la agenda de protección social y servicios de salud universal en 134 países en desarrollo (ILO, 2020[96]).

En el caso de ALC19, el gasto total anual necesario en esta esfera se sitúa aproximadamente en 1.3 billones de USD, con una brecha de financiamiento anual de 77 000 millones de USD. En América del Sur, esta brecha se sitúa en 55 000 millones de USD, una cifra que prácticamente triplica la registrada en América Central. En el Caribe, pese a que la brecha se reduce a 1 500 millones de USD, representa un 6.3% del gasto que necesita la región.

Prioridad 2. Transformación de la educación

Se calcula que la brecha de gasto en los ODS en esta esfera es de 275 000 millones de USD al año entre 2023 y 2030. De estos, son necesarios 128 000 millones de USD para las economías de ingresos bajos e ingresos bajos medios y 147 000 millones de USD para las economías en desarrollo de ingresos altos medios e ingresos altos. La Organización de las Naciones Unidas para la Educación, la Ciencia y la Cultura calcula que se necesita un promedio anual de 461 000 millones de USD de 2023 a 2030 para cubrir la brecha de financiamiento necesario para alcanzar el ODS 4 sobre educación en 79 países de ingresos bajos e ingresos bajos medios (UNESCO, 2015[97]; UNESCO, 2023[98]).

Esta ruta de desarrollo precisa un gasto total anual de 1.4 billones de USD en el caso de los países del grupo ALC19. Con los niveles actuales de gasto público, sigue existiendo una brecha de 44 000 millones de USD, la más baja de todas las rutas en la región.

Prioridad 3. Sistemas alimentarios

Se calcula que la brecha de gasto en los ODS en esta esfera es de 328 000 millones de USD al año entre 2023 y 2030. De estos, son necesarios 19 000 millones de USD para las economías de ingresos bajos e ingresos bajos medios y 309 000 millones de USD para las economías en desarrollo de ingresos altos medios e ingresos altos. En 2015, la Organización de las Naciones Unidas para la Agricultura y la Alimentación, el Fondo Internacional de Desarrollo Agrícola y el Programa Mundial de Alimentos calcularon conjuntamente que se necesitaban 265 000 millones de USD al año de 2016 a 2030 para poner fin de forma sostenible al hambre y que eran precisas inversiones importantes en los sectores productivos y los programas de protección social (FAO, IFAD and WFP, 2015[99]).

En los países de ALC19, la brecha de financiamiento asciende a 98 000 millones de USD, por lo que sería necesario incrementar el gasto anual un 6.4% para cubrirla. Los países de América del Sur se enfrentan a la mayor brecha anual, de 73 000 millones de USD, que representan cerca del 6.2% del gasto necesario y el mayor costo per cápita de la región. Las economías de América Central y el Caribe, pese a presentar brechas absolutas más reducidas, de 23 000 millones de USD y 2 000 millones de USD respectivamente, registran deficiencias relativamente superiores, pues cada una tendría que destinar cerca del 7% del gasto necesario a sistemas alimentarios.

Prioridad 4. Cambio climático, pérdida de biodiversidad y contaminación

Se calcula que la brecha de gasto en los ODS en esta esfera es de 337 000 millones de USD al año entre 2023 y 2030. De estos, son necesarios 11 000 millones de USD para las economías de ingresos bajos e ingresos bajos medios y 327 000 millones de USD para las economías en desarrollo de ingresos altos medios e ingresos altos.

En la región de ALC19, el gasto público actual destinado a la reducción de las emisiones, la protección de la biodiversidad y la reducción del consumo doméstico de materiales arroja una brecha anual de 102 000 millones de USD. Para cubrir esa brecha, es necesario aumentar el gasto anual en un 7.3%. Las economías de América del Sur se enfrentan a la mayor brecha, de 76 000 millones de USD –cerca del 7.5% del gasto del financiamiento necesario–. Pese a que la brecha de las economías de América Central es más reducida, de 2 000 millones de USD, y la de las economías del Caribe es de 1 000 millones de USD, siguen representando cerca de un 7% del gasto necesario.

Prioridad 5. Transición energética

Se calcula que la brecha de gasto en los ODS en esta esfera es de 286 000 millones de USD al año entre 2023 y 2030. De estos, son necesarios 5 000 millones de USD para las economías de ingresos bajos e ingresos bajos medios y 281 000 millones de USD para las economías en desarrollo de ingresos altos medios e ingresos altos. La Agencia Internacional de la Energía destaca la necesidad de incrementar la inversión en energías no contaminantes hasta los 4.5 billones de USD al año de aquí a 2030 para conseguir un acceso universal a energías limpias y descarbonizar el sector energético mundial (IEA, 2023[100]).

Si se excluye la infraestructura de energías renovables instalada, el actual gasto público en la región de ALC19 presenta una brecha anual de 92 000 millones de USD, por lo que se necesita incrementar el gasto en un 9.4%. Las economías de América del Sur se enfrentan a la mayor brecha, de 69 000 millones de USD, lo que equivale al 6.4% del financiamiento necesario. América Central presenta un déficit de 22 000 millones de USD, mientras que el Caribe encara una brecha de 1 400 millones de USD, por lo que entre ambos representan aproximadamente un 6% del gasto necesario.

Prioridad 6. Digitalización inclusiva

Se calcula que la brecha de gasto en los ODS en esta esfera es de 469 000 millones de USD al año entre 2023 y 2030. De estos, son necesarios 38 000 millones de USD para las economías de ingresos bajos e ingresos bajos medios y 430 000 millones de USD para las economías en desarrollo de ingresos altos medios e ingresos altos. El Fondo Monetario Internacional calcula que la inversión mundial en infraestructura digital necesaria para lograr un acceso universal a la banda ancha y promover la digitalización inclusiva es de 418 000 millones de USD al año, siendo las economías de mercados emergentes las que precisan una inversión más cuantiosa (IMF, 2023[101]; Oughton, Amaglobeli and Moszor, 2023[102]).

En el caso de los países de ALC19, la brecha de financiamiento anual en esta esfera se sitúa en los 221 000 millones de USD, el mayor importe de todas las rutas de la región, al ser necesario un aumento del 17% del financiamiento anual. Las economías de América del Sur se enfrentan a la brecha más importante, de 196 000 millones de USD, un 20% del gasto necesario. Por el contrario, las brechas de las economías de América Central y del Caribe son inferiores, ya que representan un 7% de sus necesidades totales o cerca de 23 000 millones de USD y 1 600 millones de USD respectivamente.

Fuente: (UNCTAD, 2023[91]).

La magnitud de los desafíos de la región de ALC exige una movilización considerable de recursos, que supera con creces lo que puede aportar el financiamiento público por sí solo, así como un uso efectivo de dichos recursos. Esto subraya la necesidad urgente de un esfuerzo de colaboración que agrupe a los gobiernos, el sector privado, la sociedad civil y los socios internacionales, a fin de sumar recursos y conocimientos especializados de manera coherente y estratégica. Mediante la promoción de un entorno que fomente la inversión privada y el desarrollo de mecanismos de financiamiento innovadores y eficientes, así como del fortalecimiento de la cooperación internacional, la región puede movilizar los recursos necesarios para alcanzar sus metas de desarrollo (Capítulos 3 y 4). El camino hacia un futuro sostenible y resiliente de la región de ALC reside en aprovechar el poder del financiamiento colaborativo, que impulsa la innovación y garantiza que los esfuerzos de desarrollo beneficien a todos los segmentos de la sociedad (OECD, 2022[103]).

La región puede recorrer dicho camino hacia el crecimiento sostenible y la resiliencia trazando una hoja de ruta clara para el desarrollo. En un contexto de desafíos apremiantes en materia de desarrollo y de limitación de las capacidades fiscales, ALC precisa una estrategia integral de desarrollo que tenga como eje central una agenda de financiamiento definida. Las acciones estratégicas en materia de políticas para abordar las disparidades de la región y movilizar recursos de manera efectiva exigen la identificación de mecanismos de financiamiento innovadores y la alineación de las inversiones públicas y privadas con los objetivos de desarrollo (United Nations, 2024[104]).

Los Planes Nacionales de Desarrollo (PND) son cruciales para definir estrategias coherentes —propiedad de los gobiernos de los países asociados— a fin de que los sectores públicos y privados movilicen recursos hacia la consecución de los principales objetivos de desarrollo. Esto reviste especial importancia para optimizar los recursos en la difícil coyuntura fiscal de la región. Por lo que se refiere al sector público, los PND sirven como marcos rectores e incluso como marcos obligatorios en algunos casos, que resumen las inversiones públicas y garantizan la asignación eficiente de los recursos. En el caso del sector privado, los PND proporcionan orientación sobre las estrategias nacionales, lo que permite a los inversores canalizar los recursos hacia sectores fundamentales para el desarrollo (OECD et al., 2019[1]). Mediante la alineación de los intereses públicos y privados, los PND promueven sinergias en los esfuerzos de movilización de recursos, lo que facilita el crecimiento económico sostenible y el progreso social.

Los planes sectoriales deberían alinearse con los PND para coordinar la implementación de estrategias polifacéticas en materia de políticas, tales como la "triple transición" que engloba las transiciones verde, social y digital. Por ejemplo, la Estrategia Nacional de Comunidades Energéticas, Conectividad y Educación de Colombia ofrece una hoja de ruta sectorial coordinada de programas paralelos cuyo objetivo es suministrar energía no contaminante a los centros escolares y también una infraestructura digital para garantizar el acceso a internet en zonas remotas. Además, las políticas de desarrollo productivo desempeñan un papel fundamental, ya que permiten a los países enfocarse en transformar los sectores priorizados para un crecimiento sostenible (ECLAC, 2024[105]). Estas políticas son esenciales para dirigir los esfuerzos hacia donde pueden tener mayor impacto, fomentando la diversificación industrial y mejorando la competitividad en sectores seleccionados. Al alinear el financiamiento con los objetivos de desarrollo productivo, los PND aseguran que los recursos se canalicen hacia sectores con alto potencial de retorno económico y social, impulsando así la transformación estructural de la región.

Los PND también crean las condiciones necesarias para la colaboración entre las esferas pública y privada, lo que en última instancia promueve inversiones en ámbitos prioritarios y fomenta el desarrollo inclusivo. La región de ALC presenta uno de los niveles de inversión total más bajos de todas las regiones del mundo, tan solo un 20% del PIB (OECD et al., 2023[7]).

El financiamiento público es crucial para hacer frente a los desafíos sociales que son primordiales para el desarrollo sostenible de la región, aunque podría no atraer inversión privada de forma inmediata (Capítulo 2). Entre otras cosas, engloba programas sociales que tienen por objeto la reducción de la pobreza, la equidad educativa, la protección social y un acceso universal al cuidado de la salud, esferas con ventajas generalizadas para la sociedad y en las que el retorno directo para los inversores privados es más difícil de determinar (Gráfico 1.18).

Gráfico 1.18. Gasto público y privado en programas de protección social de ALC, 2018

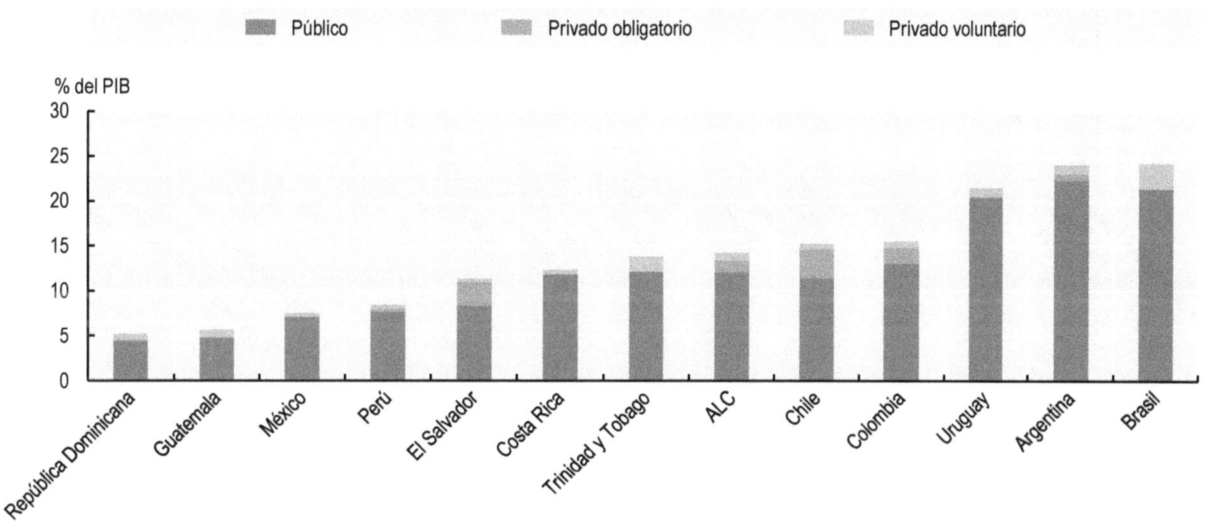

Nota: En la metodología SOCX de la OCDE, se define gasto social como "La provisión por parte de instituciones públicas y privadas de prestaciones y contribuciones financieras dirigidas a hogares y a particulares con el objeto de proporcionar apoyo en circunstancias que afecten negativamente su bienestar, siempre que la provisión de las prestaciones y las contribuciones financieras no constituya un pago directo por un bien o un servicio particular ni un contrato o una transferencia individual". Los gastos sociales privados obligatorios son ayudas exigidas por ley que facilita el sector privado, mientras que los gastos sociales privados voluntarios son prestaciones de programas no obligatorios, de gestión privada, que incluyen a organizaciones no gubernamentales y planes con ventajas fiscales. En la metodología SOCX se presenta el gasto social agrupado en nueve áreas de políticas: vejez, supervivencia, prestaciones relacionadas con la discapacidad, salud, familia, políticas activas del mercado de trabajo, desempleo, vivienda y otras áreas de la política social.
Fuente: Elaboración de los autores basándose en (OECD/ECLAC, 2018[106]).

StatLink https://stat.link/1y67oa

Del mismo modo, determinadas áreas de conservación ambiental requieren inversión pública por su falta de rentabilidad para el sector privado. En un momento en el que ALC está lidiando con una importante desigualdad y vulnerabilidad al cambio climático, la región precisa una inversión importante en infraestructura resiliente a los impactos ambientales y en programas sociales que puedan reducir la brecha de desigualdad (Capítulo 2). La inversión pública en proyectos de energía renovable y la preservación de lugares importantes para la biodiversidad, como la selva amazónica, resultan esenciales para la consecución de los objetivos de sostenibilidad de la región y tienen que financiarse con fondos públicos y ayuda internacional (OECD et al., 2022[10]). Garantizar la transparencia y la eficiencia del gasto público es vital para maximizar el impacto de estas inversiones, ya que genera confianza y garantiza un uso efectivo de los recursos (IMF, 2019[107]).

El financiamiento público no es suficiente para financiar todas las necesidades de desarrollo de la región (véase anteriormente sobre la política fiscal y también el Capítulo 2). Los gobiernos de ALC están lidiando con limitaciones fiscales que han agravado la crisis económica provocada por la pandemia del COVID-19, lo que ha limitado su capacidad para invertir en salud, educación, clima, medioambiente y protección social a los niveles necesarios (Bierbaum and Schmitt, 2022[108]; OECD et al., 2021[109]). Esta realidad fiscal acentúa la importancia decisiva del sector privado para cubrir la brecha de financiamiento. Aunque el sector privado sigue siendo el principal motor de inversión de ALC, su porcentaje del 78.4% de la inversión total de la región es inferior al promedio de la OCDE, cercano al 84% (Gráfico 1.19) (OECD et al., 2023[7]).

Gráfico 1.19. Inversión privada vs. pública como % de la inversión total en ALC y la OCDE, 2019

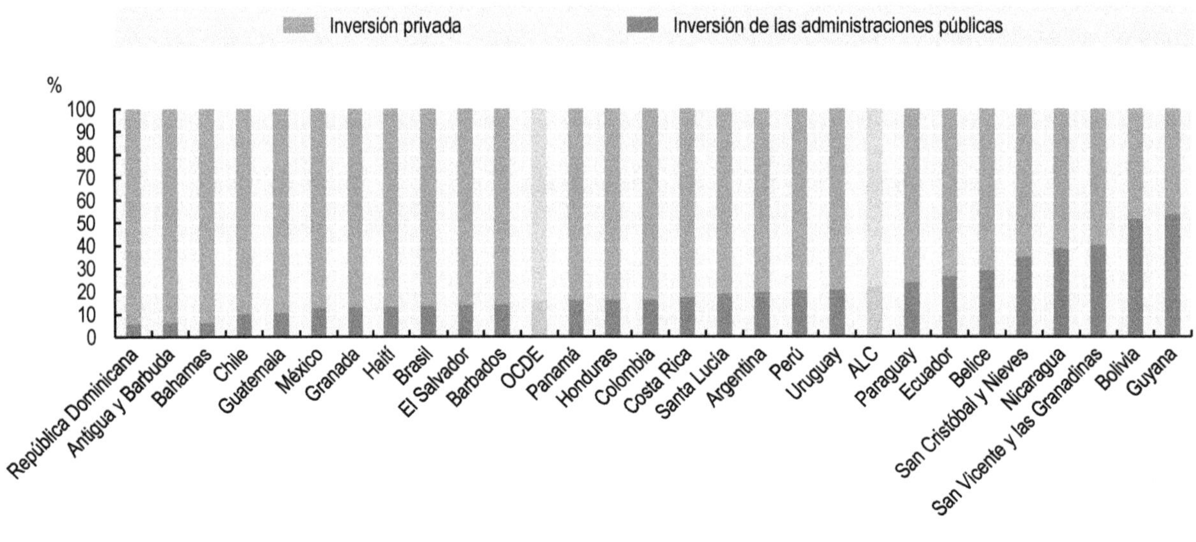

Nota: El promedio de la OCDE es una media simple de todos los países que eran miembros en 2019. El promedio de ALC es una media simple de los países sobre los cuales hay datos disponibles: Antigua y Barbuda, Argentina, Bahamas, Barbados, Belice, Bolivia, Brasil, Chile, Colombia, Costa Rica, República Dominicana, Ecuador, El Salvador, Granada, Guatemala, Guyana, Haití, Honduras, México, Nicaragua, Panamá, Paraguay, Perú, San Cristóbal y Nieves, Santa Lucía, San Vicente y las Granadinas, Uruguay y Venezuela.
Fuente: Elaboración de los autores basándose en OCDE (2023[7]) y en FMI (2022[110]).

StatLink https://stat.link/86eugm

Desarrollar modelos de financiamiento en los que participe el sector privado, tales como las asociaciones público-privadas (APP), puede facilitar la inyección de capital privado en sectores cruciales, lo que aportará eficiencia, escalabilidad e innovación a los proyectos de desarrollo (IDB, 2021[111]). Algunos países de ALC han logrado avances significativos en la implementación de marcos regulatorios e institucionales de APP, aunque persisten importantes disparidades regionales en lo que respecta a la sostenibilidad y la preparación de los proyectos. Instituciones estatales débiles, legislación ambigua y un diseño deficiente de los contratos han conducido a anomalías tales como renegociaciones frecuentes y costosas de las concesiones de carreteras (Bitran, Nieto-Parra and Robledo, 2013[112]). En particular, se identifican brechas significativas en la gestión de las APP, que requieren mejoras en la gestión de riesgos, la supervisión de proyectos y la evaluación de los impactos económicos y sociales de las APP operativas (OECD et al., 2023[7]; Economist Impact, 2022[113]).

El financiamiento público de ALC suele centrarse en inversiones en infraestructura crítica, entre otras carreteras, lo que destaca el énfasis estratégico que ponen los gobiernos en las redes físicas básicas (Gráfico 1.20). El financiamiento privado impulsa el crecimiento económico a través de inversiones en sectores cuya viabilidad comercial está clara y pueden prosperar soluciones impulsadas por el mercado, por lo que es esencial en la región (Capítulo 3). Esto engloba sectores tales como el de la tecnología, las telecomunicaciones y la conectividad del transporte, así como determinados proyectos de infraestructura que pueden generar beneficios tanto económicos como sociales (OECD et al., 2020[114]; OECD et al., 2023[7]). El subsector de las telecomunicaciones, en particular, al ser un sector de crecimiento dinámico, suele atraer financiamiento privado. Dichas inversiones digitales son cruciales para impulsar la conectividad y también para potenciar las transiciones verde y social.

Gráfico 1.20. Inversión en infraestructura por subsector en países de ALC seleccionados, 2021

Por país, como porcentaje de la inversión pública total en infraestructura

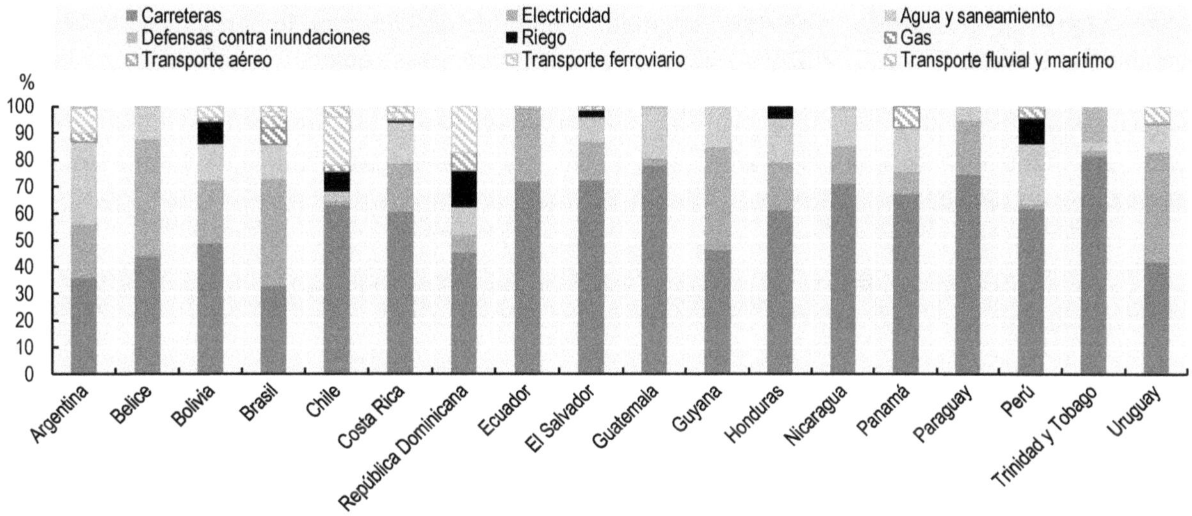

Nota: Los sectores considerados se refieren principalmente a servicios de infraestructura y servicios esenciales. Quedan excluidas las inversiones en infraestructura relacionadas con producción de petróleo y gas, refinado de petróleo y petroquímica. También se excluye la infraestructura social (p. ej., escuelas, hospitales, viviendas e infraestructura de seguridad). Los demás sectores se subdividen en subsectores. Agua incluye agua y saneamiento (suministro de agua potable a través de la red, prestación de servicios de saneamiento); defensas contra inundaciones (proyectos urbanos y rurales para mitigar los efectos de las inundaciones); y riego (instalaciones y sistemas de riego artificial). Transporte comprende carreteras y caminos; transporte urbano masivo; transporte ferroviario (infraestructura y material rodante); transporte aéreo; y transporte fluvial y marítimo. Energía abarca generación, transporte y distribución de electricidad, así como transporte y distribución de gas natural.
Fuente: Elaboración de los autores basándose en Infralatam (2024[115]).

StatLink https://stat.link/gv2edm

Movilizar recursos del sector privado implica algo más que solo subsanar las brechas de financiación: representa una oportunidad para apoyar las políticas de desarrollo productivo mediante el fomento de la transformación económica en sectores prioritarios (Capítulo 3). La participación del sector privado puede introducir nuevas tecnologías y modelos de negocio que incrementen la productividad y la competitividad, además de abordar cuestiones sociales y ambientales críticas. Al fomentar inversiones alineadas con estrategias de desarrollo productivo, el sector privado puede impulsar un crecimiento sostenible mientras apoya las agendas de desarrollo de los países (CEPAL, 2024[116]). Estas inversiones focalizadas permiten cambios estructurales que aumentan la competitividad y promueven industrias de alto impacto, lo cual es fundamental para la resiliencia y el crecimiento a largo plazo de la región. Por ejemplo, las inversiones en energía renovable y agricultura sostenible pueden contribuir a los esfuerzos de mitigación y adaptación al cambio climático, crear empleo y promover la resiliencia económica (OECD et al., 2022[10]). Asimismo, cada vez hay más oportunidades empresariales alineadas con objetivos ambientales y con las nuevas regulaciones, por lo que su atractivo para el sector privado también va en aumento. El floreciente ecosistema de empresas emergentes tecnológicas de la región, por ejemplo, demuestra cómo puede el capital privado impulsar la innovación en soluciones de banca digital, comercio electrónico y tecnologías financieras y hacer frente a desafíos económicos y relacionados con el acceso (Capítulo 3).

La inversión en investigación y desarrollo (I+D) es un sector transformador que ofrece oportunidades atractivas e incentivos a la inversión privada. A diferencia de otros sectores que dependen enormemente de financiamiento público debido a su escaso atractivo comercial, la innovación y el desarrollo destaca como esfera dinámica que puede atraer capital privado, en particular cuando se impulsa mediante incentivos tales como las desgravaciones fiscales y los derechos de propiedad intelectual (ECLAC, 2022[117]). La inversión en I+D impulsa la innovación y la competitividad, aspectos fundamentales para superar desafíos regionales tales como el estancamiento económico y la desigualdad social. Al aumentar de forma estratégica el I+D, la inversión privada no solo fomenta avances tecnológicos y la creación de empleo altamente cualificado, sino que además contribuye de manera importante al crecimiento económico sostenible (ECLAC, 2022[117]). En comparación con otras regiones y países, como la Unión Europea, los países de la OCDE, China o los Estados Unidos, ALC sigue dependiendo enormemente del financiamiento público para las labores de I+D, por lo que existe margen de crecimiento de las fuentes privadas de financiamiento, entre ellas empresas, instituciones de educación superior, fondos extranjeros y organizaciones privadas no lucrativas (Gráfico 1.21).

Gráfico 1.21. Porcentaje de inversiones en I+D por fuente de financiamiento en ALC y otros territorios, 2011-20

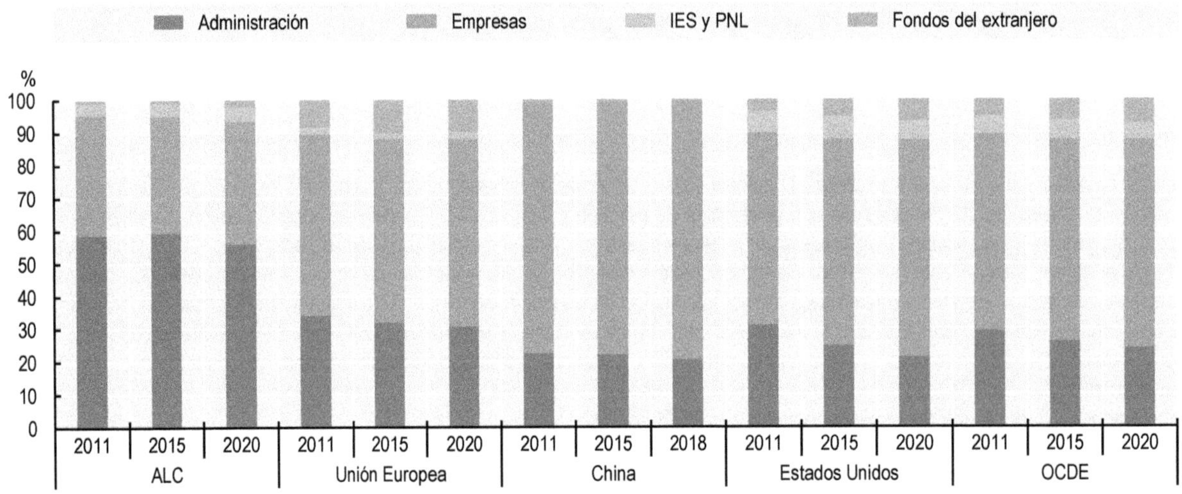

Nota: IES = instituciones de educación superior. PNL = organizaciones privadas no lucrativas.
Fuente: Elaboración de los autores basándose en OCDE et al. (2023[7]) y RICYT (2020[118]) en relación con ALC e Indicadores de Ciencia, Tecnología e Innovación (OECD, 2024[119]) en relación con los demás territorios.

StatLink https://stat.link/zj754d

La creación de un entorno propicio para la inversión privada implica abordar desafíos estructurales que pueden disuadir a los inversores, tales como la inestabilidad política, la incertidumbre regulatoria y la infraestructura inadecuada. Para atraer inversión privada, es necesario generar un entorno propicio que mitigue los riesgos y ofrezca una rentabilidad atractiva, además de un alineamiento con los ODS (Capítulo 3). El contrato social desempeña un papel fundamental en este proceso al fomentar una gobernanza inclusiva y participativa que genera confianza, fortalece los sistemas fiscales y alinea los intereses de diversos actores con objetivos de política a largo plazo y sostenibles (OECD et al., 2021[109]). Reforzar los marcos jurídicos e institucionales y mejorar la transparencia y la gobernanza son medidas cruciales para incrementar la confianza de los inversores (OECD, 2015[120]). Esto comporta disponer de un marco regulatorio y de políticas que incentiven inversiones sostenibles (p. ej., taxonomías, informes), mecanismos de distribución de riesgos y directrices claras sobre prácticas sostenibles (OECD et al., 2023[7]).

La región de ALC encara importantes desafíos debido a la complejidad institucional y regulatoria, tanto a nivel interno como entre las diferentes jurisdicciones. Dicha complejidad engloba cuestiones tales como el trato desigual de los inversores, prácticas de diligencia debida inconsistentes y requisitos regulatorios que varían entre las diferentes jurisdicciones (OECD et al., 2023[7]). Mediante la promoción de la interoperabilidad de los sistemas regulatorios y la integración de las taxonomías de desarrollo sostenible, la región de ALC podría elevar la calidad de la inversión, mitigar riesgos para las empresas privadas y crear un entorno empresarial coherente y propicio, lo que contribuiría a atraer inversores nacionales e internacionales. Asimismo, generar confianza y entablar un diálogo entre el sector público, los inversores privados y las comunidades es algo vital no solo para reforzar el pacto social, sino también para garantizar que los proyectos estén alineados con las necesidades locales y las prioridades en materia de desarrollo. Innovaciones financieras como los bonos verdes, sociales, sostenibles y ligados a la sostenibilidad, la inversión de impacto y los instrumentos de financiamiento mixto pueden ofrecer soluciones viables para canalizar fondos privados hacia proyectos de desarrollo sostenible (véase el Capítulo 4).

La cooperación y colaboración internacionales desempeñan un papel crucial en la amplificación del impacto del financiamiento del desarrollo. Los bancos multilaterales de desarrollo, las instituciones financieras internacionales y los donantes bilaterales no solo pueden aportar recursos financieros, sino también conocimientos técnicos de gran utilidad, desarrollo de capacidades y ayuda en materia de políticas (OECD et al., 2019[1]). Por ejemplo, el modelo GEMMES de Colombia ofrece escenarios para el financiamiento de la trayectoria de las Contribuciones Determinadas a Nivel Nacional (CDN), lo que ayuda a los encargados de la toma de decisiones a definir las estrategias en materia de políticas para luchar contra el calentamiento global (AFD, 2024[61]). Esta ayuda externa es crucial para apalancar recursos adicionales, distribuir el riesgo y garantizar la sostenibilidad de las inversiones. Asimismo, las colaboraciones internacionales pueden facilitar el acceso a los mercados mundiales, a tecnologías y mejores prácticas, lo que incrementará la capacidad de la región para superar sus desafíos en materia de desarrollo de manera más efectiva (United Nations, 2024[104]).

Recomendaciones de políticas

Para avanzar de manera fructífera en el financiamiento para el desarrollo sostenible, la región de ALC debe seguir acertando con su combinación de políticas macroeconómicas. Las medidas para mantener o reforzar la credibilidad de las autoridades monetarias son esenciales para estabilizar las expectativas sobre la inflación y prevenir riesgos financieros derivados de tasas de interés internacionales más altas, que podrían estimular la fuga de capitales. Del mismo modo, deberían mantenerse los esfuerzos destinados a incrementar el espacio fiscal. Aunque los niveles de deuda se están reduciendo, deben seguir controlándose y deben mantenerse o reforzarse marcos fiscales fiables, puesto que son esenciales para la sostenibilidad fiscal y para la promoción de las inversiones.

De cara al futuro, la región debe hacer frente a desafíos de larga data en materia de desarrollo. Los países de ALC deberían implementar estrategias de desarrollo bien diseñadas a través de planes nacionales de desarrollo, en forma de planes de inversión plurianuales. Reformar las instituciones económicas (p. ej., la protección de los derechos de propiedad, la observancia de la ley, el cumplimiento de los contratos, la capacidad estatal y los marcos regulatorios) ayudará a las empresas con la asignación de los recursos y la innovación, aspectos fundamentales para incrementar la productividad e impulsar el crecimiento sostenible. Crear sistemas que faciliten el financiamiento es vital para que las empresas se expandan, exporten y superen períodos adversos de convulsión económica. Derribar las barreras que impiden el buen funcionamiento de los sistemas financieros es igualmente fundamental. Facilitar el acceso al crédito ayudará a las personas con sus opciones en el ámbito laboral, en particular a emprendedores con talento que persigan proyectos de gran potencial.

Será fundamental crear sociedades más resilientes para conseguir un modelo de desarrollo más inclusivo. Una acertada combinación de reformas de las políticas estructurales y sistemas de protección social bien diseñados constituirán herramientas fundamentales para acabar con la informalidad laboral persistente, la pobreza y las desigualdades socioeconómicas. En un contexto en el que los recursos económicos son limitados, resulta esencial promover el diseño de políticas que sean efectivas y eficientes. Por ejemplo, las intervenciones en materia de políticas relacionadas con los sistemas de protección social deberían tener como objetivo una mayor universalidad, además de reconocer que la forma de financiamiento de los sistemas de salud y de las pensiones contributivas es fundamental para promover la formalización del empleo. Por otra parte, los sistemas de protección social no contributivos adecuadamente orientados, entre ellos las transferencias de efectivo condicionales, podrían mejorar la protección que se brinda a los grupos más vulnerables.

Los desafíos interrelacionados deben abordarse mediante una planificación de las políticas bien secuenciada, coordinada y efectiva. La región debería incrementar la inversión pública en la resolución de los desafíos sociales, creando infraestructura resiliente y mejorando los servicios esenciales, además de incrementar al mismo tiempo la transparencia y la eficiencia del gasto. Fomentar un entorno regulatorio estable atraerá inversión privada, respaldada por marcos institucionales solventes sobre asociaciones público-privadas y otros tipos de inversiones. Este aspecto resulta fundamental, habida cuenta de la participación relativamente baja del sector privado de ALC, en especial en materia de investigación y desarrollo.

Recuadro 1.3. Principales mensajes en materia de políticas

Seguir reforzando las instituciones fiscales y monetarias de ALC

- Seguir monitoreando la dinámica de la deuda pública y la implementación de marcos fiscales fiables, esenciales para garantizar la sostenibilidad fiscal y aumentar las inversiones.
- Mantener o reforzar la confianza en las autoridades monetarias para controlar tanto la inflación general como las expectativas al respecto y reducir los riesgos financieros.

Abordar los desafíos estructurales que frenan el crecimiento de la productividad

- Seguir desarrollando capital humano y aumentar la inversión en investigación y desarrollo.
- Promover instituciones económicas que propicien un entorno productivo para las empresas: protección de los derechos de propiedad, observancia de la ley, mecanismos de cumplimiento de los contratos, capacidad estatal y marco regulatorio.

Avanzar hacia sistemas de protección social universales y mejorar la protección de la población más vulnerable

- Garantizar la sostenibilidad financiera de un conjunto básico de medidas de cobertura de protección social, financiado íntegramente a través de la recaudación de impuestos generales y no mediante contribuciones a la seguridad social.
- Velar por que los programas de transferencia de efectivo condicionales se dirijan a las personas que viven en los hogares más vulnerables. Podrían relajarse las condiciones impuestas en el caso de los programas orientados a personas en situación de pobreza extrema.

Definir una estrategia de planificación en materia de políticas con un enfoque multidimensional

- Adoptar una planificación de las políticas bien secuenciada, coordinada y efectiva, a fin de definir estrategias coherentes para que los sectores público y privado movilicen recursos hacia la consecución de los principales objetivos de desarrollo.

Aumentar el financiamiento del sector público destinado a abordar desafíos sociales

- Centrar la inversión pública en abordar desafíos sociales clave que son primordiales para el desarrollo sostenible de la región, pero podrían no atraer inversión privada de forma inmediata.
- Mejorar la transparencia del gasto público para maximizar su impacto.

Recabar la participación estratégica del sector privado

- Crear incentivos para que el sector privado impulse el crecimiento económico sostenible mediante la inversión en sectores estratégicos. Estas inversiones deberían basarse en el mercado, promoviendo soluciones que no solo prosperen económicamente, sino que también generen externalidades de desarrollo positivas.
- Crear un entorno regulatorio estable y transparente para atraer inversión privada, centrado en la inversión sostenible.

Notas

[1] Este es el resultado de un ejercicio de contabilización del desarrollo usando la versión 10.01 de la Penn World Table (Feenstra, Inklaar and Timmer, 2015[132]), una base de datos con información sobre los niveles relativos de ingresos, producción, insumos y productividad que abarca 183 países entre los años 1950 y 2019. Los resultados corresponden a promedios durante el período 2010-19 y a más de 21 países de ALC (Argentina, Barbados, Belice, Brasil, Chile, Colombia, Costa Rica, la República Dominicana, Ecuador, El Salvador, Guatemala, Haití, Honduras, Jamaica, México, Nicaragua, Panamá, Paraguay, Perú, Trinidad y Tobago, y Uruguay).

[2] La definición de trabajo informal se ajustó a las directrices de la Decimoséptima Conferencia Internacional de Estadísticos del Trabajo (17.ª CIET). El empleo informal se define conceptualmente como "todo trabajo remunerado (p.ej. tanto autoempleo como empleo asalariado) que no está registrado, regulado o protegido por marcos legales o normativos, así como también trabajo no remunerado llevado a cabo en una empresa generadora de ingresos. Los trabajadores informales no cuentan con contratos de empleo seguros, prestaciones laborales, protección social o representación de los trabajadores". Para obtener más información, consúltese (ILO, 2003[131]).

[3] Para obtener más información, véase (Bertranou and Grushka, 2002[123]; Escobar, Martínez and Mendizábal, 2013[125]; Mena and Hernani-Limarino, 2015[129]; Borrella-Mas, Bosch and Sartarelli, 2016[124]; Schwarzer and Querino, 2002[121]; Barrientos, 2003[122]; Joubert and Todd, 2011[127]; Bertranou, Solorio and van Ginneken, 2002[130]; Martínez, Pérez and Tejerina, 2015[128]; Galiani and Gertler, 2016[126]).

[4] Un enfoque de las políticas basado en el bienestar, tal como lo define la OCDE, consiste en formular e implementar políticas destinadas a mejorar la calidad global de la vida, teniendo en cuenta una amplia serie de factores más allá de las medidas económicas tradicionales, centrándose en aspectos multidimensionales de bienestar individual y comunitario (OECD, 2020[94]).

[5] El enfoque de la UNCTAD para medir la brecha de financiamiento en relación con la consecución de los Objetivos de Desarrollo Sostenible se estructura en torno a seis preguntas y metodologías. Comienza por recopilar datos sobre los indicadores de los ODS por economía y a lo largo del tiempo, así como los gastos públicos en 11 sectores tales como la agricultura, la salud, la educación y la protección social. Analizar la relación existente entre el gasto público y el avance hacia la consecución de los ODS comporta ajustar modelos que consideran factores más allá del gasto público exclusivamente, incluidas variables moderadoras como el PIB y la corrupción. El enfoque de la UNCTAD utiliza una fórmula que incorpora formularios de registro de las metas de los ODS y el gasto por PIB en los sectores, además de incluir coeficientes que describen la elasticidad del gasto en cada sector y las sinergias sectoriales. Resulta crucial pronosticar futuros patrones de gasto y cuál será su impacto en el avance hacia la consecución de los ODS, a fin de entender los escenarios de referencia y las posibles trayectorias. Es fundamental identificar las economías que asignan sus gastos de manera óptima, teniendo en cuenta la disminución de las rentabilidades y las sinergias sectoriales. Comparar escenarios habituales (sin cambios) con escenarios óptimos permite determinar el gasto adicional necesario para cumplir más ODS. Por último, al calcular el costo total necesario para construir las rutas de los ODS, la UNCTAD se centra en el gasto público, pero también tiene en cuenta otras fuentes de financiamiento como la inversión extranjera directa y la ayuda oficial al desarrollo. La metodología destaca la importancia del gasto público para alcanzar los ODS, al tiempo que reconoce la importancia de la inversión privada y del financiamiento externo. Resalta la necesidad de ser cautos a la hora de interpretar los resultados, debido a las limitaciones de los datos y a los supuestos, de facilitar información útil sobre el avance hacia los ODS y de identificar brechas de financiamiento que los responsables de la formulación de las políticas deben abordar (UNCTAD, 2023[91]). Numerosos asociados, entre ellos ONU Mujeres, la FIDA, el FMI, la AIE, la OIT, la ITU, la CESPAO, el PNUMA, la UNESCO, UN-Habitat y UNICEF han aportado instrumentos y recursos para ayudar a todas las partes interesadas a calcular los costos de los ODS.

[6] En el caso de ALC, el estudio de la UNCTAD se centró en 19 países (ALC19). El estudio abarca 7 países de América Central –Belice, Costa Rica, El Salvador, Guatemala, Honduras, México y Panamá–, 3 países del Caribe –la República Dominicana, Haití y Jamaica– y 9 países de América del Sur –Argentina, Bolivia, Brasil, Chile, Colombia, Ecuador, Perú, Uruguay y Venezuela–.

Referencias

AFD (2024), *GEMMES Colombia: Understanding Macroeconomic Vulnerabilities and Opportunities Related to Low Carbon Transition*, Agence Française de Développement (AFD), Paris, https://www.afd.fr/en/carte-des-projets/gemmes-colombia-understanding-macroeconomic-vulnerabilities-and-opportunities-related-low-carbon-transition. [61]

Alkire, S. and Y. Shen (2017), "Exploring multidimensional poverty in China: 2010 to 2014", *Research on Economic Inequality*, pp. 161-228, https://ophi.org.uk/publication/RP-47a. [30]

Angulo, R., B. Diaz and R. Pardo Pinzon (2013), "A Counting Multidimensional Poverty Index in Public Policy Context: The Case of Colombia", *OPHI Working Paper*, No. 62, University of Oxford. [38]

Ardanaz, M. and A. Izquierdo (2022), "Current expenditure upswings in good times and public investment downswings in bad times? New evidence from developing countries", *Journal of Comparative Economics*, Vol. 50/1, pp. 118-134, https://doi.org/10.1016/j.jce.2021.06.002. [17]

Arenas De Mesa, A. (2019), *Los sistemas de pensiones en la encrucijada: Desafíos para la sostenibilidad en América Latina*, United Nations Economic Commission for Latin America and the Caribbean, https://repositorio.cepal.org/server/api/core/bitstreams/ef2286b9-b700-45e9-ac66-e343faa75211/content. [67]

Arenas De Mesa, A. and C. Robles (eds.) (2024), *Non-contributory Pension Systems in Latin America and the Caribbean: Towards Solidarity with Sustainability*, United Nations Economic Commission for Latin America and the Caribbean, https://repositorio.cepal.org/server/api/core/bitstreams/4294d37f-3c2f-4ea3-be4e-e5fe8cc06d06/content. [69]

Arenas de Mesa, A., C. Robles and J. Vila (2024), "El desafío de avanzar hacia la sostenibilidad de los sistemas de pensiones en América Latina", *Social Policy Series*, United Nations Economic Commission for Latin American and the Caribbean. [68]

Arnold, J. et al. (2024), "Towards better social protection for more workers in Latin America: Challenges and policy considerations", *OECD Economics Department Working Papers*, No. 1804, OECD Publishing, Paris, https://doi.org/10.1787/76a04c6f-en. [65]

Arreaza, A. et al. (2022), *Reglas fiscales para la recuperación en América Latina: experiencias y principales lecciones*, Development Bank of Latin America and the Caribbean (CAF), Caracas, https://scioteca.caf.com/handle/123456789/1905. [18]

Arriola, C. et al. (2020), "Efficiency and risks in global value chains in the context of COVID-19", *OECD Economics Department Working Papers*, No. 1637, OECD Publishing, Paris, https://doi.org/10.1787/3e4b7ecf-en. [25]

Balakrishnan, R. et al. (2021), "Commodity Cycles, Inequality, and Poverty in Latin America", *IMF Departmental Papers*, International Monetary Fund, https://doi.org/10.5089/9781484326091.087. [54]

Barrientos, A. (2003), "What is the impact of non-contributory pensions on poverty? Estimates from Brazil and South Africa", *CPRC Working Paper*, No. 33, Chronic Poverty Research Centre (CPRC), https://www.files.ethz.ch/isn/128064/WP33_Barrientos.pdf. [122]

Bertranou, F. and C. Grushka (2002), "The non-contributory pension programme in Argentina: Assessing the impact on poverty reduction", *ESS Paper Series*, No. 5, International Labour Office, https://www.ilo.org/publications/non-contributory-pension-programme-argentina-assessing-impact-poverty. [123]

Bertranou, F., C. Solorio and W. van Ginneken (eds.) (2002), *Pensiones no contributivas y asistenciales: Argentina, Brasil, Chile, Costa Rica y Uruguay*, International Labour Office, https://webapps.ilo.org/public/libdoc/ilo/2002/102B09_259_span.pdf. [130]

Bierbaum, M. and V. Schmitt (2022), "Investing better in universal social protection: Applying international social security standards in social protection policy and financing", *ILO Working Paper*, No. 43, International Labour Organization, Geneva, https://www.ilo.org/wcmsp5/groups/public/---ed_protect/---soc_sec/documents/publication/wcms_834216.pdf. [108]

Bitran, E., S. Nieto-Parra and J. Robledo (2013), "Opening the Black Box of Contract Renegotiations: An Analysis of Road Concessions in Chile, Colombia and Peru", *OECD Development Centre Working Papers*, No. 317, OECD Publishing, Paris, https://doi.org/10.1787/5k46n3wwxxq3-en. [112]

Borrella-Mas, M., M. Bosch and M. Sartarelli (2016), "Non-contributory pensions number-gender effects on poverty and household decisions", *IVIE Working Paper*, No. 2016-02, Valencian Institute of Economic Research, https://www.ivie.es/downloads/docs/wpasad/wpasad-2016-02.pdf. [124]

CAF (2018), "RED 2018: Institutions for productivity: Towards a better business environment", https://scioteca.caf.com/handle/123456789/1410. [6]

Caisi, J. et al. (2023), "The uneven impact of high inflation", *OECD Papers on Well-being and Inequalities*, No. 18, OECD Publishing, https://doi.org/10.1787/59e2b8ae-en. [22]

Castillo, A. and F. Perez (2015), *Medicion de la Pobreza Multidimensional en Ecuador*, INEC (Instituto Nacional de Estadısticas y Censos), http://www.ecuadorencifras.gob.ec/documentos/web-inec/Sitios/Pobreza_Multidimensional/assets/ipm-metodologia-oficial.pdf. [40]

Cecchini, S. (ed.) (2020), *Universal Social Protection in Latin America and the Caribbean*, Select Pages of ECLAC, United Nations Economic Commission for Latin America and the Caribbean, https://repositorio.cepal.org/server/api/core/bitstreams/50cd7ff5-252f-4769-942d-19b447209709/content. [62]

CEPAL (2024), *Panorama de las Políticas de Desarrollo Productivo en América Latina y el Caribe*, Comisión Económica para América Latina y el Caribe (CEPAL), Santiago, https://repositorio.cepal.org/server/api/core/bitstreams/4892b7aa-47be-41d7-8969-063bdd8de06f/content. [116]

CONEVAL (2010), *Informe de pobreza multidimensional en Mexico 2008*, Consejo Nacional de Evaluación de la Política de Desarrollo Social, https://www.coneval.org.mx/rw/resource/coneval/info_public/pdf_publicaciones/informe_pobreza_multi_web.pdf. [37]

DANE (2020), *Medida de Pobreza Multidimensional Municipal de Fuente Censal*, https://www.dane.gov.co/files/investigaciones/condiciones_vida/pobreza/2018/informacion-censal/bt-censal-pobreza-municipal-2018.pdf. [47]

ECB (2023), *Economic Bulletin Issue 6*, European Central Bank, https://www.ecb.europa.eu/press/economic-bulletin/html/eb202306.en.html. [26]

ECLAC (2024), *CEPALSTAT, Statistical Databases and Publications*, https://statistics.cepal.org/portal/cepalstat/dashboard.html?theme=1&lang=en. [43]

ECLAC (2024), *Fiscal Panorama of Latin America and the Caribbean, 2024: Fiscal Policy for Addressing the Challenges of Climate Change*, United Nations Economic Commission for Latin America and the Caribbean, https://www.cepal.org/en/publications/69217-fiscal-panorama-latin-america-and-caribbean-2024-fiscal-policy-addressing. [15]

ECLAC (2024), *Foreign Direct Investment in Latin America and the Caribbean 2024*, United Nations Economic Commission for Latin America and the Caribbean, https://repositorio.cepal.org/server/api/core/bitstreams/a450f098-bbcb-41d2-88fd-b8e426c92677/content. [9]

ECLAC (2024), *Panorama of Productive Development Policies in Latin America and the Caribbean*, Economic Commission for Latin America and the Caribbean, Santiago, https://repositorio.cepal.org/server/api/core/bitstreams/ef207540-b0d4-4cc9-8248-63b3ebac878d/content. [105]

ECLAC (2024), *Social Panorama of Latin America and the Caribbean, 2024*, United Nations Economic Commission for Latin America and the Caribbean, https://repositorio.cepal.org/items/e1403b62-ae38-461c-af18-00c8ed1610b3. [20]

ECLAC (2024), *The Challenge of Accelerating the 2030 Agenda in Latin America and the Caribbean, Transitions towards Sustainability*, United Nations Economic Commission for Latin America and the Caribbean, Santiago, https://repositorio.cepal.org/server/api/core/bitstreams/15388446-8b73-44c2-b6e1-44d5b687b32f/content. [45]

ECLAC (2023), *Public and private social expenditure (SOCX methodology), in percentages of GDP*, https://statistics.cepal.org/portal/cepalstat/dashboard.html?lang=en (accessed on 1 April 2024). [57]

ECLAC (2023), "Social Panorama of Latin America and the Caribbean, 2023", *Economic Commission for Latin America and the Caribbean*, https://repositorio.cepal.org/server/api/core/bitstreams/7ddf434a-6073-4f1e-8b71-a6639e4586d5/content. [56]

ECLAC (2022), *Innovation for Development: The Key to a Transformative Recovery in Latin America and the Caribbean*, Economic Commission for Latin America and the Caribbean (ECLAC), Santiago. [117]

ECLAC (2022), *Social Panorama of Latin America 2021*, United Nations Economic Commission for Latin America and the Caribbean, https://repositorio.cepal.org/server/api/core/bitstreams/dcad3d5a-70c5-4ec6-8712-c68c8b220487/content. [80]

ECLAC (2019), "Income poverty measurement: Updated methodology and results", *ECLAC Methodologies*, No. 2, https://repositorio.cepal.org/server/api/core/bitstreams/b2dd4899-f5b4-4d6e-998c-64a916cb1eff/content. [21]

ECLAC (2018), *Social Panorama of Latin America, 2017*, United Nations Economic Commission for Latin America and the Caribbean, Santiago, https://repositorio.cepal.org/server/api/core/bitstreams/de7a8c8d-7c05-454d-b384-7fb8f73e0a31/content. [71]

ECLAC (2013), *Social Panorama of Latin America 2013*, United Nations Economic Commission for Latin America and the Caribbean, https://repositorio.cepal.org/bitstreams/98961ae6-d21f-4740-85a1-94769f542287/download. [36]

Economist Impact (2022), "Evaluating the environment for public-private partnerships in Latin America and the Caribbean: The 2021/22 Infrascope", *Economist Impact*, https://infrascope.wpengine. com/wp-content/uploads/2019/04/EIU_INFRASCOPE_2021_12.pdf. [113]

Escobar, F., S. Martínez and J. Mendizábal (2013), *El impacto de la Renta Dignidad: política de redistribución del ingreso, consumo y reducción de la pobreza en hogares con personas adultas mayores*, Economic and Social Policy Analysis Unit (UDAPE), Ministry of Development Planning (MDP), La Paz. [125]

Escudero, V. et al. (2019), "Active labour market programmes in Latin America and the Caribbean: Evidence from a meta analysis", *Journal of Development Studies*, Vol. 55/12, pp. 2644-2661, https://doi.org/10.1080/00220388.2018.1546843. [88]

Espejo, A. et al. (2023), "Desafíos y recomendaciones para la inclusión laboral de jóvenes en América Latina", in Huepe, M. (ed.), *Desigualdades, inclusión laboral y futuro del trabajo en América Latina*, United Nations Economic Commission for Latin America and the Caribbean, Santiago, https://repositorio.cepal.org/server/api/core/bitstreams/a25c634b-af42-4892-b8ba-21372a2b815a/content. [87]

FAO, IFAD and WFP (2015), *Achieving Zero Hunger: The Critical Role of Investments in Social Protection and Agriculture*, Policy Support and Governance, Food and Agriculture Organization of the United Nations, https://www.fao.org/policy-support/tools-and-publications/resources-details/en/c/422255. [99]

Feenstra, R., R. Inklaar and M. Timmer (2015), "The Next Generation of the Penn World Table", *American Economic Review*, pp. 05(10), 3150-3182, http://www.ggdc.net/pwt. [132]

Filipetto, S. et al. (2022), "Labour transitions that lead to platform work: Towards increased formality? Evidence from Argentina", *AFD Research Paper*, https://www.afd.fr/en/ressources/labour-transitions-lead-platform-work-towards-increased-formality-evidence-argentina. [53]

Galiani, S. and P. Gertler (2016), "Evaluación de Impacto del Programa Pensión 65: nueva evidencia causal de las pensiones no contributivas en Perú", *Documento de Trabajo*, No. IDB-WP-840, Inter-American Development Bank. [126]

Gasparini, L., M. Santos and L. Tornarolli (2021), "Poverty in Latin America", *Documentos de Trabajo*, No. 284, CEDLAS, https://www.cedlas.econo.unlp.edu.ar/wp/wp-content/uploads/doc_cedlas284.pdf. [28]

Giordano, P. and K. Michalczewsky (2024), *Trade Trends Estimates, Latin America and The Caribbean – 2024 Edition*, Inter-American Development Bank, https://doi.org/10.18235/0005513. [27]

Gobierno de El Salvador (2015), *Medicion multidimensional de la pobreza en El Salvador*, http://www.secretariatecnica.gob.sv/gobierno-oficializa-implementacion-de-medicion-de-la-pobreza-multidimensional. [41]

Gobierno del Chile (2017), *Informe Nacional Voluntario*, https://sustainabledevelopment.un.org/content/documents/15776Chile.pdf. [48]

Hone, T. (2018), "Revisiting Alma-Ata: What is the role of primary health care in achieving the Sustainable Development Goals?", *The Lancet*, Vol. 392, pp. 1461-1472. [79]

IDB (2024), *Ready for Take-Off? 2024 Latin American and Caribbean Macroeconomic Report*, Inter-American Development Bank, Washington, DC, https://doi.org/10.18235/0005667. [2]

IDB (2021), "Financing of public-private partnerships", *Discussion Paper*, No. IDB-DP-898, Inter-American Development Bank, Washington, DC, https://doi.org/10.18235/0003717. [111]

IEA (2023), *Scaling Up Private Finance for Clean Energy in Emerging and Developing Economies*, International Energy Agency, https://www.iea.org/reports/scaling-up-private-finance-for-clean-energy-in-emerging-and-developing-economies/executive-summary. [100]

IIF (2024), *Institute of International Finance website*, https://www.iif.com/. [8]

ILO (2024), *ILOSTAT*, https://ilostat.ilo.org/data/. [50]

ILO (2022), *E-formalización en América Latina: acelerando en una región llena de brechas*, International Labour Organization, https://www.ilo.org/es/media/371126/download. [52]

ILO (2021), *Informe Mundial sobre la Protección Social 2020-2022: La protección social en la encrucijada: en busca de un futuro mejor*, International Labour Organization, Geneva, https://www.ilo.org/global/publications/books/WCMS_817576/lang—es/index.htm. [83]

ILO (2021), *World Social Protection Report 2020-22: Regional Companion Report for Latin America and the Caribbean*, International Labour Organization, Geneva, https://www.ilo.org/wcmsp5/groups/public/@ed_protect/@soc_sec/documents/publication/wcms_842104.pdf. [63]

ILO (2020), "Financing gaps in social protection: Global estimates and strategies for developing countries in light of COVID-19 and beyond", *Working Paper*, International Labour Organisation, Geneva, https://www.ilo.org/static/english/intserv/working-papers/wp014/index.html. [96]

ILO (2016), *What Works: Active Labour Market Policies in Latin America and the Caribbean*, International Labour Organization, Geneva, https://www.ilo.org/sites/default/files/wcmsp5/groups/public/@dgreports/@dcomm/@publ/documents/publication/wcms_492373.pdf. [89]

ILO (2003), *Guidelines Concerning a Statistical Definition of Informal Employment*, International Labour Organisation, Geneva, https://www.ilo.org/resource/guidelines-concerning-statistical-definition-informal-employment-0. [131]

IMF (2024), *World Economic Outlook Database, April 2024*, International Monetary Fund, https://www.imf.org/en/Publications/WEO/weo-database/2024/April. [19]

IMF (2023), *Transforming Public Finance Through GovTech*, International Monetary Fund, Washington, DC, https://www.imf.org/en/Publications/Staff-Discussion-Notes/Issues/2023/09/06/Transforming-Public-Finance-Through-GovTech-535765. [101]

IMF (2023), *World Economic Outlook Database, October 2023*, International Monetary Fund, https://www.imf.org/en/Publications/WEO/weo-database/2023/October. [4]

IMF (2022), *Investment and Capital Stock Dataset*, International Monetary Fund, Washington, DC, https://data.imf.org/?sk=1CE8A55F-CFA7-4BC0-BCE2-256EE65AC0E4&sId=1390030341854. [110]

IMF (2019), *Public Investment Management Assessment (PIMA): Strengthening Infrastructure Governance*, International Monetary Fund, Washington, DC, https://www.imf.org/external/np/fad/publicinvestment/pdf/PIMA.pdf. [107]

INEC (2015), *Indice de Pobreza Multidimensional. Metodologıa, Costa Rica*, http://www.inec.go.cr/sites/default/files/documentos/pobreza_y_presupuesto_de_hogares/pobreza/metodologias/mepobrezaenaho2015-01.pdf. [42]

Infralatam (2024), *Data on Public Investment in Economic Infrastructure in Latin America and the Caribbean (database)*, http://infralatam.info/en/home. [115]

Inklaar, R., R. Marapin and K. Gräler (2023), *Tradability and Sectoral Productivity Differences across Countries*, GGDC Research Memorandum 195, https://www.rug.nl/ggdc/productivity/pld/releases/pld-2023?lang=en. [5]

Isgut, I. and J. Weller (eds.) (2016), *Protection and Training: Institutions for Improving Workforce Integration in Latin America and Asia*, United Nations Economic Commission for Latin America and the Caribbean, https://www.cepal.org/en/publications/40661-protection-and-training-institutions-improving-workforce-integration-latin. [82]

Izquierdo, A., C. Pessino and G. Vuletin (eds.) (2018), *Better Spending for Better Lives: How Latin America and the Caribbean Can Do More with Less*, Inter-American Development Bank, https://doi.org/10.18235/0001217-en. [60]

Jafino, B. et al. (2020), "Revised estimates of the impact of climate change on extreme poverty by 2030", *Policy Research Working Paper*, No. 9417, World Bank, https://openknowledge.worldbank.org/server/api/core/bitstreams/ad7eeab7-d3d8-567d-b804-59d620c3ab37/content. [46]

Joubert, C. and P. Todd (2011), *The Impact of Chile's 2008 Pension Reform on Labor Force Participation, Pension Savings, and Gender Equity*, Pension Council of Chile, https://previsionsocial.gob.cl/wp-content/uploads/2023/12/impacto-reforma-2008-fza-laboral-ahorro-genero-joubert-todd.pdf. [127]

Lister, R. (2004), *Poverty*, Polity Press, Cambridge. [33]

Marinho, M., A. Dahuabe and A. Arenas de Mesa (2023), "Salud y desigualdad en América Latina y el Caribe: la centralidad de la salud para el desarrollo social inclusivo y sostenible", *Social Policy Series*, No. 244, United Nations Economic Commission for Latin America and the Caribbean, https://repositorio.cepal.org/server/api/core/bitstreams/b816a7eb-10d7-4f37-8eba-e6cb8feb91cc/content. [78]

Martínez, S., M. Pérez and L. Tejerina (2015), "Atacando la vulnerabilidad en los adultos mayores: Evaluación de impacto de la Pensión Básica Universal, Programa Nuestros Mayores Derechos en El Salvador", *Nota Técnica*, No. IDB-TN-883, Inter-American Development Bank. [128]

Mena, G. and W. Hernani-Limarino (2015), "Intended and unintended effects of unconditional cash transfers: The case of Bolivia's Renta Dignidad", *IDB Working Paper Series*, No. IDB-WP-631, Inter-American Development Bank, https://doi.org/10.18235/0011709. [129]

Ministerio de Desarrollo Social de Chile (2015), *CASEN 2013: Situacion de la Pobreza en Chile. Presentacion de la Nueva Metodologia de Medicion de la Pobreza y Sintesis de los Principales Resultados*. [39]

Ministerio del Trabajo (2024), *Aprobada la reforma pensional en la Cámara de Representes*, https://www.mintrabajo.gov.co/comunicados/2024/junio/aprobada-la-reforma-pensional-en-la-camara-de-representes. [73]

MPPN (2017), *Using the MPI to Determine National Budgets in Costa Rica*, https://www.mppn.org/mpi-budgets-costa-rica/ (accessed on 1 March 2024). [49]

Nuñez, J. and D. Lasso (2023), "Incidencia de los impuestos y el gasto social: escenarios de política pública para Colombia", *AFD Research Papers*, No. 292, Agence Française de Développement, https://www.afd.fr/es/ressources/incidencia-de-los-impuestos-y-el-gasto-social-escenarios-de-politica-publica-para-colombia. [59]

OECD (2024), *Key Indicators of Informality Based on Individuals and Their Households (KIIbIH)*, https://shorturl.at/IZXI5. [51]

OECD (2024), *OECD Economic Outlook, Volume 2024 Issue 1: An unfolding recovery*, OECD Publishing, Paris, https://doi.org/10.1787/69a0c310-en. [14]

OECD (2024), *OECD Reviews of Labour Market and Social Policies: Colombia 2024*, OECD Reviews of Labour Market and Social Policies, OECD Publishing, Paris, https://doi.org/10.1787/6ed40726-en. [66]

OECD (2024), *Science, Technology and Innovation Scoreboard (database)*, OECD Publishing, Paris, https://www.oecd.org/en/data/datasets/science-technology-and-innovation-scoreboard.html. [119]

OECD (2023), *Harnessing the Potential of Foreign Direct Investment to Advance the Low-Carbon Transition in Latin America and the Caribbean*, OECD, https://www.oecd-events.org/investment-days-2023/content/keyresources. [13]

OECD (2023), *Health at a Glance 2023: OECD Indicators*, OECD Publishing, Paris, https://doi.org/10.1787/7a7afb35-en. [76]

OECD (2023), *OECD Economic Outlook, Volume 2023 Issue 2*, OECD Publishing, Paris, https://doi.org/10.1787/7a5f73ce-en. [23]

OECD (2023), *Pensions at a Glance 2023: OECD and G20 Indicators*, OECD Publishing, Paris, https://doi.org/10.1787/678055dd-en. [72]

OECD (2023), *Social Expenditure Database (SOCX)*, https://www.oecd.org/social/expenditure.htm. [58]

OECD (2022), *Global Outlook on Financing for Sustainable Development 2023: No Sustainability Without Equity*, OECD Publishing, Paris, https://doi.org/10.1787/fcbe6ce9-en. [103]

OECD (2021), *How's Life in Latin America?: Measuring Well-being for Policy Making*, OECD Publishing, Paris, https://doi.org/10.1787/2965f4fe-en. [90]

OECD (2020), *How's Life? 2020: Measuring Well-being*, OECD Publishing, Paris, https://doi.org/10.1787/9870c393-en. [94]

OECD (2019), *FDI Qualities Indicators: Measuring the Sustainable Development Impacts of Investment*, OECD Publishing, Paris, https://doi.org/10.1787/0894dfba-en. [11]

OECD (2019), *Society at a Glance 2019: OECD Social Indicators*, OECD Publishing, Paris, https://doi.org/10.1787/soc_glance-2019-en. [64]

OECD (2015), *Policy Framework for Investment, 2015 Edition*, OECD Publishing, Paris, https://doi.org/10.1787/9789264208667-en. [120]

OECD et al. (2019), *Perspectivas económicas de América Latina 2019: Desarrollo en transición*, OECD Publishing, Paris, https://doi.org/10.1787/g2g9ff1a-es. [1]

OECD/ECLAC (2018), *Public and private social expenditure (SOCX methodology) database*, OECD Publishing, Paris, https://statistics.cepal.org/portal/databank/index.html?lang=en&indicator_id=4407 (accessed on 1 April 2024). [106]

OECD et al. (2023), *Perspectivas económicas de América Latina 2023: Invirtiendo para un desarrollo sostenible*, OECD Publishing, Paris, https://doi.org/10.1787/5cf30f87-es. [7]

OECD et al. (2021), *Perspectivas económicas de América Latina 2021: Avanzando juntos hacia una mejor recuperación*, OECD Publishing, Paris, https://doi.org/10.1787/2958a75d-es. [109]

OECD et al. (2020), *Perspectivas económicas de América Latina 2020: Transformación digital para una mejor reconstrucción*, OECD Publishing, Paris, https://doi.org/10.1787/f2fdced2-es. [114]

OECD et al. (2024), *Estadísticas tributarias en América Latina y el Caribe 2024*, OECD Publishing, Paris, https://doi.org/10.1787/ec57392c-es. [16]

OECD et al. (2022), *Perspectivas económicas de América Latina 2022: Hacia una transición verde y justa*, OECD Publishing, Paris, https://doi.org/10.1787/f2f0c189-es. [10]

OPHI and UNDP (2023), *Multidimensional Poverty Index 2023: Unstacking Global Poverty*, https://hdr.undp.org/system/files/documents/hdp-document/2023mpireporten.pdf. [29]

OPHI/University of Oxford/UNDP (2019), *How to Build a National Multidimensional Poverty Index (MPI): Using the MPI to Inform the SDGs*, https://ophi.org.uk/sites/default/files/2023-08/How_to_Build_Handbook_2019_PDF.pdf. [44]

Oughton, E., D. Amaglobeli and M. Moszor (2023), "Estimating digital infrastructure investment needs to achieve universal broadband", *IMF Working Papers*, No. WP/23/27, International Monetary Fund, Washington, DC, https://www.imf.org/en/Publications/WP/Issues/2023/02/10/Estimating-Digital-Infrastructure-Investment-Needs-to-Achieve-Universal-Broadband-529669. [102]

Partners for Impact (2024), *Partnerships – Preparing for a Post-2030 Era*, Partners for Impact, https://pfipartners.org/2024/02/21/partnerships-preparing-for-a-post-2030-era/. [93]

Rao, K. et al. (2022), "Future health spending in Latin America and the Caribbean: Health expenditure projections & scenario analysis", *IDB Technical Note*, No. IDB-TN-2457, Inter-American Development Bank, https://publications.iadb.org/en/future-health-spending-latin-america-and-caribbean-health-expenditure-projections-scenario-analysis. [77]

Ravallion, M. (2016), *The Economics of Poverty*, Oxford University Press, https://doi.org/10.1093/acprof:oso/9780190212766.001.0001. [32]

RICYT (2020), *Network for Science and Technology Indicators – Ibero-American and Inter-American (RICYT)*, http://www.ricyt.org/en/ (accessed on 18 September 2023). [118]

Robles, C. and R. Holz (eds.) (2024), *The Future of Social Protection in the Midst of a Protracted Social Crisis in Latin America: Advancing towards Universal, Comprehensive, Sustainable and Resilient Systems*, United Nations Economic Commission for Latin American and the Caribbean, https://repositorio.cepal.org/server/api/core/bitstreams/a78ff55b-7552-401f-bf14-d279e9c3c57a/content. [75]

Rogoff, K. (2023), "The long-lasting economic shock of war", *IMF Analytical Series*, International Monetary Fund, https://www.imf.org/en/Publications/fandd/issues/2022/03/the-long-lasting-economic-shock-of-war. [24]

Schwarzer, H. and A. Querino (2002), "Non-contributory pensions in Brazil: The impact on poverty reduction", *ESS Paper*, No. 11, International Labour Organization. [121]

Sen, A. (1999), *Development as Freedom*, Oxford University Press. [34]

Sojo, A. (2017), *Protección social en América Latina: la desigualdad en el banquillo*, United Nations Economic Commission for Latin America and the Caribbean, https://repositorio.cepal.org/entities/publication/e4050921-17d8-43de-8923-4dbc5f73c0bd. [74]

The Conference Board (2024), *Total Economy Database*, The Conference Board, https://www.conference-board.org/data/economydatabase. [3]

Tran, V., S. Klasen and S. Alkire (2015), "Static and dynamic disparities between monetary and multidimensional poverty measurement: Evidence", *Measurement of Poverty, Deprivation, and Economic Mobility*, Vol. 23, pp. 249–281, https://econpapers.repec.org/bookchap/emereinzz/s1049-258520150000023008.htm. [31]

UNCTAD (2023), *The Costs of Achieving the SDGs*, United Nations Conference on Trade and Development, Geneva, https://unctad.org/sdg-costing/about. [91]

UNCTAD (2023), *UNCTAD Statistics*, https://unctad.org/statistics. [12]

UNESCO (2023), "Can countries afford their national SDG 4 benchmarks?", *UNESCO Policy Paper*, No. 49, UNESCO, https://doi.org/10.54676/YHFN2611. [98]

UNESCO (2015), "Pricing the right to education: The cost of reaching new targets by 2030", *Global Education Monitoring Report*, https://www.unesco.org/gem-report/en/pricing-right-education. [97]

United Nations (2024), *Financing for Sustainable Development Report 2024: Financing for Development at a Crossroads*, United Nations, Inter-agency Task Force on Financing for Development. [104]

UofT and UCL (2024), *After2030 Project*, University of Toronto (UofT) and University College London (UCL), https://www.oise.utoronto.ca/after2030. [92]

Uthoff, A. (2016), "Aspectos institucionales de los sistemas de pensiones en América Latina", *Serie Políticas Sociales*, No. 221, United Nations Economic Commission for Latin America and the Caribbean, https://repositorio.cepal.org/server/api/core/bitstreams/facce907-83d4-4f98-a320-68dd40246fc0/content. [70]

Velásquez Pinto, M. (2003), "Seguros de desempleo, objetivos, características y situación en América Latina", *Serie Financiamiento para el Desarrollo*, No. 133, United Nations Economic Commission for Latin America and the Caribbean, https://repositorio.cepal.org/server/api/core/bitstreams/04c7fb8d-a5c1-462e-8567-3f2d31a74973/content. [86]

Velásquez, M. (2021), "La protección ante el desempleo: medidas aplicadas durante la crisis del COVID-19", *Documentos de proyectos*, No. (LC/TS.2021/214), United Nations Economic Commission for Latin America and the Caribbean, https://www.cepal.org/en/node/55421. [85]

Weller, J. (2023), "Principales tendencias globales y su impacto en la inclusión laboral", in Huepe, M. (ed.), *Desigualdades, inclusión y futuro del trabajo en América Latina*, United Nations Economic Commission for Latin America and the Caribbean, https://repositorio.cepal.org/server/api/core/bitstreams/75490d25-e918-4f30-9b5b-afabf8b70e6b/content. [84]

WHO (2017), "WHO estimates cost of reaching global health targets by 2030", World Health Organization (WHO), Geneva, https://www.who.int/news/item/17-07-2017-who-estimates-cost-of-reaching-global-health-targets-by-2030. [95]

WHO and UNICEF (2018), *A Vision for Primary Health Care in the 21st Century: Towards Universal Health Coverage and the Sustainable Development Goals*, https://apps.who.int/iris/handle/10665/328065. [81]

World Bank (2024), *Poverty and Inequality Platform*, https://pip.worldbank.org/home. [55]

World Bank (2017), *Monitoring Global Poverty: Report of the Commission on Global Poverty*, World Bank Group, Washington, DC, http://documents.worldbank.org/curated/en/353781479304286720/Monitoring-global-poverty-report-of-the-commission-on-global-poverty. [35]

2 Financiamiento público para el desarrollo

Este capítulo examina las tendencias en materia de administración y movilización de recursos públicos en América Latina y el Caribe. Se analiza la mejor forma de gestionar estos recursos para mantener la sostenibilidad fiscal sin comprometer el avance en las agendas de desarrollo. El capítulo destaca la importancia de utilizar los fondos públicos de manera eficiente. Además, se examinan estrategias para construir sistemas tributarios más justos, eficientes y simples, y se exploran diversas vías para incrementar los ingresos tributarios en la región. Se insta a replantear las prácticas de gestión de la deuda y se presentan consideraciones clave para fortalecer los marcos fiscales. Por último, se analizan los factores que afectan la moral tributaria y se explora cómo los responsables de formular políticas en la región pueden promover el cumplimiento voluntario, con el objetivo de fortalecer la movilización de ingresos a largo plazo.

Infografía 2.1 ALC necesita mejorar la recaudación de impuestos, el gasto y la gestión de la deuda

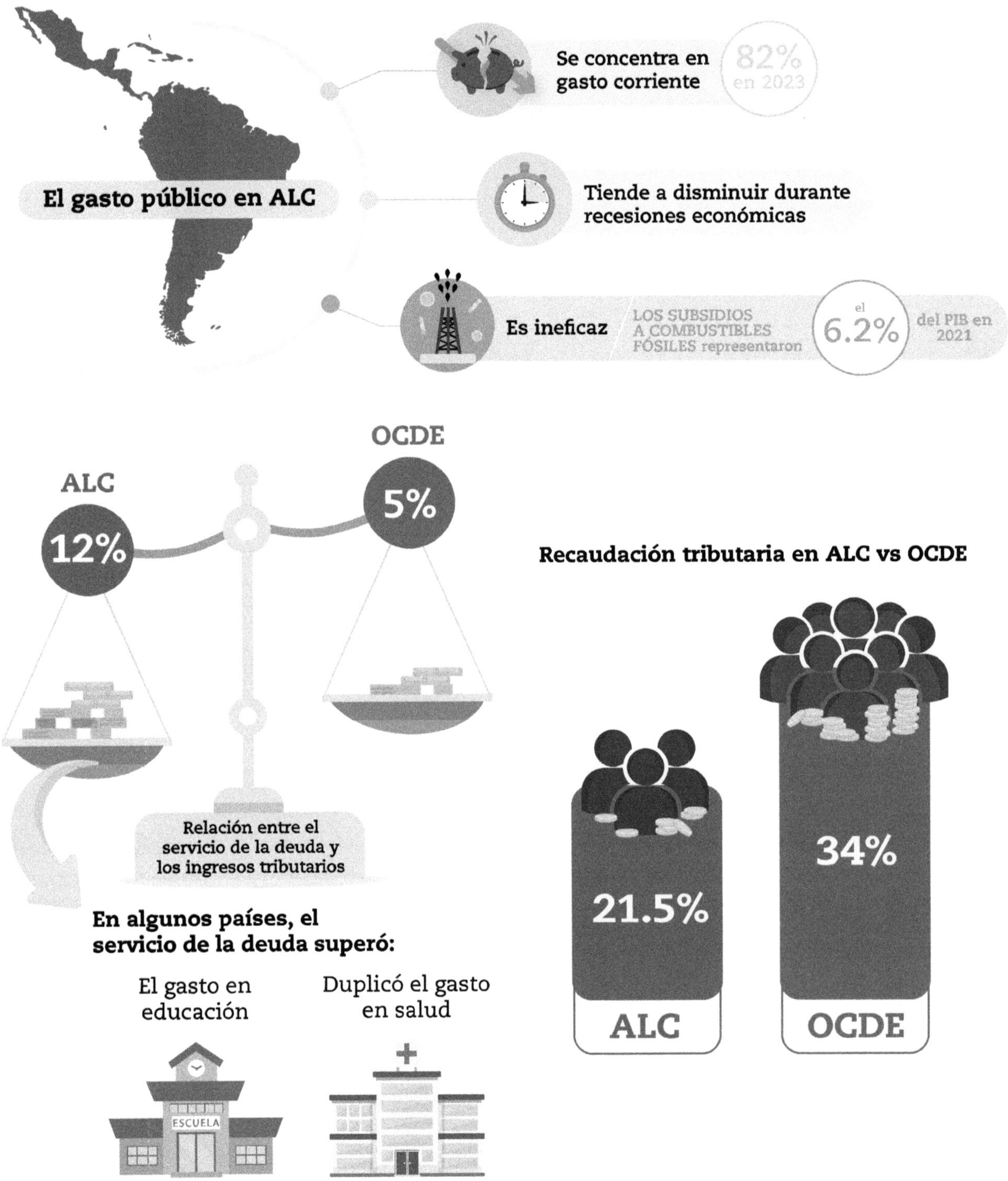

Introducción

Para cumplir con las agendas de desarrollo y garantizar simultáneamente la sostenibilidad fiscal, los países de América Latina y el Caribe (ALC) deben optimizar el uso de sus recursos, aumentar la recaudación tributaria y fortalecer la gestión de la deuda pública. En la actualidad, el gasto en la región es insuficiente, está excesivamente enfocado en el corto plazo y su asignación no es óptima. El sector público tiene una función estratégica en la financiación de servicios y bienes públicos esenciales para el desarrollo sostenible de la región. Sin embargo, los bajos niveles de recaudación tributaria en la mayoría de los países de ALC limitan la capacidad del Estado para fortalecer las instituciones y brindar más y mejores servicios públicos. Debido a la heterogeneidad de la región, será necesario implementar combinaciones de políticas adaptadas a las circunstancias de cada país para mejorar la recaudación de impuestos y la progresividad de los sistemas tributarios. No obstante, los niveles actuales de deuda en la región limitan el espacio fiscal para la inversión, y los elevados costos del servicio de la deuda reducen la capacidad de gasto.

Este capítulo comienza con un análisis de las principales tendencias del gasto público en ALC y la necesidad de ampliar y mejorar el uso del gasto. Se presenta un análisis de los sistemas tributarios actuales de la región, con especial hincapié en la necesidad de diseños más justos, eficientes y simples. Se exploran posibles acciones para mejorar la gestión de la deuda pública y fomentar el uso de instrumentos de deuda innovadores y sostenibles, además de analizar la importancia de desarrollar una cultura tributaria en la región. Para concluir, el capítulo ofrece una serie de mensajes clave en materia de políticas.

Tendencias del gasto público en ALC

El gasto del gobierno central expresado como porcentaje del producto interno bruto (PIB) ha crecido en ALC durante los últimos 30 años, pero sigue siendo relativamente bajo, se concentra en el corto plazo y tiende a ser procíclico. En 2023, los gobiernos centrales de ALC destinaron, en promedio simple, un 25.5% de su PIB al gasto público, en comparación con el 19% en la década de 1990 (ECLAC, 2023[1]). De ese porcentaje, una parte significativa se destinó a gasto corriente, que representó el 82% del gasto público total en ALC en 2023. Sin embargo, se observa una gran heterogeneidad. En Dominica, por ejemplo, el gasto público llegó a un 56.9% del PIB en 2022, con un fuerte impulso de ingresos provenientes del programa de Ciudadanía por Inversión, que ofrece la ciudadanía a extranjeros que inviertan en el país. Otras naciones del Caribe, como Antigua y Barbuda, Granada, San Cristóbal y Nieves y Santa Lucía, también recibieron un fuerte impulso financiero de este tipo de programas. En 2023, el gasto público expresado como porcentaje del PIB fue mucho menor en Paraguay (17.3%) y Guatemala (14%). La composición del gasto entre corriente y de capital también varía considerablemente a lo largo de la región (Gráfico 2.1).

Gráfico 2.1. Gasto total del gobierno central, como % del PIB, por función y por país

Datos de 2023 o últimos datos disponibles

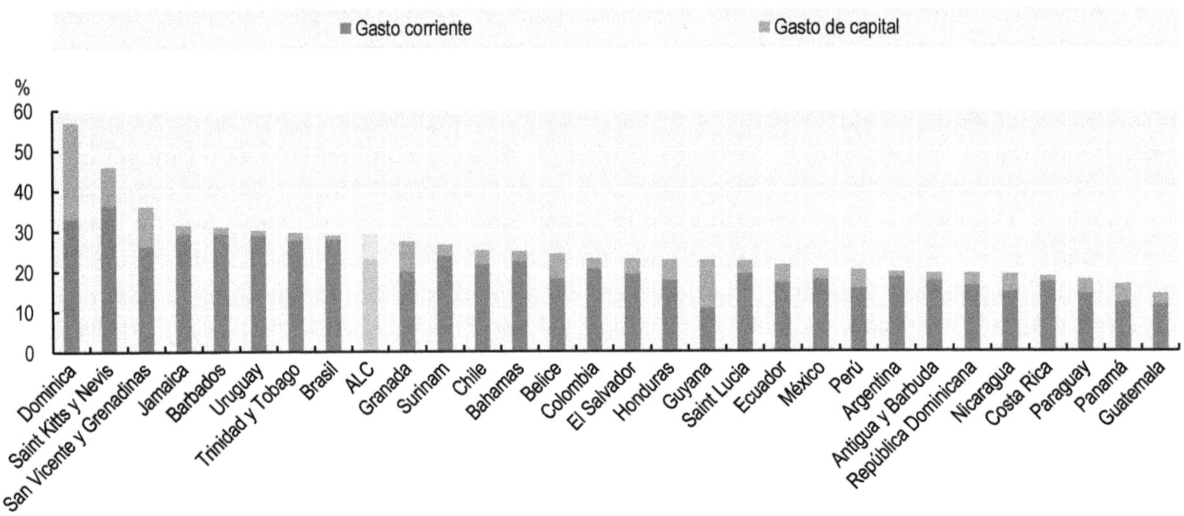

Nota: El gasto total del gobierno central se refiere al gasto total y los préstamos menos reembolsos. Los datos de Dominica son de 2022. Los datos de ALC corresponden a un promedio simple.
Fuente: (ECLAC, 2023[1]).

StatLink https://stat.link/i4tsul

Otro aspecto del gasto público en ALC es su naturaleza cíclica. Como sucede en otras regiones en desarrollo, los países de América Latina y el Caribe tienden a reducir el gasto público durante las recesiones económicas y a aumentarlo artificialmente durante las expansiones económicas (Ardanaz and Izquierdo, 2017[2]) y en los períodos preelectorales hasta en un 1% del PIB, lo que pone de manifiesto sus restricciones financieras, los horizontes políticos de corto plazo y la debilidad de sus instituciones (Nieto Parra and Santiso, 2009[3]). Durante la pandemia de COVID-19, la respuesta de la mayoría de las economías de ALC fue aumentar el gasto en salud y en medidas de apoyo económico para hogares y empresas, pero la magnitud y la naturaleza de estas respuestas fueron muy dispares (IMF, 2020[4]). La composición y el momento del gasto público son fundamentales para evaluar el impacto del estímulo fiscal en el crecimiento económico (Ilzetzki, Mendoza and Végh, 2013[5]). Durante las recesiones, los recortes en la inversión pública tienen un efecto más perjudicial sobre el crecimiento económico que los recortes en el consumo público. En términos concretos, una reducción de 1 USD en la inversión pública puede disminuir la producción económica en 1.3 USD, mientras que un recorte de 1 USD en el consumo público reduce la producción solo en 0.4 USD (Ardanaz and Izquierdo, 2017[2]). En Perú, el gasto público corriente exhibe multiplicadores de entre 0.3 y 0.7, en tanto el gasto público de capital exhibe multiplicadores de entre 1.0 y 1.15 (Restrepo, 2020[6]; Raga, 2022[7]). Estas cifras resaltan la importancia de una asignación estratégica en la planificación presupuestaria para maximizar el impacto del gasto público.

El gasto público en ALC también puede promover la reducción de la pobreza y la desigualdad (Lustig, 2018[8]). En 2024, el 26.8% de la población total de ALC vivía por debajo de la línea de pobreza, el 10.6% en la pobreza extrema y el coeficiente de Gini era de 0.45 (Capítulo 1). A pesar del mayor efecto multiplicador del gasto de capital respecto del gasto corriente, este último sigue siendo alto. En consecuencia, la eficiencia del gasto público en bienes y servicios básicos pero transformadores, como la educación, es fundamental para el bienestar de la ciudadanía y, por ende, para el desarrollo sostenible de la región (AFD, 2024[9]; Lustig, 2018[8]).

Alinear los presupuestos con el desarrollo sostenible

Los presupuestos nacionales facilitan la integración de las prioridades de desarrollo sostenible en la asignación de los recursos públicos disponibles. Para asegurar una alineación óptima, los gobiernos deben entender la relevancia de cada sector estratégico y los costos asociados a su desarrollo (Capítulo 1). Muchos presupuestos nacionales en América Latina y el Caribe no integran las agendas de desarrollo, lo que genera incongruencias entre los objetivos de sostenibilidad, los fondos asignados y la eficacia de su ejecución. A modo de ejemplo, los subsidios para combustibles fósiles han venido en aumento en la región desde 2015 (Gráfico 2.3) (UNCTAD, 2024[10]). Un presupuesto bien diseñado no solo debe financiar la agenda de desarrollo, sino también garantizar que los montos asignados a cada objetivo se ejecuten correctamente. Un diseño más eficiente del presupuesto, acompañado de una adecuada implementación y acceso a datos confiables, puede asegurar que cada prioridad reciba el financiamiento necesario y esté resguardada de recortes inesperados durante todo el ejercicio fiscal o subejecuciones. En 2021, solo se ejecutó el 80% del presupuesto asignado en ALC. La mayoría de los países ejecutaron entre el 60% y el 80% de sus presupuestos, salvo Chile que lo ejecutó en su totalidad (100%). Nicaragua excedió el presupuesto asignado, con una tasa de ejecución del 110% (IDB, 2023[11]).

La coordinación entre organismos públicos y jurisdicciones es fundamental para asegurar que los objetivos planificados a nivel nacional se implementen de manera efectiva en el ámbito local, donde se financian. En los últimos años, en algunos países de ALC, los gobiernos subnacionales han asumido un papel central en la administración de los fondos públicos. Los gobiernos subnacionales han sido responsables de más del 30% del gasto total del gobierno general en países como Colombia, Perú, Brasil, México y Argentina, en comparación con el 15% o menos en naciones como Chile, Uruguay, Ecuador, Costa Rica, Panamá y Paraguay (OECD, 2022[12]). La gobernanza multinivel y la coordinación eficaz entre los niveles de gobierno son esenciales para garantizar la alineación entre los objetivos de desarrollo sostenible fijados a nivel nacional y el gasto a nivel local. Los mecanismos y herramientas como los presupuestos por programas y los sistemas de seguimiento presupuestario tienen como objetivo evitar la duplicidad de gastos entre los gobiernos nacionales y locales, dado que no contribuye al logro de los objetivos de las políticas públicas. Hay muchas otras variables que los responsables de formular políticas deben tener en cuenta al diseñar e implementar sus presupuestos. La OCDE ha formulado una serie de recomendaciones sobre gobernanza presupuestaria que podrían servir como referencia (Recuadro 2.1).

Recuadro 2.1. Recomendaciones de la OCDE sobre gobernanza presupuestaria

Las recomendaciones de la OCDE sobre gobernanza presupuestaria abordan diez áreas prioritarias, algunas de las cuales son particularmente significativas para América Latina y el Caribe. La OCDE recomienda a los países:

1. Gestionar los presupuestos dentro de límites claros, creíbles y predecibles para asegurar la coherencia con la política fiscal
2. Alinear los presupuestos con las prioridades estratégicas del gobierno a mediano plazo
3. Diseñar el marco presupuestario para inversiones para dar respuesta a las necesidades de desarrollo nacional de manera rentable y coherente
4. Garantizar la apertura, la transparencia y el acceso de los documentos y datos presupuestarios
5. Propiciar un debate inclusivo, participativo y realista sobre las decisiones presupuestarias
6. Presentar un informe exhaustivo, preciso y confiable de las finanzas públicas
7. Planificar, gestionar y supervisar de manera activa la ejecución del presupuesto
8. Asegurar que el rendimiento, la evaluación y la eficiencia en el uso de los recursos públicos sean pilares fundamentales del proceso presupuestario

9. Identificar, evaluar y gestionar de manera prudente los riesgos fiscales y de sostenibilidad a largo plazo
10. Promover la integridad y calidad de las previsiones presupuestarias, los planes fiscales y la ejecución presupuestaria mediante procesos rigurosos de aseguramiento de la calidad, incluida una auditoría independiente.

La recomendación que invita a los países a alinear los presupuestos con las prioridades estratégicas del gobierno de mediano plazo reviste especial interés para la región. Esto permite a los responsables de formular políticas identificar qué prioridades deben financiarse, así como los montos adecuados de inversión corriente y de capital necesarios para cada una.

Otras recomendaciones de interés para la región son las que instan a diseñar un presupuesto participativo y transparente, lo que puede ayudar a mejorar la moral tributaria de los contribuyentes y, con ello, aumentar los recursos disponibles para los presupuestos nacionales.

Fuente: (OECD, 2015[13]).

Mejorar la eficacia del gasto público en educación

En ALC, el gasto público en educación demuestra que no se trata simplemente de cuánto se gasta sino de cuán bien se gasta (OECD/CAF/ECLAC, 2014[14]; OECD et al., 2019[15]). Los gobiernos de ALC han invertido sistemáticamente una mayor proporción de su PIB en educación (4.5%) en comparación con otras regiones en desarrollo, aunque se observa una gran heterogeneidad en la región. La inversión por alumno oscila entre el 22.2% del PIB per cápita en Jamaica y el 9.9% en República Dominicana (World Bank, 2023[16]). En 2022, los países de ALC obtuvieron una puntuación promedio en matemáticas en la prueba PISA para estudiantes de 15 años de 373, inferior al promedio de la OCDE, que fue de 472 (Gráfico 2.2). La comparación con los resultados educativos de países con un gasto per cápita por alumno similar pone de relieve que una inversión eficiente puede impulsar un mejor desempeño y resultados con los mismos fondos. Si bien los datos sugieren que existe una correlación positiva entre el gasto público en educación y los resultados académicos, es importante tener presente que esta correlación no debe interpretarse como un efecto causal directo, ya que otros factores también influyen en los resultados: la calidad de la educación, la eficacia de los planes de estudio, el acceso a recursos educativos en zonas rurales y urbanas, la formación de los docentes y las condiciones socioeconómicas tanto de los docentes como de los estudiantes. Resulta fundamental considerar estos factores para poder diseñar intervenciones de políticas públicas específicas que mejoren tanto la equidad como la calidad educativa en los distintos países y regiones. Adoptar los criterios de eficiencia del gasto de la OCDE podría mantener los niveles actuales de inversión en educación y, a la vez, mejorar los resultados. Por ejemplo, ceteris paribus, tomando como referencia el desempeño promedio de la OCDE, Jamaica podría alcanzar una puntuación de 501 en la prueba PISA de matemáticas con los niveles actuales de gasto si los fondos se administraran de manera eficiente, mientras que Costa Rica podría llegar a una puntuación de 475.

Gráfico 2.2. Gasto público en educación por alumno 2000-18, frente a puntuaciones en la prueba PISA de matemáticas, 2022

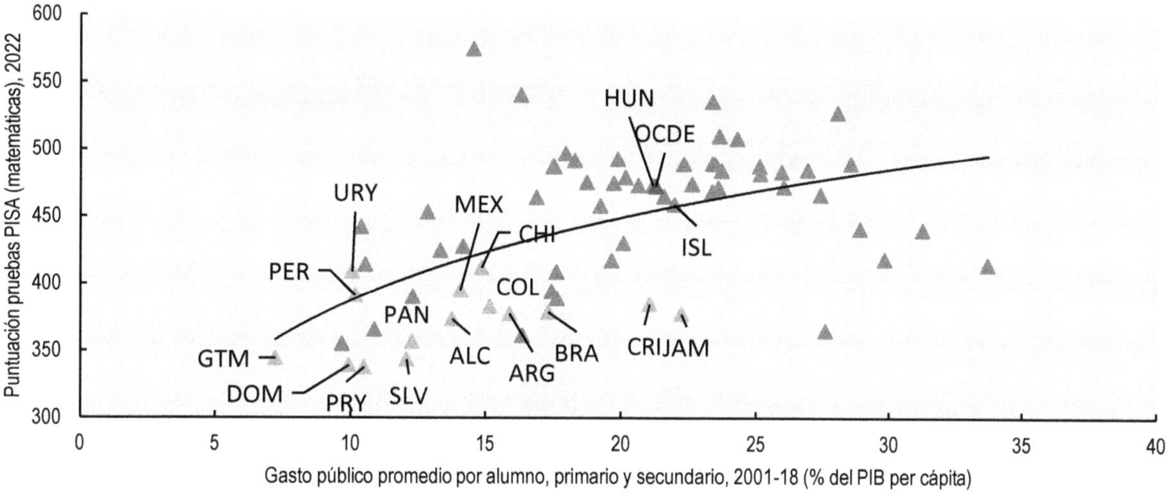

Nota: El gráfico muestra la correlación entre las dos dimensiones y no debe interpretarse como un efecto causal directo. La puntuación de las pruebas PISA corresponde al desempeño en matemática para cada región y país. El gasto público promedio en educación por alumno es un promedio simple de los datos disponibles para cada país entre 2000 y 2018 en los niveles primario y secundario de educación. Los promedios totales para la OCDE y ALC se calculan utilizando promedios simples.
Fuente: (OECD, 2023[17]) y (World Bank, 2023[16]).

StatLink https://stat.link/p4jt2e

Eliminar gradualmente los subsidios ineficientes a los combustibles fósiles puede liberar recursos financieros y fomentar simultáneamente la inclusión

La racionalización y eliminación gradual de los subsidios a los combustibles fósiles podrían liberar recursos para otros usos estratégicos. Sin embargo, para asegurar la inclusión social en la transición al uso de energías limpias, es imperioso acompañar la eliminación gradual de subsidios con políticas que protejan a los más vulnerables de la volatilidad en los precios de los combustibles (OECD et al., 2024[18]). El financiamiento de los subsidios a combustibles fósiles en ALC representó un 7.4% del PIB en 2021 (Gráfico 2.3, Panel A). En ese momento, los gobiernos de la región dieron asistencia a los clientes y empresas en medio de un aumento mundial de los precios de la energía y en general los subsidios no se dirigieron adecuadamente a quienes más los necesitaban (OECD, 2023[19]). En 2023, Surinam destinó la mayor proporción del PIB (19.5%) para subsidiar los combustibles fósiles, seguido por Bolivia (14.4%). Los países de que destinaron la menor proporción del PIB a subsidiar los combustibles fósiles fueron Uruguay (1.5%), Barbados (1.4%) y Belice (0.4%) (Gráfico 2.3, Panel B). El petróleo sigue siendo el combustible fósil más subsidiado en la región ALC (OECD et al., 2022[20]). En Colombia, todos los subsidios a combustibles fósiles se destinaron al sector petrolero en 2022, y lo mismo puede decirse de la mayoría de los subsidios a combustibles fósiles que concedieron Ecuador y Bolivia. Otros países de ALC han diversificado los subsidios. Por ejemplo, Argentina destinó un 42% de los subsidios al petróleo, 21% a electricidad y 37% a gas, en tanto México destinó un 46% tanto a petróleo como a electricidad, 5% al carbón y 3% al gas.

En este contexto, un presupuesto bien diseñado constituye un instrumento esencial para promover modelos de desarrollo sostenibles e inclusivos. Es posible aumentar la inclusión si se asignan fondos con destino específico. Por ejemplo, los presupuestos con inclusión social pueden dar impulso a las políticas de transición energética en general al reducir los subsidios regresivos, que a veces benefician a los hogares ricos y aumentan la desigualdad, y al dar prioridad al financiamiento de políticas compensatorias destinadas a los grupos más vulnerables, lo que puede ayudar a evitar tensiones e inestabilidad social (OECD et al., 2022[20]).

Gráfico 2.3. Subsidios a los combustibles fósiles, como proporción del PIB (%)

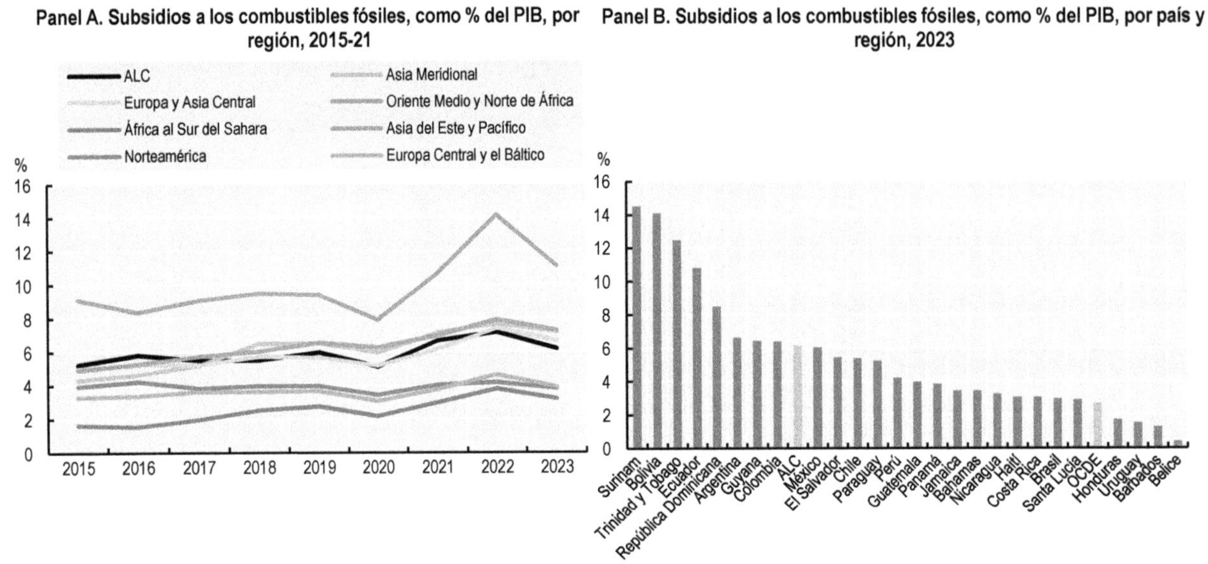

Nota: Los datos de ALC y la OCDE se calculan a partir de promedios simples. En el Panel B, los subsidios a los combustibles incluidos son petróleo (gasolina, diésel, queroseno, GLP y otros derivados del petróleo), carbón y gas natural.
Fuente: (IMF, 2023[21]).

StatLink https://stat.link/39n7ci

En busca de sistemas tributarios más equitativos, eficientes y simples

Para la mayoría de los países en ALC, los recursos provenientes de la recaudación de impuestos constituyen la fuente principal y más estable de ingresos públicos para los gobiernos, lo que les permite planificar y presupuestar de manera eficaz y facilitar el financiamiento de servicios públicos esenciales, proyectos de infraestructura y programas de bienestar social. La mayoría de las economías de ALC tienen un margen considerable para aumentar la recaudación tributaria y mejorar la progresividad del sistema tributario. Debido a la heterogeneidad de la región, es necesario implementar políticas diferenciadas. Estas políticas deben enfocarse en equilibrar la estructura tributaria, racionalizar el gasto fiscal, analizar fuentes de ingresos adicionales, como los impuestos sobre la propiedad y los impuestos a productos nocivos para la salud y el medioambiente, así como en mejorar la administración tributaria.

Los ingresos tributarios en ALC siguen siendo demasiado bajos para financiar un aumento del gasto público

A pesar de haber aumentado la recaudación de impuestos en los últimos treinta años, los ingresos tributarios[1] en ALC siguen siendo insuficientes para financiar un aumento del gasto público. Los ingresos tributarios de la región representaron un 21.5% del PIB en 2022, muy por debajo del promedio de la OCDE (34.0%). Los niveles variaron significativamente, desde un 33.3% en Brasil hasta un 10.6% en Guyana (Gráfico 2.4., Panel A). El ratio impuestos/PIB de la región ha crecido a ritmo constante —de un 14.6% en 1990 a un 21.5% en 2022—, pero la brecha con las economías de la OCDE se mantiene. La mayor parte del aumento en el ratio impuestos/PIB en ALC se debe a mayores ingresos provenientes de impuestos sobre la renta y ganancias y al impuesto al valor agregado (IVA) (OECD et al., 2024[22]).

La Presión Fiscal Equivalente (PFE) puede servir como medida complementaria al ratio impuestos/PIB. La PFE incluye las contribuciones obligatorias a regímenes privados de seguridad social, así como los ingresos no tributarios derivados de la explotación de recursos naturales (Morán and Solera, 2023[23]; OECD et al., 2024[22]). Por ello, la PFE puede ayudar a medir la dependencia de los países de ALC respecto a los recursos naturales, su vulnerabilidad ante la volatilidad de precios y la importancia de las contribuciones a regímenes privados de seguridad social (es decir, pagos obligatorios de naturaleza no tributaria) en la movilización de recursos. La PFE adquiere especial relevancia en países como Chile y México, donde las contribuciones a la seguridad social y los ingresos no tributarios derivados de los recursos naturales revisten gran importancia. En 2021, estos ingresos aportaron un 5.9% adicional al ratio impuestos/PIB, lo que elevó la presión fiscal total al 28.1 % del PIB en ese país (Gráfico 2.4, Panel B). En México, añadieron un 5.5% al ratio impuestos/PIB. Estas contribuciones representaron más del 3% del PIB en Bolivia, El Salvador, Panamá y Uruguay, en tanto en Argentina, Colombia, Perú, y República Dominicana apenas superaron el 2% del PIB. En cambio, en Belice, Guatemala, Jamaica y Nicaragua, prácticamente no se registran ingresos no tributarios provenientes de recursos naturales y de contribuciones a regímenes privados de seguridad social (Morán and Solera, 2023[23]). A excepción de Guyana y Trinidad y Tobago, donde los ingresos no tributarios provenientes de la producción y explotación de petróleo son altos, los ingresos no tributarios de muchos otros países del Caribe provienen esencialmente de programas de Ciudadanía por Inversión y de donaciones (ECLAC, 2024[24]).

Gráfico 2.4. Ratios impuestos/PIB y presión fiscal equivalente (PFE) en ALC

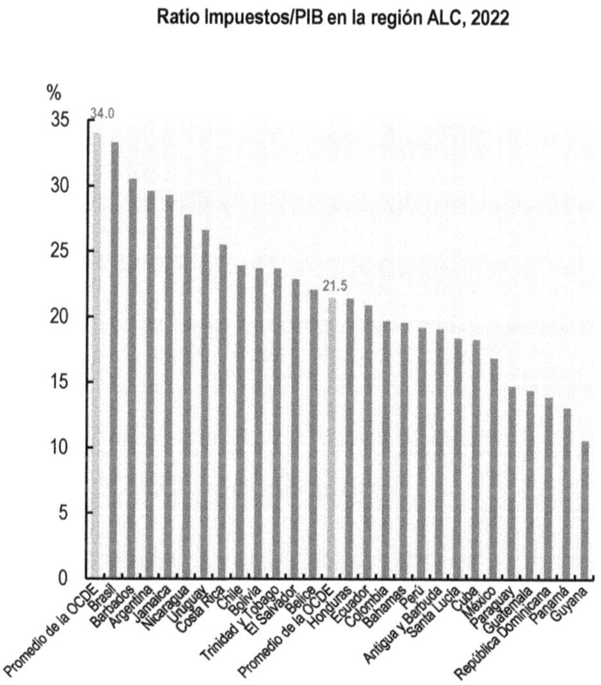

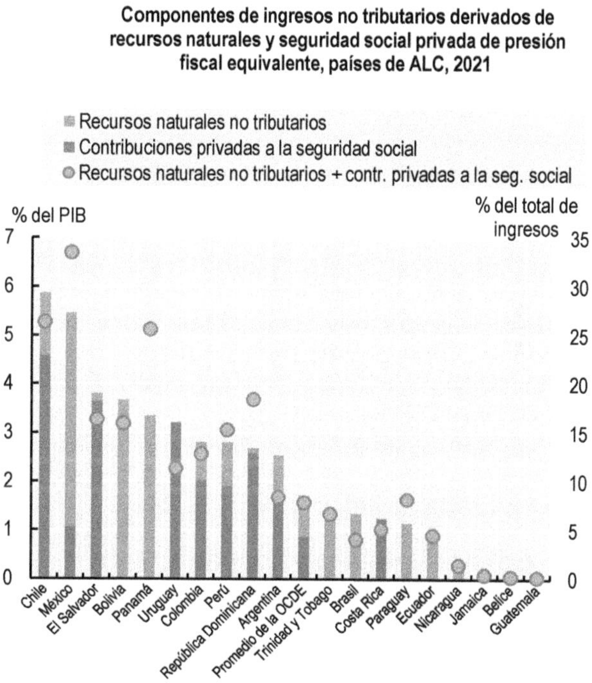

Nota: En el Panel A, las cifras representan los ingresos públicos generales, incluidos los de gobiernos subnacionales. Las cifras excluyen ingresos de gobiernos locales en Antigua y Barbuda, Argentina (pero incluyen ingresos provinciales), Bahamas, Barbados, Cuba, República Dominicana, Santa Lucía, Trinidad y Tobago y Venezuela, pues no se dispone de esos datos. El promedio de la OCDE representa el promedio no ponderado de 38 de sus países miembros (entre los que se incluyen Chile, Colombia, Costa Rica y México). El promedio de ALC corresponde al promedio no ponderado de 26 países de América Latina y el Caribe que se incluyen en esta publicación, excluido Venezuela por no disponerse de datos.
Fuente: Panel A: (OECD et al., 2024[22]). Panel B: (Morán and Solera, 2023[23]).

StatLink https://stat.link/m6cl5t

Aumentar los ingresos provenientes de impuestos directos puede ayudar a reducir la desigualdad en ALC

La estructura tributaria en la región se caracteriza por una baja participación de los impuestos directos y una alta dependencia de los impuestos indirectos. En 2022, el impuesto sobre la renta de las personas físicas y las contribuciones a la seguridad social concentraron el 26.7% del total de los ingresos tributarios (5.7% del PIB) en ALC, en comparación con un promedio de 48.4% en la OCDE (16.9% del PIB) (Gráfico 2.5). Por otro lado, el impuesto de sociedades tuvo una mayor participación en los ingresos tributarios de ALC que en los países de la OCDE. El impuesto de sociedades fue responsable del 16.3% del total de ingresos tributarios (3.4% del PIB) en ALC, frente a un 12.0% (3.9% del PIB) en los países de la OCDE. Los impuestos sobre bienes y servicios representaron el 48.4% del total de ingresos tributarios (10.4% del PIB) en ALC, en comparación con menos del 32% (10.6% del PIB) en los países de la OCDE. En ALC, la mayor parte de los ingresos por impuestos sobre bienes y servicios corresponde al IVA, que contribuyó con un 28.3% al total de ingresos tributarios y 6.1% del PIB (OECD et al., 2024[22]).

Gráfico 2.5. Estructura tributaria promedio en la región de ALC y en la OCDE, 2022

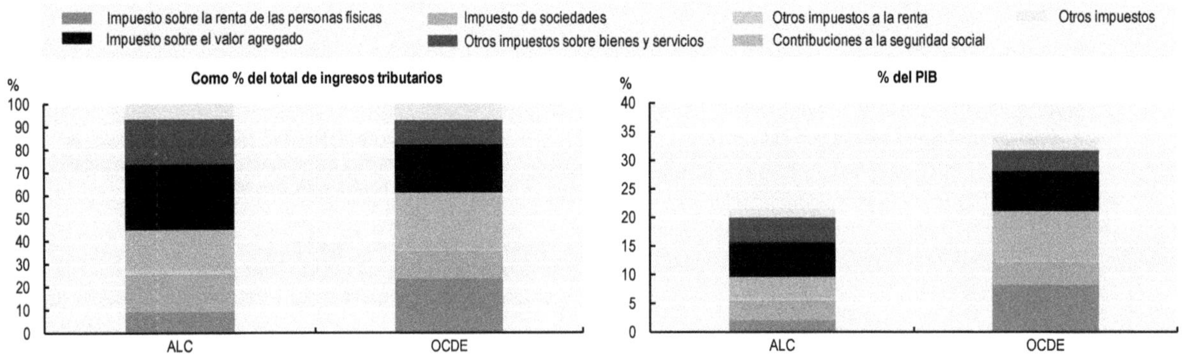

Nota: El promedio de ALC excluye a Venezuela pues no se dispone de datos. Ecuador se excluye del promedio de ALC al calcular los ingresos provenientes del impuesto sobre la renta de las personas físicas y el impuesto de sociedades debido a problemas con la calidad de los datos. El promedio de la OCDE representa el promedio no ponderado de 38 países miembros de la OCDE (entre los que se incluyen, Chile, Colombia, Costa Rica y México).
Fuente: (OECD et al., 2024[22]).

StatLink https://stat.link/fk06vq

Para reducir los efectos regresivos del IVA es preciso revisar las exenciones fiscales y optimizar el gasto dirigido

Los impuestos indirectos, incluidos el IVA y los derechos de importación, tienden a ser regresivos cuando se miden con respecto al ingreso corriente y proporcionales o ligeramente progresivos si se consideran como porcentaje del gasto corriente.[2] Cuando estos impuestos no tienen un buen diseño y no están bien dirigidos, pueden representar una carga fiscal desproporcionada para sectores de bajos ingresos. Por ejemplo, al analizar la incidencia fiscal en diez países de ALC se observa que el IVA es regresivo; sin embargo, su impacto sobre los ingresos corrientes de los hogares más pobres fue atenuado por los altos niveles de evasión e informalidad (Pessino et al., 2023[25]). Además, el gasto tributario significativo destinado a reducir los efectos regresivos del IVA tiende a beneficiar principalmente a los más ricos (el grupo con los niveles más altos de consumo) en términos absolutos. En otras palabras, cuando los gastos tributarios (beneficios fiscales) no están adecuadamente dirigidos a los hogares de menores ingresos, terminan favoreciendo, en su mayoría, a los hogares con mayores ingresos (Pessino et al., 2023[25]). Para mejorar la progresividad del IVA, es preciso racionalizar y diseñar el gasto tributario de modo tal que se minimicen los efectos regresivos y las pérdidas de ingresos, en algunos casos compensando a los hogares pobres por la pérdida de poder adquisitivo que les implica el pago del IVA. Se ha observado que las transferencias sociales (regímenes de beneficios dirigidos o incluso los regímenes de transferencias universales) pueden ofrecer mayores beneficios a los hogares más pobres que una reducción de las tasas del IVA o las exenciones, con un costo fiscal equivalente en los países en desarrollo (Warwick et al., 2022[26]). Los programas sociales deben estar mejor diseñados y orientados para ayudar a los hogares a salir de la pobreza (Capítulo 1) (Núñez and Lasso, 2024[27]).

Rediseñar los impuestos directos puede mejorar su progresividad

Los bajos niveles de recaudación del impuesto sobre la renta de las personas físicas y el uso ineficiente de los gastos tributarios limitan la capacidad de los sistemas tributarios en ALC para promover la equidad y sostener el desarrollo a largo plazo. La baja recaudación de este impuesto obedece, entre otros factores, a: i) desgravaciones fiscales significativas (como las deducciones personales y exenciones de renta); ii) una base tributaria reducida que grava principalmente los salarios mientras que las rentabilidades del capital suelen gozar de privilegios fiscales y iii) altos niveles de evasión fiscal (OECD et al., 2024[22]). Las desgravaciones fiscales a menudo incluyen dispensas como aplazamientos y deducciones que limitan el potencial recaudatorio. En algunos casos, estas deducciones y exenciones benefician principalmente a contribuyentes de altos ingresos (Núñez and Lasso, 2024[27]). Si se mejora y reevalúa el diseño del impuesto sobre la renta de las personas físicas, es posible aumentar tanto la progresividad como la generación de ingresos en la región. Por ejemplo, una reevaluación podría priorizar medidas específicas de desgravación fiscal para personas de bajos ingresos en lugar de beneficios tributarios más generales, como las deducciones generales o los créditos que benefician de manera desproporcionada a los contribuyentes de mayores ingresos. Por último, es crucial abordar las dificultades políticas que surgen al implementar reformas que afectan a quienes perciben ingresos más altos. Lograr un equilibrio entre simplicidad administrativa, equidad distributiva y suficiencia recaudatoria es fundamental (ECLAC, 2023[28]).

El efecto positivo que los impuestos directos pueden tener sobre la desigualdad y la pobreza en ALC se ve afectado negativamente por las contribuciones a la seguridad social, que en la región son relativamente altas; estos efectos negativos redundan en un sistema menos progresivo y en un aumento de la pobreza (Pessino et al., 2023[25]). Por su parte, los gastos tributarios del impuesto sobre la renta de las personas físicas y sociedades tienen efectos regresivos en la región, con un promedio de 0.8% y 0.4% del PIB, respectivamente. En este sentido, es fundamental optimizar los gastos tributarios para mejorar la progresividad de los impuestos directos (Pessino et al., 2023[25]). Para profundizar el análisis es preciso analizar los efectos redistributivos del sistema fiscal neto, es decir, el efecto combinado de los impuestos y las transferencias sobre la desigualdad.

Dado que la evasión fiscal impacta significativamente la equidad y la eficiencia de los sistemas tributarios en la región, es fundamental combatir la evasión tanto de los impuestos directos como indirectos. En 2018, los niveles de evasión del impuesto de sociedades y de personas físicas promediaron un 2.9% del PIB y 1.5% del PIB, respectivamente (Pessino et al., 2023[25]). También persisten altos niveles de evasión de las contribuciones a la seguridad social, aunque las estimaciones oficiales en esta área son limitadas (OECD, 2019[29]). Las estimaciones de impuestos indirectos como el IVA indican que la tasa promedio de evasión es de 2.2% del PIB, lo que equivale a alrededor del 30.0% de la evasión tributaria total (Rasteletti and Saravia, 2023[30]). La evasión se analiza con más detalle en la sección sobre moral tributaria más adelante.

Las altas tasas del impuesto de sociedades en ALC podrían desincentivar la inversión en la región

Las tasas relativamente altas de los impuestos sobre sociedades en ALC podría socavar la competitividad y desalentar las inversiones. Las tasas nominales promedio del impuesto de sociedades era del 25.0% en ALC en 2021, por encima del 21.5% de la OCDE. Sin embargo, los niveles de recaudación y las tasas nominales del impuesto no muestran diferencias entre jurisdicciones en varias características importantes, como las normas de depreciación a efectos fiscales y otras disposiciones en materia tributaria. Estas disposiciones incluyen desgravaciones por depreciación a efectos fiscales, deducciones por el pago de intereses y financiamiento de capital. Dado que estas disposiciones pueden afectar de manera significativa las obligaciones tributarias, es esencial evaluar su generosidad para medir con precisión la carga tributaria efectiva en los diferentes sistemas fiscales.

Los países de ALC tienen tasas impositivas relativamente altas, tanto promedio como marginales. Estas tasas son una herramienta valiosa para medir con precisión las cargas fiscales reales que enfrentan los proyectos de inversión (Hanappi et al., 2023[31]; OECD, 2022[32]). Esta metodología se basa en supuestos sobre la rentabilidad financiera de proyectos de inversión hipotéticos, a los que se aplican disposiciones tributarias existentes para determinar el impuesto adeudado, sin requerir información de las declaraciones de impuestos. En 2021, la tasa impositiva efectiva promedio[3] de un proyecto de inversión determinado en los 21 países de ALC analizados[4] se situaba en 23.9%, frente a un 21.9% en los países de la OCDE y 17.1% en los demás países de la muestra, que incluye datos de Europa emergente, Oriente Medio y Asia Central, Asia emergente y África subsahariana. En cuanto a las tasas impositivas efectivas marginales, la tasa promedio en ALC era del 13.9%, casi el doble del promedio de 7.6% registrado en los países de la OCDE y de 7.8% en los países restantes (Gráfico 2.6). Por país, Argentina, Brasil y Chile tenían la tasa efectiva promedio más alta de las 89 jurisdicciones analizadas. En el caso de la tasa impositiva efectiva marginal, Argentina, Bolivia, Chile, Jamaica y Perú se encontraban entre los diez países con tasas más altas (Hanappi et al., 2023[31]).

Gráfico 2.6. Tasas efectivas del impuesto sobre las sociedades en ALC, 2021

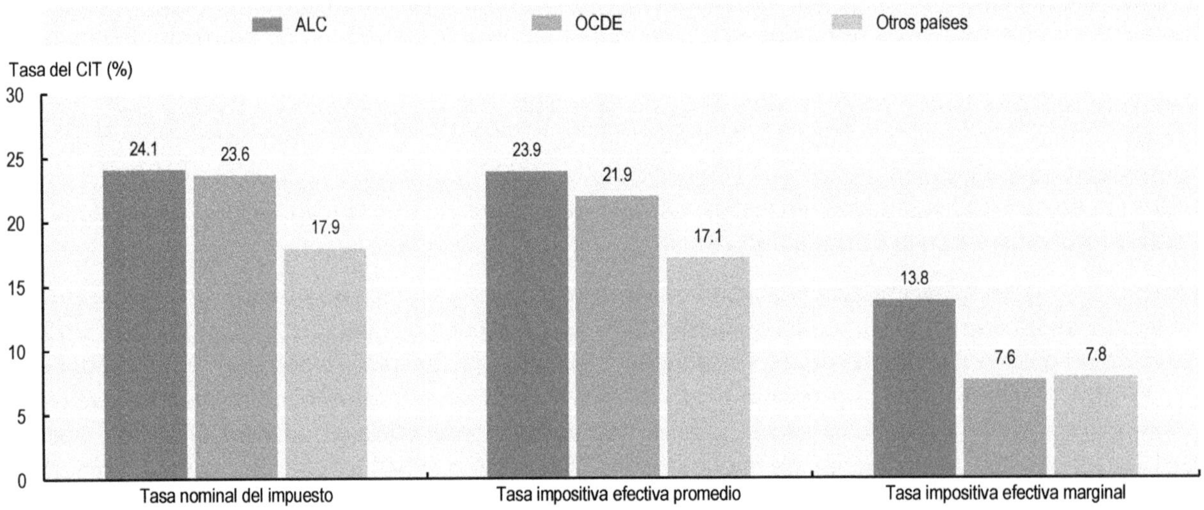

Nota: "Otros países" incluye datos de Europa emergente, Oriente Medio y Asia Central, Asia emergente y África subsahariana.
Fuente: (Hanappi et al., 2023[31]).

StatLink https://stat.link/0ysbj6

Las altas tasas impositivas efectivas (TIE) que se proyectan para los países de ALC obedecen principalmente a las tasas nominales del impuesto de sociedades, a lo que se suman disposiciones fiscales poco favorables que, en algunos casos, pueden incluso aumentar las TIE. El efecto de las disposiciones fiscales sobre las tasas efectivas puede observarse al analizar la diferencia entre las tasas nominales y las tasas impositivas efectivas promedio. La diferencia promedio es de tan solo 0.2 puntos porcentuales en ALC, pero llega a 1.7 puntos porcentuales en los países de la OCDE y 0.8 puntos porcentuales en los otros países incluidos en la muestra. Sin embargo, la cifra para ALC está distorsionada por valores atípicos importantes producto de un tratamiento fiscal más desfavorable para las inversiones de capital. Estos países son Argentina, Bolivia y Chile, donde el tratamiento fiscal previsto para el *software* adquirido incrementa las tasas impositivas efectivas promedio (Hanappi et al., 2023[31]).

Mejorar el diseño de los incentivos del impuesto de sociedades puede reducir los costos asociados al fomento de la inversión y otros objetivos de políticas públicas

Los incentivos o el tratamiento fiscal preferencial que reciben determinadas actividades, sectores y jurisdicciones repercuten en la recaudación del impuesto de sociedades y en las tasas efectivas. Los incentivos fiscales ofrecen un tratamiento fiscal más favorable en comparación con el tratamiento estándar y están dirigidos a grupos específicos de contribuyentes. Los incentivos suelen implementarse para estimular la inversión o promover otros objetivos de políticas como el desarrollo sostenible. No obstante, cuando los incentivos no tienen el diseño adecuado, pueden ser poco efectivos y otorgar beneficios extraordinarios a proyectos que ya estaban planificados sin necesidad de tales incentivos. Asimismo, pueden generar pérdidas de recaudación, crear distorsiones económicas, menoscabar el principio de equidad y aumentar los costos administrativos (Celani, Dressler and Wermelinger, 2022[33]). La región requiere un análisis más profundo y de mayor calidad sobre los costos y el impacto de los incentivos fiscales, ya que en algunos casos podría ser necesario rediseñarlos (OECD, 2023[34]). Este análisis adquiere especial relevancia a la luz de los nuevos acuerdos internacionales sobre la tasa mínima efectiva global del impuesto de sociedades (TMG). La tasa mínima global puede tener un impacto importante en la eficacia de determinados incentivos fiscales y podría ser necesario reevaluar cuidadosamente cómo se diseñan e implementan los incentivos fiscales en la región (Recuadro 2.2).

Los incentivos fiscales son una característica común de muchos regímenes de impuesto de sociedades, incluso en ALC. En 2021, la pérdida de recaudación del impuesto de sociedades promediaba un 3.7% del PIB, lo que equivale al 19% de la recaudación impositiva del gobierno central (OECD et al., 2023[35]).

La evidencia disponible y las directrices de políticas destacan que los incentivos fiscales pueden aumentar la inversión, pero que tales efectos son inciertos y heterogéneos, y dependen del diseño de los incentivos, las características de las firmas y activos y el contexto económico. El riesgo de que los incentivos fiscales sean ineficaces, además de los costos asociados, plantea interrogantes sobre su papel como herramienta de políticas en un país. Las directrices políticas actuales advierten en contra del uso de estos incentivos y recomiendan un número limitado de principios para su diseño e implementación (IMF et al., 2015[36]); entre ellos, favorecer los incentivos que buscan estimular la inversión (p. ej., desgravaciones y créditos fiscales) antes que los incentivos que procuran reducir la carga fiscal sobre los ingresos (p. ej., tasas reducidas y exenciones fiscales) a fin de impulsar la inversión acotando los costos en materia de ingresos. También se recomienda supervisar y evaluar regularmente los incentivos para verificar que cumplan su objetivo, publicar las estimaciones de pérdidas de recaudación en los informes sobre gasto fiscal, transferir la supervisión de todos los incentivos a una única organización (normalmente el Ministerio de Hacienda) y asegurar una coordinación eficaz y una distribución clara de responsabilidades entre los actores del gobierno.

El análisis es fundamental para entender la eficacia de los incentivos del impuesto de sociedades para lograr los objetivos que persiguen las políticas y determinar sus costos. Un primer paso consiste en realizar un análisis exhaustivo de los diversos diseños que pueden tener los incentivos del impuesto de sociedades en los distintos países y calcular su efecto sobre las tasas efectivas del impuesto. La Base de Datos sobre

Incentivos Fiscales a la Inversión (ITID por sus siglas en inglés) de la OCDE emplea una metodología sistemática para recopilar datos cuantitativos y cualitativos sobre la estructura y orientación de los incentivos fiscales a la inversión disponibles en distintas economías. Se enfoca en aquellos que se otorgan a través del impuesto de sociedades y que están dirigidos a un grupo específico de contribuyentes corporativos según el sector, la actividad, la jurisdicción u otras características del inversor o proyecto (Celani, Dressler and Wermelinger, 2022[33]). La versión 2022 de la base de datos indica que, de las 52 economías de países emergentes y en desarrollo, casi el 90% utiliza al menos un tipo de exención impositiva, en tanto el 69% y el 65% de las economías utilizan tasas reducidas y desgravaciones fiscales, respectivamente (OECD, 2022[37]).

Es preciso contar con más datos y análisis sobre la utilización, la estructura y el impacto de los incentivos fiscales debido a su utilización generalizada en la región. Un análisis de los incentivos del impuesto de sociedades puede ayudar a identificar las áreas en las que es preciso mejorar el diseño de incentivos y ofrecer recomendaciones para que sean más simples, transparentes y permitan una inversión de calidad y a menores costos. En el marco de un proyecto de cooperación fiscal con la Agencia Española de Cooperación Internacional para el Desarrollo (AECID), para fines de 2024 se incorporarán al menos ocho economías de ALC[5] en la base de datos ITID y se evaluarán las medidas de TIE. El objetivo es ayudar a los responsables de políticas de ALC a utilizar los incentivos fiscales de manera más eficiente y reformar y racionalizar los incentivos costosos pero ineficientes.

Gráfico 2.7. Tasas impositivas efectivas promedio (TIEP) en un tratamiento tributario estándar e incentivos fiscales a la inversión en el sector correspondiente

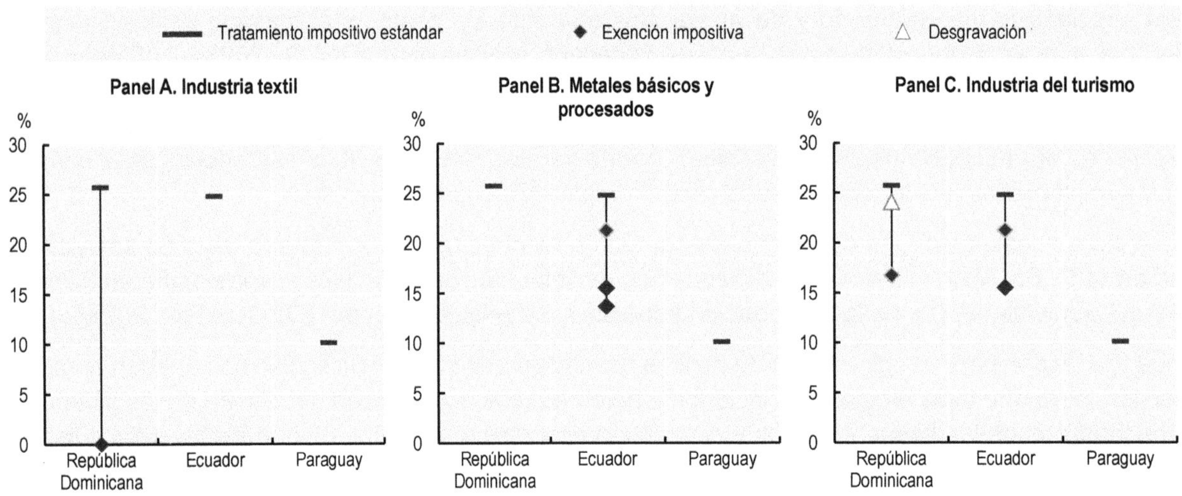

Nota: Esta cifra tiene en cuenta los incentivos fiscales a la inversión y el tratamiento tributario estándar a 1 de enero de 2020. Las tasas impositivas efectivas promedio se calculan para una inversión estandarizada en un único activo inmobiliario no residencial. El tratamiento tributario estándar se calcula teniendo en cuenta las tasas estándar del impuesto sobre las sociedades de cada país, las desgravaciones por bienes de capital aplicadas a activos específicos y el método de recuperación de costos. Las rentas exentas de impuestos de manera temporal o permanente no dan lugar a desgravaciones por bienes de capital estándar. Ecuador no usa incentivos del impuesto de sociedades y aplica una tasa general relativamente más baja del 10% para este impuesto.
Fuente: (OECD et al., 2023[38]) y (Celani, Dressler and Wermelinger, 2022[33]).

StatLink https://stat.link/syzgm7

Como en muchos otros países del mundo, los países de ALC conceden incentivos fiscales focalizados o prevén tratamientos tributarios preferentes que reducen la tasa impositiva efectiva para actividades, sectores y ubicaciones concretos. A fin de ejemplificar cómo puede utilizarse el análisis de incentivos fiscales, se calcularon las tasas impositivas efectivas de incentivos fiscales seleccionados en tres economías de la región (Ecuador, República Dominicana y Paraguay) y tres sectores (textil, metalúrgico y turismo) (Gráfico 2.7). Aunque República Dominicana y Ecuador tienen una tasa impositiva efectiva general del 25%, ofrecen incentivos fiscales a sectores específicos que reducen de manera sustancial la imposición efectiva en dos sectores. Por ejemplo, la tasa efectiva puede ser tan baja como 0% en el sector textil de República Dominicana, mientras que en el sector metalúrgico de Ecuador es hasta un 45% inferior a la tasa general (13.7% frente al 24.8%). Paraguay no utiliza incentivos en el impuesto sobre las sociedades, pero ese tributo tiene una tasa general relativamente baja, lo que da como resultado la tasa impositiva efectiva más baja de los tres países en los sectores metalúrgico y de turismo.

Recuadro 2.2. La nueva tasa mínima global sobre sociedades puede tener un fuerte impacto en los incentivos fiscales de ALC

El Pilar Dos del nuevo acuerdo fiscal internacional de la OCDE establece una tasa efectiva mínima global del impuesto de sociedades del 15% para las grandes multinacionales con ingresos consolidados superiores a 750 millones de euros. Esto tiene importantes implicaciones para el uso de incentivos fiscales en el mundo. En las jurisdicciones en que los incentivos fiscales reducen la tasa impositiva efectiva de las multinacionales alcanzadas por el acuerdo por debajo del 15%, la multinacional podría ser objeto de impuestos adicionales en virtud del impuesto mínimo global, un componente fundamental del Pilar Dos. La implementación de las normas puede generar ingresos para los países de ALC, establecer los límites acordados multilateralmente para la competencia fiscal y reducir el traslado de beneficios. Estas normas pueden también incidir en la eficacia de determinados incentivos fiscales, en especial cuando el beneficio sujeto a baja imposición está asociado con una actividad económica poco significativa. En consecuencia, será necesario reconsiderar el diseño de los incentivos fiscales tras la implementación del Pilar Dos.

El impuesto mínimo global no afectará a todas las jurisdicciones, multinacionales e incentivos fiscales por igual. El impacto del impuesto mínimo global en los incentivos fiscales dependerá del régimen tributario de la jurisdicción y de las características de las multinacionales y las actividades que llevan adelante en la jurisdicción. Por ejemplo, los incentivos fiscales pueden seguir generando beneficios para empresas fuera del ámbito de aplicación del impuesto mínimo global, tales como empresas nacionales o subsidiarias de grupos multinacionales, con una facturación inferior al umbral de 750 millones de euros. Para empresas dentro del ámbito de aplicación del impuesto mínimo global, aquellas con una presencia económica más significativa (con empleados y activos tangibles) en una jurisdicción determinada se verán menos afectadas, pues se benefician de la exclusión de ingresos vinculada a una presencia económica real. Esto limita la aplicación del impuesto mínimo global a los «beneficios excedentes».

El impacto del impuesto mínimo global también depende de la estructura de los incentivos fiscales. Por ejemplo, los incentivos fiscales a la inversión que se enfocan en la nómina o los activos tangibles pueden verse menos afectados que aquellos basados en los ingresos. El impuesto mínimo global afectará más a los incentivos que permiten acelerar la recuperación del costo de activos tangibles, como la deducción inmediata y la depreciación acelerada. Las subvenciones en efectivo y los créditos fiscales reembolsables se consideran renta, por lo que su impacto en las tasas impositivas efectivas a los fines del impuesto mínimo global es menor que el de los incentivos que reducen los impuestos que se tienen en cuenta a efectos del impuesto mínimo global. Para comprender cómo las normas pueden afectar a los incentivos fiscales, es preciso realizar un análisis detallado del diseño específico de estos incentivos en cada jurisdicción. Un informe de la OCDE preparado a solicitud de la presidencia del G20, en ese momento ocupada por Indonesia, analizó las interacciones del impuesto mínimo global con los incentivos fiscales (OECD, 2022[39]).

Fuente: (OECD, 2024[40]).

Los impuestos recurrentes sobre la propiedad inmueble, impuestos relacionados con la salud y el medioambiente pueden aumentar los ingresos públicos en ALC

Simplificar el proceso tributario para los impuestos recurrentes sobre la propiedad inmueble puede incrementar los fondos

Los impuestos recurrentes sobre inmuebles pueden ayudar a reducir la desigualdad; sin embargo, no se ha aprovechado plenamente su potencial. En promedio, los impuestos recurrentes sobre la propiedad inmueble representaban un 0.4% del PIB en la región en 2022, muy por debajo del promedio de 1% de la OCDE (Gráfico 2.8). Sin embargo, la recaudación del impuesto sobre propiedad inmueble es muy heterogénea en la región: en 2022, va del 1.8% del PIB en Barbados al 0.1% en República Dominicana. Los impuestos recurrentes sobre la propiedad inmueble prácticamente no han cambiado entre 2014 y 2022 en la mayoría de los países de ALC, y solo han disminuido en algunos casos. En Barbados, la recaudación de estos impuestos cayó del 2.1% del PIB en 2014 a 1.8% en 2022, la mayor caída de la región. También se redujo un 0.1% del PIB en Argentina, Guyana, Panamá y Santa Lucía. Si los impuestos sobre la propiedad inmueble se aprovecharan mejor, actualizando los sistemas vigentes para que sean más simples y fáciles de entender para los contribuyentes, se podría recaudar entre un 1.5% y un 2.0% adicional del PIB de un país (Ahmad, Brosio and Jiménez, 2019[41]).

Gráfico 2.8. Impuestos recurrentes sobre la propiedad inmueble en ALC

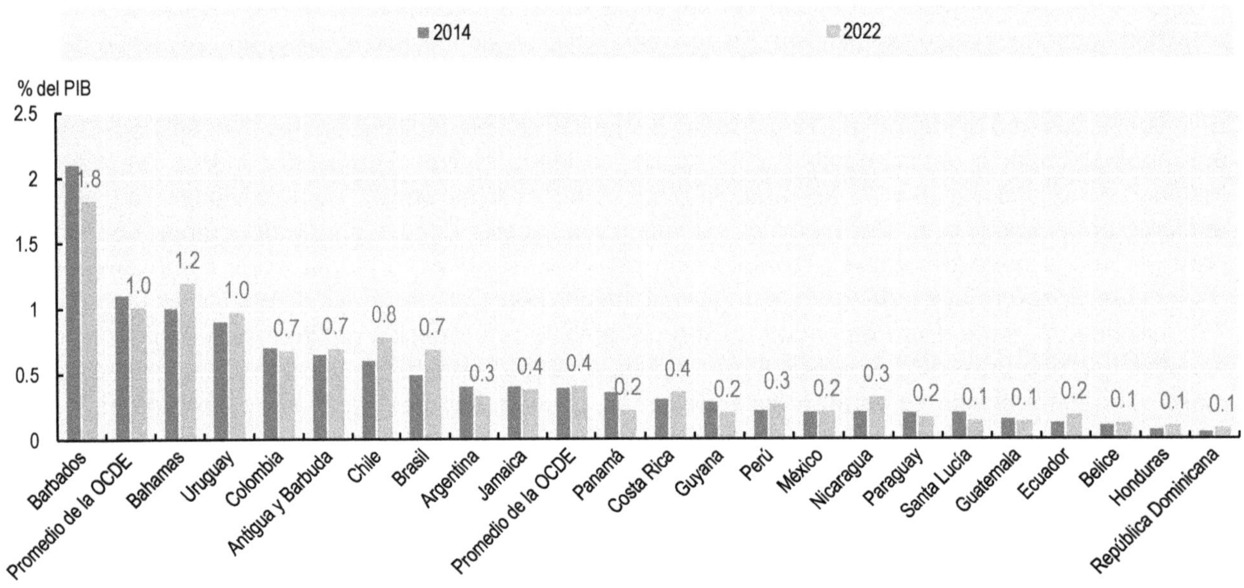

Nota: Las cifras excluyen ingresos de gobiernos locales en Antigua y Barbuda, Argentina (pero incluyen ingresos provinciales), Bahamas, Barbados, Cuba (excepto 2002-12), República Dominicana, Santa Lucía, Trinidad y Tobago y Venezuela, pues no se dispone de esos datos. La información sobre ingresos de gobiernos locales está disponible desde 1991 para Nicaragua, 1994 para Bolivia, 1995 para Guatemala, 1998 para Jamaica, 1999 para Panamá, 2000 para Perú, 2002 para El Salvador y Guyana, 2006 para Paraguay y desde 1990 para los demás países. El promedio de ALC corresponde al promedio no ponderado de 17 países de ALC y excluye a Cuba y Venezuela, pues no se dispone de datos. Chile, Colombia, Costa Rica y México también forman parte del grupo de la OCDE (38). El promedio de la OCDE es un promedio no ponderado de los países miembros.
Fuente: (OECD et al., 2024[22]).

StatLink https://stat.link/u6mc50

En la mayoría de los países y municipios de ALC se utilizan métodos para gravar los inmuebles que se basan en el valor de la propiedad, lo que suele ser un proceso difícil y costoso de administrar debido a la capacidad administrativa limitada y a la poca popularidad de esos impuestos en determinadas regiones (Ahmad, Brosio and Jiménez, 2019[41]). Un método basado en el valor de la propiedad grava el impuesto tomando como base el valor de mercado del inmueble, ya sea usando valores de tasación, catastrales o una combinación de ambos. Además, se requiere información muy precisa que puede ser difícil de obtener en países o municipios con capacidad administrativa limitada. Existen otros métodos, como la autoliquidación del impuesto, la imposición según la superficie o por bandas o tramos para simplificar el sistema y resolver los problemas relacionados con su complejidad y baja aceptación. En el caso del sistema de autoliquidación, los propietarios estiman el valor de sus propiedades. Dependiendo del contexto local (p. ej., el nivel de capacidad administrativa), se puede implementar una tributación basada en superficie, donde los impuestos se determinan según el tamaño o las características de la propiedad, y los contribuyentes participan en el proceso de definir la base imponible. En particular, el sistema con base en la superficie podría generar ingresos significativos y reducir la desigualdad, especialmente si los fondos se destinan a programas sociales (Ahmad, Brosio and Jiménez, 2019[41]). El sistema por bandas o tramos, que agrupa inmuebles en categorías para simplificar los cálculos impositivos, podría complementar cualquiera de los otros dos métodos (autoliquidación o imposición por superficie) (Ahmad, Brosio and Jiménez, 2019[41]). Los países y los municipios de ALC deben aspirar a adoptar progresivamente sistemas de valoración que simplifiquen el proceso de imposición, mejoren la transparencia y permitan la participación del contribuyente para determinar sus obligaciones impositivas.

Si bien las zonas urbanas constituyen el componente principal de la base tributaria de los impuestos inmobiliarios recurrentes, también es fundamental evaluar la capacidad contributiva potencial que tienen las zonas rurales. Se debe prestar especial atención para evitar que se fijen tasas impositivas demasiado altas, pues esto podría tener efectos económicos negativos, como desalentar la inversión o imponer una carga excesiva sobre las comunidades rurales. En promedio, los inmuebles rurales representan un 20.8% del valor inmobiliario total que figura en los registros catastrales en toda la región de ALC. Los inmuebles residenciales representan la mayor proporción, con un 64.2%, seguidos por un 21.9% de terrenos no desarrollados y un 4.6% de inmuebles no residenciales (Lincoln Institute of Land Policy, 2014[42]).

Resulta fundamental mejorar la administración del impuesto recurrente sobre la propiedad inmueble en la región (Choga and Giwa, 2023[43]). En los países y municipios con sistemas que se basan en la valoración de los inmuebles, es indispensable seguir mejorando esta capacidad mediante la inversión en recopilación de datos y en sistemas de gestión (p. ej., catastros para más de un propósito), capacitación de personal y una mejor infraestructura administrativa. En los países con varias zonas rurales de difícil acceso, puede ser más provechoso analizar métodos más sencillos como la autoliquidación del impuesto o los sistemas con base en la superficie del inmueble. Asimismo, para garantizar la progresividad de los impuestos inmobiliarios recurrentes, es imperativo encontrar un equilibrio entre mediciones precisas del valor de los inmuebles y la gestión de los costos administrativos, garantizando al mismo tiempo impuestos justos que contribuyan a financiar servicios esenciales (Ahmad, Brosio and Jiménez, 2019[41]).

Los impuestos relacionados con la salud pueden generar ingresos y, al mismo tiempo, reducir los costos de la atención sanitaria a largo plazo

Los impuestos relacionados con la salud ofrecen ventajas para los gobiernos, pues frenan el consumo de productos nocivos para la salud y, al mismo tiempo, generan ingresos impositivos adicionales y, eventualmente, reducen los costos de la atención sanitaria a largo plazo (Sassi et al., 2023[44]). Estos impuestos, que promueven estilos de vida más sanos, pueden también mejorar la productividad del trabajo a largo plazo (PAHO, 2023[45]). Entre los países en desarrollo, las reformas a los impuestos relacionados con la salud siguen siendo limitadas (OECD, 2023[46]). La mayoría se ha centrado en aumentar los impuestos al consumo de tabaco (y bienes alternativos) y alcohol, y pocos han implementado impuestos sobre las bebidas azucaradas (OECD, 2023[46]).

Si bien se han generado impuestos al tabaco, las bebidas azucaradas y el alcohol en ALC, aún hay margen para mayor recaudación. Por ejemplo, los ingresos provenientes de impuestos al tabaco podrían aumentarse elevando las tasas, y estos aumentos podrían, a su vez, reducir el consumo de cigarrillos (OECD/The World Bank, 2023[47]). Estudios realizados en 31 países de ALC indican que un incremento del 50% del impuesto que grava el paquete de cigarrillos puede aumentar la recaudación del impuesto en un 32%, lo que equivale a 7 100 millones de dólares estadounidenses (USD) adicionales para la región (Goodchild, Sandoval and Belausteguigoitia, 2017[48]). Al mismo tiempo, 21 países de ALC han implementado alguna forma de impuesto sobre las bebidas azucaradas. Sin embargo, en muchos países las políticas tributarias están desasociadas de los objetivos de salud ya que continúan gravando el agua embotellada pero no ciertas bebidas con alto contenido de azúcares (PAHO, 2022[49]). En 2023, Colombia fue uno de los primeros países del mundo en gravar los productos ultraprocesados y las bebidas azucaradas. El impuesto partió de un 10% y llegará al 20% en 2025 (OECD, 2023[46]). En México, un estudio demostró que un impuesto a las bebidas azucaradas que redujo el consumo en un 10% podría ahorrarle al país unos 983 millones de USD en costos de atención médica, mientras que una caída del 20% redundaría en ahorros de 1 900 millones de USD (Sánchez-Romero et al., 2016[50]). En cuanto a los impuestos al consumo de alcohol, 28 países de ALC implementaron impuestos a la cerveza y a las bebidas espirituosas en 2018 y 26 gravaron el vino (PAHO, 2022[49]).

La región requiere un enfoque integral de la política fiscal respecto a los impuestos relacionados con la salud. Estos impuestos no deben concebirse tan solo como herramientas para reducir la demanda de productos nocivos para la salud, sino también como instrumentos para fomentar y propiciar vidas más sanas y largas (Sassi et al., 2023[44]). Estos sirven como fuentes importantes de información tanto para consumidores como para productores. Estos impuestos no solo persiguen un impacto financiero, sino que también brindan claves para que las personas comprendan su propósito y tomen decisiones más informadas sobre su salud. Por ejemplo, en el caso específico de los impuestos sobre bebidas azucaradas, la información contribuye a que los productores reformulen sus productos: un resultado clave que persiguen estos impuestos (Sassi et al., 2023[44]). Los impuestos relacionados con la salud suelen atraer muchas críticas por sus efectos financieros potencialmente regresivos, las cuales se ven amplificadas por su gran visibilidad y por generar divisiones (Sassi et al., 2023[44]). Las autoridades deben, por tanto, establecer un marco de políticas coherente y argumentos que respondan y refuten efectivamente esas críticas (Sassi et al., 2023[44]). Por el lado de la oferta, los gobiernos deben modificar periódicamente el diseño de los impuestos relacionados con la salud de modo que sigan siendo efectivos pese a la evolución de las estructuras de mercado y las reacciones estratégicas (Belloni and Sassi, 2023[51]). Por ello, es importante tener en cuenta las respuestas de la industria pues esto puede incidir en la recaudación del impuesto. A modo de ejemplo, en el Reino Unido un impuesto sobre las bebidas azucaradas dio lugar a que se reformularan los productos y un cambio en la publicidad hacia productos sin impuestos o con impuestos más bajos. Si bien el resultado fue favorable al dar lugar a una reformulación del producto, el impuesto sobre las bebidas azucaradas generó solo 0.03% de la recaudación total (Belloni and Sassi, 2023[51]).

Los impuestos relacionados con el medioambiente aún están poco desarrollados en la región

La adopción de impuestos relacionados con el medioambiente en los países de ALC ha sido lenta, con una fuerte dependencia de los impuestos sobre los combustibles. Los ingresos tributarios relacionados con el medioambiente pueden contribuir a aumentar los ingresos públicos a corto y mediano plazo mientras persiguen objetivos sociales y medioambientales. Sin embargo, estas medidas deben implementarse sin perder de vista que los ingresos podrían disminuir con el tiempo si logran cambios en los comportamientos durante la transición verde. En 2022, los ingresos tributarios de impuestos relacionados con el medioambiente promediaron un 0.8% del PIB en ALC, por debajo del promedio de 1.8% del PIB de la OCDE (Gráfico 2.9). Estos valores en ALC oscilan entre 0.1% del PIB en Belice y 2.0%

en Costa Rica, siendo este último el único país de la región donde los ingresos tributarios relacionados con el medioambiente superan el promedio de la OCDE. En Costa Rica, los impuestos a los combustibles son más altos que en muchos otros países de América Latina, mientras que los subsidios siguen siendo más bajos (OECD, 2023[52]). Varios países, como Barbados, Honduras, Nicaragua y Perú, obtienen sus ingresos impositivos medioambientales casi exclusivamente de la energía, con proporciones que van del 1.4% del PIB en Honduras a 0.4% del PIB en Perú. En cambio, Brasil y Trinidad y Tobago dependen casi exclusivamente de ingresos medioambientales que gravan el transporte.

Países como Chile, Colombia y México han emprendido importantes reformas fiscales verdes que ponen en relieve su compromiso con la protección del medioambiente. El impacto de estas reformas se evidencia en la amplia variación de ingresos tributarios relacionados con el medioambiente en los distintos países de la región (OECD et al., 2024[22]). Un ejemplo significativo es México, que en 2014 implementó un Impuesto Especial sobre Carbono (IEPS), reemplazando los subsidios ineficaces a los combustibles por impuestos con un mayor impacto. Este impuesto verde, que busca mitigar las emisiones de combustibles fósiles, en especial la gasolina y el diésel, generó un fuerte aumento de los ingresos tributarios: pasó de un costo de 300 000 millones de pesos mexicanos (MXN) a ingresos de +300 000 millones de pesos mexicanos (MXN) (AFD, 2022[53]).

Gráfico 2.9. Ingresos tributarios relacionados con el medioambiente en países de ALC, por base impositiva principal, 2022

Como porcentaje del PIB

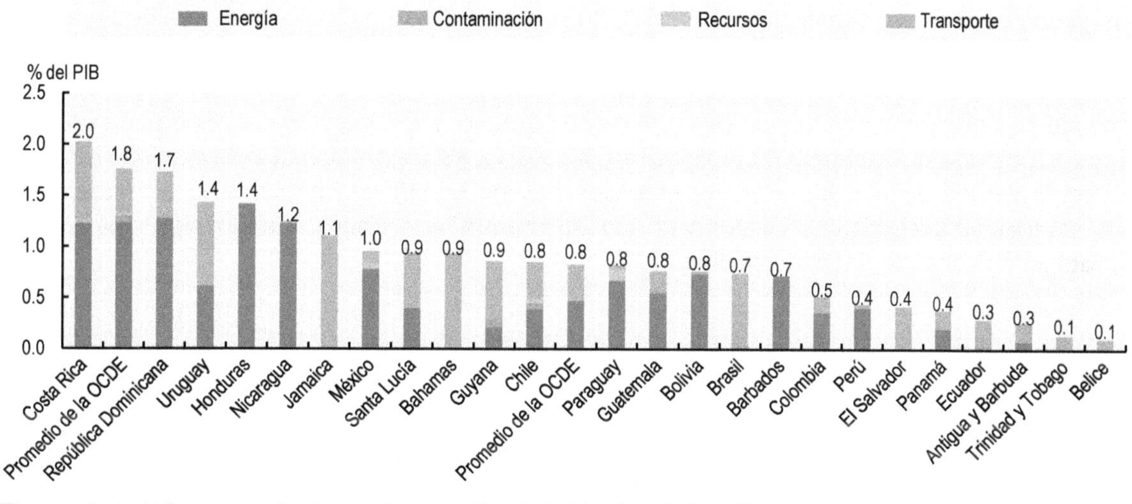

Nota: El promedio de ALC corresponde al promedio no ponderado de 24 países de la región y excluye a Argentina, Cuba y Venezuela, pues no se dispone de datos. La cifra no incluye los ingresos de Jamaica provenientes del impuesto especial al consumo de productos de petróleo (que se estiman en más del 2.0% del PIB en 2018), pues no se dispone de datos. El promedio de la OCDE representa el promedio no ponderado de los 37 países miembros de la OCDE.
Fuente: (OECD et al., 2024[22]).

StatLink https://stat.link/rqtopw

Es posible aumentar la recaudación en ALC si se profundiza el desarrollo de mecanismos explícitos de fijación de precios del carbono. En promedio, los instrumentos para la fijación de precios del carbono pueden potencialmente aumentar los ingresos públicos en hasta un 2.0% del PIB en la región (OECD et al., 2022[20]). En algunos países de ALC, los ingresos derivados de los mecanismos de fijación de precios del carbono y las reformas de subsidios pueden variar significativamente. En Ecuador, estos ingresos pueden alcanzar hasta el 4.2% del PIB, mientras que en Costa Rica pueden ser tan bajos como el 0.3% del PIB. Los gobiernos pueden aumentar los precios del carbono mediante varias estrategias: introduciendo nuevos impuestos al carbono, incrementando las tasas ya existentes, eliminando progresivamente reducciones o exenciones en dichos impuestos, o endureciendo los estándares mínimos para los valores de referencia del precio del carbono (OECD, 2023[54]).

Los impuestos al carbono, los sistemas de comercio de emisiones y los créditos de carbono son diferentes métodos de fijación de precios que pueden llegar a generar ingresos adicionales. Los impuestos al carbono ponen un precio a las emisiones. Un sistema de comercio de emisiones les fija un tope y permite comercializarlas. Los créditos de carbono permiten comercializar reducciones de emisiones. En ALC, están surgiendo impuestos explícitos al carbono, que están siendo adoptados en países como Argentina, Chile, Colombia, México y Uruguay (Tabla 2.1). Por ejemplo, en la reforma más reciente (Ley 2277 de 2022), Colombia amplió la base del impuesto al carbono. Sin embargo, en la mayoría de los países, los impuestos al carbono han comenzado a ganar impulso recientemente, pero aún se aplican a tasas bajas y con una cobertura limitada (OECD, 2023[54]). El sistema de comercio de emisiones puede generar abundantes ingresos al permitir la subasta de permisos que, con un buen diseño, pueden promover objetivos de desarrollo sostenible fundamentales. En la Unión Europea, los ingresos provenientes de subastas en estos sistemas se utilizan para estimular inversiones en tecnologías limpias (IEA, 2020[55]). Para marzo de 2024, en ALC solo México había implementado una política piloto para un sistema de comercio de emisiones, mientras que las dificultades jurídicas y políticas siguen complicando la implementación de este sistema en Brasil, Chile y Colombia (Tabla 2.1) (OECD et al., 2022[20]). El establecimiento de un mercado de créditos de carbono también puede abrir nuevas oportunidades de recaudación, tales como impuestos sobre transacciones o cargos administrativos para el registro y la transferencia de los créditos. Dado que el mercado en ALC está creciendo y alcanzando su madurez, estos ingresos pueden ser significativos (OECD, 2023[54]). ALC es hoy la segunda fuente de créditos de carbono del mundo y contribuyó aproximadamente con el 20% de todos los créditos de carbono del mundo que se generaron en 2020 y 2021 (World Bank, 2023[56]). Sin embargo, solo Chile y Colombia han desarrollado sus propios mecanismos de créditos de carbono, los cuales se coordinan con un impuesto al carbono o políticas de comercio de emisiones (Tabla 2.1). Para garantizar la eficacia de estos créditos en proyectos verdes de alto impacto, es esencial que los beneficios ambientales se materialicen de manera efectiva, se asegure una distribución equitativa entre las comunidades locales y se alineen con una estrategia nacional de finanzas climáticas.

Tabla 2.1. Impuestos al carbono, sistemas de comercio de emisiones (SCE) y mercados de créditos de carbono en ALC

	Mecanismos de cumplimiento			**Mercados de crédito**
	Impuesto al carbono	*Impuesto al carbono subnacional*	*SCE*	*Mecanismos de créditos de carbono administrados por el gobierno*
Argentina	Implementado en 2018	No	No	No
Brasil	N/A	No	En estudio desde 2022	No
Chile	Implementado en 2017	No	En estudio desde 2016	Implementado en 2022
Colombia	Implementado en 2017	No	En proceso de desarrollo desde 2016	Implementado desde 2020
México	Implementado en 2014	Sí (6 estados)	Proyecto piloto implementado en 2020	En proceso de desarrollo desde 2020
Uruguay	Implementado en 2022	No	No	No

Nota: Últimos datos disponibles: 2023.
Fuente: Elaboración de los autores con base en (World Bank, 2023[56]).

Los impuestos relacionados con el medioambiente deben complementarse con mecanismos de protección para los hogares vulnerables. En ese sentido, para amortiguar los costos sociales y fortalecer los sistemas de protección social, es preciso desarrollar y mejorar las medidas de compensación y mitigación, tales como las transferencias de efectivo, la asistencia en especie, políticas activas en el mercado laboral y programas para emprendedores. Por ejemplo, los impuestos a la gasolina tienen un impacto directo sobre los hogares de bajo ingreso dada su incidencia en los costos del transporte privado. Pero, lo que es más importante, los impuestos a la gasolina tienen un impacto indirecto en los hogares de bajo ingreso a través del transporte público y los costos del transporte que son un componente de los precios de los bienes y servicios que estos sectores compran, incluidos los alimentos. Estudios recientes indican que el aumento de la presión de los impuestos indirectos sobre los hogares pobres asociado con los impuestos a la gasolina puede incluso neutralizar el efecto que tienen las transferencias directas en la reducción de la pobreza (AFD, 2022[53]). Esto hace que la implementación de los impuestos a la gasolina sea aún más compleja durante períodos de precios altos de la energía. Los países de la región pueden diseñar mecanismos de apoyo más eficientes para ayudar a los hogares a adaptarse al aumento de los costos energéticos, promoviendo la adopción de nuevas tecnologías y fortaleciendo el transporte público. Además, es necesario desarrollar mecanismos más específicos que destinen los ingresos del impuesto al carbono a políticas de apoyo al ingreso, a fin de mitigar de manera efectiva las consecuencias distributivas. Las políticas de compensación deben, por ende, complementarse con programas que faciliten la reubicación, la recapacitación y la promoción del trabajo digno (OECD et al., 2022[20]).

Los regímenes tributarios presuntivos pueden mejorar el cumplimiento y alentar la formalización

Con un buen diseño, los regímenes tributarios presuntivos tienen la capacidad de mejorar el cumplimiento fiscal y promover la formalización de la actividad empresarial. Estos regímenes ofrecen una solución práctica al aplicar impuestos sobre una base presunta de ingresos, lo que los hace más simples y eficientes en comparación con los métodos tributarios tradicionales. No solo facilitan la formalización de empresas, sino que también podrían contribuir a ampliar la cobertura de seguridad social, al integrar mecanismos que subsidien las contribuciones de los trabajadores de microempresas (Azuara Herrera et al., 2019[57]; Mas-Montserrat et al., 2023[58]). Al reducir los costos de cumplimiento y establecer tasas impositivas más bajas que los sistemas tradicionales, estos regímenes están diseñados principalmente para micro y pequeñas empresas, tanto en los sectores formales como informales. Aunque su objetivo principal no es la recaudación inmediata, pueden incrementar considerablemente el cumplimiento a largo plazo y, con el tiempo, generar efectos positivos sobre los ingresos fiscales (Azuara Herrera et al., 2019[57]).

Para que los sistemas tributarios presuntivos sean eficaces, su diseño debe incluir la identificación de grupos específicos, establecer criterios claros y verificables para su aplicación, reducir tanto los costos de cumplimiento para los contribuyentes como los de fiscalización para la administración, ofrecer incentivos para la formalización y garantizar que el sistema sea asequible para el público objetivo. También deben facilitar, en lugar de desalentar, la migración hacia el sistema tributario tradicional (Mas-Montserrat, Colin and Brys, 2024[59]; Mas-Montserrat et al., 2023[58]). Los sistemas con un diseño deficiente pueden tener efectos adversos en los ingresos y el patrimonio y aumentar la evasión fiscal. Un régimen tributario presuntivo que busca exclusivamente aumentar la recaudación a corto plazo podría desincentivar la formalización de la actividad económica. Por ello, se recomienda una implementación gradual para mejorar el cumplimiento fiscal. Además, estos regímenes pueden fomentar involuntariamente la evasión fiscal si se crean saltos abruptos o vacíos en las tasas impositivas o en los umbrales de ingresos a partir de los cuales se aplica el impuesto. Estos saltos pueden crear oportunidades para que personas o empresas aprovechen los vacíos o ambigüedades del sistema tributario, reduciendo así sus obligaciones tributarias y eludiendo los impuestos en su totalidad. Estas distorsiones podrían en última instancia dañar la productividad total y el crecimiento del PIB (Azuara Herrera et al., 2019[57]). Para combatir la evasión fiscal, es fundamental avanzar en la digitalización de los servicios y permitir así que las autoridades fiscales verifiquen el cumplimiento mediante medios digitales, como las declaraciones y pagos de impuestos a través del teléfono móvil o por internet. Las soluciones digitales pueden simplificar los regímenes tributarios y aumentar la confianza en los gobiernos mediante iniciativas de gobernanza digital (véase más adelante en el apartado sobre moral tributaria). Un sistema tributario más sencillo y digitalizado incentiva el cumplimiento y facilita el seguimiento de los pagos, lo que a su vez crea conciencia y reduce la evasión (Arsovska, 2021[60]).

Los sistemas tributarios presuntivos tienen la capacidad de ampliar la cobertura de la protección social y aumentar gradualmente la generación de ingresos, en especial cuando incluyen las contribuciones a la seguridad social (OECD, 2024[61]). En ese tipo de régimen, puede permitirse a las pequeñas empresas pagar un único impuesto que reemplace a tantos como sea posible, incluidas las contribuciones a la seguridad social. Al ofrecer acceso a la protección social, estos sistemas pueden alentar a las personas a formalizar su actividad. Casos concretos en ALC demuestran que los regímenes tributarios simplificados pueden reducir efectivamente la informalidad (Mas-Montserrat, Colin and Brys, 2024[59]). Uruguay tiene hoy el nivel más bajo de empleo informal de la región tras la implementación del régimen de Monotributo (Mas-Montserrat, Colin and Brys, 2024[59]; Mas-Montserrat et al., 2023[58]). Este sistema, introducido en 2001 y ampliado en 2006, ofrece un marco simplificado en el que se consolidan las contribuciones a la seguridad social con el impuesto sobre la renta en un único pago. Permite que los trabajadores autónomos se inscriban como empresas personales con un empleado, como sociedades con dos socios o empresas familiares con un máximo de tres socios y sin empleados (Azuara Herrera et al., 2019[57]).

Los sistemas tributarios de ALC también pueden servir para promover la igualdad de género

La política tributaria también puede contribuir a la igualdad de género y a los esfuerzos de los gobiernos por reducir las desigualdades (OECD, 2022[62]). El pago de impuestos puede exacerbar directa o indirectamente la desigualdad de género, dependiendo de cómo y en quién recaiga la carga fiscal, como así también de su magnitud (ECLAC, 2021[63]). Aunque los hombres y las mujeres están, por lo general, sujetos a la misma normativa tributaria, las desigualdades de género existentes en el sistema tributario pueden perpetuarse de manera involuntaria como consecuencia de diferencias sociales y económicas, como las disparidades en materia de nivel de ingresos o los distintos niveles de participación en el mercado de trabajo (OECD et al., 2023[38]). Es fundamental detectar los sesgos que perpetúan estas desigualdades para eliminarlos gradualmente y promover la igualdad de género en la tributación. En ALC, los países deben desarrollar sistemas tributarios que promuevan la igualdad de género. Si bien algunos países han avanzado en la reforma de las políticas tributarias para fomentar una mayor igualdad de género, aún se necesitan más medidas.

Para avanzar hacia un sistema tributario más justo desde la perspectiva de género, es preciso identificar y abordar tanto los sesgos implícitos como explícitos. Los sesgos explícitos están consagrados en las leyes o se evidencian en las prácticas informales, en tanto los sesgos implícitos generan impactos desiguales a pesar de un trato similar. En los impuestos directos, los sesgos surgen de la imposición conjunta, el trato diferencial por fuente de ingreso, las desgravaciones y la distinta representación de mujeres y hombres en las diversas categorías laborales. Por ejemplo, en República Dominicana, la presentación conjunta es la norma a menos que la mujer demuestre que tiene un ingreso independiente (ECLAC, 2021[63]). En los impuestos indirectos, puede haber sesgos implícitos que contribuyan a la regresividad, ya que estos sesgos pueden afectar de forma desproporcionada a mujeres de menor ingreso que destinan gran parte de sus ingresos a bienes y servicios gravados con impuestos. En este sentido, es fundamental fortalecer la progresividad de las políticas tributarias. Si bien un sistema tributario progresivo no implica un sistema justo desde la perspectiva de género, por lo general exhibe mayor sensibilidad a los impactos específicos en esa materia (ECLAC, 2021[63]).

Más aún, la política tributaria puede contribuir a las desigualdades de género en las oportunidades laborales, especialmente en lo que respecta a la participación de hombres y mujeres en el mercado de trabajo. Estudios indican que la carga fiscal sobre los segundos aportantes de ingresos al hogar (en su mayoría, mujeres) puede desalentar la participación en el mercado de trabajo (ECLAC, 2021[63]). Según esos estudios, en algunos países los segundos aportantes de ingresos tributan a tasas efectivas más altas que los trabajadores individuales cuando se incorporan a la fuerza laboral (OECD, 2024[64]). A esto cabe sumar que los desincentivos tributarios para este grupo son más significativos en países con sistemas de imposición por hogar o en jurisdicciones con imposición individual donde los beneficios tributarios se calculan por hogar (OECD, 2024[64]).

La formalización del trabajo del cuidado sería de gran beneficio para las mujeres y podría aumentar los ingresos tributarios. Con paquetes de políticas de cuidado bien diseñados que mejoren los ingresos y generen más empleo, los países de la región pueden aprovechar un gran potencial de recaudación tributaria (OECD, 2024[65]). La formalización del sector puede ayudar a ampliar las bases tributarias y propiciar una mayor participación en el mercado laboral. En ALC, el trabajo de cuidado no remunerado equivale al 21% del PIB (muy por encima del promedio de la OCDE, de 15%) y las mujeres asumen las tres cuartas partes de este trabajo (UNDP, 2024[66]). En todo el mundo, para 2035 se necesita una inversión equivalente al 4.2% del PIB para poder cerrar la brecha de formalización que existe en este sector. Sin embargo, esta inversión podría verse compensada en parte por una aumento de los ingresos tributarios, gracias a la ampliación de la base tributaria resultante de la formalización. Según estimaciones, esto podría reducir la necesidad neta de financiamiento a un 3.2% del PIB en 2023. Esto beneficiaría considerablemente a las mujeres que ocuparían el 78% de los nuevos empleos que se creen, de los cuales el 84% estarían dentro del sector formal (ILO, 2022[67]).

Las políticas tributarias con sensibilidad de género también deben fomentar la participación de las mujeres en el sector empresarial. Las mujeres tienen dificultades para captar capital y las normas culturales y estereotipos suelen impedir el acceso a la nueva tecnología y a los sectores emprendedores. Si bien la brecha de financiamiento para las microempresas que son propiedad de mujeres sigue siendo alta en ALC, actualmente es la más baja de las regiones en desarrollo gracias a los esfuerzos concertados de múltiples partes interesadas. Esto demuestra que los esfuerzos coordinados de organismos internacionales de cooperación, gobiernos, la sociedad civil y el sector privado pueden tener un impacto positivo a largo plazo y consolidar políticas más sensibles al género (Berg, Rubio and Laske, 2024[68]).

Fortalecer los marcos fiscales y revisar la gestión de la deuda

La deuda pública permite a los gobiernos financiar inversiones en capital humano y físico, y así facilitar el crecimiento económico a largo plazo. Además, la deuda pública contribuye a suavizar las fluctuaciones de la macroeconomía al ofrecer estímulo fiscal durante recesiones para apoyar la actividad económica. Sin embargo, los beneficios de este mecanismo dependen de la productividad y la eficiencia de su utilización, la fase del ciclo económico y el nivel de desarrollo de los mercados financieros (Ayhan, Ohnsorge and Sugawara, 2020[69]).

Los altos niveles de deuda pueden presentar varios riesgos para los países. En primer lugar, un alto nivel de endeudamiento aumenta la vulnerabilidad a las crisis financieras. El aumento de los coeficientes de endeudamiento puede debilitar la confianza de los inversores que exigen primas de riesgo más altas; con el tiempo esto puede generar una crisis de deuda si esta llega a niveles considerados insostenibles (Ayhan, Ohnsorge and Sugawara, 2020[69]). También puede limitar la capacidad del gobierno para responder durante períodos de recesión económica debido a limitaciones en los recursos disponibles para implementar la política fiscal (Romer and Romer, 2018[70]). Asimismo, el aumento de los coeficientes de endeudamiento tiene un impacto negativo pues desplazan el gasto público productivo, aumentan las tasas de interés internas y disminuyen la inversión del sector privado (Powell and Valencia, 2023[71]). En ALC, los niveles de endeudamiento disminuyeron desde la pandemia de COVID-19, pero el contexto mundial actual agrega especial atención a la sostenibilidad de la deuda pública.

Los niveles de deuda pública respecto del tamaño de la economía son muy heterogéneos en los países de la región. Por ejemplo, la deuda pública de Barbados era del 140% del PIB en 2021, en tanto en Colombia y Chile era de 57% y 21%, respectivamente. La composición de la deuda sigue siendo heterogénea en varias dimensiones, como la moneda de emisión (nacional o extranjera), el marco legislativo en el que se emite y el perfil de vencimientos. La composición de los acreedores también puede variar, con diferentes niveles de participación del sector privado y de bancos bilaterales y multilaterales. Esta diversidad de características configura distintos perfiles de deuda de los países.

La composición de la deuda pública puede exacerbar o minimizar las vulnerabilidades

En la región, hay heterogeneidad en la composición de cada deuda pública (Gráfico 2.10). Si bien prevalece la deuda interna —el 74% de la deuda pública de la región se emite conforme a las leyes nacionales—, la deuda externa sigue siendo una fuente importante de financiamiento para algunos países. Por ejemplo, en Brasil, México y Costa Rica, la deuda pública interna representa el 98%, 78% y 75% de la deuda total, respectivamente, mientras que, en Nicaragua, Paraguay y Panamá, la deuda externa representa el 90%, 90% y 81% de la deuda total, respectivamente. La emisión de bonos conforme a la legislación nacional presenta varias ventajas; entre ellas, se utilizan los sistemas nacionales de custodia y liquidación, los volúmenes mínimos de emisión son más bajos que en los mercados internacionales y los litigios se dirimen en tribunales nacionales, lo que significa menos incertidumbre y costos más bajos (Powell and Valencia, 2023[71]). Sin embargo, esas emisiones no están exentas de riesgos. Por ejemplo, la deuda interna puede estar sujeta a tasas más altas de inversión que la deuda que se emite bajo legislación extranjera. Por otra parte, la continuidad de las emisiones de deuda interna depende del nivel de desarrollo de los mercados financieros, que suele ser bajo en la región. Los países enfrentan dificultades de liquidez y para crear una base de inversores amplia y diversificada (Jonasson and Papaioannou, 2018[72]).

Si bien el 69% de la deuda pública de ALC está en moneda local, las emisiones en moneda extranjera son significativas en algunos países, lo que los expone a fluctuaciones del tipo de cambio. La distribución varía entre países. La deuda en moneda nacional representa entre el 66% y el 95% de la deuda total de Brasil, México y Chile (Gráfico 2.10). La elevada emisión de deuda en moneda local reduce los riesgos de sostenibilidad ante grandes fluctuaciones del tipo de cambio (OECD et al., 2020[73]). Si bien la deuda en moneda extranjera suele asociarse a la deuda externa, hay países en la región que también emiten deuda interna en moneda extranjera. Ecuador, El Salvador, Nicaragua y Panamá tienen deuda interna denominada exclusivamente en moneda extranjera. Países como Paraguay, Surinam, República Dominicana y Argentina tienen gran cantidad de emisiones en moneda extranjera que comprenden desde un 70% hasta un 90% de su deuda total. Para estos países, el servicio de la deuda puede llegar a aumentar considerablemente en moneda nacional y crear presiones para movilizar recursos adicionales o tener que recortar el gasto público para hacer frente a las obligaciones (ECLAC, 2023[74]).

Gráfico 2.10. Deuda pública según marco jurídico aplicable y moneda como % del PIB, 2021

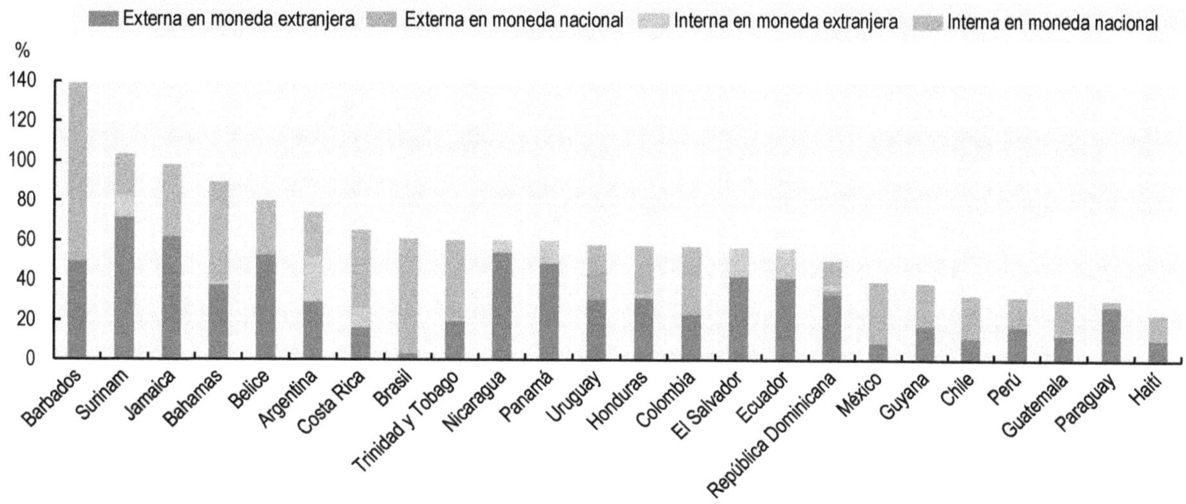

Nota: Deuda interna se refiere a deuda emitida dentro del territorio de un país que se rige por la legislación nacional. Deuda externa se refiere a deuda emitida en países extranjeros y sujeta a la jurisdicción de tribunales extranjeros.
Fuente: Elaboración de los autores con base en (IDB, 2021[75]).

StatLink https://stat.link/gcvyq9

Las tendencias históricas de la deuda emitida en moneda local también son heterogéneas. Entre 2015 y 2021, Brasil (95%) y México (78%) mantuvieron una proporción constante de deuda total denominada en moneda nacional. En cambio, países como Guatemala, Haití, Uruguay, Honduras, Guyana y Belice experimentaron fuertes aumentos en la deuda en moneda nacional durante el período. La proporción aumentó del 26% al 55% en Guyana, por ejemplo, y del 18% al 34% en Belice. Simultáneamente, se registraron fuertes disminuciones en Surinam (del 49% al 20%) y Paraguay (del 25% al 10%), lo que marca un cambio hacia deuda denominada en moneda extranjera (IDB, 2021[75]).

Durante años, uno de los principales objetivos de política en ALC ha sido incrementar la participación de la deuda en moneda local. El endeudamiento excesivo en moneda extranjera se ha asociado a crisis cambiarias recurrentes e incumplimientos de deuda. La deuda en moneda extranjera aumenta la vulnerabilidad financiera porque sería necesario depreciar el tipo de cambio considerablemente después de un shock negativo y esto provoca un alza automática del coeficiente deuda pública-PIB. El aumento de la proporción de deuda pública en moneda local ha sido posible gracias a un marco de política macroeconómica más sólido en muchas economías de la región y de una creciente base de inversores institucionales locales (Powell and Valencia, 2023[71]).

Si la deuda externa se estructura a largo plazo, se reduce la exposición a la volatilidad de los mercados financieros. Sin embargo, algunos países enfrentan obligaciones a corto y mediano plazo que los hace vulnerables durante ciclos de tasas de interés en aumento. La mayor parte de la deuda pública de la región es a largo plazo (más de cinco años), seguida por deuda a mediano plazo (uno a cinco años) y una pequeña porción a corto plazo (menos de un año) (Gráfico 2.11). El plazo promedio restante es de 13 años. Los perfiles de amortización a más largo plazo se asocian con una menor exposición a las fluctuaciones de los mercados financieros (principalmente variaciones de la tasa de interés). Países como Brasil, Argentina y Surinam tienen obligaciones a más de cinco años por un valor que representa alrededor del 40% de su PIB.

Gráfico 2.11. Deuda pública según plazo restante hasta su vencimiento como % del PIB, 2021

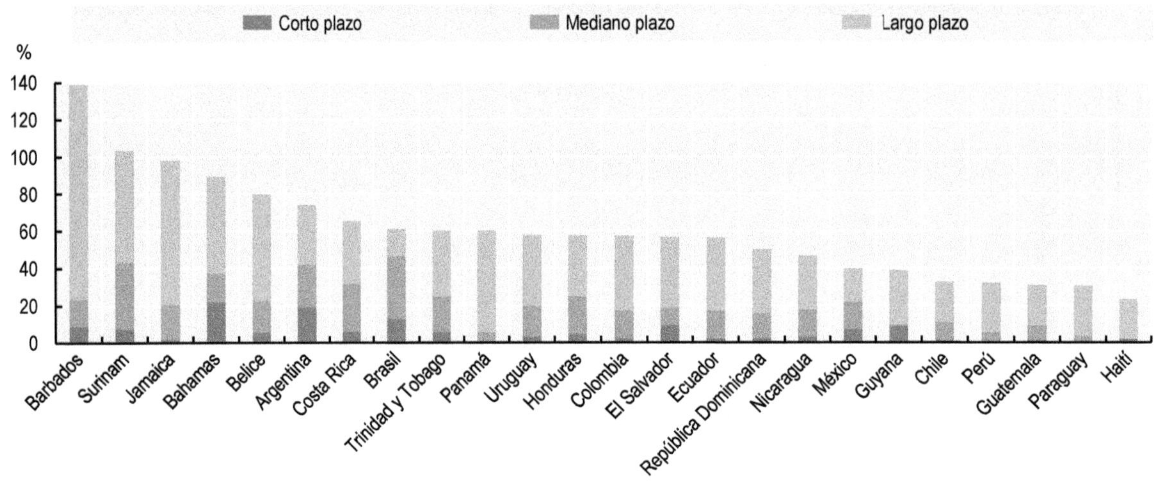

Nota: Corto plazo se refiere a un plazo remanente al vencimiento inferior a un año; mediano plazo, de entre uno y cinco años, y a largo plazo, superior a los cinco años.
Fuente: Elaboración de los autores basándose en (IDB, 2021[75]).

StatLink https://stat.link/uk94jn

La deuda externa de América Latina está en poder principalmente de los acreedores privados. Sin embargo, los acreedores multilaterales y bilaterales siguen siendo la principal fuente de financiamiento para países con acceso limitado a los mercados financieros. Los recursos externos varían en la región. En promedio, la estructura de los acreedores de la región se compone de bonos (51%), bancos multilaterales (19%), acreedores bilaterales (13%) y bancos comerciales (11%) (Gráfico 2.12). Los países que tradicionalmente tuvieron acceso a los mercados de capital, como Argentina, Brasil, República Dominicana, México, Perú y Colombia, captan financiamiento principalmente mediante emisiones de bonos. En cambio, las economías del Caribe como Haití, San Vicente y las Granadinas y Dominica y países de América Latina como Honduras, Guatemala, Nicaragua y Bolivia dependen principalmente de deuda emitida a través de acreedores multilaterales y bilaterales.

Gráfico 2.12. *Stock* de deuda pública externa por acreedor (público y privado), 2022

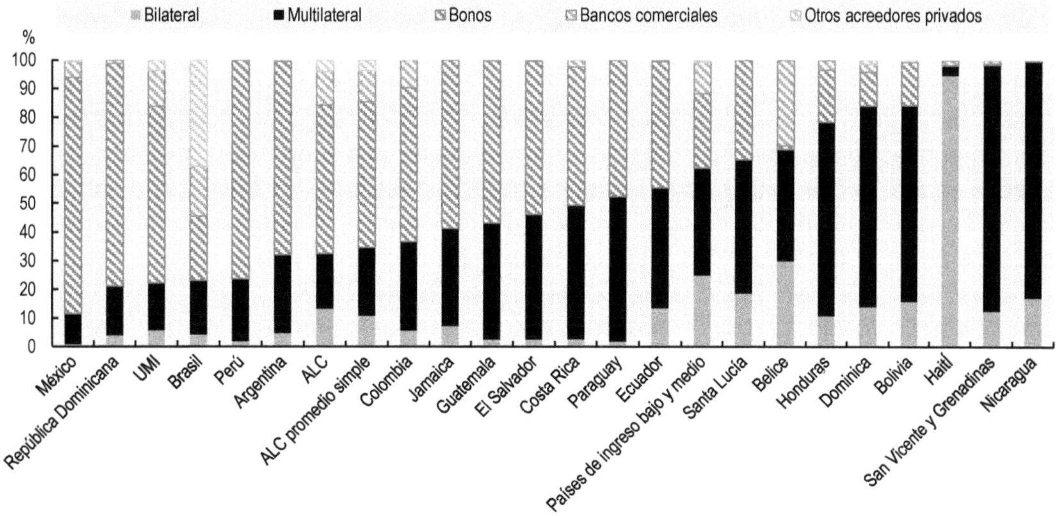

Nota: El promedio simple de ALC asigna la misma ponderación a todos los países en la distribución de acreedores; ALC tiene en cuenta el monto emitido por cada país de la región. LMI y UMI hacen referencia a países de ingreso medio bajo y de ingreso medio alto en el mundo, según la clasificación del Banco Mundial en las Estadísticas de Deuda Internacionales (IDS).
Fuente: Cálculos de los autores basándose en (World Bank, 2022[76]).

StatLink https://stat.link/md2gwa

La calidad de crédito mejoró en ALC en 2023 tras años de deterioro, toda vez que las agencias calificadoras de crédito han realizado 14 revisiones positivas más que negativas. Se mejoraron las perspectivas crediticias de 11 países de la región y se elevó la calificación de ocho países: Guatemala, Costa Rica, El Salvador, Uruguay, Argentina, Brasil, Barbados y Jamaica. Empeoraron las perspectivas de cuatro países y se rebajó la calificación de cinco: Bolivia, Argentina, El Salvador, Ecuador y Panamá. Las acciones favorables obedecieron a la conclusión de canjes o reestructuraciones de deuda, mejores condiciones económicas y un desempeño fiscal sólido. Las acciones desfavorables se fundaron en un aumento de los riesgos y la vulnerabilidad, incertidumbre política y agotamiento de las reservas de liquidez (ECLAC, 2023[77]).

Gráfico 2.13. Número de acciones positivas y negativas respecto de la calificación de crédito soberano, por país, 2023

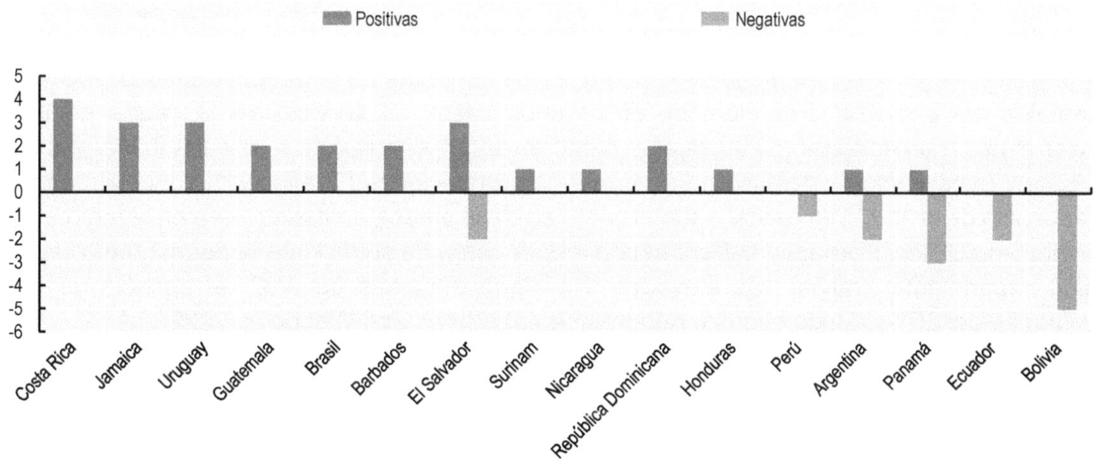

Fuente: (ECLAC, 2023[77]).

StatLink https://stat.link/6roq0b

Los altos pagos de servicio de la deuda limitan el gasto social

El servicio de la deuda, como porcentaje de los ingresos tributarios, aumentó debido a niveles más altos de deuda y de tasas de interés, lo que limita el espacio fiscal para el gasto y la inversión pública en desarrollo sostenible. Los países en desarrollo tienen costos más altos de endeudamiento en los mercados financieros, incluso después de considerar las primas por riesgo de incumplimiento y volatilidad de mercado. En consecuencia, muchos gobiernos destinan una alta proporción de los ingresos al pago de servicio de la deuda, lo que podría estar limitando el gasto público (Gray Molina and Jensen, 2023[78]). En la región, el servicio de la deuda como porcentaje de los ingresos tributarios aumentó de un 9.8% en 2012 a un 12.2% en 2022 (Gráfico 2.14). Este coeficiente ha aumentado en la mayoría de los países de ALC: los niveles más altos en 2022 correspondieron a México (30%), Bahamas (23%), República Dominicana (20%) y El Salvador (20%). Por el contrario, países como Jamaica, Barbados y Chile lograron importantes reducciones. Jamaica se destaca como un caso notable de reducción de la deuda gracias a la adopción de reglas fiscales eficaces y a un acuerdo de colaboración que permitió la distribución equitativa de la carga fiscal de los ajustes (Arslanalp, Eichengreen and Blair, 2024[79]).

Gráfico 2.14. Relación entre el servicio de la deuda y los ingresos tributarios, 2012 y 2022

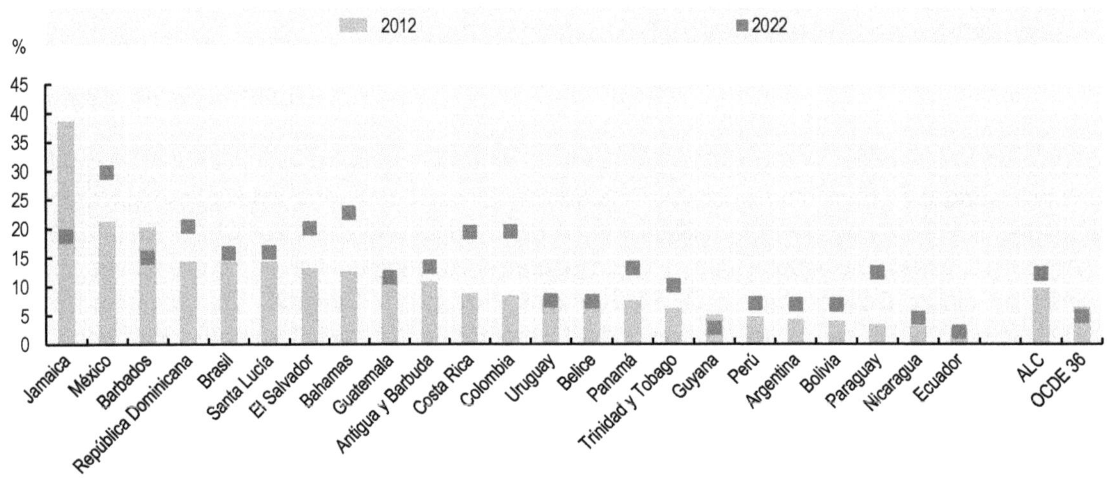

Fuente: Cálculos de los autores basándose en (IMF, 2023[80]) y (OECD et al., 2024[22]).

StatLink https://stat.link/nc6gvl

Durante la última década, en varios países, los pagos de intereses de la deuda han superado los gastos fundamentales del gobierno. Por ejemplo, en algunos casos, el servicio de la deuda ha llegado a sobrepasar el gasto en educación y duplicar el gasto en salud e inversiones de capital. Sin embargo, las diferencias en investigación y desarrollo son aún más pronunciadas (Gráfico 2.15). Al mismo tiempo, el peso del servicio de la deuda en relación con el gasto en otras áreas prioritarias varía en la región. Mientras que países como Chile y Paraguay enfrentan una menor carga de servicio de la deuda, otros como Brasil y Jamaica experimentan ratios más elevados. En algunos países de ALC, el servicio de la deuda representa más del 25% de todo el gasto gubernamental (Martin and Waddock, 2022[81]).

Gráfico 2.15. Relación entre los pagos de intereses del gobierno central y el gasto en áreas clave, ALC, promedio 2010-23

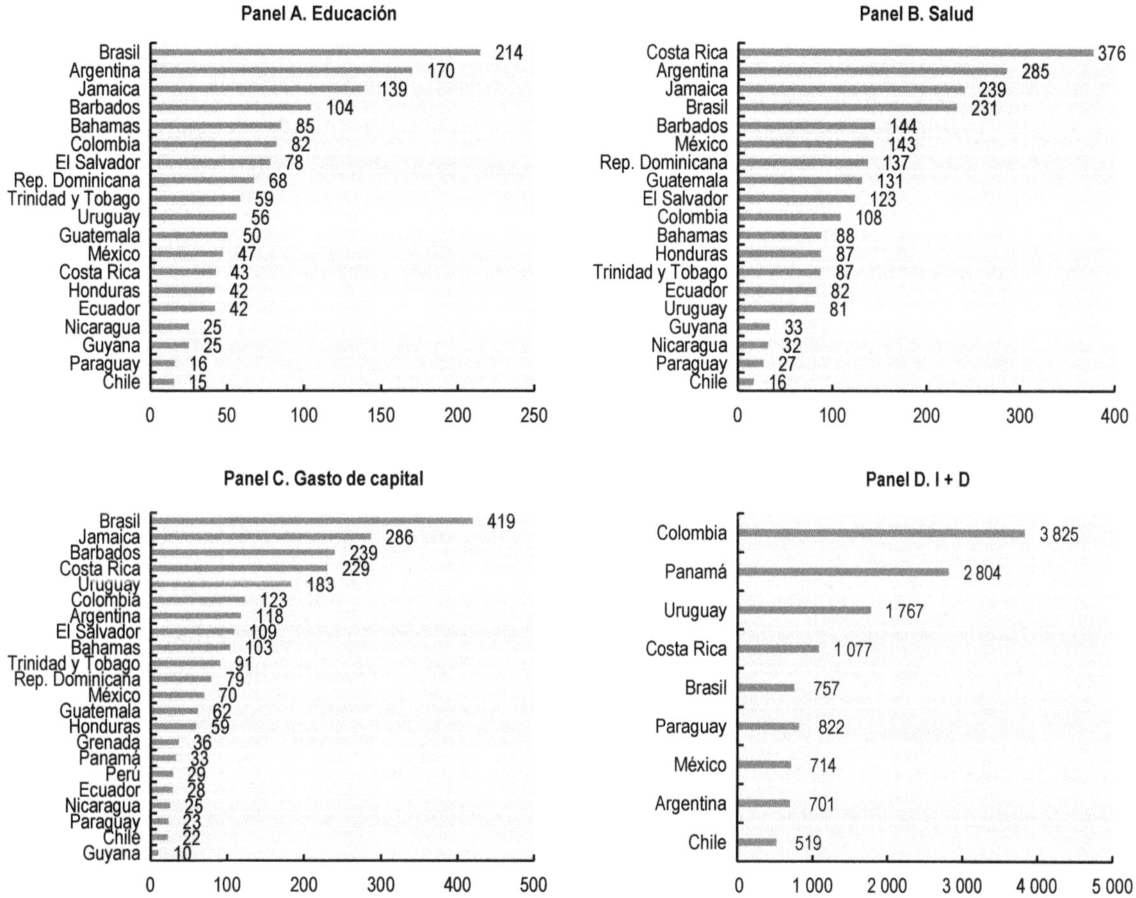

Nota: Los Paneles A y B muestran el promedio para 2010-20, el Panel C para 2013-23 y el Panel D para 2013-22 debido a la disponibilidad de datos.
Fuente: Cálculos de los autores basándose en (ECLAC, 2023[1]) y (RICYT, 2023[82]).

StatLink https://stat.link/w4midz

Los marcos fiscales son fundamentales para proteger las inversiones y garantizar la sostenibilidad fiscal

Los marcos fiscales son una herramienta esencial para preservar la estabilidad a mediano y largo plazo. Establecen reglas que permiten que la política fiscal sea contracíclica, limitan la discrecionalidad en el gasto público y aseguran la sostenibilidad de la deuda. Entre ellos, los Marcos Fiscales de Mediano Plazo (MFMP) se centran en una perspectiva de 3 a 5 años de los agregados fiscales, promoviendo la disciplina fiscal, guiando los presupuestos anuales y permitiendo a los gobiernos gestionar mejor los riesgos y las disyuntivas de política (Curristine et al., 2024[83]). También pueden ayudar a proteger las inversiones públicas que son fundamentales para transformar la producción. Sin marcos fiscales, los gobiernos pueden encontrar más fácil reducir la inversión pública en lugar de recortar los gastos corrientes durante los episodios de consolidación fiscal debido a consideraciones políticas (Ardanaz and Izquierdo, 2017[2]). Esto puede afectar la recuperación económica e impactar en el crecimiento a largo plazo. En cambio, la protección de la inversión durante el período de consolidación fiscal puede mitigar la contracción económica y, en algunos casos, dar lugar a una expansión (Arreaza et al., 2022[84]; OECD et al., 2023[38]).

Las reglas fiscales son un componente fundamental del marco fiscal. Tienen como objetivo resolver la incoherencia a lo largo del tiempo en las finanzas públicas y controlar la acumulación de deuda mediante la implementación de límites de endeudamiento (Andrian et al., 2023[85]). Al desacoplar el gasto del ciclo económico, las reglas fiscales impiden que el gasto suba durante auges económicos y protege la inversión pública durante recesiones (Ardanaz and Izquierdo, 2017[2]). Además, las reglas fiscales ayudan a estabilizar los coeficientes deuda-PIB y garantizan así la estabilidad fiscal a largo plazo. A esto cabe agregar que pueden contribuir a disminuir la percepción de riesgo soberano (Gomez-Gonzalez, Valencia and Sánchez, 2024[86]). Las reglas fiscales también pueden proteger las inversiones verdes mediante una "regla de oro verde" que excluya estas inversiones de los límites fiscales. La sostenibilidad depende no solo de la existencia de reglas fiscales sino también de su calidad y del cumplimiento. Las reglas de calidad cuentan con el respaldo de las instituciones, cuentan con marcos jurídicos sólidos, flexibilidad frente choques económicos y mecanismos de seguimiento y aplicación. Las reglas fiscales de alta calidad estabilizan el crecimiento de la deuda y reducen su volatilidad (Galindo and Izquierdo, 2024[87]). El cumplimiento es fundamental ya que los períodos en que se siguen las reglas fiscales establecidas están asociados con menos casos de exigencia de pago anticipado de la deuda, diferenciales de bonos más bajos y calificaciones de crédito más altas (Ardanaz, Ulloa-Suarez and Valencia, 2023[88]).

Las reglas fiscales son muy utilizadas en ALC. La mayoría se centra en al gasto y el equilibrio presupuestario, y algunas economías combinan ambos tipos de reglas. Por ejemplo, en Argentina, Bahamas, Brasil, Colombia y Costa Rica actualmente implementan reglas de gasto que procuran establecer un límite para el gasto público total, primario o corriente. Por su parte, Bahamas, Brasil, Chile, Colombia, Costa Rica y Perú utilizan reglas de equilibrio presupuestario, en tanto Bahamas y Perú utilizan reglas de deuda. Algunas economías basan sus reglas de equilibrio presupuestario en balances fiscales que tienen en cuenta el ciclo (estructural). Algunas también buscan proteger la inversión. Por ejemplo, Costa Rica incluyó una regla de oro en su marco fiscal según la cual solo pueden tomarse préstamos para financiar gasto de inversión (Hamid et al., 2022[89]; OECD et al., 2023[38]).

Las reglas fiscales deben ser lo suficientemente flexibles para adecuarse a los choques exógenos. La flexibilidad de las reglas fiscales es importante: las economías sin reglas fiscales o con reglas rígidas pueden reducir su inversión pública en un 10% en una consolidación fiscal que alcance el 2% del PIB, en tanto en países con reglas fiscales flexibles, la consolidación fiscal no afecta la inversión. Esta flexibilidad puede adoptar la forma de metas fiscales ajustadas cíclicamente, cláusulas de escape bien definidas o un tratamiento diferenciado de los gastos de inversión (Ardanaz et al., 2021[90]).

Un pacto fiscal reforzado para garantizar la movilización sostenible de ingresos a largo plazo

Nuevos pactos fiscales son pilares fundamentales para la implementación de contratos sociales en la región y permitirían sostener las políticas y reformas de movilización de ingresos a largo plazo. Los ciudadanos están más dispuestos a pagar impuestos al percibir que el gobierno utiliza los fondos recaudados de manera eficiente para ofrecer bienes y servicios públicos de calidad (Carrillo, Castro and Scartascini, 2021[91]). Sin embargo, los bajos niveles de ingresos tributarios en ALC limitan la capacidad del Estado para fortalecer las instituciones y brindar más y mejores servicios públicos. Para crear un círculo virtuoso, los países de la región deben reconectar con sus ciudadanos y diseñar sistemas tributarios que no solo generen los ingresos necesarios, sino que también los gasten de manera más progresiva y transparente. Esto requiere una mejor administración tributaria y la construcción de un amplio consenso mediante un diálogo nacional y una comunicación clara. También es preciso fomentar una cultura tributaria entre los contribuyentes.

La cultura tributaria es un pilar fundamental del pacto fiscal. Para fortalecer el cumplimiento tributario no basta con mejorar la capacidad de fiscalización y el cumplimiento forzado; también es necesario fomentar un cumplimiento cuasi voluntario mediante el fortalecimiento de la confianza, servicios públicos de calidad y un proceso de pago de impuestos más sencillo y accesible. Para esto, es necesario abordar los retos persistentes en los sistemas tributarios, como la carga impositiva desigual, las interacciones cuestionables con los funcionarios fiscales y la ineficacia para transformar los ingresos en servicios públicos de calidad. En América Latina y el Caribe urge implementar estrategias técnicas innovadoras para impulsar la recaudación y, al mismo tiempo, generar confianza en el contribuyente, obtener apoyo político para las reformas y fortalecer los contratos sociales (Dom et al., 2022[92]). Por ello, es importante entender los factores que impulsan el cumplimiento voluntario.

La importancia de comprender la moral tributaria

La moral tributaria se define en general como la motivación intrínseca para pagar impuestos (Torgler, 2005[93]; OECD, 2019[29]). La moral tributaria se suele medir a través de encuestas de percepción y preguntas que miden el porcentaje de la población que considera que engañar al sistema tributario no es aceptable. En ALC, la moral tributaria ha fluctuado en la última década, pero parece estar deteriorándose. Tras un período de aumento de la moral tributaria entre 2008 y 2011, la tendencia se revirtió: la proporción de quienes justifican el no pagar impuestos creció de 45.5% en 2011 a 57.9% en 2023 (Gráfico 2.16, Panel A) (WVS, 2022[94]; OECD, 2019[29]).

Tres factores determinantes pueden ayudar a los responsables de formular políticas a comprender los bajos niveles de moral tributaria en ALC: i) los factores socioeconómicos que condicionan la percepción que tienen los ciudadanos de los impuestos y su capacidad de pago; ii) el modo en que las instituciones influyen y fomentan el pago de impuestos y iii) la calidad de los servicios y bienes públicos, que pueden incentivar a los ciudadanos a contribuir pagando impuestos (OECD, 2019[29]). Estos factores determinantes son importantes, porque comprender las fuentes de la moral tributaria de un país es el primer paso para desarrollar una cultura de pago de impuestos.

Entre los factores socioeconómicos que pueden afectar la voluntad de pago de impuestos se incluyen el nivel de educación, la edad, el género y la religión. Por lo general, las personas con más educación están más predispuestas a pagar impuestos, al igual que las personas de edad avanzada, las mujeres y quienes son más religiosos. En este sentido, las políticas educativas pueden aumentar la moral tributaria. Los responsables de políticas pueden usar políticas específicas, como educación tributaria segmentada por grupo socioeconómico. A modo de ejemplo, la fiscalización puede ser más efectiva si se dirige a grupos de altos ingresos, donde la evasión es mayor, en tanto podría hacerse hincapié en facilitar el cumplimiento entre los grupos de menores ingresos (OECD, Forthcoming[95]). De igual modo, las mujeres tienden a cumplir más con sus obligaciones tributarias cuando el monto a pagar es menor, y se ha comprobado que el uso de mensajes disuasorios ha sido más efectivo con ellas (Lopez-Luzuriaga and Scartascini, 2023[96]).

La calidad de los servicios públicos puede incidir directamente en la voluntad de pago porque pone en evidencia cómo se utilizan los fondos públicos (OECD, 2019[29]). La satisfacción de los ciudadanos con la salud y la educación disminuyeron en varios países de ALC entre 2011 y 2022 (Gráfico 2.16, Panel B). La satisfacción cada vez menor con los servicios públicos ha provocado un deterioro de la moral tributaria en la región, pues los ciudadanos de ALC que consideran que el gobierno utiliza los ingresos tributarios de forma eficiente para dar bienes públicos de calidad son más propensos a pagar impuestos ya que lo consideran parte de su responsabilidad cívica (Castañeda, 2024[97]).

Gráfico 2.16. Motivación para pagar impuestos y satisfacción con los servicios públicos en ALC

Panel A. % de la población de ALC que justifica el impago de impuestos, 2008-23

Panel B. Satisfacción de los ciudadanos con el sistema de salud y educación, 2011 y 2022

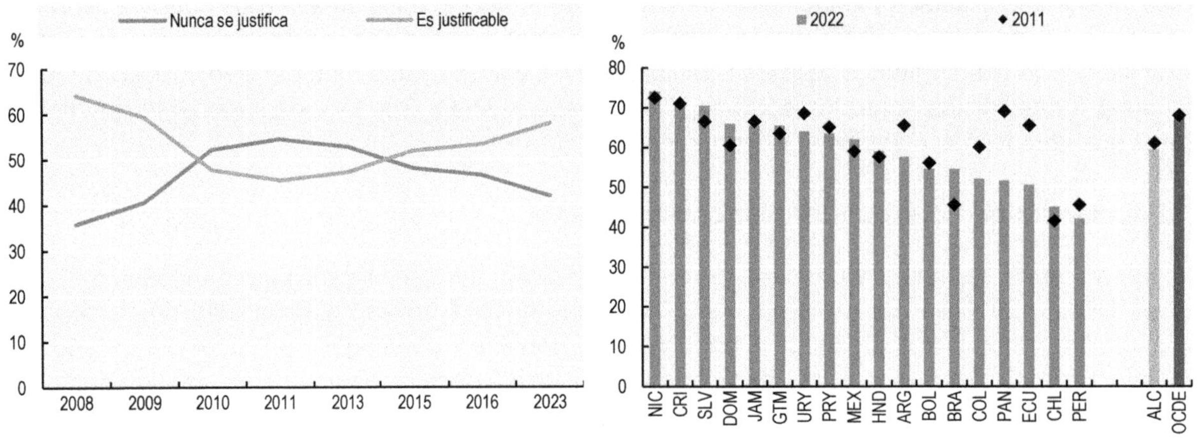

Nota: Los datos del Panel A se basan en la pregunta: "¿En qué medida se justifica evadir impuestos?". El sondeo fue realizado por Latinobarómetro. Los datos del Panel B se refieren a los niveles promedio de satisfacción con los sistemas educativo y de salud, con base en las siguientes preguntas: "¿En la ciudad o área en la que vive, está satisfecho o no con el sistema educativo y las escuelas? y "¿en la ciudad o área en la que vive, está satisfecho o no con el acceso a atención médica de calidad?". El sondeo fue realizado por Gallup. Debido a la ausencia de datos, el promedio de la OCDE de 2011 se calculó usando datos de 2012 para Noruega e Islandia.
Fuente: (Gallup, 2023[98]) y cálculos de los autores con base en (Latinobarometro, 2023[99]).

StatLink https://stat.link/3l0c6a

La confianza de los contribuyentes en el gobierno tiene un papel fundamental en la moral tributaria. En ALC, la interacción entre los ciudadanos y las instituciones está presa de la trampa institucional. Con mejores niveles de vida en ALC y la consolidación de la clase media, las expectativas de los ciudadanos aumentaron, solo para verse frustradas por la lenta respuesta de instituciones desiguales y una gobernanza deficiente (OECD et al., 2019[15]). La confianza en el gobierno podría fortalecerse, si los mayores ingresos tributarios generados por un mayor cumplimiento se invirtieran en políticas redistributivas. Esto fortalecería el contrato social, el cual fomenta la confianza y la colaboración entre las partes interesadas al crear un marco inclusivo para movilizar recursos públicos y privados hacia el financiamiento de los objetivos de desarrollo, al mismo tiempo que contribuye al cumplimiento de la agenda de desarrollo sostenible (OECD/CAF/EUROPEAN UNION, 2021[100]). Los países que gastan más en programas sociales suelen obtener mejores resultados en la reducción de la desigualdad; por el contrario, la desigualdad suele ser mayor en los países donde el gasto social es menor (Lustig, Martinez Pabon and Pessino, 2023[101]). Los esfuerzos para fortalecer la moral tributaria deben también dirigirse a empresas y diversos representantes del sector privado. Las empresas multinacionales representan una fuente considerable de ingresos públicos. Mediante acciones de Conducta Empresarial Responsable, pueden tener un papel transformador en el avance de la agenda sostenible y ayudar a inculcar una cultura del cumplimiento en sus cadenas de suministro (OECD, 2022[102]). Por su parte, las estrategias de comunicación pueden influir considerablemente en las percepciones que el público tiene de los impuestos. Brindar información sobre las reformas fiscales y su impacto en la desigualdad puede aumentar la aceptación social de los impuestos, la confianza en las autoridades y la moral tributaria en general, en tanto opera para combatir la evasión fiscal y la corrupción (Ormeño Pérez, 2017[103]; Goenaga Ruiz de Zuazu, 2020[104]; Durán-Fernández and de las Mercedes Torres-Negrete, 2024[105]; Salgado and Ugarte, 2024[106]).

Las políticas de transparencia pueden fortalecer la confianza del ciudadano al ayudar a los gobiernos a mostrar mejor la utilización de los fondos comunes y dar cuenta de su impacto redistributivo. Los casos han demostrado que las soluciones digitales también pueden tener un impacto positivo en la moral tributaria y la confianza. Los programas digitales pueden incrementar la transparencia, reducir la corrupción real y la percepción que tiene el público, simplificar la estructura de pago de impuestos y dar a los ciudadanos servicios públicos más accesibles, más eficientes y de mejor calidad a costos más bajos. Por ejemplo, países de ALC como Brasil, Chile y Colombia han integrado sistemas de inteligencia artificial (IA) en sus administraciones tributarias para mejorar la eficiencia y el cumplimiento. El Sistema Nacional de Análisis de Riesgo y de Inteligencia Artificial Aplicada de la Administración Tributaria de Brasil utiliza la IA para un análisis avanzado de riesgo destinado a detectar fraude fiscal; por su parte, el Sistema Integrado de Asistencia al Contribuyente en Chile utiliza algoritmos de *clustering* (agrupamiento) para gestionar la categorización de los contribuyentes del IVA. De igual modo, Colombia utiliza IA para mejorar la identificación de los beneficiarios que cumplen los requisitos para sus programas sociales (Valencia and Camilo Díaz, 2024[107]). Los procesos participativos pueden contribuir al diseño de políticas que reflejen de manera genuina las perspectivas y prioridades de los ciudadanos.

Recuadro 2.3. Recomendaciones de la OCDE sobre participación ciudadana

Las Directrices de la OCDE sobre Procesos de Participación Ciudadana recomiendan diez pasos para convocar la participación de los ciudadanos en la planificación, implementación y evaluación de la toma de decisiones públicas:

1. Identificar el problema por resolver y el momento para la participación
2. Definir los objetivos y resultados esperados
3. Identificar a los grupos relevantes de personas a involucrar y reclutar participantes
4. Elegir el método de participación
5. Elegir las herramientas digitales correctas
6. Comunicar sobre el proceso
7. Implementar un proceso de participación
8. Utilizar el aporte de la ciudadanía y brindar retroalimentación
9. Evaluar el proceso de participación
10. Fomentar una cultura de participación

La identificación de los grupos pertinentes de personas cuya participación se desea convocar es de especial interés en ALC pues podría ayudar a reducir las desigualdades sociales características de la región. Enfocar la participación en grupos específicos, como poblaciones rurales, mujeres de bajos ingresos o trabajadores informales, podría fortalecer el diseño de políticas.

La elección de las herramientas digitales correctas también es un problema en ALC, donde los niveles de digitalización siguen siendo bajos. La implementación de la red 5G ha avanzado lentamente en la región, y la tasa de penetración prevista para 2025 es de tan solo un 12% (OECD et al., 2023[38]). Los responsables de formular políticas en la región tendrán que ampliar las herramientas disponibles para comunicar e implementar actividades participativas.

Fuente: (OECD, 2023[108]).

Recomendaciones de políticas

El gasto público en la región de ALC ha crecido en las tres últimas décadas, y en 2023 representaba un promedio del 25.5% del PIB. Sin embargo, sigue siendo eminentemente procíclico y de corto plazo, ya que el gasto corriente representa el 82% del gasto total. Dado que el 26.8% de la población todavía vive bajo la línea de pobreza en 2024, resulta fundamental optimizar la eficiencia del gasto público, en especial en áreas críticas como la educación, y garantizar la inclusión de partidas presupuestarias estratégicas para promover modelos de desarrollo sostenible e inclusivo.

La mayoría de las economías de ALC tienen margen para aumentar la recaudación tributaria y mejorar la progresividad del sistema tributario. En la mayoría de las economías, las políticas deben centrarse en mejorar el diseño de los impuestos indirectos, elevar la recaudación de impuestos directos, racionalizar el gasto tributario, formalizar la economía, fortalecer el cumplimiento tributario, aprovechar el potencial recaudatorio de la cooperación internacional y analizar nuevas fuentes de ingresos, tales como los impuestos inmobiliarios recurrentes, los impuestos sobre productos nocivos para la salud y los impuestos medioambientales. Para promover la igualdad de género, es fundamental abordar los sesgos de género en las políticas tributarias en la mayor medida posible. Los países de la región se enfrentan a diferentes desafíos, por ello, las recomendaciones de política y reforma tributaria exigen un análisis, diseño e implementación específicos por país, puesto que no existen soluciones universales.

Los altos niveles de endeudamiento de los países de ALC y su composición vulnerable limitan el espacio fiscal para el gasto y la inversión orientados al desarrollo. Los altos niveles de endeudamiento intensifican la vulnerabilidad a las crisis financieras y limitan las respuestas fiscales durante las recesiones. Urge una gestión eficaz de la deuda para financiar tanto capital humano como físico, promover un crecimiento económico a largo plazo y dar estabilidad durante todo el ciclo económico.

Mantener la estabilidad fiscal a mediano y largo plazo depende de que pueda contarse con marcos fiscales robustos que propicien políticas fiscales contracíclicas, recorten el gasto discrecional y mantengan la sostenibilidad de la deuda. Tales marcos preservan las inversiones públicas esenciales durante consolidaciones fiscales, impulsando de ese modo la recuperación económica y sentando las bases para transiciones verdes y digitales. Para sostener la movilización de los ingresos a largo plazo con miras a un desarrollo sostenible, crear más moral tributaria y aumentar la confianza pública en las instituciones públicas, es fundamental promover reglas fiscales flexibles, implementar mecanismos eficaces de cumplimiento e inculcar una cultura robusta de cumplimiento fiscal.

A continuación, en el Recuadro 2.4 se presentan los principales mensajes de políticas sobre financiamiento público para el desarrollo en América Latina y el Caribe.

Recuadro 2.4. Principales mensajes en materia de políticas

Mejorar la eficacia del gasto público

- Identificar y abordar los factores clave que determinan la eficiencia del gasto público para liberar recursos adicionales.
- Promover el gasto contracíclico y aumentar el gasto de capital en relación con el gasto corriente.
- Distribuir estratégicamente el presupuesto disponible para maximizar el impacto del gasto público. El diseño presupuestario debe centrarse en las personas, priorizando los sectores estratégicos que promuevan el desarrollo sostenible y reduzcan la desigualdad.
- Asegurar una gobernanza en múltiples niveles y una coordinación efectiva entre los distintos niveles de gobierno para asignar los recursos de manera eficiente.

- Reformular o eliminar progresivamente los subsidios energéticos ineficientes, garantizando que los programas sociales compensen a los más vulnerables.

Mejorar la recaudación y progresividad de los sistemas tributarios

- Aumentar la recaudación fiscal considerando el impacto redistributivo de los ingresos fiscales y fomentando la inversión y el emprendimiento.
- Mejorar el diseño del IVA y promover la progresividad minimizando las exenciones regresivas, refinando las medidas de alivio fiscal dirigidas a los hogares de bajos ingresos y optimizando el enfoque de los programas sociales.
- Incrementar la recaudación y progresividad del impuesto sobre la renta de las personas físicas eliminando gastos tributarios regresivos, ampliando la base tributaria e implementando medidas contra la evasión fiscal.
- Analizar más a fondo los impuestos recurrentes sobre la propiedad inmueble, adoptar progresivamente sistemas de valoración para simplificar el proceso tributario, mejorar la transparencia e involucrar a los contribuyentes en la determinación de sus obligaciones tributarias.
- Mejorar el diseño y la eficacia de los impuestos al tabaco y al alcohol, e introducir nuevos impuestos relacionados con la salud, como los impuestos a las bebidas azucaradas.
- Aumentar los ingresos procedentes de impuestos medioambientales implementando impuestos al carbono. Considerar la expansión de los sistemas de comercio de emisiones (ETS) y los créditos de carbono.
- Desarrollar mecanismos de compensación para los hogares vulnerables afectados negativamente por las políticas de reforma climática, incluyendo políticas complementarias de apoyo a la transición.
- Reevaluar los incentivos fiscales ineficientes en el impuesto de sociedades, incluyendo las exenciones y deducciones.
- Implementar y mejorar el diseño de regímenes fiscales simplificados para aumentar el cumplimiento y fomentar la formalización. Fortalecer los sistemas tributarios para promover la igualdad de género, incluidas medidas para formalizar el sector del cuidado.
- Eliminar los sesgos explícitos de género mediante una reevaluación de medidas tales como las presentaciones conjuntas, el tratamiento diferencial por fuente de ingreso y las desgravaciones fiscales. Reevaluar el sesgo implícito de género producto de cargas fiscales diferenciadas derivadas de los patrones de consumo de hombres y mujeres.
- Implementar medidas para formalizar el sector del cuidado mediante paquetes de políticas de cuidado bien diseñados que beneficien a las mujeres.

Fomentar una gestión resiliente de la deuda pública y marcos fiscales sólidos

- Promover el desarrollo de los mercados financieros para ampliar las fuentes de financiamiento, diversificar la base de acreedores y analizar instrumentos financieros innovadores.
- Avanzar en el establecimiento de reglas fiscales adaptadas para promover la sostenibilidad de la deuda dentro de los países. Estos mecanismos incluyen reglas de gasto, reglas de equilibrio presupuestario y reglas de deuda, y deben ser lo suficientemente flexibles para adaptarse al ciclo económico.
- Fortalecer las instituciones y mejorar los mecanismos de seguimiento, evaluación y cumplimiento de las reglas fiscales, garantizando su implementación adecuada y eficiencia.

Entender y promover la moral tributaria

- Entender los factores que determinan el cumplimiento voluntario y elaborar un pacto fiscal entre todas las partes interesadas a fin de aumentar los niveles de recaudación fiscal y la progresividad del sistema.
- Destinar los ingresos de los impuestos directos a fortalecer las instituciones y brindar servicios públicos de mejor calidad. Esto podría aumentar la predisposición de los contribuyentes a pagar impuestos al percibir que el gobierno utiliza los recursos que recauda de forma eficiente.
- Diseñar políticas específicas para crear más moral tributaria, incluso mediante programas de educación a contribuyentes (p. ej., por grupo socioeconómico) que contribuya a aumentar la recaudación. Asimismo, centrar las acciones de control en aquellos con menor moral tributaria y facilitar el cumplimiento para quienes tienen una mayor moral tributaria.

Notas

[1] El término “ingresos tributarios” abarca tanto los impuestos recaudados por los gobiernos centrales, nacionales o federales, como los impuestos a nivel subnacional y las contribuciones a la seguridad social.

[2] Los impuestos con efecto cascada se refieren a un tipo de sistema tributario en el que los mismos bienes o servicios se gravan en múltiples etapas del proceso de producción o distribución.

[3] Las tasas impositivas efectivas promedio se utilizan para decidir si invertir o no. Estas resumen el impacto de los impuestos en la decisión de invertir en proyectos comparables pero mutuamente excluyentes; para ello parten de la premisa de que los proyectos de inversión generan rentas económicas a lo largo de su vida útil. La tasa impositiva efectiva marginal mide la carga fiscal de un proyecto que está en punto de equilibrio antes de impuestos para evaluar cuánto invertir una vez que se ha decidido la ubicación o actividad.

[4] Los 21 países de ALC analizados incluyen: Argentina, Bahamas, Belice, Bolivia, Brasil, Chile, Colombia, Costa Rica, Curazao, República Dominicana, Ecuador, El Salvador, Guatemala, Honduras, Jamaica, México, Nicaragua, Panamá, Paraguay, Perú y Uruguay.

[5] Las ocho economías de ALC son Brasil, Colombia, República Dominicana, Ecuador, El Salvador, Perú, Paraguay y Uruguay.

Referencias

AFD (2024), “Fiscal Incidence and Public Spending. Public Policy Scenarios for Colombia”, *Research Papers*, No. 307, Agence Française de Développement, https://www.afd.fr/en/ressources/fiscal-incidence-and-public-spending-public-policy-scenarios-colombia. [9]

AFD (2022), *"El Impacto distributiv de los impuestos verdes en México"*, Agence Française de Développement, https://www.afd.fr/es/carte-des-projets/el-impacto-distributivo-de-los-impuestos-verdes-en-mexico. [53]

Ahmad, E., G. Brosio and J. Jiménez (2019), "Options for retooling property taxation in Latin America", *Macroeconomics of Development Series*, No. 202, Economic Commission for Latin America and the Caribbean, Santiago, https://repositorio.cepal.org/server/api/core/bitstreams/9282c2cf-003c-4239-ba4e-1e3c77adf51c/content. [41]

Andrian, L. et al. (2023), "Fiscal Rules and Economic Cycles: Quality (Always) Matters", *IDB Working Paper Series*, No. IDB-WP-01374, Inter-American Development Bank, Washington, DC, https://doi.org/10.18235/0004570. [85]

Ardanaz, M. et al. (2021), "Growth-friendly fiscal rules? Safeguarding public investment from budget cuts through fiscal rule design", *Journal of International Money and Finance*, Vol. 111, https://doi.org/10.1016/j.jimonfin.2020.102319. [90]

Ardanaz, M. and A. Izquierdo (2017), "Current expenditure upswings in good times and capital expenditure downswings in bad times? New evidence from developing countries", *IDB Working Paper Series*, No. 838, Inter-American Development Bank, Washington, DC, https://www.econstor.eu/bitstream/10419/173892/1/IDB-WP-838.pdf. [2]

Ardanaz, M., C. Ulloa-Suarez and O. Valencia (2023), "Why Don't We Follow the Rules? Drivers of Compliance with Fiscal Policy Rules in Emerging Markets", *IBD Working Paper Series*, No. 1497, Inter-American Development Bank, Washington, DC, https://doi.org/10.18235/0005165. [88]

Arreaza, A. et al. (2022), *Reglas fiscales para la recuperación en América Latina: Experiencias y principales lecciones*, Development Bank of Latin America and the Caribbean (CAF), Caracas, https://scioteca.caf.com/handle/123456789/1905. [84]

Arslanalp, S., B. Eichengreen and P. Blair (2024), "Sustained Debt Reduction: The Jamaica exception", *Brookings Papers on Economic Activity*, Brookings Institution, Washington, DC, https://www.brookings.edu/articles/sustained-debt-reduction-the-jamaica-exception/. [79]

Arsovska, M. (2021), "The future of government: Serbia's growing bet on digital transformation pays off", *World Bank Blogs*, https://blogs.worldbank.org/en/governance/future-government-serbias-growing-bet-digital-transformation-pays. [60]

Ayhan, M., F. Ohnsorge and N. Sugawara (2020), "Benefits and Costs of Debt: The dose makes the poison", *Policy Research Working Paper*, No. 9166, World Bank, Washington DC, https://documents1.worldbank.org/curated/en/648141582830563001/pdf/Benefits-and-Costs-of-Debt-The-Dose-Makes-the-Poison.pdf. [69]

Azuara Herrera, O. et al. (2019), "Special Tax Regimes in Latin America and the Caribbean: Compliance, social protection and resource misallocation", *IDB Working Paper Series*, No. 970, Inter-American Development Bank, Washington, DC, https://doi.org/10.18235/0001586. [57]

Belloni, A. and F. Sassi (2023), "Supply-Side Responses to Health Taxes", in Lauer, J. et al. (eds.), *Health Taxes: Policy and Practice*, World Scientific, https://doi.org/10.1142/9781800612396_0004. [51]

Berg, R., J. Rubio and N. Laske (2024), *Catalysts of change: How Entrepreneurs are Transforming Latin America*, Centre for Strategic and International Studies, https://csis-website-prod.s3.amazonaws.com/s3fs-public/2024-03/240308_Berg_Catalysts_Change.pdf?VersionId=WmAhPHJBDXCr7ah9amXNSVSJaG_4a8.f. [68]

Carrillo, P., E. Castro and C. Scartascini (2021), "Public good provision and property tax compliance: Evidence from a natural experiment", *Journal of Public Economics*, Vol. 198, https://www.sciencedirect.com/science/article/pii/S004727272100058X. [91]

Castañeda, N. (2024), "Fairness and Tax Morale in Developing Countries", *Studies in Comparative International Development*, Vol. 59, pp. 113-137, https://doi.org/10.1007/s12116-023-09394-z. [97]

Celani, A., L. Dressler and M. Wermelinger (2022), "Building an Investment Tax Incentives database: Methodology and initial findings for 36 developing countries", *OECD Working Papers on International Investment*, No. 2022/01, OECD Publishing, Paris, https://doi.org/10.1787/62e075a9-en. [33]

Choga, I. and F. Giwa (2023), "The Effect of Property Tax on Income Redistribution in Selected African Countries", *Sustainability 2023, 15(7), 5891*, https://doi.org/10.3390/su15075891. [43]

Curristine, T. et al. (2024), "How to Develop and Implement a Medium-term Fiscal Framework", *IMF How to Note*, No. 2024/005, International Monetary Fund, Washington, DC, https://www.imf.org/-/media/Files/Publications/HowToNotes/2024/English/HTNEA2024005.ashx. [83]

Dom, R. et al. (2022), *Innovations in Tax Compliance: Building Trust, Navigating Politics, and Tailoring Reform*, World Bank, Washington, DC, https://www.worldbank.org/en/events/2022/02/17/innovations-in-tax-compliance-building-trust-navigating-politics-and-tailoring-reform. [92]

Durán-Fernández, A. and A. de las Mercedes Torres-Negrete (2024), "Impacto de las reformas tributarias: Comportamiento de los contribuyentes y su cumplimiento en Latinoamérica", *Revista Metropolitana de Ciencias Aplicadas*, Vol. 7, pp. 71-84, https://remca.umet.edu.ec/index.php/REMCA/article/view/701/694. [105]

ECLAC (2024), *Fiscal Panorama of Latin America and the Caribbean, 2024: Fiscal Policy For Addressing The Challenges Of Climate Change*, United Nations Economic Commission for Latin America and the Caribbean, https://repositorio.cepal.org/server/api/core/bitstreams/7b6e3da2-68e3-431e-a9ed-29a931883693/content. [24]

ECLAC (2023), *"Statistics and Indicators", CEPALSTAT Statistical Databases and Publications (database)*, United Nations Economic Commission for Latin America and the Caribbean, https://statistics.cepal.org/portal/cepalstat/dashboard.html?indicator_id=1246&area_id=482&lang=en. [1]

ECLAC (2023), *Capital Flows to Latin America and the Caribbean: 2023 Year-In-Review And Early 2024 developments*, United Nations Economic Commission for Latin America and the Caribbean, http://www.issuu.com/publicacionescepal/stacks. [77]

ECLAC (2023), *Fiscal Panorama of Latin America and the Caribbean: Fiscal Policy for Growth, Redistribution and Productive Transformation*, United Nations Economic Commission for Latin America and the Caribbean, Santiago, https://www.cepal.org/en/publications/48900-fiscal-panorama-latin-america-and-caribbean-2023-fiscal-policy-growth. [28]

ECLAC (2023), *Public debt And Development Distress in Latin America*, United Nations Economic Commission for Latin America and the Caribbean, Santiago, https://www.cepal.org/en/publications/48910-public-debt-and-development-distress-latin-america-and-caribbean. [74]

ECLAC (2021), *Fiscal Panorama of Latin America and the Caribbean: Fiscal Policy Challenges For Transformative Recovery Post-COVID-19*, United Nations Economic Commission for Latin America and the Caribbean, Santiago, https://repositorio.cepal.org/server/api/core/bitstreams/8869b40e-8aca-4c73-b722-fb592377b14f/content. [63]

Galindo, A. and A. Izquierdo (2024), *Ready for Take-Off? Building on Macroeconomic Stability for Growth*, 2024 Latin American and Caribbean Macroeconomic Report, Inter-American Development Bank, Washington, DC, https://doi.org/10.18235/0005667. [87]

Gallup (2023), *Gallup World Poll 2023 (database)*, https://www.gallup.com/analytics/318875/global-research.aspx. [98]

Goenaga Ruiz de Zuazu, M. (2020), "Los relatos tributarios en la prensa española", *Revista Internacional De Sociología*, Vol. 78, https://doi.org/10.3989/ris.2020.78.1.18.191. [104]

Gomez-Gonzalez, J., O. Valencia and G. Sánchez (2024), "Debt affordability in developed and emerging market economies: The role of fiscal rules", *Journal of Economic Finance*, Vol. 48, pp. 377-393, https://doi.org/10.1007/s12197-024-09660-3. [86]

Goodchild, M., R. Sandoval and I. Belausteguigoitia (2017), "Generating revenue by raising tobacco taxes in Latin America and the Caribbean", *Revista Panamericana de Salud Pública*, Vol. 41, https://doi.org/10.26633/RPSP.2017.151. [48]

Gray Molina, G. and L. Jensen (2023), "Building blocks out of the crisis: The UN's SDG Stimulus Plan", *Global Policy Network Brief*, United Nations Development Programme, https://www.undp.org/sites/g/files/zskgke326/files/2023-02/Development%20Series%20-%20Building%20blocks%20out%20of%20crisis%20-%20The%20UN%27s%20SDG%20Stimulus%20Plan.pdf. [78]

Hamid, P. et al. (2022), *Fiscal Rules Dataset: 1985-2021*, IMF Fiscal Affairs Department, International Monetary Fund, Washington, DC, https://www.imf.org/external/datamapper/fiscalrules/map/map.htm. [89]

Hanappi, T. et al. (2023), "Corporate Effective Tax Rates in Latin America and the Caribbean", *Technical Note*, No. IDB-TN- 2782, https://doi.org/10.18235/0005168. [31]

IDB (2023), *"Towards development: Public investment in Latin America (FISLAC)"*, Inter-American Development Bank, Washington, DC, https://fislac.com/report-public/public-investment/. [11]

IDB (2021), *Standardized Public Debt Database*, Inter-American Development Bank, Washington, DC, https://mydata.iadb.org/Finance/Standardized-Public-Debt-Database/3bvi-edbq/about_data. [75]

IEA (2020), *Implementing Effective Emissions Trading Systems: Lessons from International Experiences*, International Energy Agency, Paris, https://iea.blob.core.windows.net/assets/2551e81a-a401-43a4-bebd-a52e5a8fc853/Implementing_Effective_Emissions_Trading_Systems.pdf. [55]

ILO (2022), *Care at work: Investing in care leave and services for a more gender equal world of work*, International Labour Organization, Geneva, https://www.ilo.org/sites/default/files/wcmsp5/groups/public/@dgreports/@dcomm/documents/publication/wcms_838653.pdf. [67]

Ilzetzki, E., E. Mendoza and C. Végh (2013), "How big (small?) are fiscal multipliers?", *NBER Working Papers*, No. 16479, National Bureau of Economic Research, https://www.nber.org/system/files/working_papers/w16479/w16479.pdf. [5]

IMF (2023), *IMF Fossil Fuel Subsidies Data: 2023 Update (database)*, International Monetary Fund, Washington, DC, https://www.imf.org/en/Publications/WP/Issues/2023/08/22/IMF-Fossil-Fuel-Subsidies-Data-2023-Update-537281. [21]

IMF (2023), *World Economic Outlook Database: October 2023 Edition*, International Monetary Fund, Washington, DC, https://www.imf.org/en/Publications/WEO/weo-database/2023/October. [80]

IMF (2020), *Regional Economic Outlook for Western Hemisphere*, International Monetary Fund, Washington, DC, https://www.imf.org/en/Publications/REO/WH/Issues/2020/10/13/regional-economic-outlook-western-hemisphere. [4]

IMF et al. (2015), *Options for Low Income Countries' Effective and Efficient Use of Tax Incentives for Investment*, https://www.imf.org/external/np/g20/pdf/101515.pdf. [36]

Jonasson, T. and M. Papaioannou (2018), "A primer on managing sovereign debt-portfolio risks", *IMF Working Papers*, No. 2018/074, International Monetary Fund, Washington, DC, https://www.imf.org/en/Publications/WP/Issues/2018/04/06/A-Primer-on-Managing-Sovereign-Debt-Portfolio-Risks-45746. [72]

Latinobarometro (2023), *Latinobarometro (database)*, https://www.latinobarometro.org/latContents.jsp. [99]

Lincoln Institute of Land Policy (2014), *Property Tax in Latin America*, https://www.lincolninst.edu/research-data/data/property-tax-latin-america. [42]

Lopez-Luzuriaga, A. and C. Scartascini (2023), "Willing but unable to pay? The role of gender in tax compliance", *IDB Working Papers*, No. 1330, Inter-American Development Bank, Washington, DC, https://publications.iadb.org/publications/english/document/Willing-but-Unable-to-Pay-The-Role-of-Gender-in-Tax-Compliance.pdf. [96]

Lustig, N. (2018), *Commitment to Equity Handbook: Estimating the Impact of Fiscal Policy on Inequality and Poverty*, Brookings Institution Press and CEQ Institute, Tulane University, https://www.brookings.edu/books/commitment-to-equity-handbook/#:~:text=Edited%20by%20Nora%20Lustig%2C%20the,taxation%20and%20public%20spending%20on. [8]

Lustig, N., V. Martinez Pabon and C. Pessino (2023), "Fiscal policy, income redistribution, and poverty reduction in Latin America", *IDB Working Papers*, No. 01530, Inter-American Development Bank, Washington, DC, https://doi.org/10.18235/0005237. [101]

Martin, M. and D. Waddock (2022), *A Nordic Initiative to Resolve the New Debt Crisis*, Debt Relief International, https://www.kirkensnodhjelp.no/contentassets/c1403acd5da84d39a120090004899173/a-nordic-solution-to-the-new-debt-crisis-sep22.pdf. [81]

Mas-Montserrat, M., C. Colin and B. Brys (2024), "The design of presumptive tax regimes in selected countries", *OECD Taxation Working Papers*, No. 69, OECD Publishing, Paris, https://doi.org/10.1787/58b6103c-en. [59]

Mas-Montserrat, M. et al. (2023), "The design of presumptive tax regimes", *OECD Taxation Working Papers*, No. 59, OECD Publishing, Paris, https://doi.org/10.1787/141239bb-en. [58]

Morán, D. and M. Solera (2023), *La presión fiscal equivalente en América Latina y el Caribe (1990-2021): Actualización y estado de situación en la salida de la pandemia de COVID-19*, Inter-American Development Bank, Washington, DC, https://doi.org/10.18235/0005326. [23]

Nieto Parra, S. and J. Santiso (2009), "Revisiting Political Budget Cycles in Latin America", *OECD Development Centre Working Papers*, No. 281, OECD Publishing, Paris, https://doi.org/10.1787/221383354183. [3]

Núñez, J. and D. Lasso (2024), "Fiscal Incidence and Public Spending: Public Policy Scenarios for Colombia", *Research Papers*, No. 307, Agence Française de Développement (AFD), https://www.afd.fr/en/ressources/fiscal-incidence-and-public-spending-public-policy-scenarios-colombia. [27]

OECD (2024), *Breaking the Vicious Circles of Informal Employment and Low-Paying Work*, OECD Publishing, Paris, https://doi.org/10.1787/f95c5a74-en. [61]

OECD (2024), *SIGI 2024 Regional Report for Southeast Asia: Time to Care*, Social Institutions and Gender Index, OECD Publishing, Paris, https://doi.org/10.1787/7fc15e1c-en. [65]

OECD (2024), *Tax Challenges Arising from the Digitalisation of the Economy –Global Anti-Base Erosion Model Rules (Pillar Two) Examples*, OECD, Paris, https://www.oecd.org/tax/beps/tax-challenges-arising-from-the-digitalisation-of-the-economy-global-anti-base-erosion-model-rules-pillar-two-examples.pdf. [40]

OECD (2024), *Taxing Wages 2024: Tax and Gender through the Lens of the Second Earner*, OECD Publishing, Paris, https://doi.org/10.1787/dbcbac85-en. [64]

OECD (2023), *Directrices de la OCDE sobre Procesos de Participación Ciudadana*, Estudios de la OCDE sobre Gobernanza Pública, OECD Publishing, Paris, https://doi.org/10.1787/f1b22902-es. [108]

OECD (2023), *Environment at a Glance in Latin America and the Caribbean: Spotlight on Climate Change*, OECD Publishing, Paris, https://doi.org/10.1787/2431bd6c-en. [54]

OECD (2023), *Estudio multidimensional de la República Dominicana: Hacia un mayor bienestar*, Caminos de Desarrollo, OECD Publishing, Paris, https://doi.org/10.1787/8044a9c9-es. [34]

OECD (2023), *OECD Environmental Performance Reviews: Costa Rica 2023*, OECD Environmental Performance Reviews, OECD Publishing, Paris, https://doi.org/10.1787/ec94fd4e-en. [52]

OECD (2023), *OECD Inventory of Support Measures for Fossil Fuels 2023*, OECD Publishing, Paris, https://doi.org/10.1787/87dc4a55-en. [19]

OECD (2023), *Programme for International Student Assessment (PISA)*, https://www.oecd.org/pisa/. [17]

OECD (2023), *Tax Policy Reforms 2023: OECD and Selected Partner Economies*, OECD Publishing, Paris, https://doi.org/10.1787/d8bc45d9-en. [46]

OECD (2022), *Corporate Tax Statistics, Fourth Edition*, OECD Publishing, Paris, https://doi.org/10.1787/5c8d8887-en. [32]

OECD (2022), *Moral tributaria II: Construir la confianza entre administraciones tributarias y grandes empresas*, OECD Publishing, Paris, https://doi.org/10.1787/cb5637e7-es. [102]

OECD (2022), *OECD Investment Tax Incentives Database – 2022 Update: Tax incentives for sustainable development (brochure)*, OECD Publishing, Paris, https://www.oecd.org/investment/investment-policy/oecd-investment-tax-incentives-database-2022-update-brochure.pdf. [37]

OECD (2022), *Tax Incentives and the Global Minimum Corporate Tax: Reconsidering Tax Incentives after the GloBE Rules*, OECD Publishing, Paris, https://doi.org/10.1787/25d30b96-en. [39]

OECD (2022), *Tax Policy and Gender Equality: A Stocktake of Country Approaches*, OECD Publishing, Paris, https://doi.org/10.1787/b8177aea-en. [62]

OECD (2022), *World Observatory on Subnational Government Finance and Investment (SNG-WOFI) (database)*, https://www.sng-wofi.org/. [12]

OECD (2019), *Tax Morale: What Drives People and Businesses to Pay Tax?*, OECD Publishing, Paris, https://doi.org/10.1787/f3d8ea10-en. [29]

OECD (2015), *Recommendation of the Council on Budgetary Governance*, OECD Publishing, Paris, https://legalinstruments.oecd.org/en/instruments/OECD-LEGAL-0410. [13]

OECD (Forthcoming), *Tax Morale Policy Brief.* [95]

OECD et al. (2024), *Estadísticas tributarias en América Latina y el Caribe 2024*, OECD Publishing, Paris, https://doi.org/10.1787/ec57392c-es. [22]

OECD et al. (2024), *The Role of the G20 in Promoting Green And Just Transitions*, OECD Publishing, Paris, https://doi.org/10.1787/548e71cd-en. [18]

OECD et al. (2023), *Estadísticas tributarias en América Latina y el Caribe 2023*, OECD Publishing, Paris, https://doi.org/10.1787/5a7667d6-es. [35]

OECD/CAF/ECLAC (2014), *Perspectivas económicas de América Latina 2015: Educación, competencias e innovación para el desarrollo*, OECD Publishing, Paris, https://doi.org/10.1787/leo-2015-es. [14]

OECD/CAF/EUROPEAN UNION (2021), *Perspectivas económicas de América Latina 2021: Avanzando juntos hacia una mejor recuperación*, OECD Publishing, Paris, https://doi.org/10.1787/2958a75d-es. [100]

OECD et al. (2023), *Perspectivas económicas de América Latina 2023: Invirtiendo para un desarrollo sostenible*, OECD Publishing, Paris, https://doi.org/10.1787/5cf30f87-es. [38]

OECD et al. (2020), *Perspectivas económicas de América Latina 2020: Transformación digital para una mejor reconstrucción*, OECD Publishing, Paris, https://doi.org/10.1787/f2fdced2-es. [73]

OECD et al. (2019), *Perspectivas económicas de América Latina 2019: Desarrollo en transición*, OECD Publishing, Paris, https://doi.org/10.1787/g2g9ff1a-es. [15]

OECD et al. (2022), *Perspectivas económicas de América Latina 2022: Hacia una transición verde y justa*, OECD Publishing, Paris, https://doi.org/10.1787/f2f0c189-es. [20]

OECD/The World Bank (2023), *Health at a Glance: Latin America and the Caribbean 2023*, OECD Publishing, Paris, https://doi.org/10.1787/532b0e2d-en. [47]

Ormeño Pérez, R. (2017), “Comprendiendo el cumplimiento tributario de los individuos: Una revisión bibliográfica”, *Revista de Estudios Tributarios*, Vol. 17, pp. 199-226, https://revistas.uchile.cl/index.php/RET/article/view/46987. [103]

PAHO (2023), “Health taxes”, Pan American Health Organization, https://www.paho.org/en/topics/health-taxes. [45]

PAHO (2022), “Seminar: Health Taxes Policies in Latin America and the Caribbean: Are we making progress?”, Pan American Health Organization, https://www.paho.org/en/events/seminar-health-taxes-policies-latin-america-and-caribbean-are-we-making-progress. [49]

Pessino, C. et al. (2023), “Distributional Effects of Taxation in Latin America”, *IDB Working Papers*, No. 01534, Inter-American Development Bank, Washington, DC, https://doi.org/10.18235/0005230. [25]

Powell, A. and O. Valencia (2023), *Dealing with Debt: Less Risk for More Growth in Latin America and the Caribbean*, Inter-American Development Bank, Washington, DC, https://doi.org/10.18235/0004707. [71]

Raga, S. (2022), *Fiscal multipliers: A review of fiscal stimulus options and impact on developing countries*, Supporting Economic Transformation, https://set.odi.org/wp-content/uploads/2022/01/Fiscal-multipliers-review.pdf. [7]

Rasteletti, A. and E. Saravia (2023), *Tax expenditure and evasion in the value added tax in Latin America*, Hacienda Pública Española/Review of Public Economics, https://hpe-rpe.org/ief/109/forthcoming-articles/5418/tax-expenditure-and-evasion-in-the-value-added-tax-in-latin-america.pdf. [30]

Restrepo, J. (2020), "How big are fiscal multipliers in Latin America?", *IMF Working Papers*, No. 20/17, International Monetary Fund, Washington, DC, https://doi.org/10.5089/9781513526836.001. [6]

RICYT (2023), *Network for Science and Technology Indicators – Ibero-American and Inter-American*, https://www.ricyt.org/en/. [82]

Romer, C. and D. Romer (2018), "Phillips Lecture – Why Some Times are Different: Macroeconomic Policy and the Aftermath of Financial Crises", *Economica*, Vol. 85/337, pp. 1-40. [70]

Salgado, M. and G. Ugarte (2024), *"Moral tributaria y sus determinantes en el mundo y en Chile"*, Centro de Estudios Públicos, https://static.cepchile.cl/uploads/cepchile/2024/02/pder686_Salgado-y-Ugarte.pdf. [106]

Sánchez-Romero, L. et al. (2016), "Projected Impact of Mexico's Sugar-Sweetened Beverage Tax Policy on Diabetes and Cardiovascular Disease: A Modeling Study", *PLoS Medicine*, https://doi.org/10.1371/journal.pmed.1002158. [50]

Sassi, F. et al. (2023), "Introduction", in Lauer, J. et al. (eds.), *Health Taxes: Policy and Practice*, World Scientific, https://doi.org/10.1142/9781800612396_0001. [44]

Torgler, B. (2005), "Tax morale and direct democracy", *European Journal of Political Economy*, Vol. 21/2, pp. 525-531, https://doi.org/10.1016/j.ejpoleco.2004.08.002. [93]

UNCTAD (2024), *Financing for Sustainable Development Report 2024*, UN Trade and Development, https://unctad.org/publication/financing-sustainable-development-report-2024?trk=public_post_comment-text. [10]

UNDP (2024), *The Missing Piece: Valuing women's unrecognized contribution to the economy*, https://www.undp.org/latin-america/blog/missing-piece-valuing-womens-unrecognized-contribution-economy. [66]

Valencia, O. and J. Camilo Díaz (2024), "Leveraging AI to Transform Macroeconomic and Fiscal Policymaking in Latin America and the Caribbean"*, IADB blog*, Inter-American Development Bank, Washington, DC, https://blogs.iadb.org/gestion-fiscal/en/ai-to-transform-macroeconomic-and-fiscal-policymaking/. [107]

Warwick, R. et al. (2022), "The redistributive power of cash transfers vs VAT exemptions: A multi-country study", *World Development*, Vol. 151, https://doi.org/10.1016/j.worlddev.2021.105742. [26]

World Bank (2023), *States and Trends of Carbon Pricing Dashboard*, World Bank Group, Washington, DC, https://carbonpricingdashboard.worldbank.org/compliance/instrument-detail. [56]

World Bank (2023), *World Bank Indicators (database)*, https://data.worldbank.org/indicator. [16]

World Bank (2022), *International Debt Statistics*, World Bank, Washington, DC, https://www.worldbank.org/en/programs/debt-statistics/ids. [76]

WVS (2022), *WVS Database - 7th wave (2017-2022) (database)*, http://worldvaluessurvey.org. [94]

3 Movilizando recursos de los mercados financieros para el desarrollo

El presente capítulo ofrece un análisis exhaustivo de los mercados financieros en América Latina y el Caribe y destaca el papel que podrían desempeñar para lograr un desarrollo sostenible. Examina el panorama financiero de la región, analizando la profundidad, accesibilidad y eficiencia de su sector bancario, así como sus riesgos y su solvencia. A continuación, el capítulo señala las brechas existentes en la inclusión financiera de los hogares y las empresas, así como distintas oportunidades para ampliar el acceso, como las innovaciones digitales y la educación financiera. Analiza el papel de las instituciones públicas de financiamiento del desarrollo en la movilización de recursos para alcanzar los objetivos de desarrollo. Después, examina los mercados de capitales de la región, haciendo hincapié en cómo su desarrollo puede fomentar la liquidez y la inclusividad, ampliar el acceso a los mercados, mejorar la solvencia y contribuir a la gestión de los riesgos. Asimismo, recalca la importancia crucial de los marcos regulatorios para consolidar estos mercados. El capítulo concluye con un examen de la posición de América Latina y el Caribe en los mercados internacionales de deuda y de la integración financiera regional.

Infografía 3.1. Los mercados financieros pueden movilizar recursos adicionales del sector privado en ALC

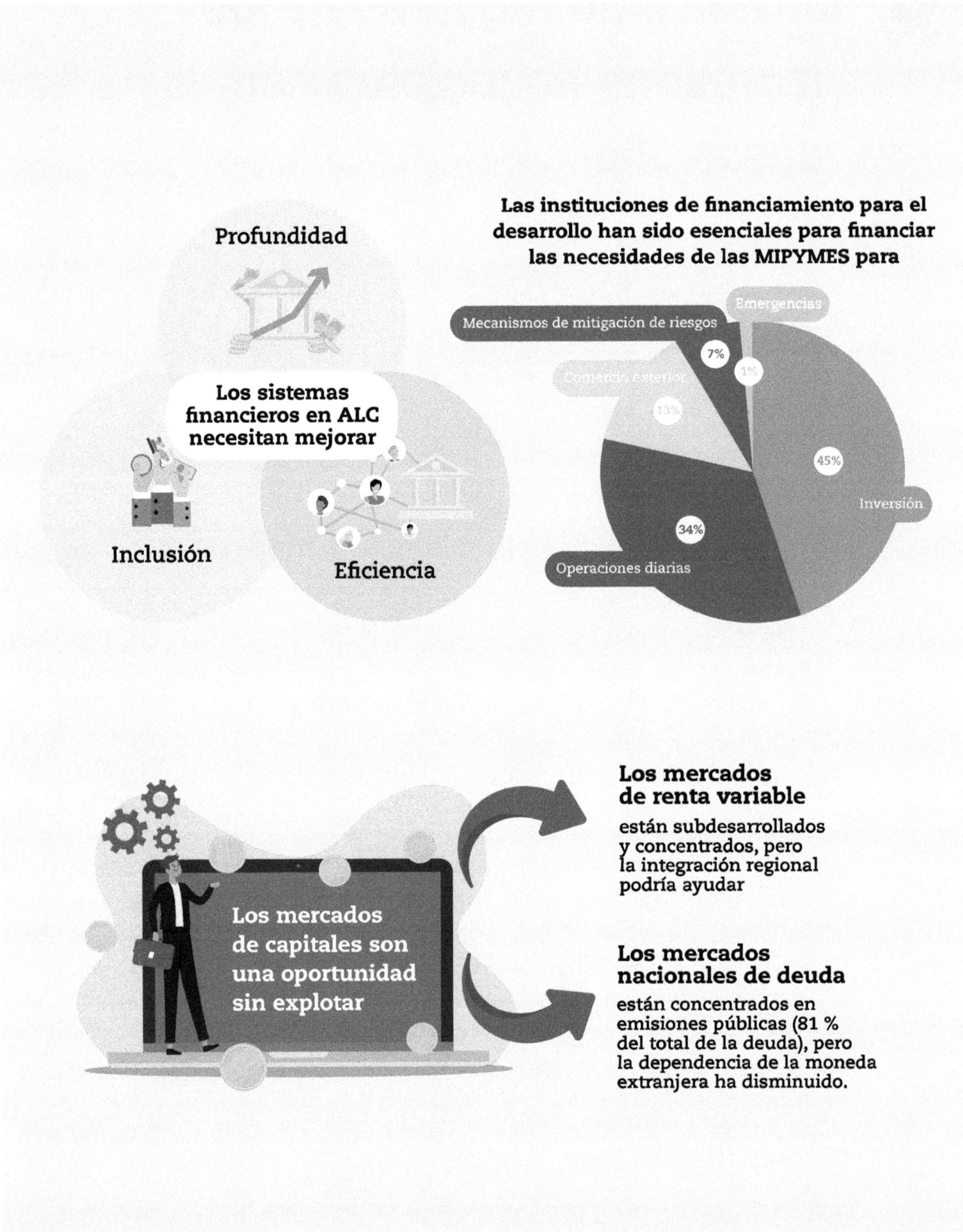

Introducción

Cuando funcionan correctamente, los sistemas financieros son capaces de movilizar recursos privados y de canalizarlos hacia objetivos de desarrollo. Un sistema financiero desarrollado proporciona a los particulares y las empresas acceso a servicios financieros esenciales, como préstamos, productos de ahorro y seguros, lo que les permite mejorar o suavizar su consumo e incrementar la inversión en capital físico y humano. Asimismo, el sistema financiero desempeña una función esencial en la promoción del emprendimiento y el fomento de la creación de empleo y, de este modo, mejora el bienestar económico, reduce la desigualdad e impulsa el crecimiento económico (Levine, 2018[1]; World Bank, 2008[2]; OECD, 2020[3]). Una condición fundamental para alcanzar estos objetivos es que los mercados financieros estén bien regulados y supervisados, ya que esto debería reforzar su solvencia y estabilidad y mitigar la acumulación de vulnerabilidades con el fin de evitar riesgos sistémicos (Boikos, Panagiotidis and Voucharas, 2022[4]; Strobbe, Nie and Rab, 2023[5]).

Durante las tres últimas décadas, los mercados financieros han experimentado un crecimiento considerable en América Latina y el Caribe (ALC) en términos de volumen, número de participantes, instrumentos y productos. Los hogares han incrementado en gran medida su participación en estos mercados por la vía del acceso a cuentas de ahorro y al crédito, aunque una proporción elevada de los hogares informales continúan sin tener una cuenta de crédito. La expansión del sector financiero ha contribuido al crecimiento y el desarrollo de las grandes empresas, incluidas las de mayor tamaño. Sin embargo, las microempresas y las pequeñas y medianas empresas (mipymes) de la región de ALC todavía tienen dificultades para acceder a los mercados financieros, además de que ALC presenta el segundo mayor déficit de financiamiento de todas las regiones en desarrollo del mundo (OECD et al., 2023[6]). En lo que respecta al desarrollo de los mercados de capitales, aunque en una gran mayoría de los países de ALC el acceso a financiamiento de las empresas privadas a través de los mercados locales de renta variable y renta fija es limitado, la región ha incrementado su presencia en los mercados internacionales por medio de emisiones de deuda y el uso de recibos de depósito y continúa trabajando en pro de la integración financiera regional.

El presente capítulo explora la situación actual de los mercados financieros en ALC y la contribución que pueden realizar a la consecución de los objetivos de desarrollo de la región. Analiza el sistema bancario regional atendiendo a su profundidad, acceso y eficiencia, así como las cuestiones del riesgo y la solvencia. Tras este repaso del panorama del desarrollo financiero de la región, el capítulo examina las brechas en materia de inclusión financiera, el impacto de la innovación digital en la supresión de las barreras de acceso y el papel crucial de la educación financiera. Después analiza los mercados de capitales de la región, haciendo hincapié en que su desarrollo puede mejorar la liquidez y la inclusión y facilitar el acceso a los mercados de las empresas de tamaño mediano, especialmente en condiciones de solvencia elevada y riesgos equilibrados. El capítulo resalta la importancia de la regulación, y concluye explorando el papel de ALC en los mercados internacionales de deuda, así como los esfuerzos para trascender las fronteras nacionales en el desarrollo de los mercados financieros por medio de la integración financiera regional.

El funcionamiento del sistema bancario en ALC

Dentro del sistema financiero, los bancos son los principales intermediarios para los hogares y las empresas. En las regiones con mercados de capitales poco desarrollados, como América Latina, el crédito bancario es particularmente importante, puesto que constituye la fuente de financiamiento principal para las empresas (Christiano Silva, Miranda Tabak and Tetzner Laiz, 2021[7]). Mejorar la inclusión financiera de las pequeñas y medianas empresas (pymes) y de los hogares en el sistema bancario y desarrollar mercados financieros más diversificados y eficientes son dos medidas imprescindibles para impulsar el desarrollo inclusivo en ALC (Arellano et al., 2018[8]).

Por lo general, para evaluar el funcionamiento del sistema bancario se consideran tres aspectos: profundidad, acceso y eficiencia (Čihák et al., 2012[9]). La profundidad mide el tamaño de los mercados financieros; el acceso indica en qué medida pueden utilizarlos las personas; y la eficiencia evalúa la efectividad con que el sistema presta servicios. Este enfoque permite capturar las principales características de los sistemas financieros y la evolución de la estructura financiera en la región (De la Torre et al., 2011[10]).

Una revisión del desarrollo financiero en ALC: profundidad, acceso y eficiencia

Profundidad

Pese a las mejoras de la última década, la profundidad financiera en ALC sigue siendo baja. El crédito interno al sector privado se ha duplicado en los últimos 20 años, hasta alcanzar el 50% del producto interno bruto (PIB) en 2022. Pese a este crecimiento, ALC se sitúa por detrás de regiones como la Unión Europea (85%) y Asia Oriental (170%), con una profundidad similar a los niveles observados en Asia Meridional y África Subsahariana (Gráfico 3.1). El crédito interno lo proporcionan fundamentalmente las entidades bancarias. En cambio, los depósitos bancarios como porcentaje del PIB se situaron en el 55.1% en ALC en 2021, frente al 99.3% de los países de la OCDE (Gráfico 3.1). Estas cifras ponen de manifiesto la importancia de eliminar las barreras que impiden la inclusión financiera de individuos y empresas. Aunque la profundidad financiera presenta una correlación positiva con el crecimiento económico y con la estabilidad, los estudios sugieren que hay un umbral más allá del cual sus beneficios disminuyen, sobre todo cuando el crédito al sector privado alcanza el 80-100% del PIB (Almarzoqi, Naceur and Kotak, 2015[11]; Arcand, Berkes and Panizza, 2012[12]; Easterly, Islam and Stiglitz, 2000[13]). Del mismo modo, la rápida expansión del sector financiero fortalece la capacidad de asumir riesgos, pero en ausencia de un marco regulatorio e institucional sólido basado en normas y prácticas internacionales, también amplifica los riesgos sistémicos, lo que intensifica la vulnerabilidad a crisis en los mercados (Rajan, 2006[14]).

Gráfico 3.1. Crédito interno al sector privado como porcentaje del PIB y profundidad financiera en ALC, 2022

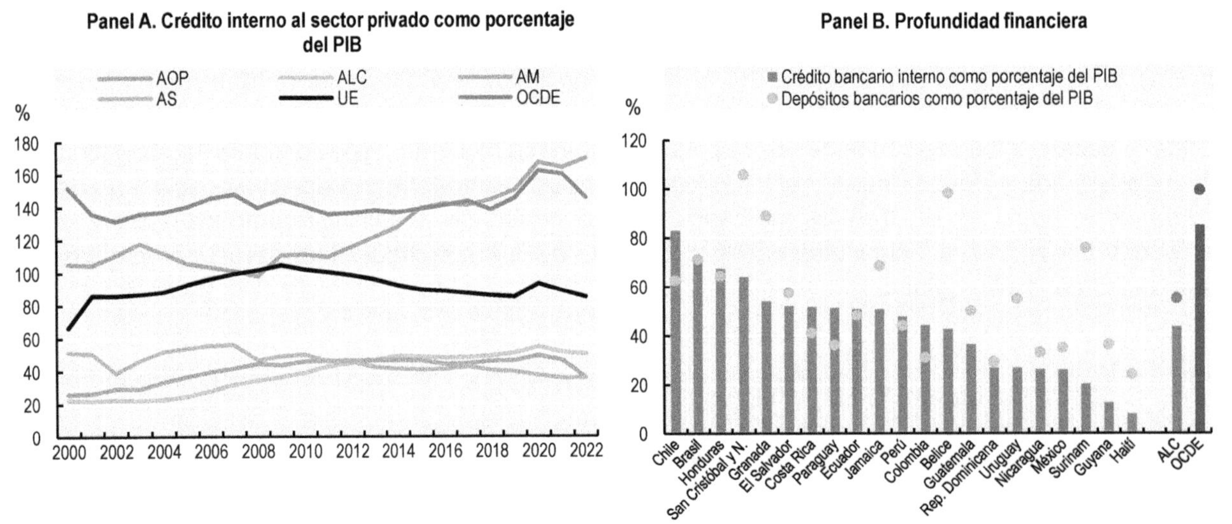

Nota: Las cifras sobre depósitos bancarios como porcentaje del PIB corresponden a 2021 debido a la disponibilidad de datos. AOP = Asia Oriental y el Pacífico; AS = África subsahariana; y AM = Asia Meridional.
Fuente: Elaboración de los autores a partir de (World Bank, 2022[15]).

StatLink https://stat.link/vjy93n

La profundidad financiera muestra heterogeneidad entre los países de la región. Países como Chile y Brasil presentan niveles elevados de profundidad y sus ratios de crédito interno al sector privado sobre el PIB, que son un indicador de la contribución de los sistemas financieros a la economía real, se sitúan en el 83% y el 71%, respectivamente. En cambio, esa ratio es del 12% en Guyana y del 8% en Haití. En lo que respecta a los depósitos bancarios como porcentaje del PIB, un indicador de los niveles de ahorro de los hogares y las empresas, los valores más elevados se observan en San Cristóbal y Nieves (105%) y Belice (98%), mientras que los más bajos son los de República Dominicana (29%) y Haití (24%).

El nivel de ahorro ha sido históricamente bajo en ALC, lo que limita la concesión de crédito y la acumulación de capital. Durante las dos últimas décadas, los niveles de ahorro bruto en ALC han sido moderados: alcanzaron un máximo del 22% del PIB en 2006 y se estabilizaron en 18% en 2022. En comparación, el ahorro bruto como porcentaje del PIB en 2022 fue del 38% en Asia Oriental y el Pacífico, del 25% en la Unión Europea y del 23% en los países de la OCDE (World Bank, 2024[16]). El ahorro es clave para proporcionar recursos para el crédito y facilitar la inversión. Su crecimiento se traduce, por lo general, en un incremento de las oportunidades de inversión (David, Goncalves and Werner, 2020[17]). Las tasas nacionales de ahorro persistentemente bajas son un lastre considerable para la acumulación de capital en ALC (Cavallo and Pedemonte, 2015[18]).

Acceso

La región de ALC ha experimentado una mejora en el acceso a los servicios financieros tanto de los hogares como de las mipymes. Sin embargo, persisten retos como los costos elevados, el analfabetismo financiero, la informalidad y los obstáculos regulatorios. Superar estas barreras es crucial para garantizar un mayor acceso a los servicios financieros y para fomentar el crecimiento económico inclusivo en toda ALC.

Hogares

La titularidad de cuentas se ha duplicado en ALC en una década, pero persisten las disparidades en el acceso a servicios financieros formales y la dependencia de los préstamos informales. El acceso a instrumentos de ahorro o créditos permite a los hogares gestionar sus finanzas, lo que reduce su vulnerabilidad económica al suavizar su consumo a lo largo del tiempo y facilita la acumulación de riqueza. La proporción de personas mayores de 15 años de ALC que declaraban ser titulares de una cuenta en una institución financiera formal aumentó desde un promedio del 29.6% en 2011 hasta el 57.2% en 2021 (World Bank, 2021[19]; 2008[2]). No obstante, en la región persisten disparidades significativas. En 2021, Chile ocupaba la primera posición en acceso a mecanismos de ahorro formales, con el 87% de su población adulta, mientras que Nicaragua se situaba en el último lugar con tan solo un 26%. Esto contrasta con los países de la OCDE, en los que, en promedio, el 93.7% de la población mayor de 15 años declara tener una cuenta en una institución financiera formal (Gráfico 3.2, Panel A). En cuanto al crédito, los latinoamericanos todavía recurren con frecuencia a préstamos informales. En promedio, el 42% de la población contrata préstamos, pero solo el 20.1% lo hace con instituciones financieras formales (Gráfico 3.2, Panel B).

Gráfico 3.2. Acceso a mecanismos formales de ahorro y préstamo en ALC, 2021

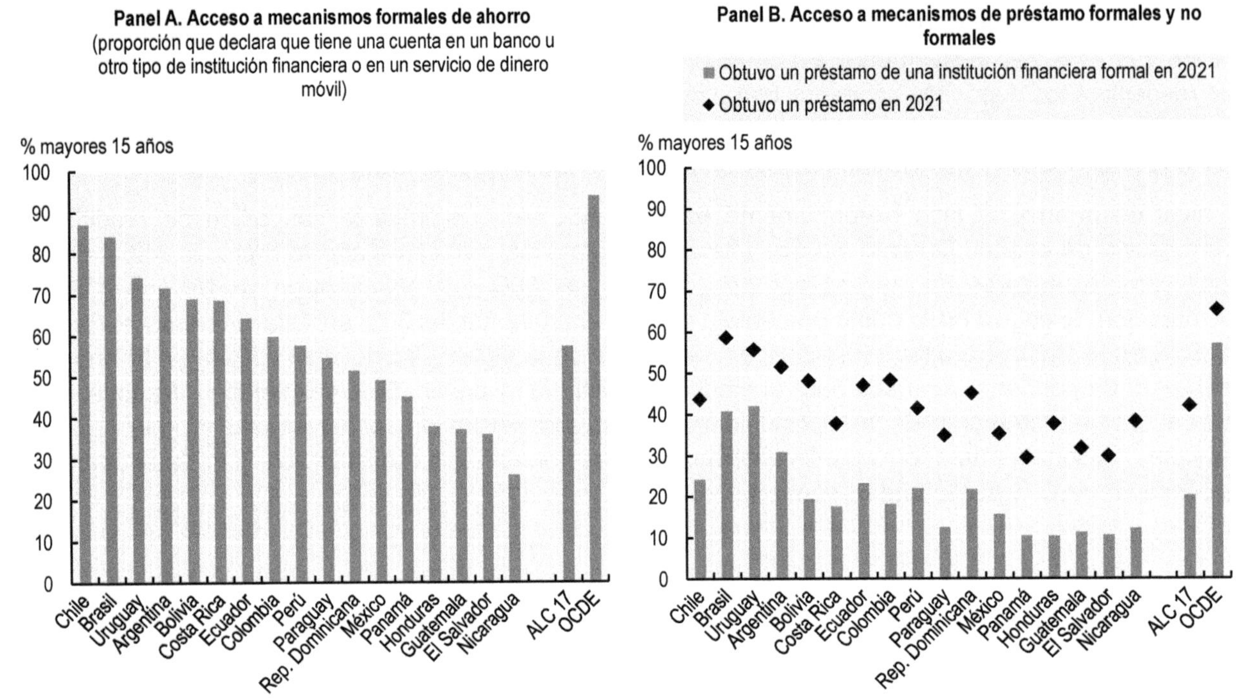

Fuente: Elaboración de los autores a partir de (World Bank, 2021[19]).

StatLink https://stat.link/05snqu

Para lograr avances en el acceso financiero, es necesario abordar varios obstáculos. Entre ellos, los elevados costos de transacción, la falta de acceso a infraestructura bancaria, la escasez de productos de calidad, el alcance limitado de las calificaciones crediticias, los obstáculos regulatorios y la necesidad de competencias financieras y digitales (World Bank, 2021[19]). En 2021, en promedio, el 59% de los adultos de ALC que no eran titulares de una cuenta bancaria afirmaban que el motivo era que no tenían recursos suficientes, mientras que el 55% declaraba que los servicios financieros eran excesivamente caros (Gráfico 3.3).

Gráfico 3.3. Motivos declarados por los adultos de ALC para no tener una cuenta bancaria, 2021

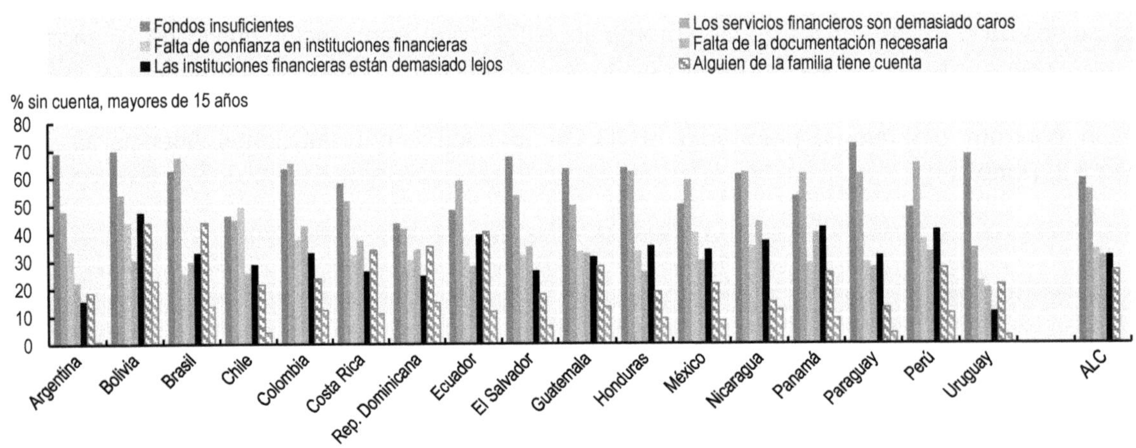

Fuente: Elaboración de los autores a partir de (World Bank, 2021[19]).

StatLink https://stat.link/k3ehj9

Pese a la mejora en el acceso a cuentas financieras en todos los grupos socioeconómicos de ALC, la disparidad de género ha aumentado. Mientras que las brechas de acceso en función de los ingresos, la participación en el mercado, el nivel educativo y la edad se han reducido en todos los casos, la disparidad de género aumentó en 3 puntos porcentuales en el período comprendido entre 2011 y 2021. La probabilidad de tener una cuenta en ALC es 7 puntos porcentuales más baja para las mujeres que para los hombres (World Bank, 2021[19]).

Empresas

La mejora del acceso a financiamiento es clave para las mipymes, que dan trabajo al 60% de la población ocupada en ALC y aportan aproximadamente el 25% de su PIB (Herrera, 2020[20]). Proporcionar a las empresas los recursos financieros necesarios les permite invertir en nuevas tecnologías, contratar trabajadores, incrementar su inventario y ampliar su capacidad operacional y su productividad (OECD/CAF/SELA, 2024[21]). El acceso a otros productos financieros, como los seguros y los instrumentos derivados, ayuda a las empresas a sobrevivir y a protegerse ante acontecimientos imprevistos como los desastres naturales, la volatilidad del mercado o interrupciones de sus operaciones (Morgan and Pontines, 2014[22]; Bruhn and Love, 2013[23]).

Las empresas utilizan el sistema financiero principalmente para realizar depósitos y como medio de pago. El 89% de las pequeñas empresas, el 94.3% de las empresas medianas y el 96.6% de las grandes empresas de la región tienen una cuenta corriente o de ahorro en el sistema financiero formal. Sin embargo, menos del 15% del crédito total de la región está destinado a mipymes, mientras que en los países de la OCDE, esta cifra supera el 25% (World Bank, 2024[24]).

El nivel de utilización del sistema financiero en ALC es proporcional al tamaño de la empresa. Por ejemplo, en promedio, la proporción de empresas pequeñas, medianas y grandes de la región que han recibido un préstamo bancario o tienen una línea de crédito con un banco es del 40.9%, el 56.7% y el 69.0%, respectivamente. En cambio, el valor de las garantías necesarias para obtener un préstamo, expresado como porcentaje del préstamo, se reduce con el tamaño de la empresa (200.9% para las pequeñas empresas, 172.1% para las medianas y 155.1% para las grandes) (Gráfico 3.4).

Gráfico 3.4. Inclusión financiera en ALC por tamaño de la empresa, 2009-20

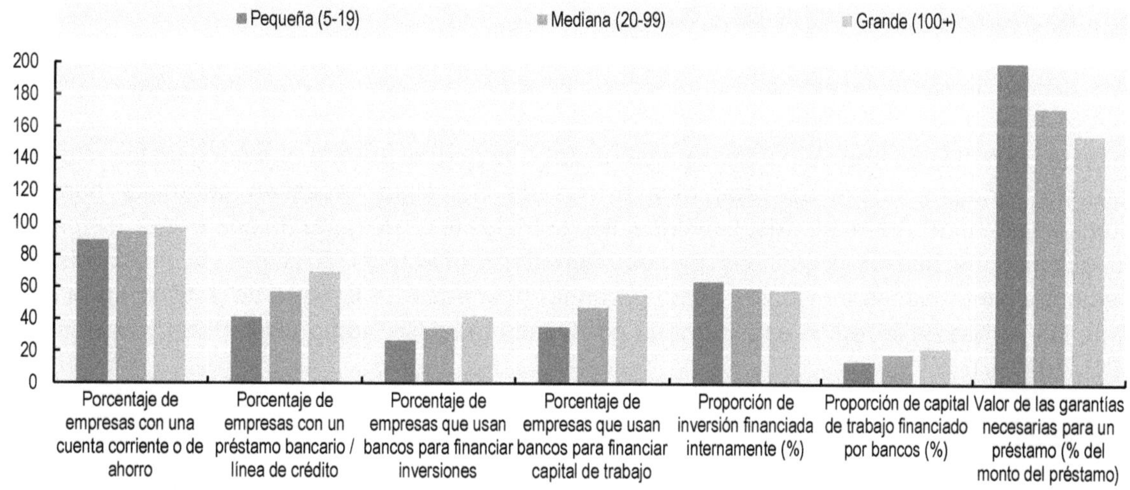

Nota: Las encuestas disponibles, como por ejemplo las del Banco Mundial, utilizan una muestra de entre 1 200 y 1 800 empresas para las grandes economías, 360 para las economías medianas y 150 para las economías de menor tamaño. El tamaño de la empresa se define en función del número de trabajadores.
Fuente: Elaboración de los autores a partir de (World Bank, 2024[24]).

StatLink https://stat.link/cro87h

Las mipymes formales tienen dificultades para acceder al crédito debido al elevado costo del financiamiento. Por lo general, al tener un perfil de riesgo más elevado, pagan tasas de interés más altas que las grandes empresas. Alrededor del 30% de las mipymes de la región afrontan restricciones de financiamiento (IFC, 2017[25]). En 2022, el diferencial de tasas de interés entre los préstamos a pymes y los préstamos a grandes empresas era notablemente elevado en los países de ALC (Gráfico 3.5). Con la excepción de México, donde el diferencial ha descendido desde 2020, en el resto de los países de la región se han observado aumentos. Actualmente, los niveles de los diferenciales en ALC superan los de los países de ingresos altos (0.84%) (OECD, 2024[26]). La informalidad también eleva el costo del financiamiento. Es habitual que los prestatarios no tengan documentación como estados financieros y declaraciones tributarias, lo que limita la información que pueden facilitar a los prestamistas. Esto puede hacer que se les impongan tasas de interés más altas para mitigar los riesgos de selección adversa (Herrera, 2020[20]).

Gráfico 3.5. Diferenciales de tasas de interés entre préstamos a pymes y préstamos a grandes empresas, 2020-22

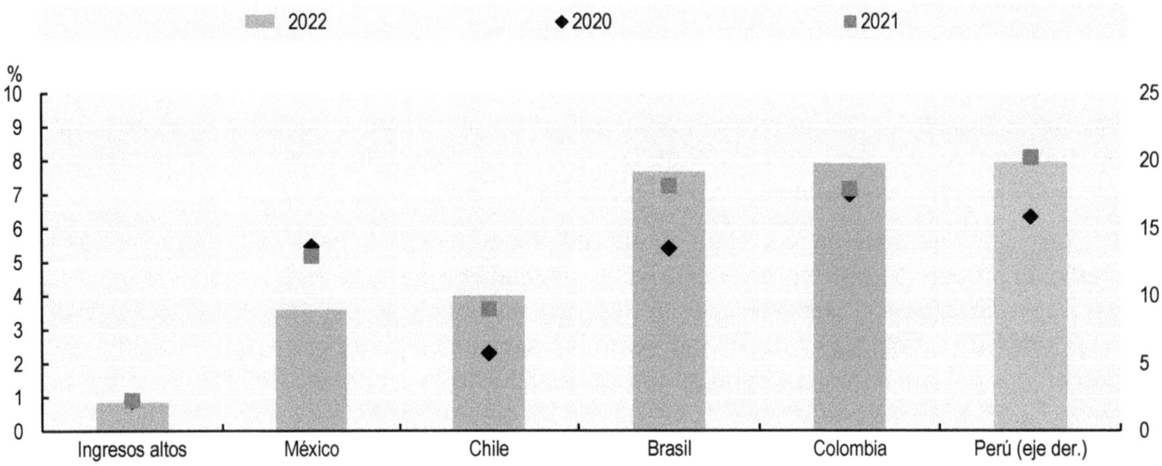

Nota: Los países de ingresos altos incluyen Australia, Bélgica, Canadá, Corea, Chile, Dinamarca, Eslovenia, Estonia, Finlandia, Francia, Grecia, Hungría, Irlanda, Israel, Italia, Letonia, Lituania, Luxemburgo, Países Bajos, Polonia, Portugal, Reino Unido, República Checa, Suecia y Suiza.
Fuente: Elaboración de los autores a partir de (OECD, 2024[26]).

StatLink https://stat.link/d2jk7c

La falta de garantías es uno de los principales obstáculos para el acceso al crédito de las mipymes de la región. Por ejemplo, nueve de cada diez pymes de Colombia necesitan garantías para contratar préstamos bancarios. Además, existe un desajuste entre los tipos de garantía que exigen los prestamistas y los activos que suelen poseer las pymes. Aproximadamente el 80% de los prestamistas exigen fundamentalmente bienes inmuebles como garantía, mientras que la base de activos de alrededor del 75% de las pymes de la región está formada por bienes muebles, como existencias y bienes de equipo (OECD, 2024[26]).

Eficiencia

En 2021, el rendimiento de los activos (ROA) promedio de la región se situó en el 1.6%, por encima del promedio del 0.9% de la OCDE (Gráfico 3.6). El ROA mide el ingreso neto de un banco en relación con sus activos totales, evaluando la capacidad de gestión para generar ganancias a partir de su base de activos. Pese a que el ROA puede utilizarse como un indicador de eficiencia, es posible que una rentabilidad elevada sea indicativa de ineficiencias en el sistema financiero y en el conjunto de la economía

(p. ej. la falta de información fiable sobre los hogares y las empresas). En cuanto al margen de interés neto (NIM) de la región, aunque hay una elevada heterogeneidad entre los países de ALC, el 5%, superaba el promedio de la OCDE, el 1.7%. El margen de interés neto mide la diferencia entre los ingresos por intereses generados con activos como préstamos y valores y los intereses pagados a los depositantes por sus ahorros. Un diferencial de crédito elevado puede limitar el acceso al crédito, al elevar su costo tanto para los particulares como para las empresas, y desincentiva el ahorro. Debido principalmente a sus elevados márgenes de interés netos, los bancos de las economías emergentes pueden ser más rentables que los de los países de ingresos altos, lo que hace que resulten más atractivos para los inversores, pero también restringe el acceso al crédito (Arellano et al., 2018[8]). La rentabilidad bancaria en la región no está impulsada por las altas tasas de interés, que tuvieron un impacto directo limitado en Brasil, Chile, Colombia, México y Perú (IMF, 2023[27]). Estudios anteriores muestran que más bien está relacionada con la escasa diversificación de los ingresos, la elevada concentración, los riesgos macroeconómicos más altos y la debilidad de los sistemas jurídico y regulatorio (Saona, 2016[28]; Bejar et al., 2022[29]).

Los costos bancarios elevados prevalecen en la región. En 2021, la ratio de gastos generales sobre los activos totales de los bancos de ALC era del 3.7%, por encima del promedio del 1.4% de la OCDE. Este indicador evalúa la eficiencia operacional de un banco comparando sus gastos operativos con sus activos totales. Los niveles observados pueden atribuirse a varios factores y son distintos entre países de ALC. Entre dichos factores cabe citar primas asociadas con riesgos macroeconómicos subyacentes más elevados, niveles altos de informalidad, requerimientos regulatorios más estrictos e ineficientes y la ausencia de grandes presiones competitivas en el sector bancario (Maudos and Solís, 2009[30]; Gelos, 2006[31]). Los altos costos generales de los bancos pueden reducir su rentabilidad, y llevarlos a cobrar comisiones más altas o a ofrecer condiciones menos favorables a los hogares y las empresas. También pueden limitar la capacidad de las entidades para invertir en nuevas tecnologías y servicios que podrían beneficiar a los usuarios.

Gráfico 3.6. Rentabilidad del sistema bancario en una selección de países de ALC, 2021

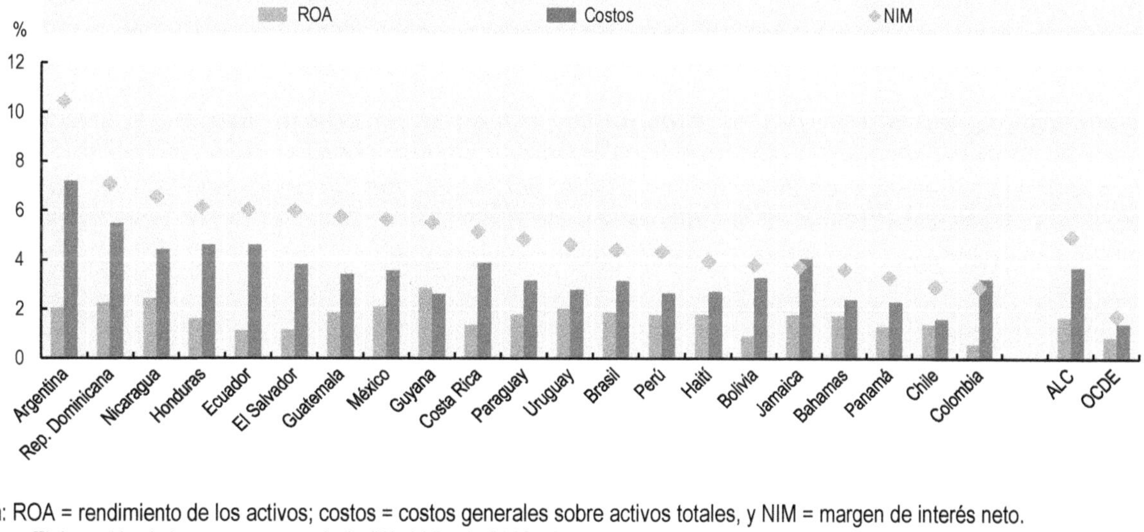

Nota: ROA = rendimiento de los activos; costos = costos generales sobre activos totales, y NIM = margen de interés neto.
Fuente: Elaboración de los autores a partir de (World Bank, 2022[15]).

StatLink https://stat.link/d15eno

Las políticas de competencia en el sector bancario contribuyen a reducir los costos de los servicios financieros y están relacionadas con el auge de las *fintech*. Los mercados con altos niveles de competencia y barreras de entrada bajas no solo pueden reducir el costo de los servicios financieros, sino que además suelen ofrecer más crédito (Carlson, Correia and Luck, 2022[32]). Se asocian con diferenciales crediticios y comisiones de préstamo más bajos, así como con una oferta más amplia de productos financieros (Joaquim, Van Doornik and Haas, 2023[33]). La competencia en el sector bancario también fomenta la transformación digital e incrementa la inversión en investigación y desarrollo (I+D), lo que mejora la eficiencia y el servicio al cliente. En Brasil y México, por ejemplo, la innovación bancaria, menores márgenes de interés netos y comisiones más bajas en el segmento de pagos están relacionados con una menor concentración de los mercados en el contexto de la emergencia de las *fintech* (Bejar et al., 2022[29]). Asimismo, en los países en los que se promueve la transparencia en el sector bancario, este suele caracterizarse por niveles más altos de competitividad y un descenso de los márgenes de intereses (Abuselidze, 2021[34]).

Riesgos y solvencia del sistema bancario

Un marco de regulación financiera sólido y un sistema financiero bien supervisado son clave para minimizar el riesgo de crisis financieras y la fragilidad del sistema financiero, además de promover el desarrollo ordenado del sector y potenciar su contribución a la economía real. Esta regulación es especialmente importante en las economías emergentes y los países en desarrollo para promover el crecimiento sostenible y evitar que se repitan experiencias de crisis bancarias y económicas.

El sistema bancario en ALC mantiene una sólida capitalización, lo que fortalece su estabilidad y ofrece un entorno propicio para garantizar el acceso a financiamiento. En 2022, la ratio de adecuación del capital de los bancos de la región se situaba en el 16.9%, ligeramente por debajo del 19.9% observado en los países de la OCDE y por encima del requerimiento regulatorio mínimo del 8% establecido por el marco de Basilea (BIS, 2020[35]). Las autoridades nacionales de países como Brasil, Colombia, Perú y Argentina exigen a sus entidades bancarias que mantengan niveles de capital superiores al requerimiento mínimo de Basilea (OECD, 2010[36]). Esto indica una capitalización sólida que permite amortiguar los choques financieros. En cuanto al impacto de mayores requerimientos de capital sobre el otorgamiento de préstamos, en Perú se ha asociado con un menor crecimiento del crédito únicamente a corto plazo, con un efecto insignificante después de medio año aproximadamente. Este efecto es más fuerte en los períodos de menor crecimiento económico y en los bancos menos rentables y capitalizados (Fang et al., 2022[37]).

La elevada liquidez existente en ALC en comparación con las economías avanzadas ha favorecido la resiliencia del sistema bancario. La ratio de activos líquidos sobre los depósitos y el financiamiento a corto plazo continuó siendo elevada en 2022, con un 57.2%, por encima del promedio del 50.5% de la OCDE (Gráfico 3.7). Los elevados niveles de liquidez reflejan la capacidad de los bancos de hacer frente a sus obligaciones a corto plazo y a perturbaciones de liquidez inesperadas.

Gráfico 3.7. Indicadores de solidez del sistema bancario en ALC, 2022

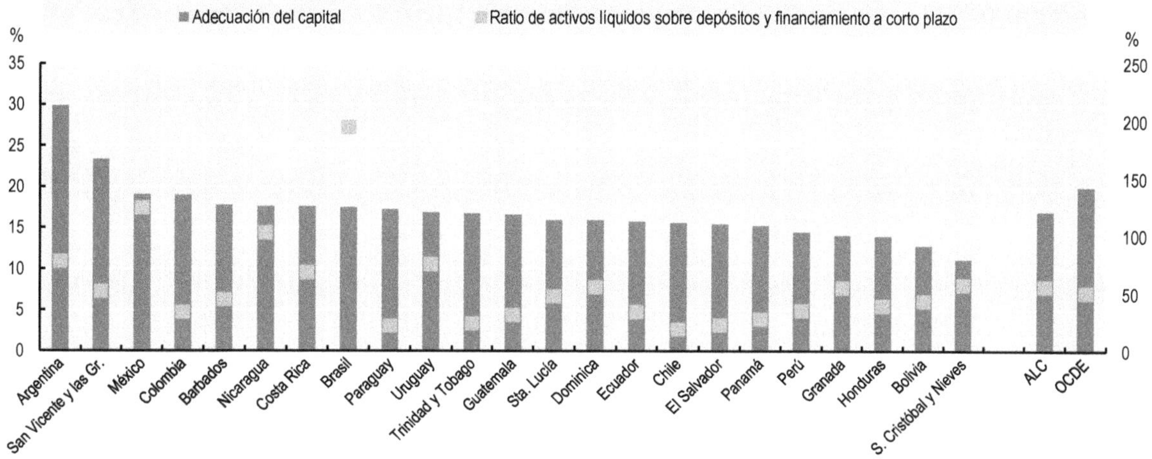

Nota: La adecuación del capital se muestra en el eje izquierdo. La ratio de activos líquidos sobre depósitos y financiamiento a corto plazo se muestra en el eje derecho.
Fuente: Elaboración de los autores a partir de (IMF, 2022[38]).

StatLink https://stat.link/qvzxw6

Adaptar las normas de Basilea III a las circunstancias específicas de los países de ALC es esencial para promover la estabilidad del sistema financiero sin obstaculizar el desarrollo en la región. Aunque la adopción de la regulación de Basilea es opcional para la gran mayoría de las economías emergentes, y pese a que las recomendaciones de Basilea III se calibraron principalmente para las economías avanzadas, varios países en desarrollo están adaptándolas a sus marcos regulatorios internos. Más de la mitad de los países de ALC han incorporado alguna de las normas de Basilea III a su marco de regulación bancaria (Galindo and Izquierdo, 2024[39]). Sin embargo, los países de mercados emergentes y en desarrollo presentan características específicas que deberían tenerse en cuenta, como el acceso restringido a los mercados internacionales de capital, mercados financieros internos poco desarrollados, una elevada volatilidad macroeconómica y problemas de transparencia, eficacia regulatoria y capacidad institucional (Beck and Rojas-Suarez, 2019[40]). Por ejemplo, la aplicación de Basilea III puede afectar negativamente al crédito para proyectos de infraestructura, ya que el endurecimiento de la norma sobre grandes exposiciones restringe el crédito de los bancos pequeños y nacionales, y los requerimientos de capital más estrictos para estos proyectos incrementan los costos de los préstamos. Asimismo, los requerimientos de liquidez obligan a los bancos a alinear el crédito a largo plazo con el financiamiento a largo plazo y a mantener más activos líquidos para el financiamiento de proyectos, lo que resulta complicado debido al acceso limitado a los mercados de capitales en la región (Beck, 2018[41]). Por último, la mayoría de las empresas en ALC, especialmente las pymes, no tienen necesariamente las calificaciones o la información de mercado necesarias para adoptar modelos internos que les permitan cuantificar sus activos ponderados por riesgo y, por consiguiente, el requerimiento de capital podría ser más alto que el calculado utilizando el método estándar.

Calidad crediticia

El sistema bancario de la región continúa gestionando el riesgo de crédito de manera eficaz, lo que demuestra que está preparado para hacer frente a contracciones económicas y que podría incrementar su capacidad de préstamo. En 2022, la ratio de préstamos improductivos (NPL) sobre préstamos totales de la región se situó en el 4.8%, por encima del promedio del 2.2% de la OCDE (Gráfico 3.8). Sin embargo, esta cifra se ve influenciada por los altos niveles en cinco países del Caribe; cuando estos se excluyen, la ratio es del 2.5% y se asemeja a la tendencia de la OCDE. Además, las provisiones para préstamos improductivos en ALC continúan siendo adecuadas, con un 122% frente al 70.6% de la OCDE, aunque los niveles en algunos países del Caribe son especialmente bajos. Dichas provisiones indican el nivel de preparación para posibles impagos de préstamos, ya que representan los recursos que los bancos tienen a su disposición para absorber pérdidas potenciales derivadas de préstamos improductivos.

Gráfico 3.8. Calidad crediticia en ALC, 2022

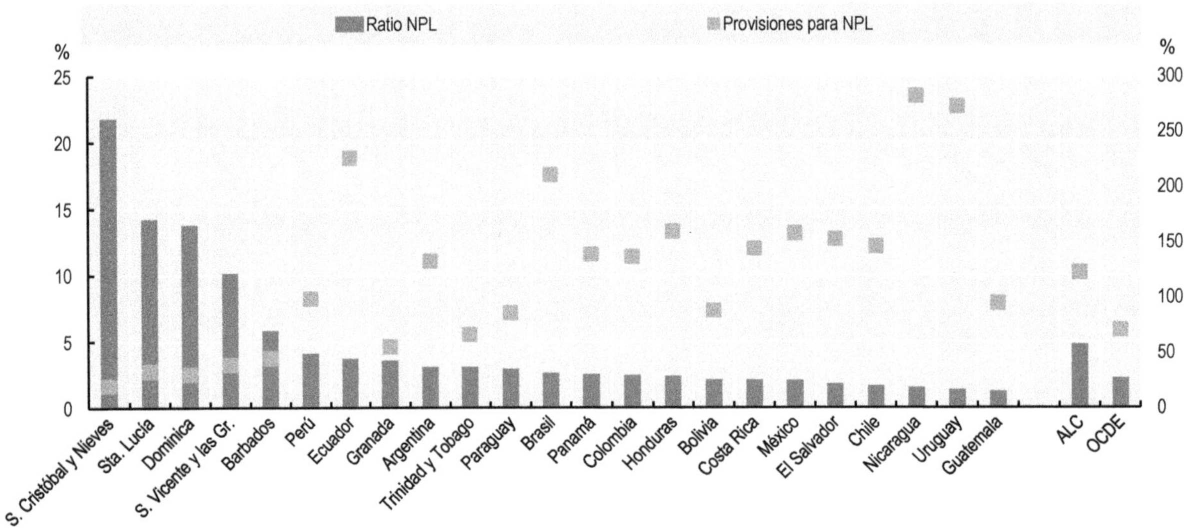

Nota: La ratio de préstamos improductivos se muestra en el eje izquierdo y las provisiones para estos préstamos en el eje derecho.
Fuente: Elaboración de los autores a partir de (IMF, 2022[38]).

StatLink https://stat.link/45gzq8

Desafíos y oportunidades para una mayor inclusión financiera

La inclusión financiera es un concepto multidimensional que engloba al menos tres dimensiones clave: el acceso, el uso y la calidad de los servicios y productos financieros. La dimensión del acceso se refiere a la disponibilidad de servicios y productos financieros para todos, especialmente para las poblaciones subatendidas y de ingresos más bajos. Durante la última década, todos los países de la región de ALC han logrado avances significativos en lo que respecta al acceso financiero. Sin embargo, las persistentes desigualdades verticales y horizontales marginan a algunos sectores, que no pueden acceder a productos financieros clave. La dimensión del uso evalúa cuál es la relación de las personas con estos servicios, y mide factores como la regularidad y la frecuencia de las transacciones. Esta dimensión está experimentando un crecimiento acelerado en ALC gracias a la proliferación de soluciones digitales innovadoras, que han incrementado de manera exponencial los pagos digitales en la región. La dimensión de la calidad de la inclusión financiera abarca la capacidad de los servicios y productos financieros de dar respuesta a las necesidades de los consumidores, así como el conocimiento y el grado de comprensión de los productos financieros por parte de los clientes. Para incrementar esta calidad es necesario promover la competencia financiera, establecer marcos eficaces de protección del consumidor y ofrecer productos financieros responsables adaptados a las necesidades individuales (OECD, 2022[42]). En esta dimensión, los países de ALC todavía afrontan retos significativos en lo que respecta a la educación financiera, que es crucial para que las personas comprendan mejor los productos y servicios financieros y hagan un uso responsable y se beneficien de ellos.

El aumento de la inclusión financiera, si va acompañado de productos y servicios financieros de calidad, puede tener beneficios considerables para los hogares y las empresas de ALC e impulsar así el crecimiento económico y el bienestar de las personas (OECD, 2022[42]). La mejora del acceso a productos y servicios financieros de alta calidad, en el contexto de un marco de protección del consumidor financiero sólido y con niveles suficientes de competencia financiera, puede permitir a los hogares incrementar su ahorro, suavizar el consumo e invertir en vivienda, educación y salud, lo que propiciaría una mejora de las condiciones de vida y una reducción de la pobreza (Banerjee and Duflo, 2011[43]). En el caso de las empresas, especialmente de las pymes, la inclusión financiera facilita el acceso al crédito y posibilita la inversión en tecnología y en crecimiento, lo que impulsa la productividad y la creación de empleo. A nivel social, una mayor inclusión financiera con calidad puede contribuir a reducir la desigualdad de ingresos, promover la eficiencia en la asignación de recursos y a consolidar la estabilidad y la resiliencia económicas (Pal and Bandyopadhyayv, 2022[44]).

Las brechas en el acceso hacen que los servicios financieros estén fuera del alcance de los más vulnerables

Las estrategias de inclusión financiera pueden ser claves para corregir las desigualdades tanto verticales (de ingresos) como horizontales (p. ej., de género, entre las zonas urbanas y las rurales, entre la economía formal e informal) que existen en la región de ALC. El acceso a productos y servicios financieros de alta calidad y su utilización no solo pueden permitir que particulares y empresas gestionen sus finanzas de una forma más eficaz, sino que también pueden servir para catalizar el empoderamiento económico, la movilidad social y el crecimiento de las empresas (Beck, Demirgüç-Kunt and Levine, 2007[45]). Sin embargo, las brechas en el acceso a servicios financieros refuerzan las desigualdades existentes, lo que agrava las disparidades entre los distintos grupos demográficos. Además, la infraestructura bancaria tradicional no llega en muchas ocasiones a las poblaciones marginadas, en particular a las que dependen del trabajo informal o viven en zonas remotas.

Los países de ALC han logrado avances considerables en la ampliación del acceso, pero los promedios ocultan disparidades significativas, que dejan a algunos grupos vulnerables sin acceso a productos y servicios financieros esenciales. Como ya se ha señalado, el acceso a mecanismos formales de ahorro en ALC aumentó hasta el 57.2% en 2021, mientras que el acceso a préstamos de instituciones financieras formales creció hasta el 20.1%. No obstante, el análisis de factores como el nivel de ingresos y el carácter formal o informal del empleo todavía revelan disparidades de acceso considerables. El acceso puede mejorarse identificando esas brechas y eliminando los obstáculos que impiden que las personas utilicen los servicios financieros, así como poniendo en marcha iniciativas para incrementar la competencia financiera.

Ingresos bajos y pobreza

El bajo nivel de ingresos continúa siendo una barrera significativa para el acceso a productos y servicios financieros de alta calidad en ALC. Los productos y servicios financieros son más accesibles y también más diversos para los hogares en el quintil más rico, lo que facilita su inversión en bienes inmuebles, educación y negocios. Esta facilidad de acceso se debe en gran medida a su mayor nivel de ingresos y a que disponen de garantías, lo que, de manera conjunta, reduce los riesgos de préstamo percibidos por las instituciones financieras. En cambio, los hogares en el quintil más pobre a menudo tienen sus opciones financieras sumamente limitadas por su carencia de garantías y sus ingresos más bajos. Esto no solo restringe su movilidad financiera inmediata, sino que también obstaculiza su crecimiento económico a largo plazo, ya que no pueden invertir en oportunidades que mejorarían su situación económica (Beck and de La Torre, 2007[46]). La disparidad en el acceso al crédito ilustra de manera contundente la brecha económica: en los países de ALC, fueron muy pocas las personas del quintil más pobre que tuvieron acceso a un crédito para la adquisición de vivienda, en comparación con los hogares más ricos

(Gráfico 3.9). En los países de la OCDE, el 24.7% de las personas residen en viviendas en propiedad con una hipoteca (OECD, 2024[47]).

La pobreza reduce drásticamente el acceso a productos y servicios financieros en ALC. Esta exclusión se debe principalmente a los estrictos criterios financieros, como por ejemplo los umbrales de ingresos, los historiales de crédito y las exigencias de garantías, con frecuencia imposibles de alcanzar para las personas pobres, muchas de las cuales dependen del trabajo informal (Beck and de La Torre, 2007[46]). Sin acceso al crédito, los pobres tienen una mayor probabilidad de quedar atrapados en el ciclo de la inestabilidad financiera, incapaces de invertir en activos que podrían ofrecerles ventajas a largo plazo, seguridad financiera y movilidad económica (Banerjee and Duflo, 2011[43]).

Gráfico 3.9. Acceso a préstamos para la adquisición de vivienda en una selección de países de ALC, quintiles más pobre y más rico

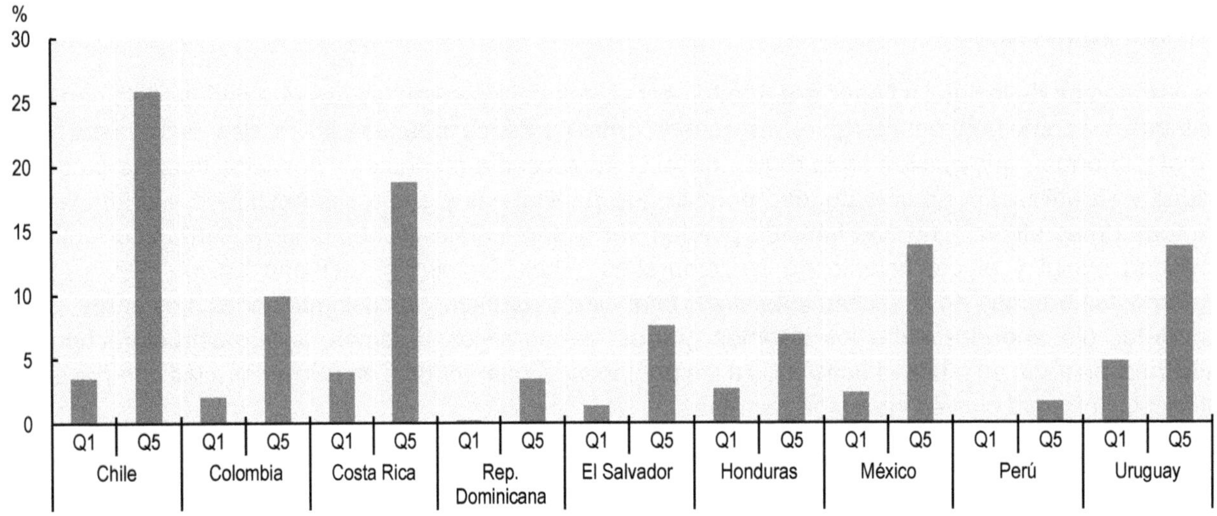

Nota: El gráfico se basa en datos de encuestas a hogares realizadas en los países seleccionados. Las encuestas incluían una pregunta sobre la situación actual del encuestado en materia de vivienda, y sus respuestas se clasificaban en tres categorías: propietario de vivienda, propietario de vivienda con hipoteca, o inquilino. El gráfico representa el porcentaje de personas que indicaron ser propietarios de una vivienda y que actualmente tienen hipoteca, ya sea financiada a través de una entidad financiera pública o privada. Los datos de Chile son de 2017, los de Colombia de 2021, los de Costa Rica de 2021, los de República Dominicana de 2018, los de El Salvador de 2021, los de México de 2020 y los de Uruguay de 2018.
Fuente: Cálculos de los autores a partir de (OECD, 2021[48]) y encuestas nacionales a hogares.

StatLink https://stat.link/ewbh95

La ampliación de la brecha en el acceso a los servicios financieros entre los ricos y los pobres destaca la necesidad de políticas de inclusión financiera dirigidas a grupos específicos. Los datos empíricos han mostrado que el desarrollo financiero beneficia a los pobres al acelerar el crecimiento de sus ingresos más que el PIB per cápita promedio, lo que reduce la desigualdad de ingresos (Beck, Demirgüç-Kunt and Levine, 2007[45]). El uso de calificaciones de crédito alternativas y las finanzas abiertas (*open finance*) ofrecen oportunidades significativas para la inclusión financiera. Al utilizar datos alternativos, las empresas *fintech* pueden ampliar el acceso al crédito a las poblaciones marginadas. La regulación de las finanzas abiertas en países como Brasil, México, Chile y Colombia está fomentando un aumento de la competencia y la innovación en los servicios financieros, lo que en última instancia refuerza la inclusión financiera y la participación económica. Esta regulación establece la obligatoriedad del intercambio de datos entre instituciones financieras, lo que puede dar lugar a productos financieros más personalizados y accesibles para los consumidores. Por ejemplo, información positiva de pagos puede complementar los datos utilizados tradicionalmente en las calificaciones de crédito, mejorando la predicción del comportamiento crediticio de la población y las pymes habitualmente excluidas (Herrera et al., 2023[49]).

Empleo informal

Los trabajadores informales también se topan con barreras de acceso a los productos financieros. Esto se debe principalmente a que carecen de historiales de empleo formal, que son cruciales para que las instituciones financieras evalúen su solvencia, así como a que no tienen muchos activos que puedan usarse como garantía (Beck and de La Torre, 2007[46]). Además, los ingresos más bajos e irregulares que con frecuencia están asociados con el trabajo informal agravan estas dificultades, creando efectos combinados que limitan aún más el acceso a productos financieros. Los hogares con personas en situación de empleo formal suelen poseer una variedad mayor de activos que pueden usarse como garantía y esto les permite acceder a más productos financieros. Esto facilita la inversión en capital físico, como bienes inmuebles, y en capital humano mediante la mejora de su nivel educativo (Banerjee and Duflo, 2011[43]).

Mientras en algunos países, como Chile, Costa Rica y Uruguay, una proporción relativamente notable de la población vive en hogares que han recibido préstamos para la adquisición de vivienda, el porcentaje es considerablemente más bajo en países como El Salvador y la República Dominicana. Asimismo, los hogares formales representan la mayor proporción de hogares con préstamos para la adquisición de vivienda en una selección de países de ALC, en comparación con los hogares informales y con los mixtos (aquellos en los que viven trabajadores tanto formales como informales). En cambio, dependiendo del grado de informalidad entre países de ALC, no se observa un patrón común respecto a qué tipo de hogar (formal, mixto o informal) es más propenso a no tener un préstamo para la adquisición de vivienda (Gráfico 3.10, Panel A).

Existen importantes diferencias en el acceso al crédito entre los hogares formales y los informales. Por ejemplo, en México, cerca del 15% de los hogares formales tenían acceso a préstamos hipotecarios en 2020, frente a tan solo un 2.3% de los hogares informales. En Costa Rica la tendencia era similar, con más del 12% de los hogares formales con acceso a préstamos para la adquisición de vivienda en 2021, frente a solo el 4.2% de los hogares informales (Gráfico 3.10, Panel B).

Gráfico 3.10. Acceso a préstamos para la adquisición de vivienda según el grado de informalidad de los hogares en países seleccionados de ALC

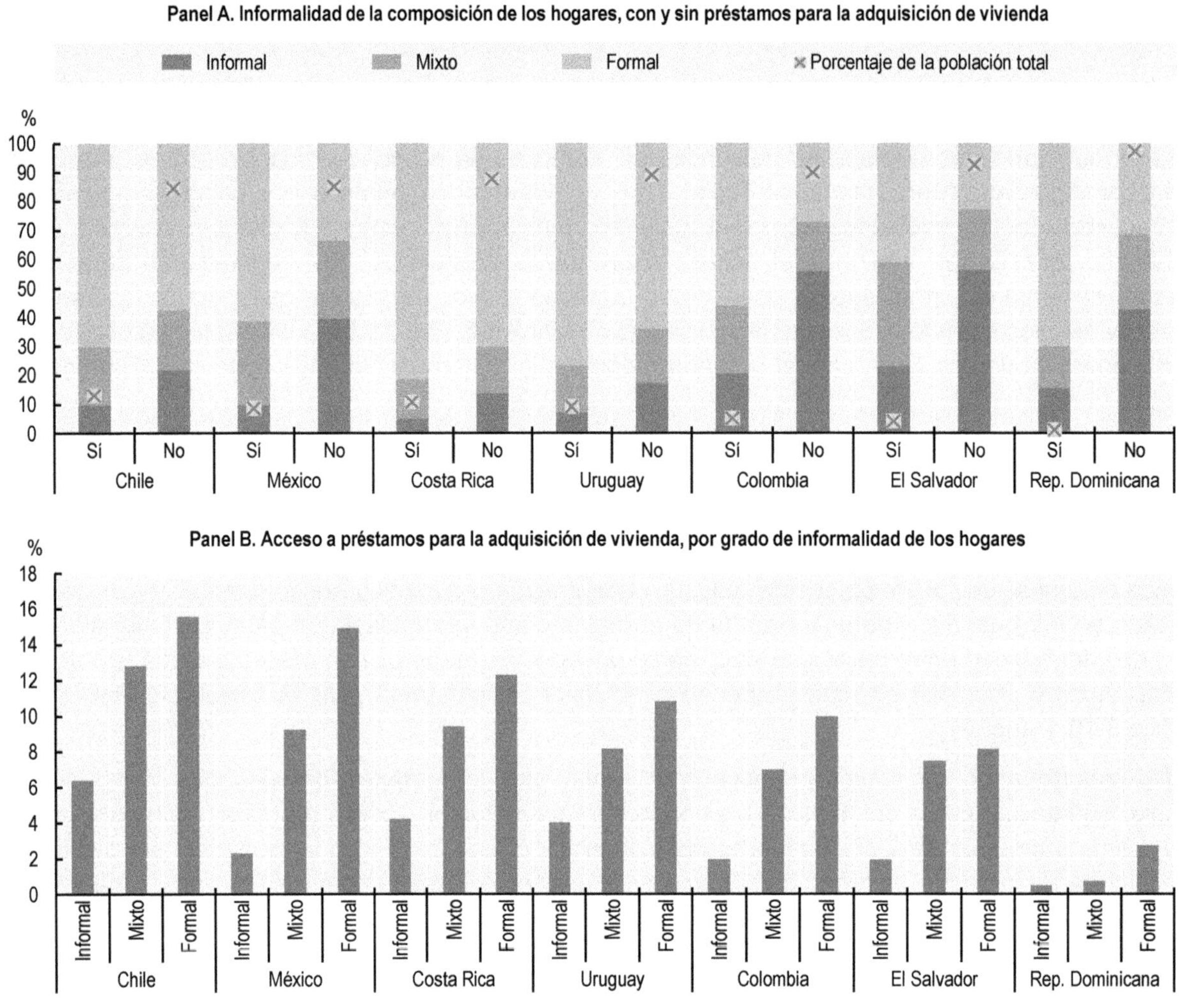

Nota: El gráfico se basa en datos de encuestas a hogares de los países seleccionados. Las encuestas incluían una pregunta sobre la situación actual del encuestado en materia de vivienda, y sus respuestas se clasificaban en tres categorías: propietario de vivienda, propietario de vivienda con hipoteca o inquilino. Los hogares se clasificaban en tres tipos en función de su grado de informalidad: hogares formales (donde todos los trabajadores tienen empleos formales), hogares informales (donde todos los trabajadores tienen empleos informales) y hogares mixtos (con trabajadores tanto formales como informales). Las barras del gráfico representan el porcentaje de personas de cada tipo de hogar que declararon que poseían una vivienda en propiedad con una hipoteca activa, con independencia de que estuviera financiada por una entidad pública o privada. Los años de las encuestas son los siguientes: Chile (2017), Colombia (2021), Costa Rica (2021), República Dominicana (2018), El Salvador (2021), México (2020) y Uruguay (2018).

Fuente: Cálculos de los autores a partir de (OECD, 2021[48]) y encuestas nacionales a hogares.

StatLink https://stat.link/m2w1ce

Mayores niveles de inclusión financiera se asocian con un menor grado de informalidad, después de controlar por el PIB per cápita (Gráfico 3.11). El empleo formal promueve la inclusión financiera al integrar a los individuos en el sistema financiero, ya que generalmente requiere que los empleados posean cuentas bancarias para el depósito de sus salarios. Con la documentación adecuada y un historial bancario, estas personas tienen más probabilidades de acceder a crédito y otros productos financieros (Aurazo and Gasmi, 2024[50]). Además, un mayor acceso a los servicios financieros permite a las empresas obtener capital, estabilizar su flujo de caja y mejorar su productividad y rentabilidad. Estos beneficios pueden incentivar a las empresas informales a formalizarse, generando más oportunidades de empleo formal (Lahura and Vargas, 2021[51]).

Gráfico 3.11. Informalidad e inclusión financiera, 2021: correlaciones parciales

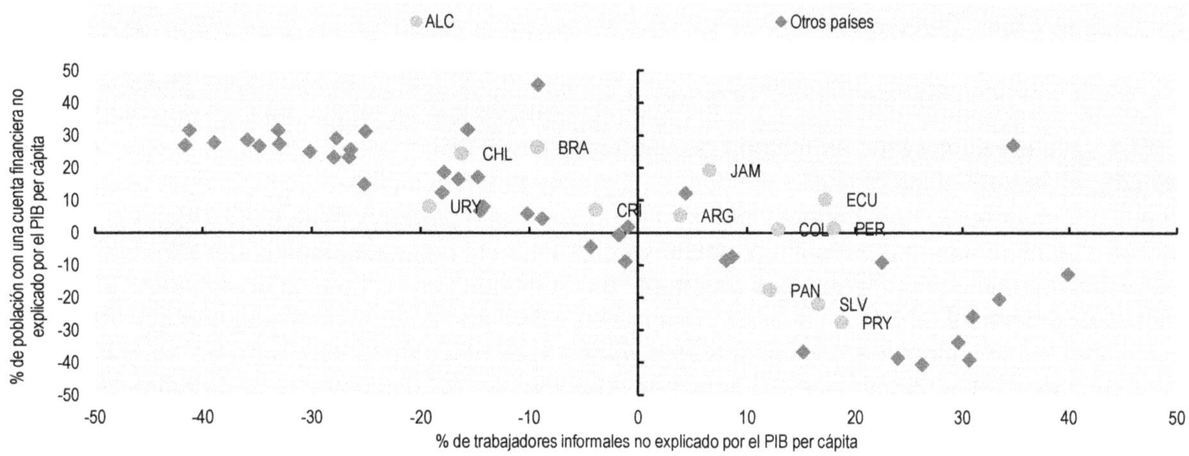

Nota: La inclusión financiera se mide por el porcentaje de la población que tiene una cuenta en una institución financiera. La informalidad se mide por el porcentaje de trabajadores informales en cada país. El PIB per cápita (en USD a precios constantes de 2015) se utilizó como variable de control.
Fuente: Cálculo de los autores a partir de (ILOSTAT, 2024[52]) y (World Bank, 2021[19]).

StatLink https://stat.link/bmkxi6

Género

Los avances recientes en el acceso de las mujeres a productos y servicios financieros han contribuido significativamente a reducir la brecha de género en el acceso financiero en ALC. El acceso a productos financieros posibilita que las mujeres inviertan en educación, vivienda, salud y actividades empresariales, lo que mejora su situación económica. Entre 2011 y 2021, el porcentaje de mujeres con una cuenta bancaria se incrementó del 34.9% al 69.3%, frente al 77% de los hombres. El porcentaje de mujeres que obtuvieron un préstamo de una institución financiera formal aumentó del 7.4% al 24.3% durante el mismo período (World Bank, 2021[19]), lo que ilustra los positivos avances logrados en materia de igualdad de género en el acceso financiero.

Sin embargo, pese a estas mejoras, las mujeres de ALC continúan enfrentándose con obstáculos sistémicos que les impiden beneficiarse plenamente de la inclusión financiera (Demirgüç-Kunt, Klapper and Sin, 2013[53]). Normas culturales, expectativas sexistas y los marcos jurídicos en muchos países de ALC continúan limitando su autonomía y su capacidad de decisión sobre los recursos financieros (Banca de las Oportunidades and CAF, 2024[54]; CMF, 2022[55]). Por ejemplo, el acceso al crédito de las mujeres aún es notablemente inferior al de los hombres: solo el 25% de ellas reciben préstamos de instituciones financieras, 11 puntos porcentuales menos que en el caso de los hombres. Además, menos del 5% de aquellas que obtienen préstamos los utilizan con fines empresariales, lo que pone de manifiesto una brecha en las oportunidades empresariales de las mujeres (World Bank, 2021[19]). Este desequilibrio se refleja también en la propiedad de las empresas, ya que solo el 18.7% de las empresas de ALC son propiedad mayoritaria de mujeres (World Bank, 2024[24]). Asimismo, en los países en desarrollo, las mujeres se concentran en gran medida en las pequeñas empresas y, por consiguiente, tienen más riesgo de experimentar mayores restricciones financieras (Maquera Sardon, 2022[56]).

Alcanzar la igualdad de género en la región no solo es un imperativo social, sino que también conlleva unos costos económicos sustanciales. Estimaciones recientes sugieren que, para alcanzar la igualdad entre hombres y mujeres, medida por ocho indicadores de los Objetivos de Desarrollo Sostenible (ODS) desagregados por sexo, hará falta una inversión anual de 1.6 billones de USD entre 2023 y 2030 para las 19 economías de ALC analizadas (véase el Capítulo 1 (UNCTAD, 2024[57])). Esto equivale al 28.4% de su

PIB conjunto, que sería necesario para cerrar la brecha de género en ámbitos fundamentales como la erradicación de la pobreza, la lucha contra el hambre y la participación en pie de igualdad de las mujeres en la toma de decisiones y en la economía. Esto evidencia la magnitud de la inversión necesaria para promover la igualdad de género, en particular mediante la inclusión financiera, como motor clave del desarrollo en términos más generales (Andrade et al., 2023[58]).

Las diferencias entre los sexos en materia de conocimiento y resiliencia financieros complican aún más el acceso de las mujeres a los productos y servicios financieros. En ALC, las mujeres todavía suelen obtener puntuaciones más bajas que los hombres en conocimientos financieros (Gráfico 3.14). Esta brecha de conocimientos tiene repercusiones importantes, ya que afecta la capacidad de las mujeres para gestionar sus finanzas, ahorrar para emergencias o acceder a crédito con fines empresariales (OECD, 2023[59]). La resiliencia financiera es otro aspecto crucial: las mujeres declaran con mayor frecuencia que los hombres que sus ingresos no cubren sus gastos básicos y que no tienen recursos suficientes para aguantar reveses financieros. Las mujeres afrontan obstáculos adicionales a la hora de alcanzar la resiliencia financiera debido a su menor participación en el mercado de trabajo, a las brechas salariales de género y a las interrupciones de su carrera profesional como consecuencia de responsabilidades familiares (OECD, 2023[59]).

La desigualdad interseccional también agrava la exclusión financiera de las mujeres. Las mujeres de zonas rurales, las pertenecientes a las comunidades indígenas y afrodescendientes y las trabajadoras informales afrontan obstáculos agravados, como un acceso limitado a servicios financieros digitales y requisitos más estrictos para la concesión de crédito (UN Women, 2022[60]). Esta brecha podría corregirse mediante programas de mejora de la competencia financiera dirigidos específicamente a estos grupos, junto con soluciones financieras innovadoras como los microcréditos y las calificaciones crediticias alternativas. Por ejemplo, utilizar fuentes de datos no convencionales para la puntuación crediticia —como los pagos de suministros básicos o el uso del teléfono móvil— puede ampliar el acceso al crédito para las mujeres con empleos informales, un segmento en el que están representadas de manera desproporcionada (Herrera et al., 2023[49]).

También es esencial abordar los sesgos, tanto en el lado de la oferta como en el de la demanda. Distintos estudios muestran que las mujeres con frecuencia carecen de la autoconfianza necesaria para utilizar productos financieros o presentar sus características de crédito de manera clara, lo que da lugar a tasas de aprobación de préstamos más bajas (Banca de las Oportunidades and CAF, 2024[54]). Las instituciones financieras deberían plantearse aplicar otras prácticas de concesión de préstamos más sensibles al género, como ofrecer productos financieros adaptados a las mujeres o reducir los requisitos de garantías, que afectan de manera desproporcionada a las mujeres, que en muchos casos no tienen derechos de propiedad o historiales de empleo formal.

La innovación digital está cambiando el panorama financiero en ALC

La innovación digital se ha convertido en un poderoso motor de la inclusión financiera. Aprovechando las nuevas tecnologías digitales, los servicios financieros en ALC pueden llegar a ser mucho más inclusivos (Sahay et al., 2020[61]). Las plataformas *fintech* emergentes ofrecen servicios financieros innovadores, accesibles y asequibles, que superan las barreras de acceso y las limitaciones de los sistemas bancarios tradicionales y llegan a segmentos de la sociedad que antes estaban subatendidos (Bakker et al., 2023[62]). Las *fintech* engloban una amplia variedad de tecnologías innovadoras y soluciones digitales, incluidos los servicios bancarios, los préstamos, la inversión y los pagos en internet y móviles. Esta rápida transformación puede observarse en la proliferación de sistemas digitales de pago, la emergencia de bancos digitales o neobancos y el crecimiento de las finanzas y los seguros alternativos[1] (Sahay et al., 2020[61]; Mastercard and AMI, 2023[63]). Los pagos digitales también comprenden los pagos realizados en comercios físicos o en línea, el envío y la recepción de remesas, el pago de facturas de suministros básicos, así como la recepción de salarios y transferencias o pensiones públicas (Demirgüç-Kunt et al., 2022[64]). La integración de estos avances tecnológicos no solo está agilizando y asegurando las transacciones financieras, sino que también fomenta la competencia, reduce los costos y promueve una cultura de competencia financiera e innovación.

La innovación digital ya está impulsando la inclusión financiera en ALC, pero sigue habiendo brechas. Entre 2014 y 2021, el porcentaje de personas mayores de 15 años de ALC que habían realizado o recibido un pago digital aumentó desde el 35.9% hasta el 49.0%, en promedio (Gráfico 3.12, Panel A). En algunos países, como Brasil y Chile, alrededor del 80% de esta población ha realizado o recibido un pago digital, lo que se acerca a los niveles de los países de la OCDE (95.6%). Del mismo modo, el crecimiento de las cuentas de dinero móvil se ha disparado en ALC; por ejemplo, en Argentina pasó del 0.8% en 2014 al 27.0% en 2021. Al prestar servicios financieros a través de dispositivos móviles, estas plataformas son una puerta de acceso crucial al sistema financiero para personas que han sido excluidas de la banca tradicional. Esta inclusividad no solo amplía el mercado, sino que desempeña una función clave en la promoción de la competencia y la estabilidad financieras entre la población. Pese a este crecimiento, en la mayoría de los países persisten brechas significativas. Por ejemplo, en 2021, el 20.2% de los hombres mayores de 15 años de Perú declararon que tenían una cuenta de dinero móvil, frente a tan solo el 8.9% de las mujeres (Gráfico 3.12, Panel B).

Gráfico 3.12. Crecimiento de los pagos digitales y la neobanca en ALC

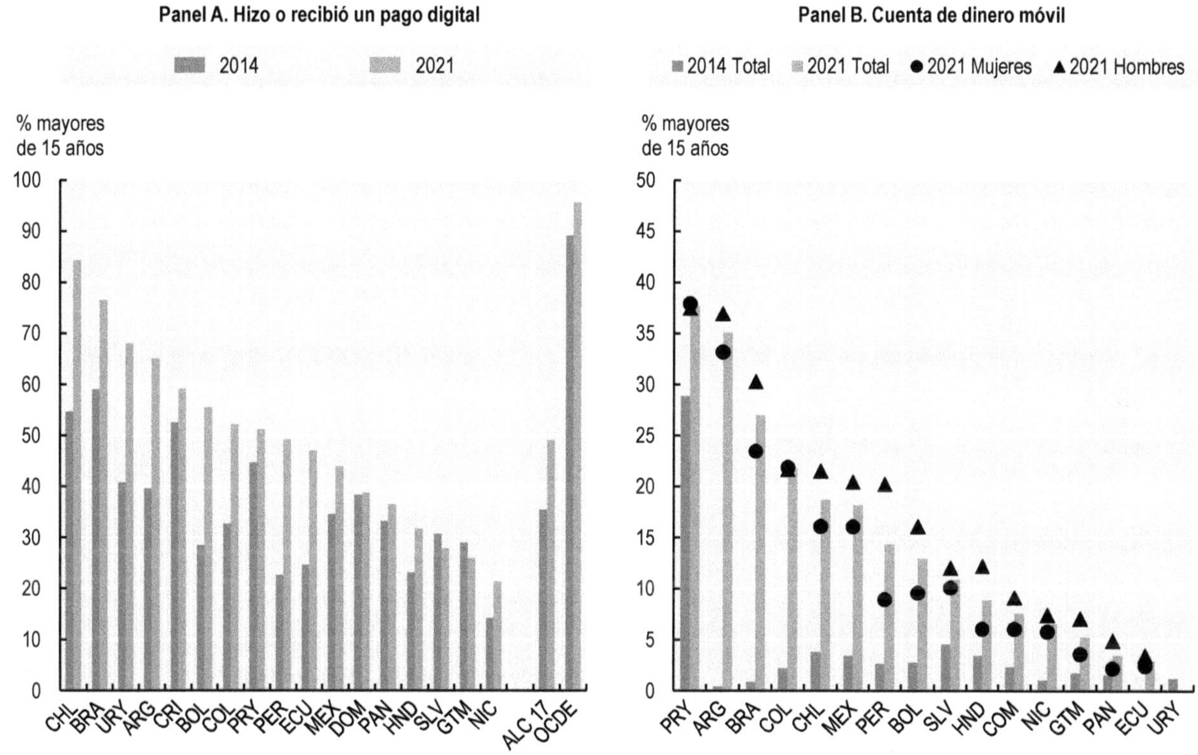

Nota: Panel A: Porcentaje de encuestados que en 2021 declararon que habían utilizado dinero móvil, una tarjeta de débito o de crédito o un teléfono móvil para realizar un pago desde una cuenta, o que afirmaron que habían usado internet para pagar facturas o realizar compras en línea o en un comercio en el año anterior. Incluye los encuestados que declararon que, en el transcurso del año anterior, habían pagado facturas, enviado o recibido remesas, recibido pagos por productos agropecuarios, recibido transferencias públicas, cobrado salarios o recibido una pensión pública directamente desde o en una cuenta en una institución financiera o a través de una cuenta de dinero móvil. Panel B: Porcentaje de encuestados que, en 2021, declararon que habían usado personalmente un servicio de dinero móvil el año anterior.
Fuente: Elaboración de los autores a partir de (World Bank, 2021[19]).

StatLink https://stat.link/6jgts4

Las *fintech* han simplificado el acceso a los servicios financieros y su uso en toda la región. Los mercados verticales *fintech* de mayor crecimiento en ALC son los pagos digitales, la banca digital, y los servicios financieros alternativos ofrecidos por empresas *fintech*, *insurtech* (innovaciones tecnológicas que están transformando el sector financiero) y *big tech*, entre otros. Aunque se encuentran en una fase inicial, los sectores de las finanzas alternativas y los seguros basados en la tecnología (*insurtech*) se están expandiendo a gran velocidad. La transformación *fintech* en ALC se caracteriza por el rápido crecimiento de los sistemas de pagos digitales, que en 2023 ya tenían 262.8 millones de usuarios, y de la banca digital, con más de 58.7 millones de usuarios en 2023, fundamentalmente en Brasil y México. Otros segmentos, como las inversiones digitales y los activos digitales, también con Brasil a la cabeza, alcanzaron los 43.2 millones y 62.5 millones de usuarios respectivamente en 2023 (Gráfico 3.13, Panel A). Los pagos digitales en ALC crecieron desde 89 000 millones de USD en 2017 hasta 215 000 millones de USD en 2021 (Bakker et al., 2023[62]). El volumen de transacciones de bancos digitales con presencia exclusivamente en internet en ALC-6 (Argentina, Brasil, Chile, Colombia, Costa Rica y México) se incrementó desde 17 000 millones de USD en 2017 hasta 123 000 millones de USD en 2021 (Statista, 2024[65]).

Las innovaciones *fintech* han hecho que las transacciones financieras sean instantáneas y han facilitado el acceso en línea a servicios bancarios tradicionales, lo que mejora la competencia y reduce los diferenciales de crédito. Además, el sector *fintech* ha desempeñado un papel fundamental en la inclusión financiera, acercando los servicios bancarios a la población que anteriormente no estaba bancarizada o estaba sub-bancarizada y contribuyendo al crecimiento de las pymes mediante las finanzas alternativas. Este crecimiento inclusivo ha contribuido a reducir la desigualdad de ingresos (Bakker et al., 2023[62]). De hecho, aproximadamente tres cuartos de los clientes de bancos digitales en ALC eran clientes particulares y pymes anteriormente no bancarizados o sub-bancarizados (Gráfico 3.13, Panel B). Al llevar los servicios financieros a las poblaciones que antes no tenían acceso o tenían un acceso reducido a los servicios bancarios, así como a las pymes subatendidas, las innovaciones *fintech* están acabando con obstáculos que limitaban desde hace mucho tiempo el acceso financiero y promoviendo la participación económica.

Gráfico 3.13. Usuarios de *fintech* y mercados atendidos por bancos digitales en ALC

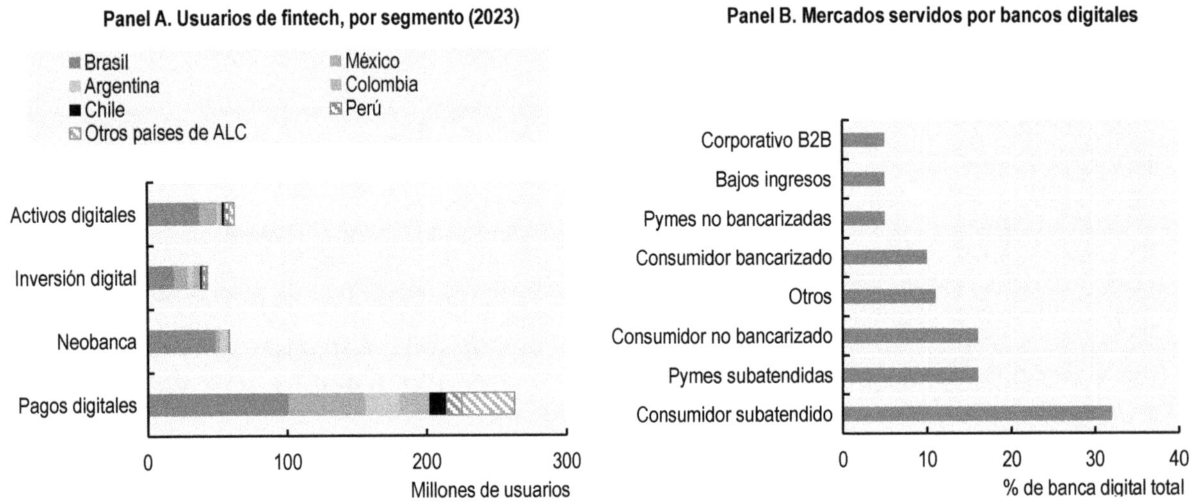

Nota: Panel A: Otros países de ALC incluyen Bolivia, Costa Rica, Cuba, Ecuador, El Salvador, Guatemala, Honduras, Nicaragua, Panamá, Paraguay, República Dominicana, Uruguay y Venezuela. Panel B: "No bancarizados" se refiere a las personas o empresas que no tienen acceso a servicios bancarios tradicionales, como una cuenta corriente o de ahorro en una institución financiera formal. "Sub-bancarizados" describe a las personas o empresas que cuentan con una cuenta bancaria, pero que todavía utilizan servicios financieros alternativos, como los préstamos que funcionan como anticipos del salario (*payday loans*) o servicios de cobro de cheques, debido a su acceso limitado a productos convencionales de crédito o bancarios.
Fuente: Elaboración de autores a partir de (Statista, 2024[65]).

StatLink https://stat.link/amui5t

La puntuación crediticia que utiliza datos alternativos en sus algoritmos (p. ej., información positiva de pagos) parece una vía prometedora para complementar los datos tradicionales utilizados en las calificaciones crediticias y mejorar así la predicción del comportamiento de crédito de poblaciones y pymes habitualmente excluidas (Herrera et al., 2023[49]).

La adopción por parte de las empresas de sistemas de pagos digitales, de la banca en internet y de soluciones de dinero móvil puede agilizar las operaciones comerciales, reducir los costos de las transacciones y ahorrar tiempo, además de incrementar la inclusión financiera. Estos avances tecnológicos no solo mejoran la eficiencia operacional de las empresas, sino que también abren nuevas vías para llegar a clientes y mercados. Las *fintech* son especialmente resilientes en épocas de tensión. Durante la pandemia del COVID-19, por ejemplo, las *fintech* respaldaron la continuidad de la actividad económica, atrajeron más inversión ysiguieron impulsando la expansión del sector, resaltandosu papel vital tanto para la estabilidad como para el crecimiento económico. En Brasil, casi el 50% de las mipymes con hasta 9 trabajadores incrementaron su utilización de productos financieros digitales durante la pandemia del COVID-19. Esta cifra superó el 60% en el caso de las mipymes con entre 10 y 49 empleados. En cambio, en México el incremento fue más moderado: alrededor del 30% de las mipymes de hasta 9 empleados y aproximadamente el 45% de las mipymes de entre 10 y 49 trabajadores aumentaron su utilización de productos financieros digitales (OECD, 2021[66]). En 2023, el 92% de las pequeñas empresas de ALC aceptaban pagos digitales y el 82% aceptaban transferencias bancarias, mientras que menos del 33% aceptaban otros métodos de pago digitales (Mastercard and AMI, 2023[63]).

Sin embargo, la rápida expansión de los servicios financieros digitales, acelerada por la pandemia del COVID-19, resalta la importancia de proporcionar a las personas los conocimientos y las competencias necesarios para utilizar estos servicios de manera segura. Niveles actuales de competencia financiera digital pueden ser insuficientes para afrontar las oportunidades y los riesgos asociados con estos servicios (OECD, 2023[67]). Mejorar la competencia financiera digital es esencial para garantizar que los productos financieros digitales se utilicen de forma segura.

Reforzar la educación financiera y los marcos regulatorios puede mejorar el bienestar

La calidad de los productos y servicios financieros es crucial para garantizar que las mejoras en su acceso y uso en ALC contribuyan a incrementar el bienestar de los ciudadanos. Servicios financieros de alta calidad deben diseñarse y prestarse de forma responsable, incorporando marcos de protección del consumidor estrictos y promoviendo las competencias financieras (OECD, 2022[42]; OECD, 2023[67]). La OCDE define la competencia financiera como una combinación de “conciencia, conocimientos, habilidades, actitudes y comportamientos financieros necesarios para tomar decisiones financieras acertadas y, en última instancia, para lograr el bienestar financiero” (OECD, 2020[68]). Capacita a los consumidores para tomar decisiones informadas, ayudándolos a elegir los productos adecuados y a evitar trampas como el sobreendeudamiento. Los marcos regulatorios son una protección contra prácticas abusivas y garantizan la transparencia, lo que mejora la confianza en el sistema financiero. Sin estos elementos, una mayor inclusión financiera puede tener consecuencias no deseadas, como fomentar conductas financieras no adecuadas y agravar las tensiones financieras, lo que en última instancia reduce el bienestar de las personas.

Pese a que se reconocen como competencias fundamentales para el siglo XXI, las competencias financieras siguen siendo limitadas en ALC, donde una parte importante de la población no está familiarizada con conceptos financieros básicos. Muchos adultos no comprenden ni son capaces de aplicar conceptos financieros básicos que son necesarios para tomar decisiones acertadas en el complicado entorno económico actual. Conceptos económicos fundamentales, como la inflación y las tasas de interés, siguen sin ser conocidos por muchos ciudadanos de ALC, con un desconocimiento desproporcionadamente alto entre las mujeres. En el promedio de una selección de nueve países de ALC, el concepto de tasas de interés es comprendido más por los hombres (27%) que por las mujeres (18%). En Colombia, solo el 13% de los hombres entienden las tasas de interés, frente al 6% de las mujeres (Gráfico 3.14, Panel A). Pese a que los latinoamericanos y caribeños comprenden ligeramente mejor el concepto de inflación y su efecto sobre el dinero, la brecha de género persiste: un promedio del 50% de los hombres entienden este concepto, por solo un 44% de las mujeres en los nueve países. En Uruguay, por ejemplo, el 65% de los hombres y el 53% de las mujeres comprenden el concepto de inflación (Gráfico 3.14, Panel B). Asimismo, en Brasil, México y Perú, los hombres propietarios de mipymes tienen un nivel de competencias financieras superior al de las mujeres propietarias (OECD, 2021[66]).

Gráfico 3.14. Comprensión de las tasas de interés y la inflación en ALC, 2023

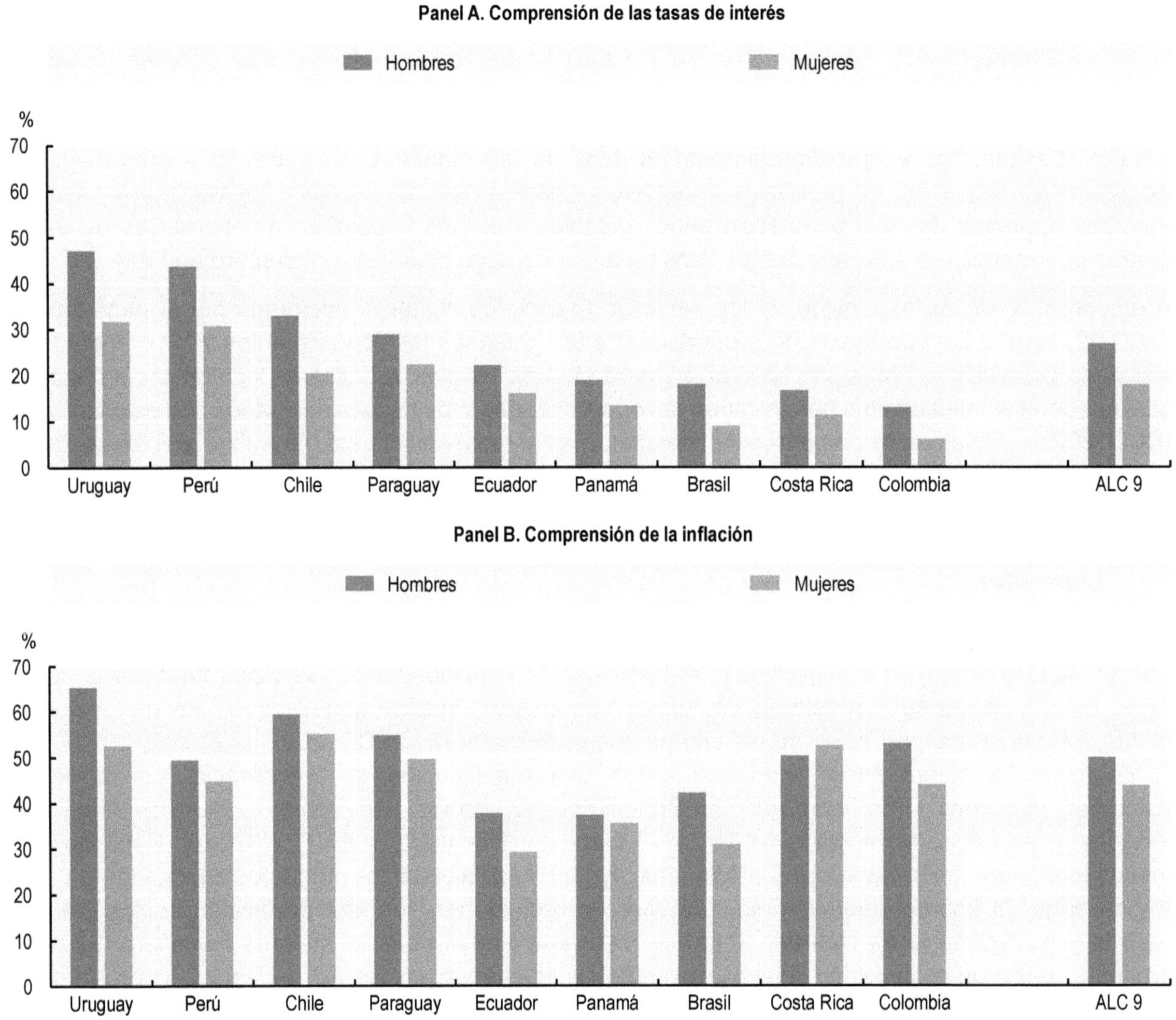

Nota: Panel A: La serie muestra el porcentaje de los encuestados que respondieron correctamente a la siguiente pregunta: "Supongamos que pone 100 USD en una cuenta de ahorros con una tasa de interés de 2% por año. Usted no realiza ningún otro pago en esta cuenta y no retira dinero. Tampoco se cobran cargos a la cuenta. ¿Cuánto habría en la cuenta al final del primer año, una vez que se realiza el pago de intereses?".
Panel B: La serie muestra el porcentaje de los encuestados que respondieron correctamente a la siguiente pregunta: "Imagine que unos hermanos que acaban de recibir una herencia deben esperar un año para disponer de su parte y la inflación se mantiene en 3% anual. Luego de un año, ¿ellos van a poder comprar más, menos o igual que ahora?".
Fuente: Elaboración de los autores a partir de (CAF, 2023[69]) y (OECD, 2023[67]).

StatLink https://stat.link/yjqpmv

Mejorar las competencias financieras no solo facilita la adopción de decisiones financieras acertadas, sino que también mejora sustancialmente el bienestar y la resiliencia financieros de las personas. De acuerdo con los resultados del Programa para la Evaluación Internacional de Alumnos (PISA) de 2022, el rendimiento en competencias financieras en Brasil, Costa Rica y Perú era inferior al promedio de la OCDE. En estos países, el 45%, 43% y 42% de los alumnos, respectivamente, no alcanzaron el nivel básico de rendimiento (Nivel 2), frente al 18% de los estudiantes en el promedio de la OCDE. En el Nivel 2, los estudiantes pueden identificar productos y conceptos financieros ordinarios, reconocer la diferencia entre necesidades y deseos y tomar decisiones sencillas sobre gastos cotidianos basados en experiencias personales. El nivel más elevado de rendimiento en competencia financiera, el Nivel 5, solo fue alcanzado por el 2% de los alumnos de Brasil y el 1% de los de Costa Rica y Perú, frente a un 11% en el promedio de la OCDE. Los estudiantes con el Nivel 5 demuestran capacidades avanzadas en el análisis de productos financieros complejos y la resolución de problemas financieros no rutinarios, así como comprensión del panorama financiero en general (OECD, 2024[70]).

La puesta en práctica de una Estrategia Nacional de Inclusión Financiera con un fuerte componente de educación financiera puede contribuir notablemente a alcanzar niveles más elevados de competencia financiera, a reducir la concentración del mercado[2] (OECD, 2022[42]) y a la adopción de nuevas tecnologías financieras digitales. Los datos empíricos de nueve países de ALC sugieren que la aplicación de una Estrategia Nacional de Inclusión Financiera ha propiciado que aumente la penetración de los productos de captación (López Marmolejo and Ruiz Arranz, 2024[71]). Sin embargo, no se registra un cambio significativo en otros productos y servicios, como son los de crédito, lo que sugiere que lograr resultados con un mayor alcance requiere un fortalecimiento de su diseño e implementación. Asimismo, mejorar la competencia financiera puede ayudar a las personas y las empresas a comprender y evaluar mejor sus opciones en materia de financiamiento, lo que reduce la exclusión involuntaria al favorecer la adopción de decisiones más informadas sobre la obtención de crédito (Zuleta, 2017[72]).

El vínculo entre una mayor competencia financiera y un mayor bienestar financiero de las personas que se describe en la Recomendación sobre competencias financieras de la OCDE (Recuadro 3.1) sirve como base para una serie de recomendaciones de políticas encaminadas a mejorar la resiliencia y el bienestar financieros de la población. Las sugerencias en materia de políticas incluyen elevar los conocimientos financieros básicos, fomentar conductas y actitudes financieras positivas, mejorar las competencias financieras digitales y dirigir el apoyo a las personas con los niveles más bajos de competencias financieras, en todos los casos con el fin de impulsar el bienestar financiero individual y la resiliencia ante perturbaciones económicas (OECD, 2023[67]).

Recuadro 3.1. Recomendación sobre competencia financiera de la OCDE

La Recomendación sobre competencia financiera (*Recommendation on Financial Literacy*) de la OCDE presenta un marco para mejorar las competencias financieras, que se considera esencial para el empoderamiento de las personas y la estabilidad financiera de la sociedad. Es especialmente importante para hacer frente a los retos particulares de ALC, que necesita con urgencia estrategias integrales de educación financiera e inclusión. La recomendación aboga por la aplicación de estrategias nacionales que promuevan la competencia financiera mediante un enfoque coordinado y sostenido que sea coherente con otras estrategias de inclusión financiera y protección del consumidor. Este enfoque es vital para ALC, donde persisten las disparidades en el acceso y la educación financieros, agravadas por la brecha digital. Adaptando las estrategias de educación financiera al diverso panorama socioeconómico de la región y aprovechando la colaboración entre las partes interesadas, esas estrategias pueden contribuir significativamente a superar los obstáculos que impiden el acceso a los servicios financieros, así como a respaldar la prosperidad económica y social

(Grifoni et al., 2020[73]). Todos los países de ALC que son miembros de la OCDE, junto con Brasil como Estado no miembro, respaldaron estas recomendaciones del Consejo cuando se adoptaron.

Las recomendaciones destacan la importancia de utilizar datos para comprender el comportamiento financiero y las necesidades en ese ámbito de las poblaciones, incluidas aquellas más vulnerables a la exclusión financiera. Su petición de encuestas nacionales y estudios internacionales para recopilar datos sobre los niveles de competencia financiera es especialmente pertinente en el caso de ALC, donde los dispares niveles de competencia financiera y de acceso obligan a realizar intervenciones dirigidas a grupos concretos. Muchos países de la región de ALC recopilan ya datos sobre competencia financiera utilizando una metodología de la OCDE y algunos también participan en la evaluación de la competencia financiera de PISA. Abordando las necesidades específicas de las comunidades subatendidas, incluidas las poblaciones rurales y los grupos indígenas, y reconociendo el papel fundamental de la competencia financiera digital en la reducción de la brecha digital, la recomendación proporciona una hoja de ruta para que ALC mejore la inclusión y la competencia financieras de forma eficaz.

Dotar a las personas de los conocimientos necesarios para tomar decisiones financieras informadas es fundamental en los países de ALC, donde la volatilidad económica, la inflación y las economías informales plantean retos importantes. Promover la comprensión del ahorro, la inversión, la planificación de la jubilación y la gestión de riesgos adaptados al contexto de ALC puede capacitar a las personas para afrontar los retos y oportunidades financieros. La impartición eficaz de programas de educación financiera adaptados a los contextos culturales y económicos de los países de ALC puede facilitar una mayor resiliencia y bienestar financieros. Este enfoque adaptado en materia de competencia financiera, que hace hincapié en la inclusión de todos los segmentos de la sociedad, es crucial para fomentar el desarrollo económico sostenible y reducir la desigualdad en ALC.

Fuente: (OECD, 2020[68]).

La mayoría de los países de ALC aún necesitan crear marcos regulatorios sólidos para proteger a los consumidores del fraude, las conductas indebidas, los errores y los abusos, y para sancionar estas conductas cuando se produzcan. Estos marcos, junto con unos mecanismos de supervisión eficaces, fomentan la confianza en el sistema financiero al exigir transparencia en la oferta de productos financieros, lo que ayuda a los consumidores a tomar decisiones informadas y evitar posibles riesgos financieros (OECD, 2022[42]). Una supervisión eficaz desempeña un papel crucial al garantizar el cumplimiento de la regulación, y la detección y sanción oportunas de las prácticas poco éticas. Esta combinación de regulación y supervisión ayuda a prevenir las prácticas de préstamo abusivas —actuaciones poco éticas o de explotación por parte de las instituciones financieras que se aprovechan de los consumidores vulnerables ofreciéndoles condiciones de préstamo injustas, comisiones excesivas o información engañosa— al permitir a los organismos reguladores controlar y sancionar los comportamientos poco éticos (OECD, 2022[42]). Una regulación eficaz también promueve el desarrollo de productos financieros adaptados a las necesidades de las comunidades marginadas y apoya las innovaciones *fintech* para ofrecer servicios más accesibles. Al fomentar un mercado financiero competitivo y transparente, esta regulación mejora la calidad de los productos y servicios financieros, y en última instancia crea un ecosistema financiero seguro y propicio que impulsa el crecimiento económico y la resiliencia (OECD, 2024[74]).

Dado que las instituciones financieras adoptan cada vez más tecnologías emergentes, deben tomar medidas proactivas para protegerse de los crecientes riesgos cibernéticos (Atkins et al., 2024[75]). La ciberseguridad se ha convertido en un pilar fundamental de la confianza de los consumidores y en un factor clave de la inclusión financiera equitativa para evitar el fraude y las prácticas abusivas.

Impulsar el financiamiento mediante instituciones públicas de financiamiento para el desarrollo

Las instituciones públicas nacionales y subnacionales de financiamiento para el desarrollo (IFD) desempeñan una función crucial en la movilización de recursos hacia los objetivos de desarrollo. Las IFD públicas[3] incluyen principalmente a los bancos de desarrollo públicos. También incluyen a instituciones financieras especializadas y fondos a nivel nacional y local. Estas instituciones tienen el mandato de promover el desarrollo económico, el empleo y la inversión de acuerdo a los objetivos de desarrollo de cada país. Las IFD siguen siendo fundamentales para promover el crecimiento económico y el desarrollo mediante préstamos y actividades de fortalecimiento de capacidades donde los bancos privados y los mercados de capitales resultan insuficientes (De Luna-Martínez, 2017[76]). Además, dan respuesta a fallos del mercado, como las asimetrías de información y el crédito procíclico del sector privado (Xu, Ren and Wu, 2019[77]). También pueden contribuir a solventar problemas de profundidad de los mercados financieros, a redistribuir riesgos y a fomentar la inclusividad de los mercados. La región de ALC cuenta actualmente con aproximadamente 107 IFD que operan a escala nacional. El 73% de ellas son bancos de primer piso, mientras que el 20% son bancos de segundo piso. Los activos totales de las IFD varían mucho de unos países a otros en ALC: desde el 8% del PIB en Brasil hasta el 0.2% en Argentina (AFD/Peking University, 2023[78]). Estas instituciones presentan tamaños, perfiles financieros y coberturas regionales muy dispares, como se observa en indicadores de sus balances como el capital, los fondos propios, los activos, los pasivos y las carteras de préstamos. Las IFD, incluidos los bancos de desarrollo nacionales y subnacionales, poseen un conocimiento muy amplio de los mercados locales y mantienen relaciones estrechas con actores tanto del sector privado como del público. Aprovechando esta posición ventajosa, pueden evaluar riesgos, desarrollar carteras de proyectos y facilitar flujos de capitales nacionales e internacionales (OECD et al., 2023[6]). Las iniciativas internacionales, como Finanzas en Común, son fundamentales para intercambiar experiencias e información entre las IFD y, de esta forma, lograr un mayor impacto en el desarrollo sostenible de las economías emergentes y en desarrollo (Recuadro 3.2).

Recuadro 3.2. Finanzas en Común

Finanzas en Común (*Finance in Common*) es una red mundial cuyo objetivo es adaptar los bancos de desarrollo públicos a la Agenda 2030 y al Acuerdo de París. A partir de lo debatido en el reciente Evento Conjunto con el G20 de la Cumbre Finanzas en Común de Río de Janeiro, celebrado en mayo de 2024, los bancos de desarrollo han definido varias recomendaciones para mejorar la coordinación y la cooperación con el fin de alcanzar los objetivos de desarrollo y movilizar al sector privado. Las recomendaciones se refieren a la arquitectura financiera mundial, las plataformas nacionales y las soluciones financieras para la biodiversidad y el clima, así como al aumento del financiamiento mixto y la movilización de capital privado. En concreto, los bancos de desarrollo señalaron la importancia de los mercados de capitales para la movilización financiera. Recomiendan crear un proceso de acreditación abierto y singular para facilitar el acceso de los bancos de desarrollo a otros fondos multilaterales, como el Fondo Verde para el Clima; racionalizar la coordinación y la aplicación de taxonomías de finanzas sostenible; y seguir contribuyendo a la Cuarta Conferencia Internacional sobre Financiación para el Desarrollo, que se celebrará en España en 2025. Estas recomendaciones pretenden abordar los problemas de fragmentación a los que se enfrenta el ámbito del financiamiento para el desarrollo y buscan crear criterios de inversión sostenible comunes.

Para catalizar el papel de los bancos públicos de desarrollo en la consecución del desarrollo sostenible, es necesario disponer de más información sobre estas instituciones. A este respecto, el Instituto de Nueva Economía Estructural de la Universidad de Pekín y la Agencia Francesa de Desarrollo han creado la primera base de datos completa de bancos públicos de desarrollo e IFD. La base de datos recoge información sobre el cometido, el funcionamiento y la eficacia de los bancos públicos de desarrollo y las IFD en todo el mundo con el objetivo de colmar la laguna de datos sobre la arquitectura financiera mundial. Esta iniciativa pretende promover la investigación sobre ambos tipos de instituciones para mejorar su comprensión, aprovechar su potencial y verificar que los objetivos de desarrollo se incorporan a sus estrategias corporativas.

Fuente: (Finance in Common, 2024[79]) y (Finance in Common, 2024[80]).

Las IFD desempeñan un claro papel en el financiamiento de las mipymes en ALC

La clasificación de las IFD en función de su mandato muestra una clara especialización productiva en las mipymes. De una muestra de 76 bancos e instituciones financieras de desarrollo en ALC, el 34% tienen un mandato institucional centrado en el apoyo financiero a las mipymes (Xu et al., 2021[81]). La heterogeneidad de los mandatos institucionales en la región es notable; por ejemplo, América del Sur tiene las IFD más centradas en las pymes, mientras que muchas de estas instituciones en América Central se dedican fundamentalmente a proporcionar apoyo financiero al sector agrícola (Gráfico 3.15, Panel A). Las IFD ofrecen a las mipymes de la región una amplia gama de instrumentos financieros adaptados a sus necesidades financieras en cada fase de su desarrollo. Estos instrumentos pueden agruparse en cinco tipos de financiamiento: i) financiamiento de operaciones cotidianas (capital de trabajo, nóminas, existencias, alquileres); ii) financiamiento de inversiones; iii) financiamiento del comercio exterior; iv) financiamiento de emergencia; y v) instrumentos de mitigación de riesgos y garantías. Una muestra de 473 instrumentos financieros de 38 IFD en 13 países de ALC mostró que los principales tipos de financiamiento ofrecidos son el financiamiento de inversiones (45%) y el financiamiento de operaciones cotidianas (34%) (Gráfico 3.15, Panel B). Esto demuestra el compromiso de las IFD para garantizar las necesidades de capital, liquidez e inversión a largo plazo de las mipymes. Otros tipos de financiamiento son menos habituales y están destinados principalmente a mejorar la inclusión financiera y la competitividad de las mipymes (OECD et al., 2023[6]).

Gráfico 3.15. Mandato institucional de las IFD y tipos de financiamiento ofrecidos a las mipymes en ALC, 2023

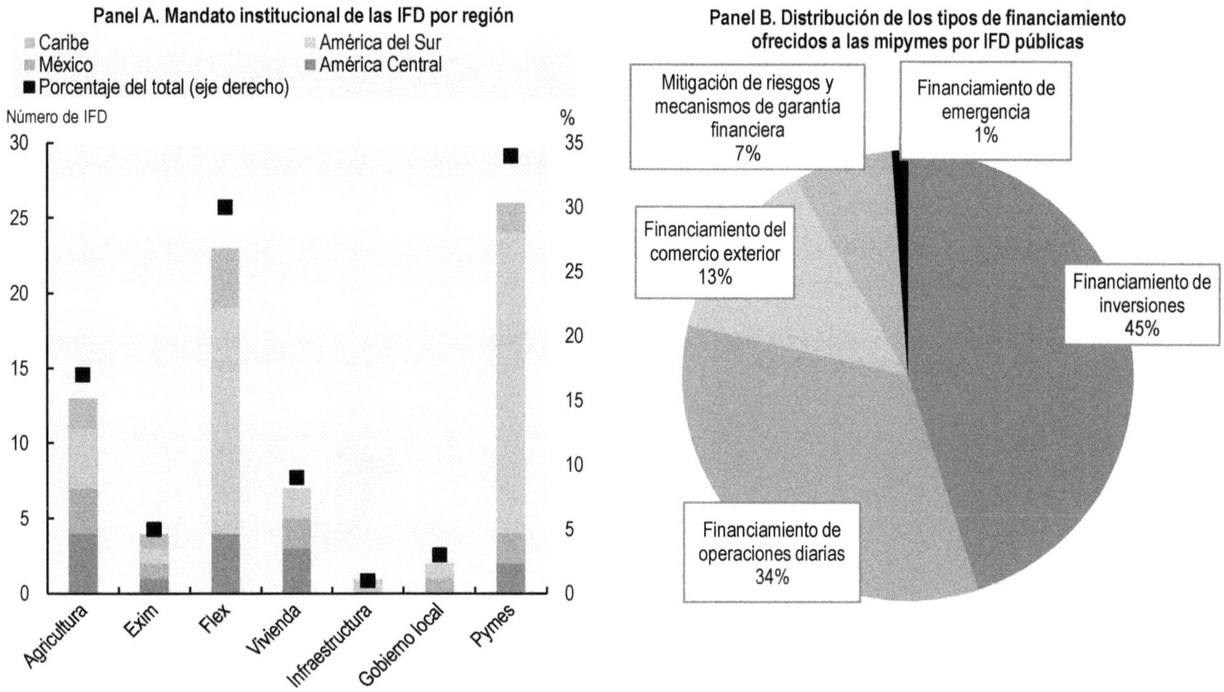

Nota: Panel A: Exim = comercio internacional; Flex = flexible. Panel B: La base de datos incluye datos de 38 IFD públicas nacionales y subnacionales de 13 países de ALC: Argentina, Brasil, Chile, Colombia, Costa Rica, El Salvador, Guatemala, México, Paraguay, Panamá, Perú, República Dominicana y Uruguay.
Fuente: Elaboración de los autores con base en ECLAC basado en (AFD/Peking University, 2023[78]) y datos públicos de 38 IFD públicas de 13 países de ALC.

StatLink https://stat.link/xfckjo

A raíz de la pandemia, las IFD ampliaron significativamente sus actividades de crédito e introdujeron innovaciones en sus servicios financieros para dar respuesta a la creciente demanda de financiamiento de las mipymes. Estos esfuerzos incluyeron nuevos programas de préstamo adaptados a las necesidades de pago de nóminas y capital de trabajo, una mayor disponibilidad de los créditos y el aplazamiento de la amortización de la deuda. Las IFD también proporcionaron garantías para emisiones de bonos de pymes, que cubrían hasta el 98% del monto del préstamo (80-98% en el caso de Argentina, y porcentajes variables en función del tamaño de la empresa en el de Perú). Se introdujeron medidas innovadoras que favorecieron el financiamiento de las mipymes, como plataformas web para poner a empresas en contacto con el mercado y financiamiento de intermediarios financieros (p. ej. utilizando a empresas *fintech*). En México, Nafin y Bancomext repartieron aproximadamente 2 500 millones de USD a través de intermediarios financieros, ampliando la duración de los préstamos y los períodos de gracia, proporcionando nuevos préstamos de capital de trabajo y ofreciendo garantías bursátiles para mejorar la liquidez (ALIDE, 2023[82]).

Las IFD desempeñan un papel crucial para promover la inclusión financiera de las mipymes a través de instrumentos fundamentales como los sistemas de garantía, los préstamos y las líneas de crédito, entre otros. Los sistemas de garantía dan prioridad a las mipymes debido a su vulnerabilidad estructural y a su importancia para la creación de empleo. Aportan varias ventajas: amplían la oferta de crédito, dan acceso al sistema financiero formal a empresas que no cuentan con garantías o a las empresas emergentes y mejoran las condiciones crediticias. El crédito movilizado por fondos de garantía en ALC aumentó desde

3.6 millones de USD en 2004 hasta un máximo histórico de 88.6 millones de USD en 2020 y después disminuyó hasta los 66.9 millones de USD en 2021 (Gráfico 3.16, Panel A). De manera similar, el número de pymes acogidas a sistemas de garantía se incrementó desde las 688 000 en 2000 hasta casi 6 millones en 2021. La cobertura de garantías en la región es extremadamente heterogénea. Las mayores economías por nivel de PIB, como Colombia, México y Brasil, se sitúan a la cabeza de la cobertura de las pymes, y representan el 34%, 27% y 18%, respectivamente, del total de pymes cubiertas, mientras que otros países más pequeños, como Bolivia, Costa Rica, Ecuador, El Salvador, Honduras y Uruguay, representan menos del 1% (Gráfico 3.16, Panel B) (Red Iberoamericana de Garantías, 2023[83]).

Gráfico 3.16. Evolución de los fondos de garantía y cobertura de las pymes por sistemas de garantía en ALC

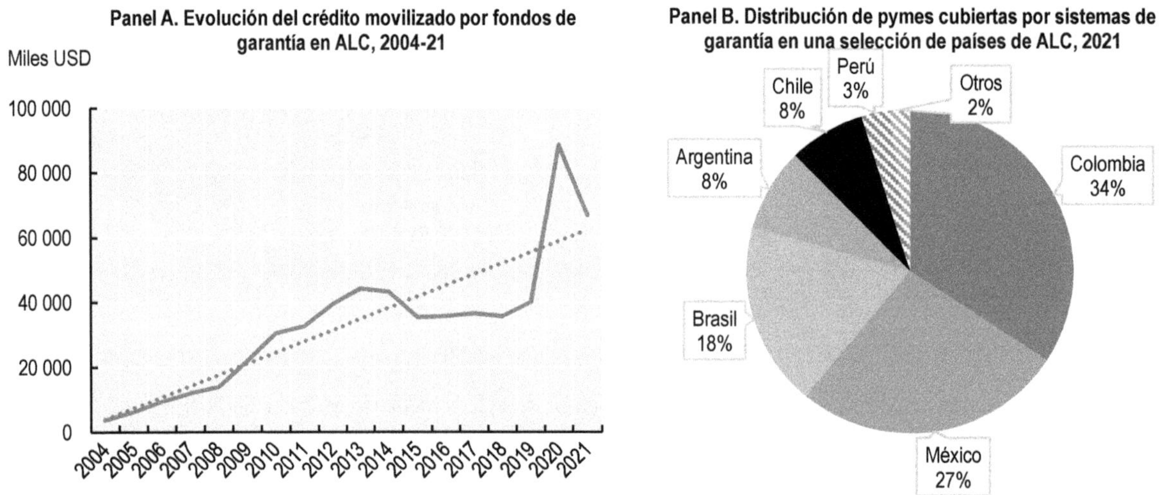

Nota: Panel B: "Otros" incluye a Bolivia, Costa Rica, Ecuador, El Salvador, Honduras y Uruguay.
Fuente: Elaboración de los autores a partir de (Red Iberoamericana de Garantías, 2023[83]).

StatLink https://stat.link/q9mwjk

Ampliación del impacto de las IFD en la transición verde y en la transformación digital

Las IFD han evolucionado en las economías emergentes y en desarrollo con miras a afrontar con mayor eficacia nuevos retos mundiales, como la transición verde y la transformación digital (Rogozinski, 2017[84]). Por ejemplo, las IFD han ampliado su cometido para hacer frente al desafío emergente de la doble vulnerabilidad, la que padecen los países que afrontan inseguridad tanto climática como financiera. Las IFD han adaptado sus instrumentos financieros para dar respuesta a estas vulnerabilidades cruzadas y, al mismo tiempo, asegurar que los gobiernos puedan continuar financiando sus políticas socioeconómicas (AFD, 2023[85]). Cada vez más, las IFD equilibran sus actividades comerciales y su cometido social, creando y desarrollando activamente mercados en sectores clave como la agricultura, la infraestructura, la energía, la educación y la salud.

Pese a que las IFD públicas de ALC han ampliado su participación en el sistema financiero, sus actividades en las agendas verde, de género y digital siguen siendo limitadas. Durante la pandemia del COVID-19 en 2020, las carteras de préstamos de las IFD crecieron en la mayoría de los países de ALC: el 71.2% de estas instituciones ampliaron sus carteras un 21%, principalmente para apoyar al sector de producción (ALIDE, 2023[82]). Sin embargo, un mayor compromiso de las IFD con los ODS podría favorecer el desarrollo de instrumentos financieros para mipymes que incorporen objetivos sostenibles, digitales y de género. De este modo, se podría contribuir a canalizar las inversiones privadas hacia la consecución de objetivos de desarrollo prioritarios. De los 473 instrumentos financieros para mipymes que ofrecían las IFD públicas en la región de ALC en 2023, solo el 19% abordaba al menos uno de los tres retos transversales: el 9.7%, la transición verde, el 5.5%, la igualdad de género y el 3.8%, la transformación digital o la innovación (OECD et al., 2023[6]). De cara al futuro y con miras a continuar contribuyendo al financiamiento en el ámbito del clima, es crucial que las IFD fortalezcan la capacidad técnica, tanto la de sus clientes como la suya propia (Recuadro 3.3).

Recuadro 3.3. ¿Cómo apoyan los bancos públicos de desarrollo de ALC la transición climática?

El Banco Europeo de Inversiones (BEI) y la Asociación Latinoamericana de Instituciones Financieras de Desarrollo (ALIDE) han colaborado para analizar cómo los bancos públicos de desarrollo en ALC están apoyando la transición verde y qué los está limitando para ampliar la financiación (EIB, 2024[86]). Este estudio incluye una muestra de 29 bancos públicos de desarrollo de 15 países distintos que suman conjuntamente cerca del 50% de los activos totales de este tipo de instituciones en la región. Como los bancos públicos de desarrollo desempeñan un papel tan destacado en la región, es importante comprender su estrategia climática, sus prácticas de gestión, seguimiento y medición del impacto de los riesgos relacionados con el clima, los productos que ofrecen actualmente y, por último, los obstáculos que les impiden ampliar los créditos que conceden para objetivos climáticos.

Gráfico 3.17. La estrategia climática de los bancos públicos de desarrollo (BPD) y los principales obstáculos del financiamiento climático

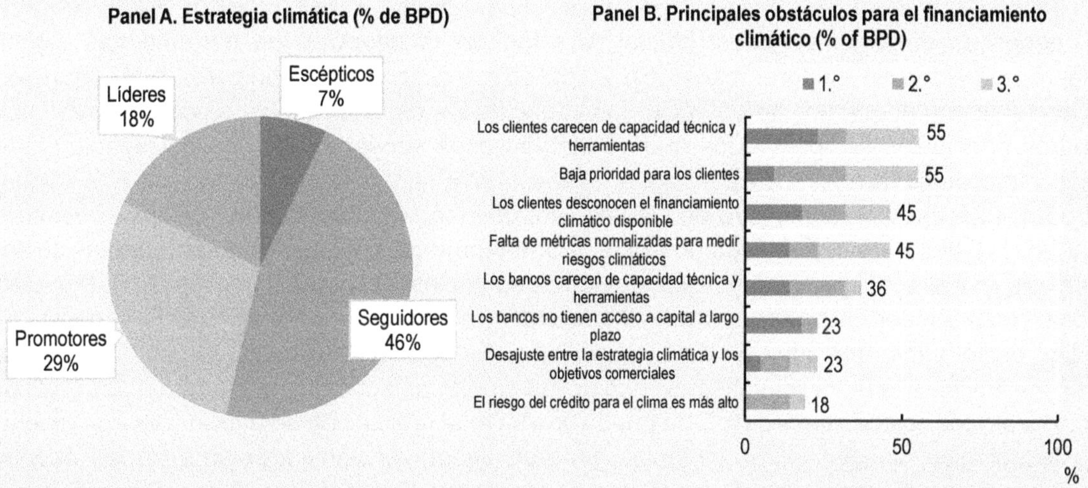

Nota: Panel A: *Escépticos:* No reconocemos el cambio climático como un riesgo significativo para nuestro banco y todavía no hemos puesto en práctica ninguna política concreta más allá de los requerimientos regulatorios mínimos; *Seguidores*: Hemos puesto en práctica algunas políticas relacionadas con el clima (p ej., para limitar la huella de carbono o el estrés climático y para tener en cuenta factores climáticos en los costos de los préstamos) siguiendo los pasos de otros bancos y con el objetivo de seguir siendo competitivos; *Promotores*: Hemos puesto en práctica una estrategia integral para reducir nuestro impacto en el cambio climático y mitigar los riesgos activos en nuestra cartera; *Líderes:* El cambio climático es una consideración fundamental en todas nuestras políticas y operaciones y está integrado en todos nuestros procesos internos.
Fuente: Elaboración de los autores a partir de (EIB, 2021[87]).

StatLink https://stat.link/xmu2t3

Con datos de 2023, fenómenos meteorológicos extremos han dañado los activos físicos del 40% de los bancos públicos de desarrollo y han deteriorado la calidad de la cartera de otro 59%. Sin embargo, a pesar de que el 93% considera que la transición climática es una oportunidad en lugar de un riesgo, y el 77% aplica prácticas acordes con los objetivos fijados en el Acuerdo de París, solo algo menos del 50% de los bancos se consideran líderes o promotores de la transición climática, el 46% se consideran seguidores de las prácticas sectoriales fundamentalmente para mantener su competitividad y el 7% se muestran escépticos sobre la necesidad de una transición verde (Gráfico 3.17, Panel A). En general, los bancos públicos de desarrollo ya ofrecen productos financieros verdes (75%) o, incluso si no lo hacen, tienen previsto hacerlo pronto (21%).

Cuando se les pregunta por los principales factores que restringen los préstamos verdes, estas entidades señalan en primer lugar factores relacionados con la demanda. Así, el 55% de los bancos públicos de desarrollo sitúan la falta de capacidad técnica de sus clientes y la baja prioridad que aún se otorga a la estrategia climática entre los tres principales obstáculos para el crédito, junto con el hecho de que, con frecuencia, los clientes desconocen las oportunidades de financiamiento verde disponibles (mencionado por el 45% de los bancos públicos de desarrollo) (Gráfico 3.17, Panel B). Solo después de citar estos factores mencionan sus propias deficiencias, relacionadas con la oferta, como por ejemplo su gestión y seguimiento de los riesgos y las prácticas internas de medición del impacto.

El principal mensaje de la encuesta es que, para seguir apoyando el financiamiento climático, es crucial que los bancos públicos de desarrollo fortalezcan la capacidad técnica tanto de sus clientes como la propia, por ejemplo, por medio de programas de asistencia técnica. Un buen ejemplo de ese tipo de programas es el de asistencia técnica "Greening the Financial Sector" del BEI, al que, hasta la fecha, pueden acogerse 15 países de Europa y África.

Fuente: (EIB, 2024[86]) (EIB, 2021[87]) y (EIB, 2023[88]).

Las IFD pueden desempeñar un papel crucial para facilitar la adopción de herramientas digitales y tecnologías emergentes en sectores clave. En 2023, ofrecían servicios financieros y no financieros a múltiples sectores con el objetivo de potenciar las capacidades digitales de las empresas y estimular la inversión. Los principales sectores a los que se dirigían esos servicios eran los de tecnologías de la información y la comunicación (TIC) y transporte, almacenamiento y comunicaciones (un 20% cada uno), seguidos por los sectores de suministro de electricidad, gas y agua, y agricultura, caza y silvicultura (un 15% cada uno). Estos servicios, adaptados para la transformación digital, también pueden sentar las bases para desarrollar ecosistemas financieros digitales sostenibles alineados con los ODS. Por ejemplo, estos ecosistemas pueden englobar la promoción de la infraestructura, en particular la conectividad, la identificación digital y los mercados de datos accesibles. En el sector agrícola, estos servicios pueden impulsar proyectos para la innovación tecnológica de las empresas agrícolas que aborden las inversiones en el medio rural y los costos asociados. Esto puede conllevar la realización de actividades con un elevado contenido tecnológico, que en última instancia generen un mayor valor agregado en las economías regionales.

Las IFD tendrán que apostar por la digitalización rápidamente para mantener la competitividad de sus productos financieros e impulsar el financiamiento. Habrán de adaptar sus operaciones a la rápida adopción de los productos y servicios digitales por parte de los consumidores. Con el cierre de sucursales físicas durante los confinamientos por la pandemia, la banca en internet y la banca móvil se convirtieron en los principales canales de interacción bancaria, lo que dio lugar a un notable incremento de su uso en todo el mundo (ALIDE, 2023[82]).

Para adaptarse a la transformación digital, las IFD necesitan estrategias innovadoras, especialmente en el competitivo entorno de ALC. Esto implica forjar alianzas estratégicas con empresas tecnológicas, empresas emergentes y fondos de capital de riesgo para invertir en *fintech*. Esas colaboraciones no solo validan las actividades *fintech* y atraen inversión, sino que también proporcionan conocimientos técnicos de gran utilidad. A cambio, las IFD pueden ofrecer acceso a una base de clientes más amplia, estabilidad y conocimientos técnicos en materia de cumplimiento de la regulación. Avanzar en el uso de asistentes virtuales basados en la inteligencia artificial (IA) y *chatbots* para ofrecer un servicio mejorado al cliente también es esencial para adaptarse a la nueva economía digital. Con el auge de los *challenger banks* y de los neobancos, las IFD precisan reformas internas para adoptar plenamente la economía digital, incluido el desarrollo de la "banca como servicio" para mejorar la fidelización de los clientes. Asimismo, es imprescindible que las IFD se adapten a la creciente tendencia de las finanzas descentralizadas, cuya finalidad es eliminar a los intermediarios en las transacciones financieras (ALIDE, 2023[82]).

Profundización de los mercados de capitales en ALC

Desarrollar los mercados de capitales puede incrementar la liquidez y elevar la inclusión

Los mercados de capitales brindan a empresas y gobiernos oportunidades para financiar a largo plazo el desarrollo productivo. Estos mercados comprenden los mercados de renta variable y los de deuda. Tanto las acciones como los bonos pueden adquirirse en el mercado primario, en el que se emiten nuevos valores, como nuevos bonos y ofertas públicas iniciales (OPI), o directamente con empresas privadas que no cotizan en un mercado bursátil público (mercados privados de capitales). También pueden adquirirse en el mercado secundario, en el que se negocia con valores ya emitidos. Estos mecanismos permiten una asignación de capital eficiente, que respalda el crecimiento económico y el desarrollo (OECD, 2023[89]). Por ejemplo, los instrumentos de mercados de capitales han sido útiles para promover prioridades de desarrollo, como la transición a una economía circular (UNEP, 2023[90]).

Mercados de renta variable

Los mercados de renta variable desempeñan un papel fundamental en el desarrollo económico, puesto que permiten obtener capital a largo plazo, proporcionan liquidez a los mercados y amplían las oportunidades de inversión. Estos mercados facilitan el acceso a financiamiento a largo plazo que ayuda a las empresas a invertir y a desarrollar actividades productivas e innovadoras. También ofrecen a los hogares la oportunidad de participar en la creación de valor empresarial y ponen a su disposición otras opciones para gestionar sus ahorros (OECD, 2023[89]).

Los mercados de renta variable de ALC continúan siendo pequeños y carecen de liquidez; además, existe una gran heterogeneidad entre países. En 2022, la capitalización bursátil en ALC se situaba en el 35.9% del PIB, en promedio, frente al 64.7% en los países de la OCDE (Gráfico 3.18, Panel A). Sin embargo, la profundidad de los mercados de renta variable es heterogénea, ya que oscila entre el 94.4% del PIB en Chile y tan solo el 3.2% en Costa Rica. Asimismo, el índice de rotación de las acciones, que mide la frecuencia con la que se compran y venden acciones en un período de tiempo determinado, muestra niveles bajos de liquidez y actividad en los mercados. En 2022, el índice de rotación en ALC era del 24.0%, frente al 53.8% de la OCDE (Gráfico 3.18, Panel B). Este índice también muestra amplias variaciones entre los distintos países de ALC. Brasil presenta un volumen de negocio y una liquidez del mercado sólidos, con un índice de rotación del 162.7%, mientras que México, el segundo país en volumen de actividad, tiene un índice del 23.3%, y Jamaica ocupa el último lugar con un 1.4%.

Gráfico 3.18. Capitalización bursátil e índice de rotación de las acciones en ALC, 2022 o último año disponible

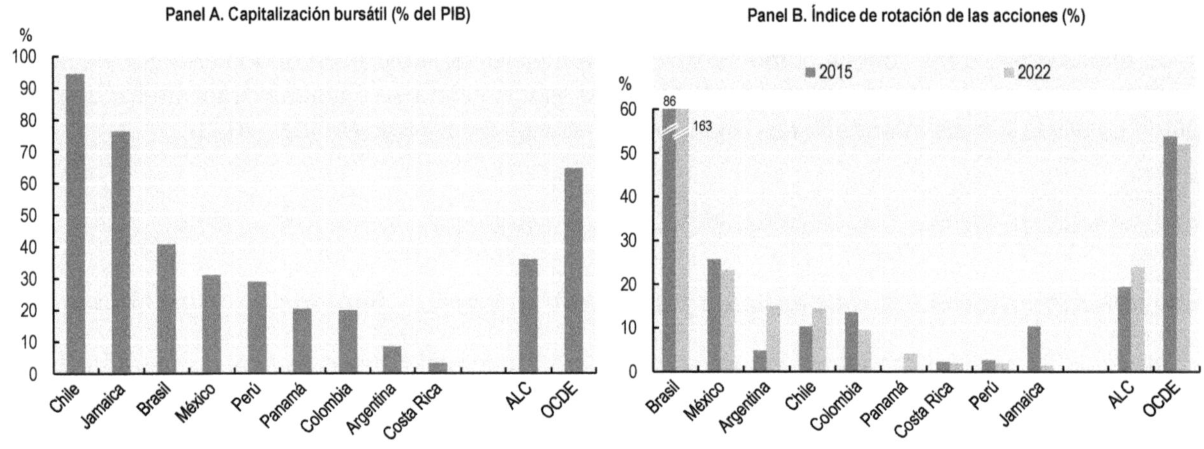

Nota: Los datos de Argentina son de 2021. La media simple de ALC incluye nueve países: Argentina, Brasil, Chile, Colombia, Costa Rica, Jamaica, México, Panamá y Perú. La media simple de la OCDE incluye 29 países: Alemania, Austria, Australia, Bélgica, Canadá, Chile, Colombia, Corea, Costa Rica, Eslovenia, España, Estados Unidos, Francia, Grecia, Hungría, Irlanda, Israel, Japón, Luxemburgo, México, Nueva Zelanda, Noruega, Países Bajos, Polonia, Portugal, República Checa, Suiza, Turquía y Reino Unido. Los datos de Noruega son de 2019; los datos de Bélgica, Francia, Irlanda y Portugal corresponden a 2018, y los datos de los Países Bajos son de 2017.
Fuente: Elaboración de los autores a partir de (World Bank, 2024[16]).

StatLink https://stat.link/d1pf6w

La concentración del mercado en los mercados de renta variable de las economías de ALC es heterogénea. El índice Herfindahl-Hirschman (HHI) es un indicador de la concentración del mercado. Cuanto más cerca de 0 se sitúa el índice, menos concentrado está el mercado, mientras que un valor más alto indica una mayor concentración (FTC, 2023[91]). El HHI muestra que existe una gran heterogeneidad entre países en lo que respecta a la concentración del mercado (Gráfico 3.19, Panel A). Con la excepción de Brasil y Chile, la mayoría de los países de ALC presentan niveles de concentración superiores a los de Corea, que se incorporó a la categoría de países de ingresos altos en 1995 (Melguizo et al., 2017[92]). Además, la concentración en la región es superior en todas las economías a la de la Bolsa de Nueva York (NYSE). Estos resultados son coherentes con la métrica de la concentración basada en la capitalización bursátil atribuida a las cinco mayores empresas de cada país (Gráfico 3.19, Panel B). De manera similar, las grandes empresas de ALC representan el 80% de la capitalización bursátil, en promedio (OECD, 2023[89]).[4]

Gráfico 3.19. Concentración de los mercados de renta variable en ALC, 2019 y 2024

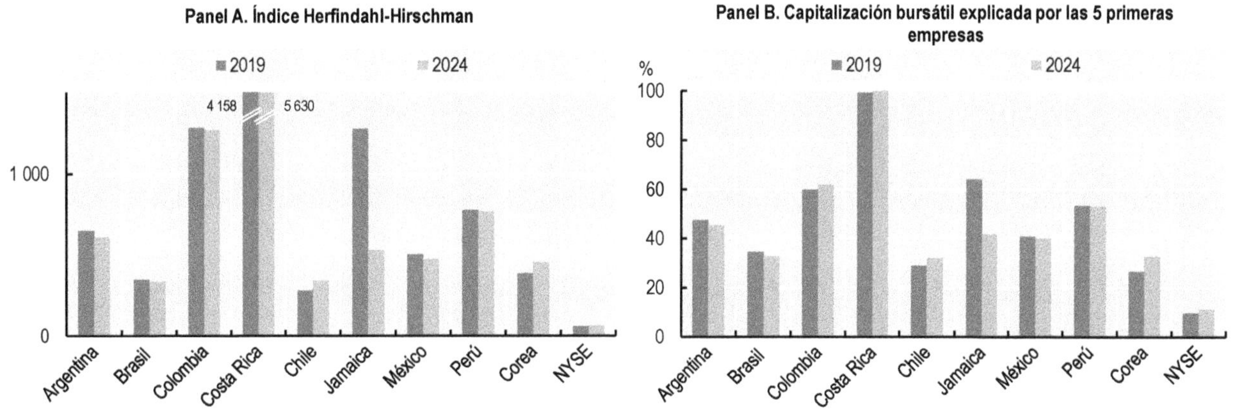

Nota: Se considera que un mercado está muy concentrado si el HHI supera los 1 800 puntos y moderadamente concentrado si se sitúa entre 1 000 y 1 800 puntos. Se analizaron los siguientes mercados de renta variable: Bolsa de Comercio de Buenos Aires en Argentina, BM&F Bovespa SA Bolsa de Valores Mercadorias e Futuros en Brasil, Bolsa de Santiago en Chile, Bolsa de Valores de Colombia, Bolsa Nacional de Valores de Costa Rica, Bolsa de Jamaica, Bolsa Mexicana de Valores., Bolsa de Valores de Lima S.A. en Perú, Bolsa de Valores de Corea y Bolsa de Valores de Nueva York. Los datos se extrajeron el 12 de junio de 2024.
Fuente: Cálculo de los autores a partir de (London Stock Exchange Group, 2024[93]).

StatLink https://stat.link/wzrulx

Las ofertas públicas secundarias representan la mayor parte de la actividad bursátil en ALC, ya que a lo largo de las últimas dos décadas las cifras netas de admisión a cotización en bolsa han seguido una tendencia negativa. En 2021, las salidas a bolsa netas en la región fueron 30, tras 13 años de cifras netas negativas en este indicador. No obstante, fue solo una mejora temporal y en 2022 y 2023 continuó la tendencia negativa (Gráfico 3.20). Este fenómeno de salida de las empresas de los mercados bursátiles se está dando en muchos mercados, ya que las grandes empresas se trasladan al mercado estadounidense, mientras que las medianas tienen dificultades para cotizar en los mercados nacionales (Vest, 2023[94]; OECD, 2019[95]). Por consiguiente, las ofertas públicas secundarias acapararon el 75% del monto total recaudado en ofertas públicas en la región entre 2012 y 2023. Durante ese período, el 71% del monto total recaudado en ofertas públicas iniciales y el 68% del monto total obtenido en ofertas públicas secundarias en ALC correspondieron a Brasil, que es el país que generó la mayor parte de la actividad en la región. Los países que ocupan el segundo lugar en la región son México en el caso de las OPI (18% del total recaudado) y Chile en las ofertas secundarias (14%) (OECD, 2024[96]).

Gráfico 3.20. Salidas a bolsa y retiradas de cotización en ALC, 2000-23

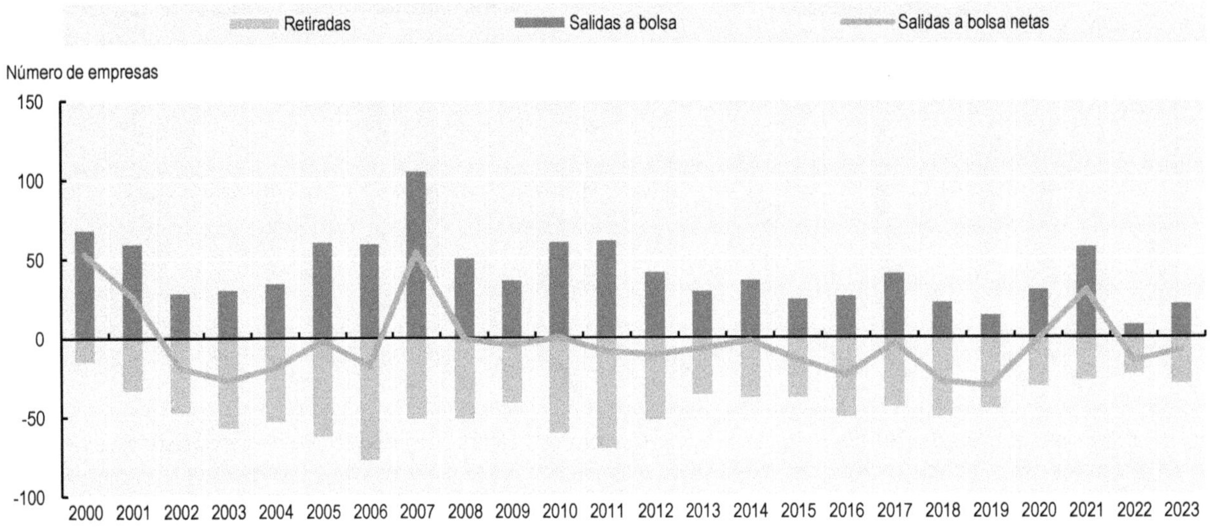

Fuente: Elaboración de los autores a partir de (OECD, 2024[96]).

StatLink https://stat.link/yr46za

Los mercados de renta variable de ALC presentan la mayor concentración de la propiedad del mundo y esa propiedad está dominada fundamentalmente por inversores empresariales. El primer 1% de los accionistas por tamaño de sus participaciones posee, en promedio, el 46% de las acciones totales de una empresa, mientras que el promedio mundial es del 31% (Gráfico 3.21, Panel A). Además, las empresas poseen casi un tercio de las acciones cotizadas en ALC, mientras que a escala global dominan los inversores institucionales, con un 45% de las acciones. Las empresas poseen hasta el 72.8% de las acciones cotizadas en Perú, mientras que los inversores institucionales de la región tienen entre el 6.3% (Perú) y el 27.1% (Brasil), una proporción pequeña en comparación con el panorama mundial. Estas cifras evidencian la fuerte presencia de estructuras de grupos empresariales en la región. En Colombia, Argentina y Brasil, el sector público es un inversor importante, con proporciones del 37.8%, el 20.5% y el 14.8%, respectivamente (Gráfico 3.21, Panel B).

Gráfico 3.21. Concentración de la propiedad y participaciones accionarias por tipo de inversor, 2023

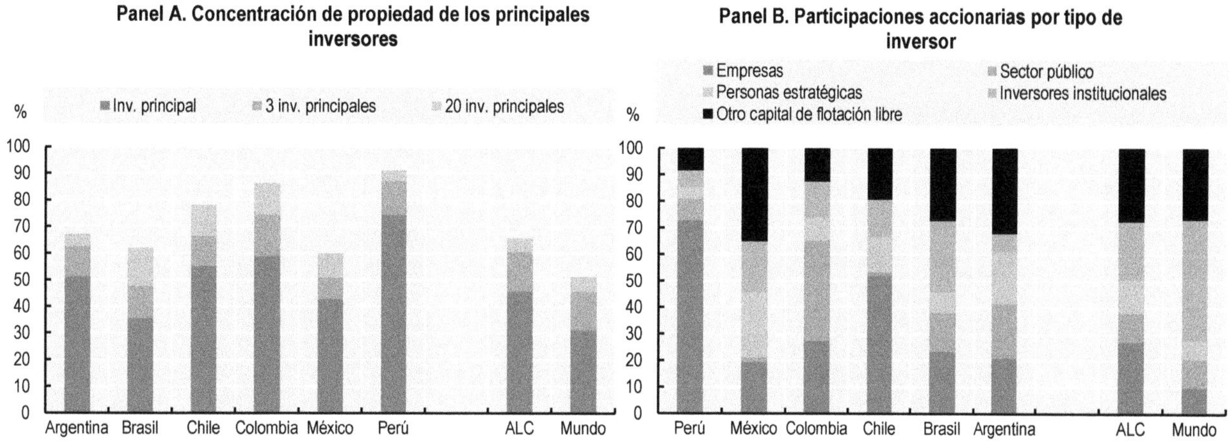

Nota: "Empresas" incluye empresas privadas cotizadas y no cotizadas, sus filiales, *joint ventures* y divisiones operativas. "Sector público" se refiere a la propiedad directa por parte de gobiernos centrales, administraciones locales, fondos públicos de pensiones, empresas de titularidad estatal y fondos soberanos. "Personas estratégicas" alude a personas físicas que poseen participaciones mayoritarias, miembros de las familias que poseen participaciones mayoritarias, propietarios de bloques de acciones y entidades de gestión de patrimonios familiares. "Inversores institucionales" incluye fondos de pensiones, compañías de seguros, fondos de inversión y fondos de cobertura. "Otro capital de flotación libre" se refiere a participaciones en manos de accionistas que no alcanzan el umbral para la declaración obligatoria de sus registros de participaciones o inversores minoristas que no están obligados a declarar esa información (De La Cruz, Medina and Tang, 2019[97]).
Fuente: Elaboración del autor a partir de (OECD, 2024[96]).

StatLink https://stat.link/ukylrh

Acceso a los mercados privados

Los mercados de capitales se dividen también en mercados públicos y mercados privados. Las empresas pueden financiarse en el mercado de deuda, privado o público, emitiendo valores; en los mercados de renta variable públicos, cotizando en una bolsa; o en el mercado de renta variable privado, vendiendo acciones de manera privada. Las empresas medianas tienen dificultades para entrar en el mercado público de renta variable y suelen recurrir a los mercados privados (OECD, 2019[95]).

En los mercados privados, la mayoría de las operaciones corresponden a cuentas de capital de riesgo. La inversión en estos mercados puede adoptar la forma de capital de inversión, crédito privado o capital de riesgo, o puede estar destinada específicamente a proyectos de infraestructura o de recursos naturales. El capital de riesgo es un tipo de financiamiento de capital para empresas jóvenes innovadoras que tienen dificultades para atraer financiamiento tradicional. Aunque puede generar una elevada rentabilidad, también trae un gran riesgo para los inversores (Rudolph, Miguel and Gonzalez-Uribe, 2023[98]). En el tercer trimestre de 2023, el capital de riesgo representó el 82% del número total de operaciones y el 47% del capital total invertido en ALC (Gráfico 3.22). El resto de activos sumaban conjuntamente una proporción mayor del capital invertido, lo que indica que las operaciones eran mayores. El capital privado representaba el 27% del capital invertido en ALC, el crédito privado era el 19% y los proyectos de infraestructura y de recursos naturales sumaban el 7% del capital total invertido.

Gráfico 3.22. Inversión por tipo de activo en ALC, tercer trimestre de 2023

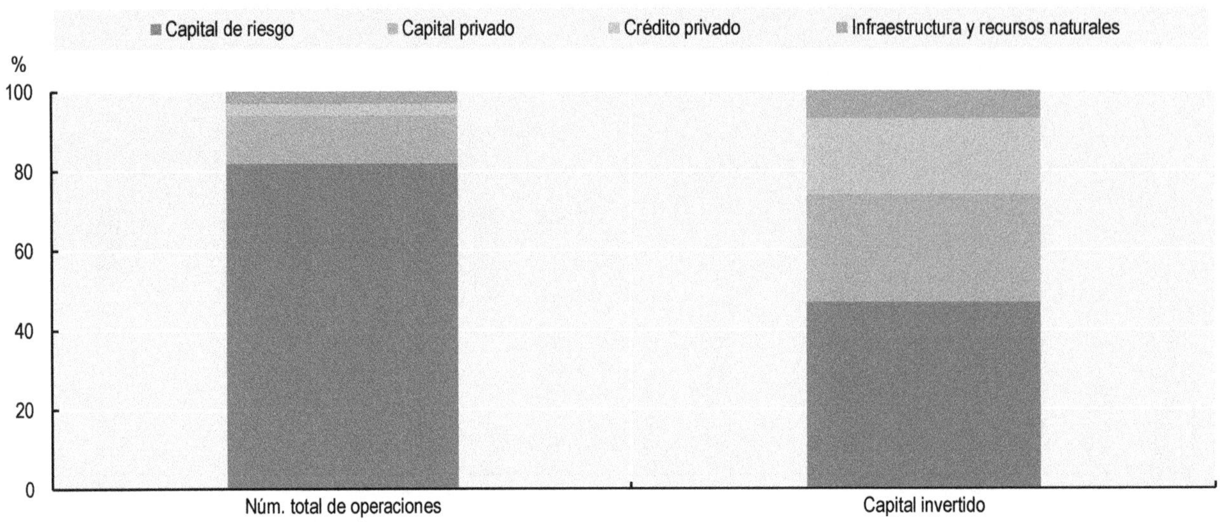

Nota: El "capital de riesgo" es un tipo de financiamiento de capital para empresas nuevas o en crecimiento que se considera tienen potencial de crecimiento a largo plazo. "Capital privado" se refiere a un tipo de inversión alternativa en la que los inversores compran acciones de una empresa de titularidad privada, por lo general en empresas maduras. Por "crédito privado" se entiende los préstamos concedidos por inversores a empresas o particulares, que generan una rentabilidad en forma de pago de intereses. "Infraestructura y recursos naturales" hace referencia al capital invertido específicamente en proyectos relacionados con los recursos naturales y el desarrollo de infraestructuras (Preqin, 2024[99]).
Fuente: Elaboración del autor a partir de (LAVCA, 2023[100]).

StatLink https://stat.link/3dxcsv

Históricamente, las inversiones de capital de riesgo en ALC han sido bajas en comparación con otras regiones del mundo. América del Norte es el principal inversor en este ámbito, pero Europa y Asia también superan a ALC en financiamiento mediante capital de riesgo per cápita (Rudolph, Miguel and Gonzalez-Uribe, 2023[98]). América del Norte y Asia también son las regiones con las mayores operaciones en promedio, y ALC se sitúa muy por detrás. Después de lograr un fuerte avance en 2021, en 2023 pasó a ser la región con el menor tamaño de las operaciones de financiamiento en promedio. Por su parte, la región de Oriente Medio y el Norte de África (OMNA) ha mejorado su posición desde 2016 y ahora supera a Europa (Gráfico 3.23, Panel A).

La dinámica del capital de riesgo ha desmejorado recientemente en ALC tras un auge en 2021. El financiamiento de capital de riesgo en la región incrementó de 1 100 millones de USD (249 operaciones) en 2016 a 25 100 millones de USD (859 operaciones) en 2021 (Gráfico 3.23, Panel B). Este crecimiento se vio impulsado por distintos factores, como los incentivos para reactivar el mercado tras el COVID-19; el aumento de la demanda de servicios digitales desde la pandemia; la participación de un número reducido de inversores acaudalados no nacionales; la aparición de oportunidades de salida rentables; y el desarrollo de un ecosistema local propicio para las empresas emergentes (Rudolph, Miguel and Gonzalez-Uribe, 2023[98]). Sin embargo, como ocurrió en otras regiones, la inversión en ALC cayó hasta situarse por debajo de los niveles prepandemia después de 2021, y en 2023 se había reducido hasta los 5 400 millones de USD.

Gráfico 3.23. Tamaño promedio de las operaciones de capital de riesgo por región e inversión anual en capital de riesgo en ALC, 2016-23

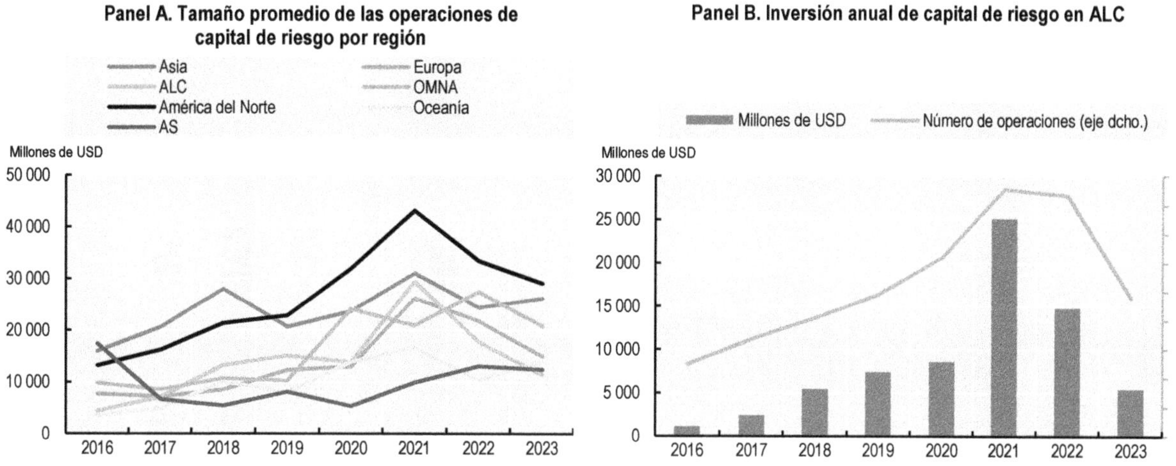

Nota: Debido a la falta de información sobre el volumen de operaciones, los valores se imputaron sobre la base del tamaño promedio de las operaciones por grupos de regiones objetivo, años y mercados verticales. Panel A: Las cifras se calcularon como la media simple de los países de cada región. OMNA= Oriente Medio y Norte de África; y AS = África subsahariana.
Fuente: Cálculo de los autores a partir de (Preqin, 2024[101]).

StatLink https://stat.link/x6hsf1

El capital de riesgo desempeña un papel especialmente importante para el emprendimiento, que es esencial para el crecimiento económico, la creación de empleo y el fomento de la innovación en los sectores emergentes. Pese a la evolución reciente de este tipo de financiamiento, el ecosistema de empresas emergentes de ALC continúa siendo robusto y favorece la resiliencia en un contexto de dificultades económicas. Los emprendedores de empresas emergentes son vitales para aprovechar las tecnologías digitales y con ellas dar respuesta a problemas socioeconómicos. Al introducir innovaciones disruptivas en sectores de actividad tradicionales, las empresas financiadas con capital de riesgo pueden mejorar la accesibilidad a servicios tecnológicos y financieros, forjando un futuro prometedor para la región (Berg, Rubio and Lask, 2024[102]).

En comparación con otras regiones del mundo, ALC asigna una cantidad considerable de financiamiento de capital de riesgo a los mercados verticales *fintech* y de aplicaciones móviles, aunque está rezagada en manufacturas, inteligencia artificial y tecnologías limpias. Las aplicaciones móviles, a las que se destinó casi el 28% del capital invertido en 2023, son el mercado vertical[5]que recibe más inversión en la región (Gráfico 3.24). Otros mercados verticales destacados son la tecnología de cadena de bloques, la tecnología de la salud y el comercio electrónico. En lo que respecta a los sectores de actividad, el de los servicios financieros recibe aproximadamente el 19% del financiamiento de capital de riesgo en ALC, por detrás del de la tecnología de la información (41%) y del sector de los servicios de empresa a cliente (B2C) (29%). A nivel global, ALC se ubica como la región con mayor concentración de financiamiento de capital de riesgo en el sector de servicios financieros, y como segunda respecto a la relevancia del mercado vertical de *fintech* (Rudolph, Miguel and Gonzalez-Uribe, 2023[98]).

Gráfico 3.24. Inversión de capital de riesgo por mercado vertical en ALC (2016-23) y por región (2023)

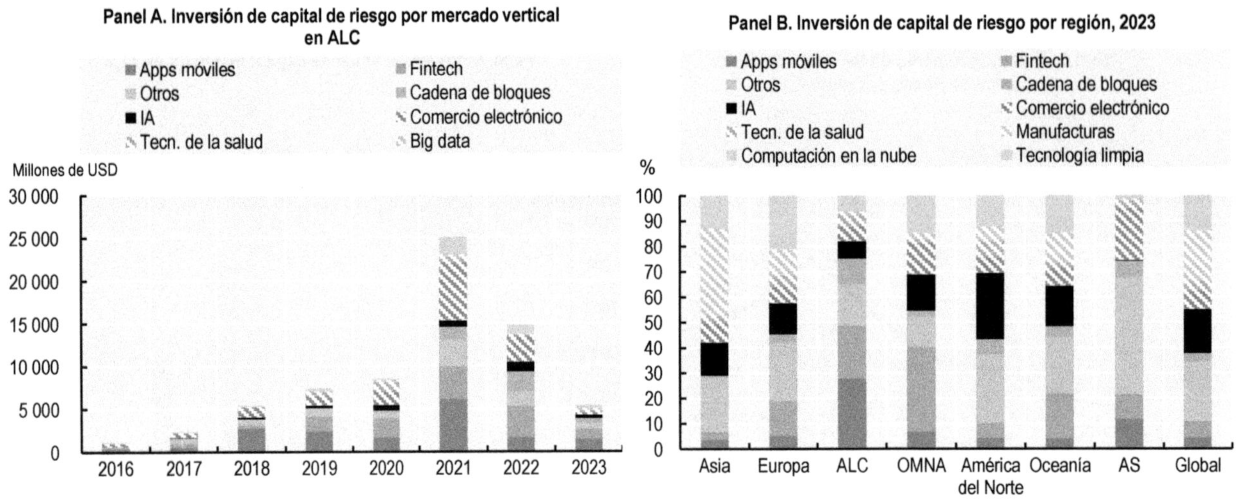

Nota: IA = inteligencia artificial; OMNA= Oriente Medio y Norte de África; AS = África subsahariana. Debido a la falta de información sobre el tamaño de las operaciones en algunos casos, los valores del tamaño de las operaciones se imputaron a partir del tamaño promedio de las operaciones por grupos de regiones objetivos, años y mercados verticales.
Fuente: Cálculo de los autores a partir de (Preqin, 2024[101]).

StatLink https://stat.link/nk7amw

La inversión de capital de riesgo en la región ha procedido fundamentalmente de empresas extranjeras. Inversores no nacionales participaron en aproximadamente el 74% de las operaciones llevadas a cabo en el período 2016-23, en promedio (Gráfico 3.25). Este tipo de inversores también ha tenido un peso importante atendiendo al número de operaciones: durante el mismo período, alrededor del 68% de las operaciones contaron con la participación de al menos un inversor no nacional. Sin embargo, no todos los inversores extranjeros tienen la misma importancia en la región, el 70% del auge de la inversión extranjera de capital de riesgo desde 2019 puede atribuirse a cuatro inversores fundamentales: SoftBank, Tiger Global, DST Global y Ribbit Capital (Rudolph, Miguel and Gonzalez-Uribe, 2023[98]).

Gráfico 3.25. Inversores de capital de riesgo nacionales frente a extranjeros en ALC, 2016-23

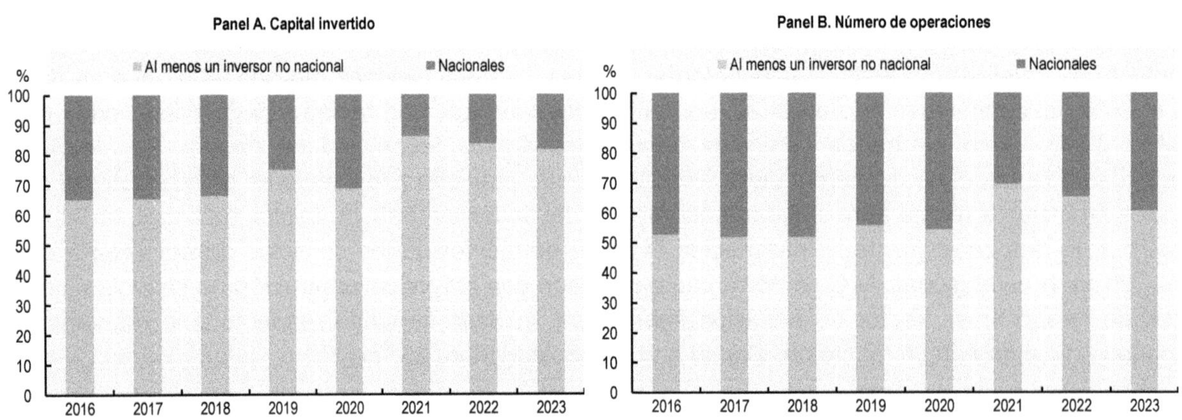

Nota: Debido a la falta de información sobre el tamaño de las operaciones en algunos casos, los valores se imputaron a partir del tamaño promedio de las operaciones por grupos de regiones objetivos, años y mercados verticales. Este gráfico se basa en una muestra reducida de observaciones con información tanto sobre el inversor como sobre el país objetivo.
Fuente: Cálculo de los autores a partir de (Preqin, 2024[101]).

StatLink https://stat.link/wpyquk

Mercados nacionales de bonos corporativos

Los mercados nacionales de bonos corporativos son fundamentales para estimular el crecimiento económico y apoyar la estabilidad macroeconómica (Powell and Valencia, 2023[103]). Estos mercados contribuyen a la formación de capital, a la diversificación de la inversión y a la gestión de los riesgos. Mediante la emisión de bonos, el sector privado puede diversificar sus fuentes de financiamiento y no depender de los préstamos bancarios y el financiamiento de capital tradicionales. Emitir bonos en el mercado local ofrece a las empresas una amplia gama de ventajas, como la reducción de los costos de transacción, la familiaridad con los inversores locales, la reducción del riesgo de cambio, el apoyo a la economía nacional y el conocimiento de la regulación. Un bono corporativo se considera nacional cuando cumple cuatro criterios: i) el emisor cotiza en el mercado de valores local; ii) el emisor es residente fiscal; iii) el bono emitido se rige por la legislación local; y iv) el lugar de emisión es el mercado nacional (Aldasoro, Hardy and Tarashev, 2021[104]).[6]

La emisión en el mercado de bonos corporativos sigue bastante subdesarrollada en ALC. En 2023, el monto pendiente de pago de bonos corporativos en la región representaba alrededor del 2% del total mundial, una proporción relativamente pequeña en comparación con las de Estados Unidos, Europa y Asia (OECD, 2024[105]). Los fundamentos económicos ayudan a explicar el desarrollo de los mercados de bonos en la moneda local, mientras que han tenido una influencia mínima en los mercados de bonos en moneda extranjera (Ayala Pena, Nedeljkovic and Saborowski, 2015[106]).

En la mayoría de las economías de ALC, el sector público es el principal emisor en los mercados nacionales de bonos. Entre 2015 y 2023, las entidades públicas del ámbito nacional o subnacional (incluido el banco central) emitieron el 81% del total de emisiones de bonos locales en ALC, en promedio, mientras que los bonos corporativos representaron el 19% faltante (Gráfico 3.26). Sin embargo, hay una gran heterogeneidad en la región, en la que la emisión de bonos corporativos alcanza la mayor proporción en economías caribeñas como Bahamas, Barbados y Trinidad y Tobago.

Gráfico 3.26. Emisión de bonos corporativos y públicos nacionales en ALC, 2015-23

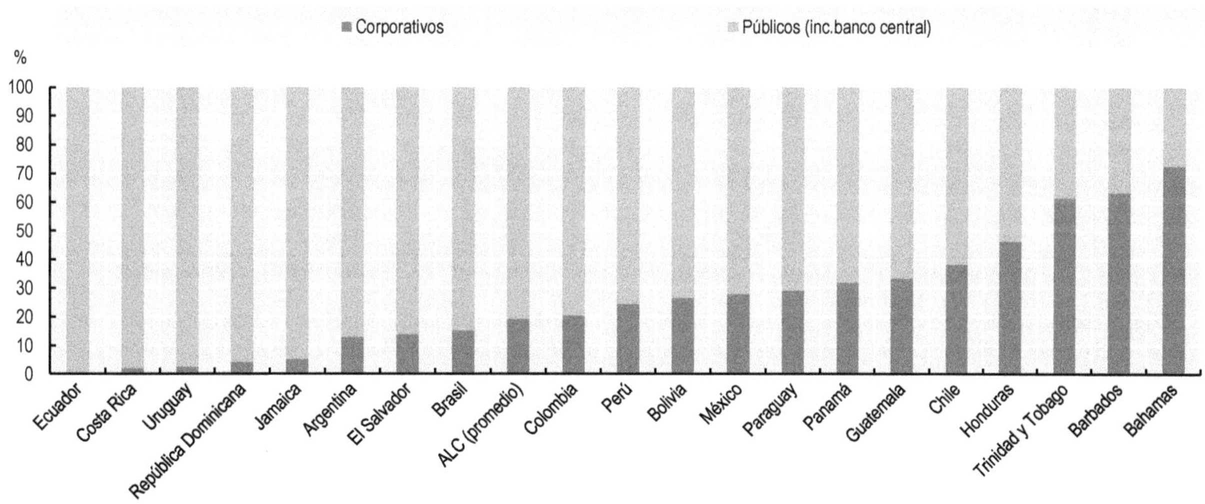

Nota: Porcentajes sobre el monto emitido en USD. Bonos se refiere a los emitidos durante el período entre el 1 de enero de 2015 y el 31 de diciembre de 2023. Incluye los bonos con un vencimiento inicial superior a un año y las emisiones por un monto superior a 1 millón de USD.
Fuente: Cálculo de los autores a partir de (OECD, 2024[96]).

StatLink https://stat.link/puqmgb

El mercado local de bonos corporativos en ALC está muy concentrado en unas pocas economías. Entre 2015 y 2023, el 73% del monto total de bonos corporativos emitidos en mercados nacionales procedía de Brasil (37.7%) y México (35.7%), seguidos por Chile (9.2%), Argentina (5.3%) y Colombia (4.3%). Otras economías de ALC tienen un mercado de bonos privados activo, pero mucho más pequeño: 13 países de la región tienen participaciones inferiores al 1%, lo que pone de manifiesto la necesidad de desarrollar mercados locales de bonos.

La demanda de bonos corporativos en la región procede fundamentalmente de grandes fondos de pensiones, que invierten especialmente en instrumentos con grado de inversión, de manera que excluyen del mercado a las empresas con calificaciones más bajas, que se ven obligadas a recurrir al financiamiento bancario. El sector de los seguros y los fondos de inversión también son actores importantes en el lado de la demanda de los bonos corporativos (Vtyurina, Robles and Sutton, 2017[107]). La fuerte preferencia por emisores con calificaciones elevadas es un obstáculo para los nuevos emisores, especialmente para las pymes, que normalmente se consideran empresas más riesgosas que las que cuentan con grado de inversión y que enfrentan una menor demanda entre los inversores institucionales.

Las empresas no financieras son los emisores más importantes de los mercados de bonos corporativos de la región.[7] A estas les corresponde alrededor del 67% del monto total emitido por empresas y el 63% del número total de emisiones del sector corporativo (Gráfico 3.27, Panel A). Esto quiere decir que el monto promedio emitido por una empresa no financiera es 1.2 veces mayor que el de la sociedad financiera promedio (Gráfico 3.27, Panel B). Esto puede atribuirse, en parte, a los tipos de bonos incluidos en el análisis. Los bancos y otras instituciones financieras suelen emitir más instrumentos de montos reducidos que las entidades no financieras, en particular certificados de depósito y letras a corto plazo para hacer frente a sus necesidades de financiamiento a corto plazo.

Gráfico 3.27. Emisores nacionales de bonos corporativos en ALC y monto promedio emitido, 2015-23

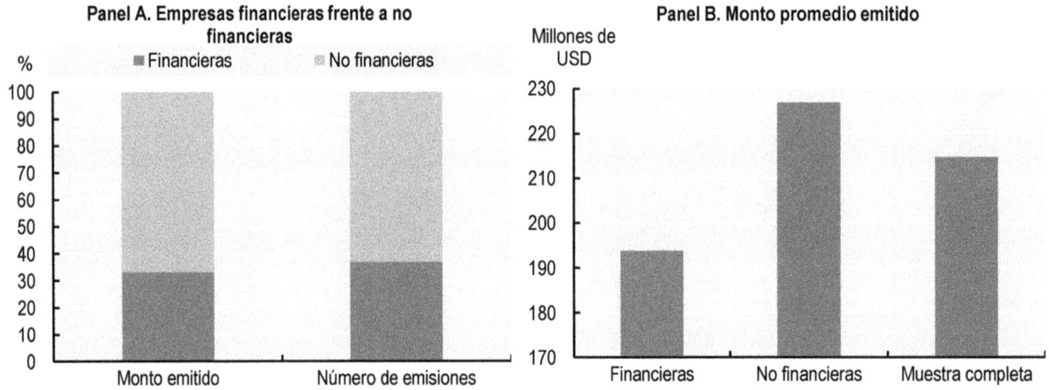

Nota: Bonos emitidos durante el período entre el 1 de enero de 2015 y el 31 de diciembre de 2023. Incluye los bonos con un vencimiento inicial superior a un año y las emisiones por un monto superior a 1 millón de USD. Los países incluidos en la muestra son: Argentina, Bahamas, Barbados, Bolivia, Brasil, Chile, Colombia, Costa Rica, Ecuador, El Salvador, Guatemala, Honduras, Jamaica, México, Panamá, Paraguay, Perú, República Dominicana, Trinidad y Tobago y Uruguay.
Fuente: Cálculo de los autores a partir de (OECD, 2024[96]).

StatLink https://stat.link/9i3z6w

Hay margen para mejorar la composición por monedas de las emisiones de bonos de empresas no financieras en los mercados nacionales. Entre 2015 y 2023, un promedio de 42% del monto emitido en ALC estaba denominado en moneda local, mientras que el otro 58% lo estaba en monedas extranjeras. En contraste, globalmente, las emisiones en moneda local representaban el 83% del monto total emitido, un porcentaje que ascendía hasta el 86% en los mercados emergentes (Gráfico 3.28, Panel A). Esto resalta la dependencia que la región tiene al crédito en moneda extranjera y los desajustes de monedas en los balances de las empresas, que las exponen al riesgo de cambio (Eichengreen, Hausmann and Panizza, 2005[108]). Sin embargo, la proporción del monto emitido en monedas locales ha aumentado en la región en los últimos años. Entre 2022 y 2023, esa proporción alcanzó el 71%, lo que cambió el panorama de la composición por monedas (Gráfico 3.28, Panel B). Esto se debió a dos factores. Por una parte, se produjo un incremento de la emisión en moneda local, hasta superar incluso los niveles previos a la pandemia. Entre 2019 y 2023, el monto emitido (medido en USD) en monedas locales en ALC creció un 53%. Por otro lado, durante el mismo período se produjo una disminución significativa del monto emitido en moneda extranjera en la región, lo que refleja una deuda neta más baja y no una corrección real de los desajustes de monedas (Haussmann and Panizza, 2011[109]). Fortalecer los mercados de bonos en moneda local es esencial para reducir estos riesgos.

Gráfico 3.28. Composición por monedas de los bonos de empresas no financieras emitidos por grupos de países, 2015-23

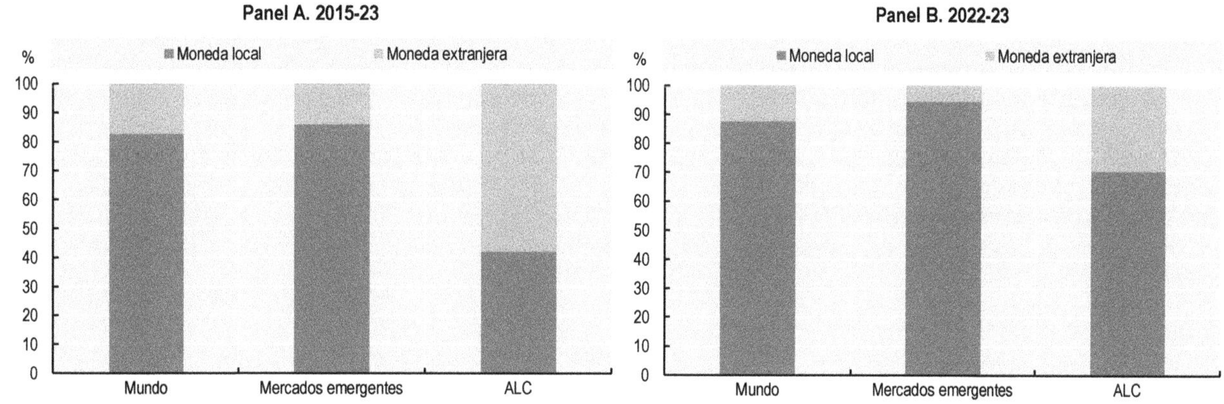

Nota: Los porcentajes corresponden al monto emitido (en USD). "Bonos" se refiere a los emitidos durante el período entre el 1 de enero de 2015 y el 31 de diciembre de 2023. Incluye los bonos con un vencimiento inicial superior a un año y las emisiones por un monto superior a 1 millón de USD. Los países incluidos en el grupo de ALC son: Argentina, Bahamas, Barbados, Bolivia, Brasil, Chile, Colombia, Costa Rica, Ecuador, El Salvador, Guatemala, Honduras, Jamaica, México, Panamá, Paraguay, Perú, República Dominicana, Trinidad y Tobago y Uruguay.
Fuente: Cálculo de los autores a partir de (OECD, 2024[96]).

StatLink https://stat.link/mancol

Las empresas no financieras y financieras de ALC emiten bonos con plazos de vencimiento más largos que las de los mercados emergentes. Entre 2015 y 2023, el plazo de vencimiento promedio de las emisiones de empresas financieras era de 7.7 años, mientras que el de las empresas no financieras se situaba en 10.1 años (Gráfico 3.29, Panel A). En los mercados emergentes se observan vencimientos más breves y similares para ambos sectores: 5.3 años en el caso de las empresas financieras y 5.1 años en el de las no financieras. El plazo promedio de vencimiento se ha reducido en los dos últimos años, especialmente en el caso de las empresas no financieras. Entre 2022 y 2023, el plazo promedio de vencimiento de las emisiones en ALC alcanzó los 6.7 años en el caso de las empresas financieras y los 7.5 años en el de las no financieras (Gráfico 3.29, Panel B). Esta disminución acerca a ALC a los plazos de los mercados emergentes, aunque la diferencia continúa superando los 2.5 años para el plazo promedio de vencimiento. Esta evolución de los plazos de vencimiento puede deberse a la reducción de las emisiones en moneda extranjera mencionada previamente. Los datos relativos a las empresas financieras deben interpretarse con precaución, ya que muchas empresas financieras de ALC utilizan con frecuencia bonos con plazos de vencimiento inferiores a un año, que no están incluidos en la muestra.

Gráfico 3.29. Plazo promedio de vencimiento de los bonos corporativos emitidos por grupos de países y sectores, 2015-23

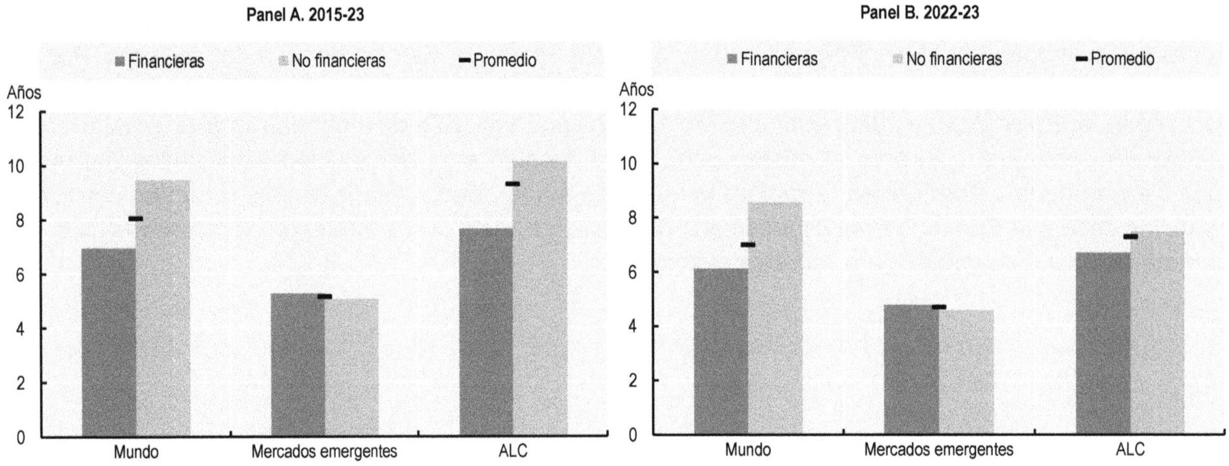

Nota: El plazo promedio de vencimiento por año se pondera con el monto emitido. El plazo promedio de vencimiento durante un período de años se calcula como la media simple del plazo promedio de vencimiento anual. Bonos emitidos durante el período entre el 1 de enero de 2015 y el 31 de diciembre de 2023. Incluye los bonos con un vencimiento inicial superior a un año y las emisiones por un monto superior a 1 millón de USD. Los países incluidos en el grupo de ALC son: Argentina, Bahamas, Barbados, Bolivia, Brasil, Chile, Colombia, Costa Rica, Ecuador, El Salvador, Guatemala, Honduras, Jamaica, México, Panamá, Paraguay, Perú, República Dominicana, Trinidad y Tobago y Uruguay.
Fuente: Cálculo de los autores a partir de (OECD, 2024[96]).

StatLink https://stat.link/xegulm

Los mercados locales de bonos corporativos continúan desarrollándose en ALC, pero hay margen de mejora. Estos mercados podrían profundizar su desarrollo incrementando los montos emitidos y, por consiguiente, el tamaño del mercado; ampliando y/o diversificando el número de emisores; alargando el plazo de vencimiento de los bonos no financieros; y reduciendo los costos de acceso al mercado. Prolongar los plazos de vencimiento de las emisiones en moneda local de empresas no financieras también es importante para evitar desajustes de monedas y movilizar el ahorro interno para financiar proyectos a largo plazo en la región. De manera similar, el desarrollo de una curva de rendimientos robusta del mercado de bonos soberanos en moneda local podría ofrecer al sector privado una referencia con la que comparar los costos de financiamiento a medio y largo plazo. Además, el peso de los bonos con criterios ambientales, sociales y de gobernanza (ASG) en el mercado ha aumentado en los últimos años y estos instrumentos representan una oportunidad para el desarrollo del mercado (Capítulo 4).

Múltiples políticas podrían contribuir al desarrollo de los mercados de bonos corporativos. Por ejemplo, un subsidio público-privado parcial del precio de las calificaciones crediticias siempre que estas sean obligatorias para las empresas que emitan deuda por primera vez podría ayudar a reducir el costo de la emisión. En 2004 se llevó a cabo una iniciativa similar en África, con resultados satisfactorios (Grandes and Pinaud, 2005[110]). Exenciones fiscales correctamente utilizadas también podrían contribuir a reducir los costos de emisión. En Brasil, por ejemplo, el Gobierno introdujo en 2011 un nuevo marco en virtud del cual las empresas privadas pueden emitir bonos para infraestructura, con el fin de promover el desarrollo de mercados de capitales privados a largo plazo y reforzar el financiamiento de proyectos de infraestructura. Si los recursos se utilizan para financiar proyectos de infraestructura, los intereses de los bonos y las ganancias de capital pueden acogerse a una exención de impuestos (Cavallo, 2023[111]).

Los responsables de la formulación de políticas deberían tener en cuenta las ventajas e inconvenientes respectivos de desarrollar pequeños mercados de bonos locales o de optar por fomentar la integración regional de los mercados de bonos nacionales. Si se opta por el enfoque regional, los países más pequeños de ALC podrían integrarse en mercados relativamente más desarrollados para reducir los costos de emisión y beneficiarse de un conjunto de inversores más diversificado, más profundo y más líquido. Esto podría dar lugar a la aparición de "*hubs* regionales de mercados de bonos financieros" a mediano plazo, lo que reportaría beneficios en términos de economías de escala y de menores costos de endeudamiento, ya que estos *hubs* proporcionarían reservas de capital más profundas y amplias, en particular para las empresas medianas. Sin embargo, las economías menos desarrolladas de ALC se verían obligadas a emitir bonos en monedas distintas de la suya, muy probablemente en USD, y tendrían que poder asumir los costos tecnológicos, regulatorios y culturales de integrarse en esos *hubs*.

Integración financiera regional

La integración financiera regional tiene el potencial de ampliar el acceso a los mercados de capitales, ya que puede incrementar la eficiencia, reducir los costos de transacción, mejorar las condiciones de liquidez y mitigar riesgos. La integración puede crear incentivos para que los inversores extranjeros adquieran activos de distintos países y, por tanto, diversifiquen sus carteras en un mercado único. Además, teniendo en cuenta que el acceso a los mercados de capitales en ALC está mayormente restringido a gobiernos, grandes empresas y empresas estatales, la integración regional podría aumentar la base de emisores y llevar la inversión a nuevos sectores (Bown et al., 2017[112]). Por último, un aumento de la demanda de activos cotizados en un mercado único debería contribuir a reducir los costos de financiamiento de los emisores.

La región presenta obstáculos a la integración, que incluyen el entorno macroeconómico, la escasa oferta y demanda del mercado, los marcos regulatorios y la infraestructura del mercado. En cuanto al aspecto macroeconómico, la región muestra una gran heterogeneidad entre países tanto en cuanto al entorno como en lo referente a la estabilidad, así como regímenes cambiarios diferentes y tipos de cambio volátiles. Además, la oferta y la demanda de valores son escasas, debido tanto al reducido número de emisores e inversores como a la falta de educación financiera. Por último, los distintos marcos regulatorios y tributarios y el uso de plataformas diferentes en cada uno de los mercados bursátiles también plantean dificultades para la integración en ALC (Bonita et al., 2020[113]; IDB/Wilson Center, 2016[114]).

El Mercado Integrado Latinoamericano (MILA), lanzado en 2011, fue el primer intento de integración de la región. El MILA, una iniciativa de las bolsas de Chile, Colombia y Perú, se puso en marcha con el objetivo de competir con mercados de mayor tamaño. Sin embargo, los volúmenes de negociación del MILA continuaron siendo inferiores a los de Brasil y México. En 2014, México se unió al grupo y el MILA alcanzó una capitalización bursátil similar a la de la bolsa de Brasil, pero con un volumen de negociación inferior (OECD, 2019[95]). Sobre el papel, el MILA tenía por objeto facilitar la emisión, negociación y liquidación de valores entre países, permitiendo al mismo tiempo que cada bolsa mantuviera su independencia (IDB/Wilson Center, 2016[114]). Sin embargo, en la práctica, el MILA no logró el desempeño esperado y estaba impulsado fundamentalmente por Chile y México, que sumaban más del 90% de los volúmenes negociados totales en 2018, llevando a la plataforma a parar sus operaciones (Gráfico 3.30).

Gráfico 3.30. Participación de cada país en el volumen negociado total del MILA, 2012-18

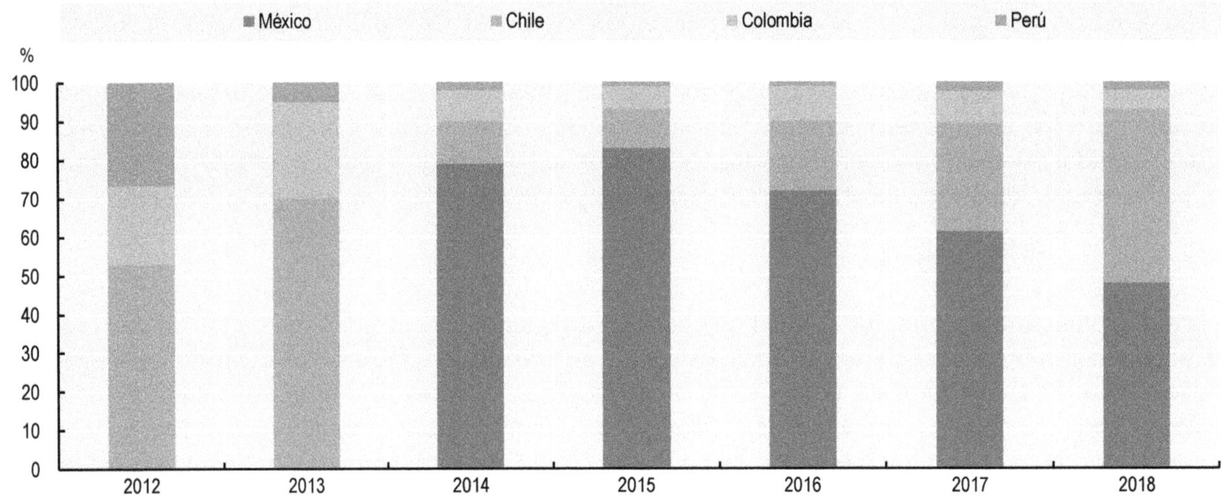

Nota: MILA = Mercado Integrado Latinoamericano.
Fuente: Elaboración de los autores a partir de (Botero-Guzmán et al., 2023[115]).

StatLink https://stat.link/isc9g4

Desde 2020, nuam exchange ha surgido como una nueva posibilidad de integración regional. Nuam exchange es una iniciativa privada conjunta para crear una infraestructura de mercado regional, a partir de la integración de las bolsas de Santiago, Lima y Colombia en un único mercado. Esta iniciativa pretende integrar los activos y los modelos de negocio, utilizando una única plataforma y abogando por la armonización de las regulaciones de los países (nuam exchange, 2024[116]). En estos momentos, las tres bolsas se encuentran inmersas en el proceso de integración. Legalmente están integradas bajo nuam exchange y trabajan en la integración de las operaciones y de su plataforma de negociación, que se espera que empiece a funcionar en 2025 (Rodríguez Martínez, 2024[117]). Nuam exchange sigue los pasos de Euronext, la destacada infraestructura del mercado paneuropeo nacida en 2000 con la fusión de las bolsas de Ámsterdam, Bruselas y París.

Esta integración del mercado puede contribuir al desarrollo de los mercados de capital locales y a atraer inversores internacionales. En agosto de 2024, nuam exchange comunicó una capitalización bursátil de casi 450 000 millones de USD, el 43% procedente de la Bolsa de Valores de Lima, el 39% de la Bolsa de Comercio de Santiago y el 18% de la Bolsa de Valores de Colombia. En cuanto al número de emisores, el mercado integrado alcanzó los 445 emisores de renta variable y los 345 emisores de renta fija (Gráfico 3.31). Actualmente, nuam exchange tiene un tamaño similar al de la bolsa de Malasia (en capitalización bursátil), la bolsa de Estambul (en número de emisores de renta variable) y la bolsa de Londres (en número de operadores) (nuam exchange, 2024[118]). Además, entre enero y agosto de 2024, se negociaron en nuam exchange más de 721 000 millones de USD en más de 12 millones de operaciones, incluidas operaciones de renta variable, especiales, de renta fija, de derivados y monetarias (nuam exchange, 2024[119]). Para poder dar los siguientes pasos en la integración, es necesario que las autoridades de Chile, Colombia y Perú aprueben el reconocimiento mutuo de los operadores y la interoperabilidad de las entidades de contrapartida central.[8] Esto supondría que los operadores de cualquiera de los tres países podrían entrar en cualquiera de los tres mercados y que las entidades de contrapartida central de los tres países podrían comunicarse y colaborar entre ellas. Prácticas que son habituales en los mercados europeos.

Gráfico 3.31. Capitalización bursátil y número de emisores de nuam exchange por país, agosto de 2024

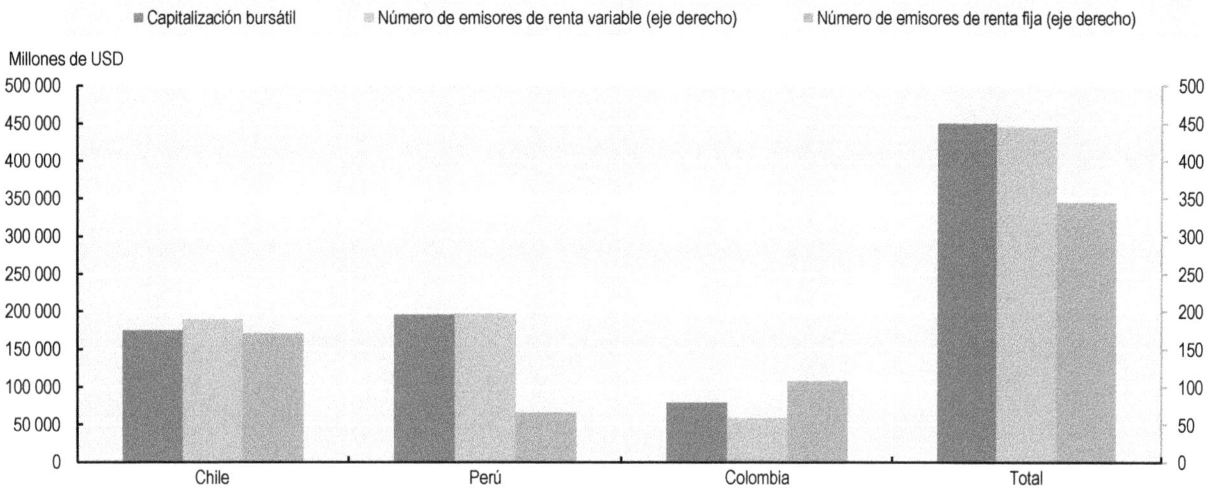

Nota: El número de emisores de renta variable no incluye los fondos cotizados ni los ETF.
Fuente: Elaboración de los autores a partir de (nuam exchange, 2024[119]; nuam exchange, 2024[118]).

StatLink https://stat.link/lykpqe

Históricamente, la integración regional de mercados bursátiles se ha llevado a cabo por dos vías: la creación de plataformas de negociación, como el no operativo MILA, y la integración plena de las bolsas, como en el caso de nuam exchange. El primer tipo de integración se ha utilizado mayoritariamente en los mercados emergentes. Algunos ejemplos son el South Eastern Europe Link, el Trading Link de la Asociación de Naciones del Sudeste Asiático y el Shanghai-Hong Kong Stock/Bond Connect (Pirgaip, Ertuğrul and Ulussever, 2021[120]). La integración plena se ha utilizado principalmente en Europa, con la fusión de Euronext, la integración de OMX, la fusión entre la Bolsa de Londres y la Borsa Italiana, y el grupo Eastern Europe Stock Exchange Group (Dorodnykh, 2014[121]). Se ha constatado que la integración con una armonización plena tiene un impacto mayor en el volumen de negocio (Pirgaip, Ertuğrul and Ulussever, 2021[120]).

Mercados internacionales de capitales

ALC en los mercados internacionales de deuda

La emisión de bonos de ALC por emisores de los sectores público y corporativo en los mercados internacionales aumentó en 2023, tras una ralentización en 2022. Este incremento se vio favorecido por la apreciación de las monedas de la región, la desaceleración de la inflación y el final de las subidas de las tasas de interés. La emisión de bonos (de deuda tanto pública como corporativa) de la región en los mercados internacionales alcanzó los 89 150 millones de USD en 2023, lo que supone un aumento del 39.7% con respecto al año previo (Gráfico 3.32). La participación de la región en los mercados internacionales de deuda se reparte de manera muy equilibrada entre emisores soberanos y corporativos. En 2023, los bonos soberanos representaron un 51.8% de la emisión total (46 170 millones de USD) y los bonos corporativos, el otro 48.2% (42 980 millones de USD) (ECLAC, 2024[122]).

Gráfico 3.32. Emisión internacional de bonos de deuda pública y corporativa de ALC, 2019-23

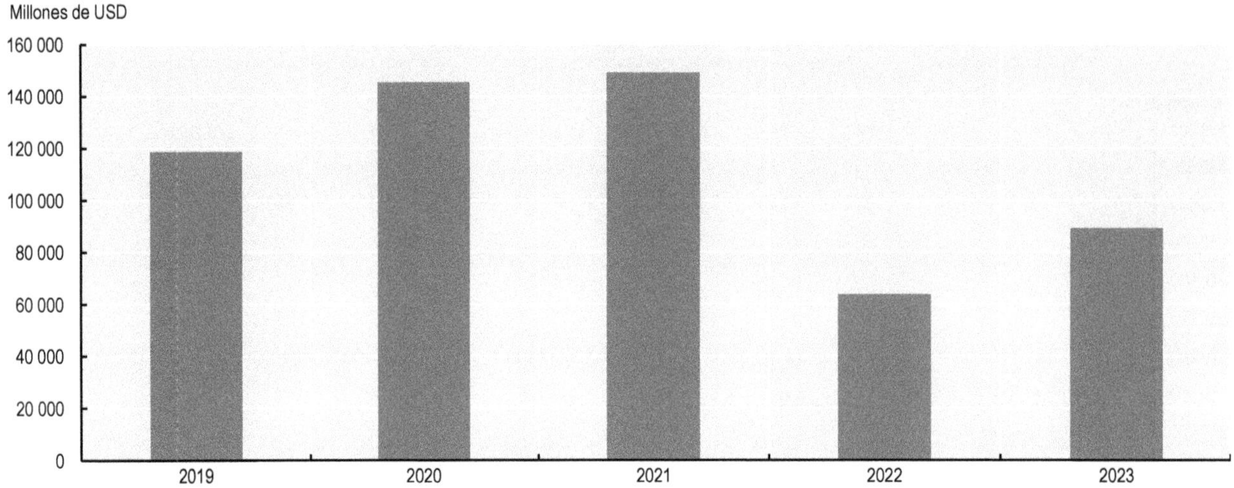

Fuente: Elaboración de los autores a partir de (ECLAC, 2024[122]).

Replicando la situación en los mercados nacionales de la región, la actividad de emisión internacional en ALC está muy concentrada en un número reducido de países. Cuatro países acaparan casi el 70% de la emisión internacional total (pública y corporativa): Brasil (21.1%), Chile (19.3%), México (17%) y Colombia (10.1%) (Gráfico 3.33). Además, los bonos supranacionales[9] representan el 8.6% de la emisión total, una proporción superior a las de Costa Rica, Panamá, Perú y la República Dominicana, entre otros.

Gráfico 3.33. Emisión internacional de bonos de deuda pública y corporativa de ALC por país, 2023

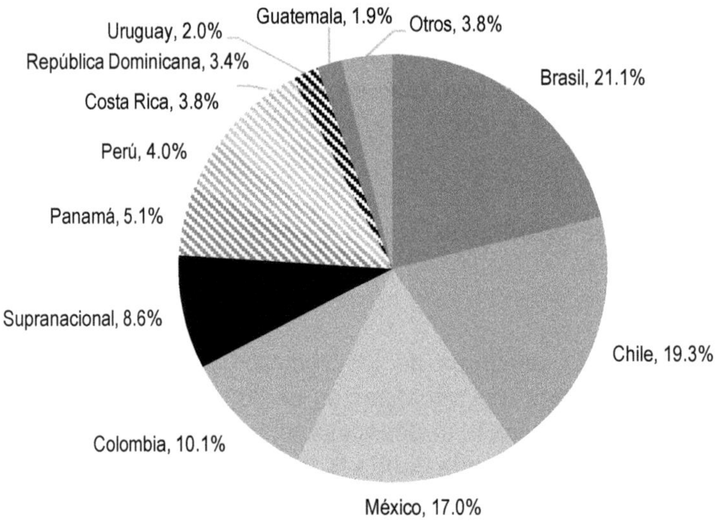

Fuente: Elaboración de los autores a partir de (ECLAC, 2024[122]).

StatLink https://stat.link/ob28mf

Riesgos y solvencia de los mercados internacionales de capitales

Una solvencia elevada y un riesgo equilibrado son factores cruciales para mantener mercados de capitales bien desarrollados y fuertes. La solvencia es la capacidad de hacer frente a obligaciones a largo plazo, como la deuda. Indica si los inversores, acreedores y otras partes interesadas pueden confiar en que las empresas reembolsarán sus deudas o generarán rentabilidad, lo que permitirá que el mercado funcione correctamente (Factris, 2023[123]). Como los inversores buscan una rentabilidad elevada, también buscan riesgos elevados. Por lo tanto, a los inversores y a las instituciones les interesa gestionar el riesgo al que está expuesto el mercado, ya que equilibrar los riesgos puede mantener la estabilidad del mercado incluso cuando enfrenta choques (Karacadag, Sundararajan and Elliott, 2003[124]).

El riesgo en la región disminuyó en 2023 tras un primer trimestre complicado. En comparación con otras regiones, ALC se situó en la mitad de la clasificación de diferenciales de los bonos corporativos. El JP Morgan Corporate Emerging Markets Bond Index (CEMBI) mide el interés adicional (en puntos básicos) que paga un bono corporativo internacional con respecto a un bono de deuda pública en los mercados emergentes. Ese diferencial es una medida del riesgo que se percibe que tienen las empresas de los mercados emergentes. El diferencial del CEMBI de la región se situó en 321 puntos básicos a finales de diciembre de 2023, tras perder 36 puntos básicos durante el año. Este nivel es inferior en 62 puntos básicos al de su homólogo de deuda soberana, el EMBIG. Tras un aumento de los diferenciales de la deuda corporativa de la región en el primer trimestre de 2023 como consecuencia del impago de la empresa brasileña Lojas Americanas en enero, la región consiguió reajustarse en los trimestres siguientes y superó el desempeño de Oriente Medio y Asia (Gráfico 3.34) (ECLAC, 2024[122]).

Gráfico 3.34. Variación anual del diferencial del CEMBI (en puntos básicos) por región, 2023

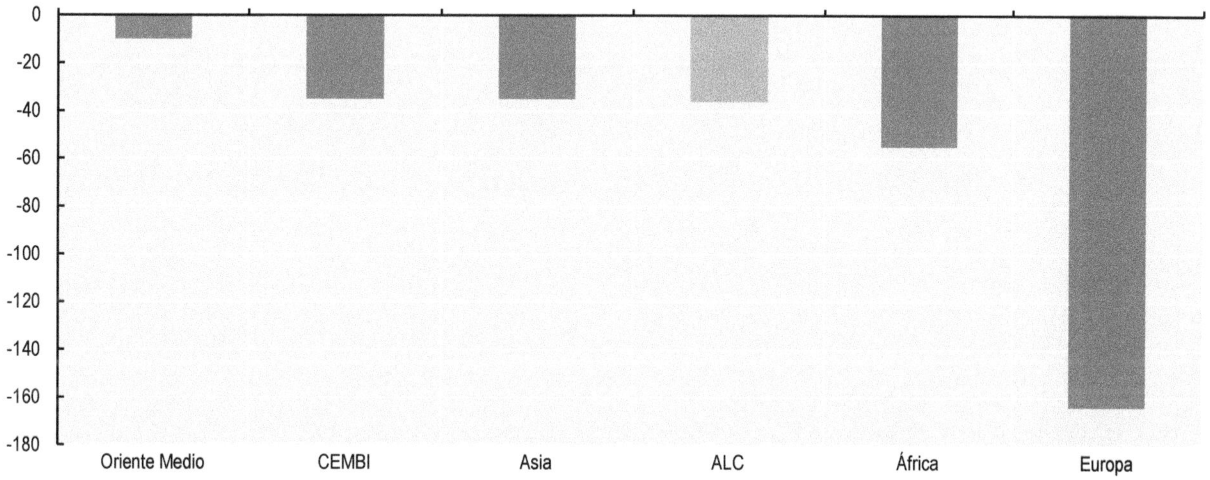

Nota: CEMBI = JP Morgan Corporate Emerging Markets Bond Index.
Fuente: Elaboración de los autores a partir de (ECLAC, 2024[122]).

StatLink https://stat.link/ovkq4d

La regulación de los mercados de capitales en ALC ha experimentado varias transformaciones en los últimos años con el objetivo de mantener el riesgo bajo e incrementar la eficiencia. En Chile, se llevaron a cabo reformas para mejorar la integración internacional del mercado de bonos facilitando la participación de inversores extranjeros. En Brasil se han emprendido iniciativas para modernizar la regulación con miras a reducir los costos de cumplimiento de las empresas que acceden a los mercados de capitales e incrementar la eficiencia regulatoria haciendo uso de las nuevas tecnologías existentes en ese ámbito

(Miranda, 2018[125]). Colombia ha seguido mejorando su aplicación de los principios para la regulación de los mercados de valores de la OICV (Superintendencia Financiera de Colombia, 2024[126]).

En la región continúa habiendo importantes desafíos regulatorios, sobre todo relacionados con la necesidad de facilitar los procesos e incentivar a los nuevos emisores. Las medidas que adopten los reguladores deben subrayar la importancia de una regulación dinámica y adaptativa que pueda dar una respuesta eficaz a las cambiantes condiciones de los mercados y los avances tecnológicos y que garantice el crecimiento y la estabilidad sostenidos de los mercados de capitales de la región. Entre los aspectos que conviene tener en cuenta cabe citar la adaptación de las regulaciones para fomentar una mayor diversificación de las inversiones, la reducción de las barreras operacionales y fiscales para los inversores extranjeros, la mejora de la protección de los derechos de los inversores minoritarios y el fomento de una mayor educación financiera entre la población (Miranda, 2018[125]).

El papel de los American Depositary Receipts

Las grandes empresas de ALC continúan utilizando los *American Depositary Receipts* (ADR) para llegar al mercado de renta variable de Estados Unidos. Un ADR es un valor que representa acciones de una empresa no estadounidense mantenidas por un banco depositario estadounidense. Estos instrumentos facilitan la labor de captación de capital en el extranjero para las empresas de ALC, ya que no están obligadas a cumplir los requisitos de cotización del mercado estadounidense (SEC, 2012[127]). Brasil es el país de ALC con el mayor número de emisores de ADR (72), por delante de México (38) (Gráfico 3.35). Sin embargo, estos instrumentos no son necesariamente la mejor opción para acceder a los mercados, ya que impiden el desarrollo de mercados de capitales locales y perpetúan la salida de empresas de esos mercados. Por tanto, es necesario explorar otras posibilidades para facilitar la entrada a los mercados locales en ALC con el fin de poder ampliarlos.

Gráfico 3.35. Número de emisores de *American Depositary Receipts* en ALC por país, marzo de 2024

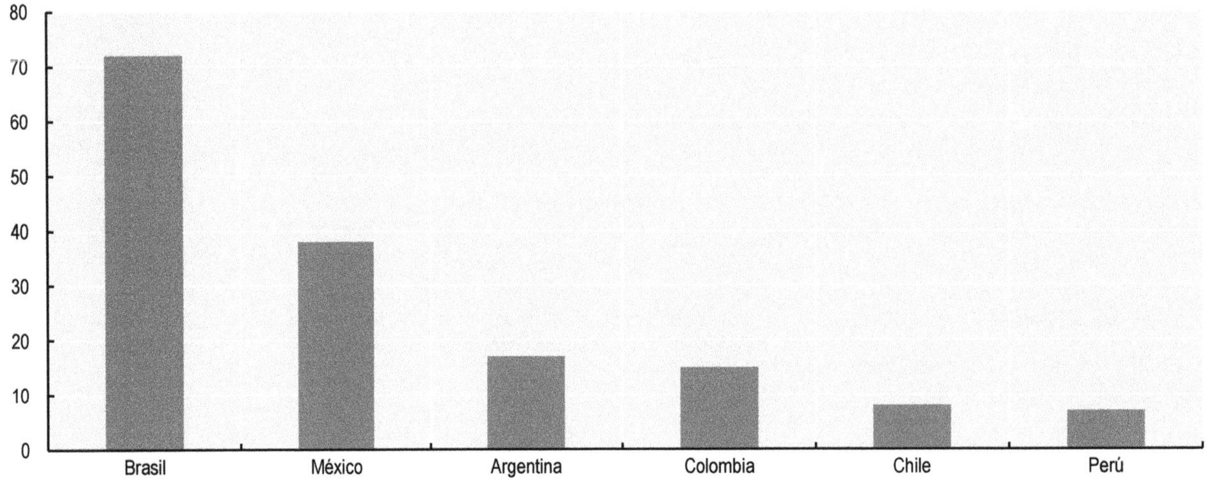

Fuente: Cálculo de los autores a partir de (Investing.com, 2024[128]).

StatLink https://stat.link/z7p0e8

Recomendaciones de políticas

Aprovechar plenamente el potencial de los mercados financieros para avanzar hacia un crecimiento sostenible e inclusivo en ALC requiere canalizar recursos públicos y privados de manera eficaz, impulsar las oportunidades de financiamiento de las pymes, promover la inclusión financiera y aumentar la profundidad de los mercados de capitales. Para alcanzar estos objetivos, es imperativo que los Gobiernos de ALC formulen una estrategia coordinada a largo plazo, utilizando mecanismos institucionales como la planificación del desarrollo nacional y sectorial. Este enfoque movilizará eficazmente tanto al sector público como al privado en pro de los objetivos estratégicos nacionales, trascendiendo los ciclos políticos para consolidar políticas duraderas centradas en mejorar el bienestar de las personas (OECD et al., 2019[129]; OECD, 2021[130]).

Esta estrategia tiene tres aspectos importantes. Primero, mejorar la regulación favorable a la competencia del sistema bancario y reducir las barreras de entrada puede potenciar el dinamismo del sector financiero, lo que reduciría los costos y generalizaría el acceso a servicios financieros. Las medidas focalizadas destinadas a mejorar el acceso a financiamiento de las pymes incluyen el desarrollo de sistemas de reportes de crédito especializados y la promoción de mecanismos alternativos de financiamiento más allá del préstamo con garantías tradicional. Segundo, para promover el crecimiento económico inclusivo es esencial garantizar que las poblaciones subatendidas puedan acceder a productos financieros de alta calidad, aprovechar las innovaciones digitales y promover la competencia financiera. Por último, aumentar la profundidad de los mercados de capitales mediante la modernización de la regulación, alentar la participación de inversores institucionales y promover la integración financiera regional son pasos cruciales para reforzar la eficiencia y la resiliencia del mercado en toda la región (véase el Recuadro 3.4).

Recuadro 3.4. Principales mensajes en materia de políticas

Hacia unos sistemas financieros que funcionen correctamente y canalicen los recursos privados en favor de objetivos de desarrollo

- Reforzar la regulación favorable a la competencia del sistema bancario para incrementar la competencia y reducir las barreras de entrada. Unas políticas de la competencia eficaces contribuyen a reducir el costo de los servicios financieros y a ampliar su oferta, lo que mejora la profundidad y la inclusión financiera.

Hacia un mayor acceso a los mecanismos de financiamiento de las pymes

- Desarrollar sistemas de reportes de crédito diseñados específicamente para las pymes. Estas herramientas permiten a las instituciones financieras evaluar la solvencia con mayor precisión y ofrecer condiciones de financiamiento más favorables.
- Promover mecanismos para mejorar el acceso a financiamiento formal, como por ejemplo sistemas públicos de garantía crediticia proporcionados por IFDs, y explorar alternativas a las prácticas convencionales de préstamo con garantía.
- Reforzar la recopilación de datos y la información estadística relacionada con el financiamiento de las pymes para formular políticas eficaces y con base empírica.
- Adoptar las recomendaciones de la OCDE sobre el financiamiento de las pymes para: i) mejorar el acceso a una amplia gama de instrumentos y canales de financiamiento adaptados a sus necesidades concretas; ii) diseñar una regulación que favorezca la utilización de una serie de instrumentos de financiamiento para las pymes; y iii) fomentar la innovación proporcionando incentivos y condiciones de mercado apropiados.

- Apoyar el financiamiento climático, las IFD nacionales y subnacionales deberían fortalecer aún más su capacidad técnica, tanto para sus clientes como para ellas mismas.

Hacia la inclusión financiera

Velar por que los productos y servicios financieros de alta calidad sean accesibles a todos.

- Elaborar una Estrategia Nacional de Inclusión Financiera exhaustiva, de base empírica y multiinstitucional que defina marcos regulatorios y planes de trabajo detallados y que incluya estrategias claras de seguimiento y evaluación para seguir los avances y realizar ajustes.
- Facilitar el acceso al crédito y otros servicios financieros de las pymes y de los trabajadores informales para mejorar sus oportunidades económicas y su potencial de crecimiento. Promover la formalización de los trabajadores informales para mejorar su acceso a los productos y servicios financieros.
- Llevar a cabo intervenciones específicas para reducir la brecha de género en el acceso financiero, de manera que se garantice que las mujeres tengan las mismas oportunidades de beneficiarse de los servicios financieros que los hombres. Apoyar a las empresas propiedad de mujeres mediante productos y servicios financieros adaptados para promover su participación y crecimiento económicos.
- Fomentar el uso de datos alternativos para las calificaciones crediticias para que las poblaciones y las pymes subatendidas también puedan acceder al crédito, lo que mejorará su inclusión financiera y su participación económica.

Aprovechar las innovaciones digitales para potenciar el uso de los servicios financieros y llegar a segmentos de la sociedad que antes estaban subatendidos.

- Aprovechar las innovaciones *fintech* para evitar las barreras tradicionales del sector bancario y proporcionar servicios financieros a poblaciones sub-bancarizadas o no bancarizadas.
- Promover el desarrollo y la adopción de servicios financieros digitales, como el dinero móvil, los pagos digitales y la neobanca, con miras a incrementar la inclusión financiera.
- Fomentar los avances regulatorios en el ámbito de las finanzas abiertas para promover la competencia y la innovación en los servicios financieros.

Mejorar los programas de educación financiera y establecer marcos sólidos de protección del consumidor para garantizar la calidad de los servicios financieros.

- Llevar a cabo amplios programas de educación financiera dirigidos tanto a adultos como a personas jóvenes para mejorar su comprensión sobre conceptos financieros básicos.
- Promover la competencia financiera digital para facilitar el uso seguro y eficaz de los servicios financieros digitales.
- Reforzar los marcos de protección del consumidor:
  - Crear marcos regulatorios robustos para proteger a los consumidores del fraude y las prácticas abusivas, garantizando la transparencia y generando confianza en los sistemas financieros.
  - Establecer la obligatoriedad del intercambio de datos entre instituciones financieras para mejorar la disponibilidad de productos financieros adaptados y accesibles.

Hacia unos mercados de capitales más profundos

- Impulsar la participación de los inversores institucionales en los mercados de renta variable de la región para estimular su desarrollo.

- Modernizar la regulación para facilitar los procesos, reducir los costos de cumplimiento, ofrecer incentivos a los nuevos emisores en los mercados nacionales de renta fija y variable y reducir las barreras operacionales para los inversores extranjeros.
- Promover políticas que reduzcan el costo de emisión en los mercados de renta variable y renta fija.
- Diseñar políticas que promuevan los mercados privados, incluyendo la inversión nacional de capital de riesgo.
- Incentivar la integración financiera regional para incrementar la inversión en la región, mejorar la eficiencia, reducir los costos de transacción, incrementar la liquidez y reducir los riesgos. Esto incluye:
    - En el corto plazo, permitir el reconocimiento mutuo de los operadores y la interoperabilidad de las entidades de contrapartida central para lograr la integración.
    - En el mediano y largo plazo, consolidar la integración operacional y tecnológica y homogeneizar los marcos regulatorios y tributarios de los países.

Notas

[1] Las finanzas alternativas comprenden métodos de captación de capital no tradicionales.

[2] Una Estrategia Nacional de Inclusión Financiera puede reducir la concentración del mercado capacitando a los consumidores para elegir mejor, reduciendo el dominio de determinados proveedores y fomentando un mercado más dinámico y competitivo.

[3] «IFD» en este documento hace referencia en todos los casos a instituciones públicas nacionales y subnacionales de financiamiento del desarrollo.

[4] El término "grandes empresas" se refiere a las empresas con una capitalización bursátil superior a 1 000 millones de USD (OECD, 2023[89]).

[5] Un mercado vertical es una dimensión más específica de las actividades de una empresa que permite observar mercados nicho que abarcan múltiples sectores de actividad. Algunos ejemplos de mercados verticales son las *fintech*, las tecnologías limpias, el comercio electrónico, la realidad virtual y la fabricación avanzada (Rudolph, Miguel and Gonzalez-Uribe, 2023[98]).

[6] Para la mayoría de los bonos corporativos reportados en la base de datos del London Stock Exchange Group la legislación aplicable no se indica. Por lo tanto, se supone que es la local para todos los bonos que cumplen los otros tres criterios.

[7] Para bonos con un vencimiento inicial superior a un año y emisiones por un monto superior a 1 millón de USD.

[8] Una entidad de contrapartida central se encarga de compensar las transacciones, lo que significa que calcula las obligaciones de los participantes del mercado derivadas de sus actividades de negociación. Por tanto, desempeña el papel de intermediario entre el comprador y el vendedor, actuando como comprador para todo vendedor y como vendedor para todo comprador (European Central Bank, 2005[133]).

[9] Las entidades supranacionales son organizaciones o autoridades que trascienden las fronteras de un único país y que representan un nivel superior de cooperación y de adopción de decisiones entre los países participantes, entre las que pueden incluirse los bancos regionales de desarrollo y los organismos internacionales, entre otros (Dagnino Contreras et al., 2023[132]).

Referencias

Abuselidze, G. (2021), "The Impact of Banking Competition on Economic Growth and Financial Stability: An Empirical Investigation", *European Journal of Sustainable Development*, Vol. 10/1, https://doi.org/10.14207/ejsd.2021.v10n1p203. [34]

AFD (2023), *"Climate-financial trap: an empirical approach to detecting situations of double vulnerability"*, Agence Française de Développement, https://www.afd.fr/en/ressources/climate-financial-trap-empirical-approach-detecting-situations-double-vulnerability. [85]

AFD/Peking University (2023), *Public Development Banks and Development Financing Institutions Database*, Agence Française de Développement and Institute of New Structural Economics at Peking University, http://www.dfidatabase.pku.edu.cn/. [78]

Aldasoro, I., B. Hardy and N. Tarashev (2021), *What constitutes an international debt security in BIS statistics?*, https://www.bis.org/publ/qtrpdf/r_qt2106z.htm. [104]

ALIDE (2023), *Latin America's Development Banking System : Five Years Later*, Latin American Association of Development Financing Institutions, https://www.alidedatabank.org/1001/plantilla/documentoPublicacionAlide/Book%2055%20Years.pdf. [82]

Almarzoqi, R., S. Naceur and A. Kotak (2015), "What Matters for Financial Development and Stability?", *IMF Working Papers,* No. 15.173, International Monetary Fund, Washington, DC, https://www.imf.org/external/pubs/ft/wp/2015/wp15173.pdf. [11]

Andrade, G. et al. (2023), *Financing Programs for Women's Financial Inclusion and Access to Finance for Women MSMEs: Results from a Survey of Public Development Banks*, Inter-American Development Bank, Washington, DC, https://doi.org/10.18235/0005104. [58]

Arcand, J., E. Berkes and U. Panizza (2012), "Too Much Finance?", *IMF Working Papers,* No. WP/12/161, International Monetary Fund, Washington, DC, https://www.imf.org/external/pubs/ft/wp/2012/wp12161.pdf. [12]

Arellano, A. et al. (2018), "Policy priorities to promote financial development in the context of the Middle-Income Trap: The cases of Argentina, Colombia, Mexico and Peru", *BBVA Research Working Paper*, No. 18/15, https://www.bbvaresearch.com/wp-content/uploads/2018/12/Financial_development_BBVA_OECD-1-1.pdf. [8]

Atkins, L. et al. (2024), *The cyber clock is ticking: Derisking emerging technologies in financial services*, McKinsey & Company, https://www.mckinsey.com/capabilities/risk-and-resilience/our-insights/the-cyber-clock-is-ticking-derisking-emerging-technologies-in-financial-services. [75]

Aurazo, J. and F. Gasmi (2024), "Financial inclusion transitions in Peru: Does labor informality play a role?", *BIS Working Paper*, No. 1200, Bank of International Settlements, https://www.bis.org/publ/work1200.pdf. [50]

Ayala Pena, D., M. Nedeljkovic and C. Saborowski (2015), "What Slice of the Pie? The Corporate Bond Market Boom in Emerging Economies", *IMF Working Papers*, Vol. 15/148, p. 1, https://doi.org/10.5089/9781513579757.001. [106]

Bakker, B. et al. (2023), *The Rise and Impact of Fintech in Latin America*, International Monetary Fund, Washington, DC, https://www.imf.org/en/Publications/fintech-notes/Issues/2023/03/28/The-Rise-and-Impact-of-Fintech-in-Latin-America-531055. [62]

Banca de las Oportunidades and CAF (2024), *Estudio Experimental de Género*, Banca de las Oportunidades and CAF Banco de Desarrollo de América Latina y el Caribe, https://www.bancadelasoportunidades.gov.co/sites/default/files/2024-03/Estudio%20Esperimental%20de%20g%C3%A9nero.pdf. [54]

Banerjee, A. and E. Duflo (2011), *Poor Economics: A Radical Rethinking of the Way to Fight Global Poverty*, Public Affairs. [43]

Beck, T. (2018), *"Basel III & Unintended Consequences for Emerging Markets and Developing Economies - Part 4: Challenges on Infrastructure and SME lending"*, Center for Global Development, https://www.cgdev.org/blog/basel-iii-unintended-consequences-emerging-markets-developing-economies-part-iv-challenges. [41]

Beck, T. and A. de La Torre (2007), "The basic analytics of access to financial services", *Financial Markets, Institutions and Instruments*, Vol. 16/2, pp. 79-117, https://pure.uvt.nl/ws/files/1023754/The_Basic_Analytics_of_Access_to_Financial_Services..pdf. [46]

Beck, T., A. Demirgüç-Kunt and R. Levine (2007), "Finance, inequality and the poor", *Journal of Economic Growth*, Vol. 12, pp. 27-49, https://doi.org/10.1007/s10887-007-9010-6. [45]

Beck, T. and L. Rojas-Suarez (2019), *Making Basel III Work for Emerging Markets and Developing Economies*, Center for Global Development, https://www.cgdev.org/sites/default/files/making-basel-iii-work-emerging-markets-developing-economies.pdf. [40]

Bejar, P. et al. (2022), "Can Fintech Foster Competition in the Banking System in Latin America and the Caribbean?", *Latin American Journal of Central Banking*, Vol. 3/2, https://doi.org/10.1016/j.latcb.2022.100061. [29]

Berg, R., J. Rubio and N. Lask (2024), *Catalysts of Change: How Entrepreneurs Are Transforming Latin America*, Center for Strategic and International Studies, https://csis-website-prod.s3.amazonaws.com/s3fs-public/2024-03/240308_Berg_Catalysts_Change.pdf?VersionId=WmAhPHJBDXCr7ah9amXNSVSJaG_4a8.f. [102]

BIS (2020), *"Risk-based capital requirements"*, Bank of Intenational Settlements, Basel, https://www.bis.org/basel_framework/chapter/RBC/20.htm. [35]

Boikos, S., T. Panagiotidis and G. Voucharas (2022), "Financial development, reforms and growth", *Economic Modelling*, Vol. 108, https://doi.org/10.1016/j.econmod.2021.105734. [4]

Bonita, D. et al. (2020), "Cross Border Integration of Capital Markets-Lessons from Northern Europe and Emerging Asia for the LAC Region". [113]

Botero-Guzmán, D. et al. (2023), "Stock market integration in member countries of the Latin American Integrated Market (MILA)", *Revista Gestión y Desarrollo Libre*, Vol. 8/16, pp. 1-21. [115]

Bown, C. et al. (2017), *Better Neighbors: Toward a Renewal of Economic Integration in Latin America*, World Bank, Washington, DC, https://openknowledge.worldbank.org/entities/publication/a675c19d-1a46-5e58-9919-788f16c4d7f3 (accessed on 15 March 2024). [112]

Bruhn, M. and I. Love (2013), "The Real Impact of Improved Access to Finance: Evidence from Mexico", *Journal of Finance (forthcoming)*, https://papers.ssrn.com/sol3/papers.cfm?abstract_id=2285013. [23]

CAF (2023), *Encuesta de Capacidades Financieras*, CAF Banco de Desarrollo de América Latina, https://www.caf.com/es/conocimiento/datos/visualizador-encuesta-de-capacidades-financieras/. [69]

Carlson, M., S. Correia and S. Luck (2022), "The Effects of Banking Competition on Growth and Financial Stability: Evidence from the National Banking Era", *Journal of Political Economy*, Vol. 130/2, https://www.journals.uchicago.edu/doi/abs/10.1086/717453. [32]

Cavallo, E. (2023), *Developing Domestic Bond Markets for Growth and Stability*, https://blogs.iadb.org/ideas-matter/en/developing-domestic-bond-markets-for-growth-and-stability/. [111]

Cavallo, E. and E. Pedemonte (2015), "What is the Relationship between National Saving and Investment in Latin America and the Caribbean?", *IDB Working Paper Series*, No. 617, Inter-American Development Bank, https://doi.org/10.18235/0000138. [18]

Christiano Silva, T., B. Miranda Tabak and M. Tetzner Laiz (2021), "The finance-growth nexus: The role of banks", *Economic Systems*, Vol. 45/1, https://doi.org/10.1016/j.ecosys.2020.100762. [7]

Čihák, M. et al. (2012), "Benchmarking financial systems around the world", *Policy Research Working Paper*, No. 6175, World Bank, Washington, DC, https://documents.worldbank.org/en/publication/documents-reports/documentdetail/868131468326381955/benchmarking-financial-systems-around-the-world. [9]

CMF (2022), *Informe de Género en el sistema financiero 2022*, Comisión para el Mercado Financiero (CMF), Santiago, https://www.cmfchile.cl/portal/estadisticas/617/articles-52460_recurso_1.pdf. [55]

Dagnino Contreras, V. et al. (2023), *LAC Sustainable Debt State of the Market 2022*, Climate Bonds Initiative. [131]

David, A., C. Goncalves and A. Werner (2020), "Reexamining the National Savings-Investment Nexus Across Time and Countries", *IMF Working Papers*, Vol. 2020/124/International Monetary Fund, Washington, DC, https://www.imf.org/en/Publications/WP/Issues/2020/07/10/Reexamining-the-National-Savings-Investment-Nexus-Across-Time-and-Countries-49548. [17]

De La Cruz, A., A. Medina and Y. Tang (2019), "Owners of the World's Listed Companies", *OECD Capital Market Series*, https://www.oecd.org/en/publications/owners-of-the-world-s-listed-companies_ed7ca2f3-en.html. [97]

De la Torre, A. et al. (2011), *Financial Development in Latin America and the Caribbean: The Road Ahead*, World Bank Group, Washington, DC, http://documents.worldbank.org/curated/en/784141468053952645/Financial-development-in-Latin-America-and-the-Caribbean-the-road-ahead. [10]

De Luna-Martínez, J. (2017), "The role of development financial institutions in the new millennium", *World Bank Blogs*, https://blogs.worldbank.org/en/eastasiapacific/the-role-of-development-financial-institutions-in-the-new-millennium. [76]

Demirgüç-Kunt, A., L. Klapper and D. Sin (2013), "Financial Inclusion and Legal Discrimination against Women: Evidence from Developing Countries", *Policy Research Working Papers*, No. 6416, World Bank, Washington, DC, https://doi.org/10.1596/1813-9450-6416. [53]

Demirgüç-Kunt, A. et al. (2022), *Global Findex Database 2021: Financial Inclusion, Digital Payments, and Resilience in the Age of COVID-19*, The World Bank, Washington, DC, https://documents1.worldbank.org/curated/en/099818107072234182/pdf/IDU06a834fe908933040670a6560f44e3f4d35b7.pdf. [64]

Dorodnykh, E. (2014), "Evidences from the Recent History", in *Stock Market Integration*, Palgrave Macmillan UK, London, https://doi.org/10.1057/9781137381705_3. [121]

Easterly, W., R. Islam and J. Stiglitz (2000), *Explaining Growth Volatility*, World Bank, Washington, DC, https://documents1.worldbank.org/curated/pt/447071468761424497/820140748_200404131103725/additional/28159.pdf. [13]

ECLAC (2024), *Capital Flows to Latin America and the Caribbean: 2023 year-in-review*, http://www.issuu.com/publicacionescepal/stacks. [122]

EIB (2024), *Climate financing in Latin America and the Caribbean: How are public development banks supporting the climate transition?*, EIB Economics Department, European Investment Bank, Luxembourg, https://www.eib.org/attachments/lucalli/20240047_climate_financing_in_latin_america_and_the_caribbean_en.pdf. [86]

EIB (2023), *Climate risks for Latin America and the Caribbean: Are banks ready for the green transition?*, EIB Economics Department, European Investment Bank, Luxembourg, https://www.eib.org/attachments/lucalli/20230142_climate_risks_for_latin_america_and_the_caribbean_en.pdf. [88]

EIB (2021), *Assessing climate change risks at the country level: the EIB scoring model*, EIB Economics Department, European Investment Bank, Luxembourg, https://www.eib.org/attachments/efs/economics_working_paper_2021_03_en.pdf. [87]

Eichengreen, B., R. Hausmann and U. Panizza (2005), "The pain of original sin", in *Other people's money: Debt denomination and financial instability in emerging market economies*, University of Chicago Press. [108]

European Central Bank (2005), *Central counterparty clearing houses and financial stability*, https://www.ecb.europa.eu/pub/pdf/fsr/art/ecb.fsrart200512_06.en.pdf. [132]

Factris (2023), *What is solvency?*. [123]

Fang, X. et al. (2022), "Bank capital requirements and lending in emerging markets: The role of bank characteristics and economic conditions", *Journal of Banking & Finance*, Vol. 135, https://doi.org/10.1016/j.jbankfin.2020.105806. [37]

Finance in Common (2024), *Finance in Common (website)*, https://financeincommon.org/. [80]

Finance in Common (2024), "G20 - Finance in Common (FiCS) Joint Event 20 & 21 May 2024, Rio de Janeiro", Finance in Common, https://financeincommon.org/g20-finance-in-common-fics-joint-event-20-21-may-2024-rio-de-janeiro-0. [79]

FTC (2023), *Merger Guidelines*, U.S. Department of Justice and the Federal Trade Commission, https://www.justice.gov/d9/2023-12/2023%20Merger%20Guidelines.pdf. [91]

Galindo, A. and A. Izquierdo (2024), *Ready for take-off? Building on Macroeconomic Stability For Growth, 2024 Latin America and Caribbean Macroeconomic Report*, Inter-American Development Bank, https://doi.org/10.18235/0005667. [39]

Gelos, G. (2006), "Banking spreads in Latin America"*, IMF Working Paper*, No. 2006/044, International Monetary Fund, Washington, DC, https://www.imf.org/en/Publications/WP/Issues/2016/12/31/Banking-Spreads-in-Latin-America-18792. [31]

Grandes, M. and N. Pinaud (2005), *Reducing Capital Cost in South Africa*, Development Centre Studies, OECD Publishing, Paris, https://doi.org/10.1787/9789264014022-en. [110]

Grifoni, A. et al. (2020), *Estrategias nacionales de inclusión y educación financiera en América Latina y el Caribe: retos de implementación*, https://scioteca.caf.com/handle/123456789/1605. [73]

Haussmann, R. and U. Panizza (2011), "Redemption or abstinence? Original sin, currency mismatches and counter cyclical policies in the new millennium", *Journal of Globalization and Development*, Vol. 2/1. [109]

Herrera, D. (2020), *MSME Financing Instruments in Latin America and the Caribbean During COVID-19*, Inter-American Development Bank, Washington, DC, https://publications.iadb.org/en/msme-financing-instruments-in-latin-america-and-the-caribbean-during-covid-19. [20]

Herrera, D. et al. (2023), *Open finance in Latin America and the Caribbean: Great Opportunities, Large Challenges*, Inter-American Development Bank, Washington, DC, https://publications.iadb.org/en/open-finance-latin-america-and-caribbean-great-opportunities-large-challenges. [49]

IDB/Wilson Center (2016), *Financial Integration in the Pacific Alliance*, Inter-American Development Bank, Washington, DC, https://www.wilsoncenter.org/sites/default/files/media/documents/article/financial-integration-in-the-pacific-alliance_final_report.pdf (accessed on 25 March 2024). [114]

IFC (2017), *MSME Finance Gap: Assessment of the Shortfalls and Opportunities in Financing (database)*, International Finance Corporation, Washington, DC. [25]

ILOSTAT (2024), *Statistics on the informal economy (database)*, International Labour Organization, https://ilostat.ilo.org/es/topics/informality/. [52]

IMF (2023), *Regional Economic Outlook: Western Hemisphere, October 2023*, International Monetary Fund, Washington, DC, https://www.imf.org/en/Publications/REO/WH/Issues/2023/10/13/regional-economic-outlook-western-hemisphere-october-2023. [27]

IMF (2022), *"Financial Soundness Indicators" (database)*, IMF Data, International Monetary Fund, Washington, DC, https://data.imf.org/?sk=51b096fa-2cd2-40c2-8d09-0699cc1764da. [38]

Investing.com (2024), *World ADRs*, https://investing.com/equities/world-adrs. [128]

Joaquim, G., B. Van Doornik and R. Haas (2023), "Bank competition, cost of credit and economic activity: Evidence from Brazil", *BIS Working Papers,* No.1134, Bank of International Settlements, https://www.bis.org/publ/work1134.htm. [33]

Karacadag, C., V. Sundararajan and J. Elliott (2003), "Managing Risks in Financial Market Development: The Role of Sequencing", *IMF Working Paper.* [124]

Lahura, E. and M. Vargas (2021), *Financial development, financial inclusion, and informality: New international evidence*, Banco Central de Reserva del Perú, https://www.bcrp.gob.pe/docs/Publicaciones/Documentos-de-Trabajo/2021/documento-de-trabajo-004-2021.pdf. [51]

LAVCA (2023), *Q3 2023 LAVCA Industry Data & Analysis*, https://www.lavca.org/research/q3-2023-lavca-industry-data-analysis/. [100]

Levine, R. (2018), "Finance, Growth, and Economic Prosperity", *Macroeconomic Review* Special Feature B, Monetary Authority of Singapore, https://www.mas.gov.sg/publications/economic-essays/2018/finance-growth-and-economic-prosperity. [1]

London Stock Exchange Group (2024), *DataStream (Database).* [93]

López Marmolejo, A. and M. Ruiz Arranz (eds.) (2024), *Increasing Financial Inclusion to drive development: Economic report on Central America, Mexico, Panama, and the Dominican Republic*, Inter-American Development Bank, Washington, DC. [71]

Maquera Sardon, D. (2022), *Improving the Performance of Female Entrepreneurs in LAC*, World Bank Group, http://documents.worldbank.org/curated/en/856951642746562382/Improving-the-Performance-of-Female-Entrepreneurs-in-LAC. [56]

Mastercard and AMI (2023), *The state of financial inclusion post COVID-19 in Latin America and the Caribbean: New opportunities for the payments ecosystem*, Mastercard and Americas Market Intelligence (AMI), https://www.mastercard.com/news/media/eacheaa4/report_en_ami_mastercard_financial_inclusion_post_covid.pdf?cmp=2025.q2.lac.latam.fis.dir-res.prod.na.eng-regional-press-release.56798.oweb.txt.others.en. [63]

Maudos, J. and L. Solís (2009), "The determinants of net interest income in the Mexican banking system: An integrated model", *Journal of Banking & Finance*, Vol. 33/10, pp. 1920-1931, https://doi.org/10.1016/j.jbankfin.2009.04.012. [30]

Melguizo, A. et al. (2017), "No sympathy for the devil! Policy priorities to overcome the middle-income trap in Latin America", *OECD Development Centre Working Papers*, No. 340, https://doi.org/10.1787/26b78724-en. [92]

Miranda, M. (ed.) (2018), *Latin American local capital markets: challenges and solutions*, CFA Institute Research Foundation. [125]

Morgan, P. and V. Pontines (2014), "Financial Stability and Financial Inclusion", *ADBI Working Paper Series*, Asian Development Bank Institute, Tokyo, http://www.adbi.org/working-paper/2014/07/07/6353.financial.stability.inclusion/. [22]

nuam exchange (2024), *About nuam*, https://www.nuamx.com/en/about-nuam. [116]

nuam exchange (2024), *Invitación para construir un nuevo mercado de capitales.* [118]

nuam exchange (2024), *Regional Stock Report August 2024.* [119]

OECD (2024), *Capital Market Series dataset.* [96]

OECD (2024), *Consumer Finance Risk Monitor*, OECD Publishing, Paris, https://doi.org/10.1787/047b2ea6-en. [74]

OECD (2024), *Financing SMEs and Entrepreneurs 2024: An OECD Scoreboard*, OECD Publishing, Paris, https://doi.org/10.1787/fa521246-en. [26]

OECD (2024), *Global Debt Report 2024: Bond Markets in a High-Debt Environment*, OECD Publishing, Paris, https://doi.org/10.1787/91844ea2-en. [105]

OECD (2024), *OECD Affordable Housing Database - indicator HM1.3 Housing tenures*, OECD Publishing, Paris, https://oe.cd/ahd. [47]

OECD (2024), *PISA 2022 Results (Volume IV). Factsheets. Brazil, Costa Rica and Peru*, OECD Publishing, Paris. [70]

OECD (2023), *Background Note on Capital Market Trends in Latin America*, https://www.oecd.org/corporate/ca/Capital-markets-trends-Latin-America-background-note.pdf (accessed on 19 March 2024). [89]

OECD (2023), *Joining Forces for Gender Equality: What is Holding us Back?*, OECD Publishing, Paris, https://doi.org/10.1787/67d48024-en. [59]

OECD (2023), "OECD/INFE 2023 International Survey of Adult Financial Literacy", *OECD Business and Finance Policy Papers, No. 39, OECD Publishing, Paris*, No. 39, OECD Publishing, Paris, https://doi.org/10.1787/56003a32-en. [67]

OECD (2022), *Recommendation of the Council on High-Level Principles on Financial Consumer Protection*, https://legalinstruments.oecd.org/en/instruments/OECD-LEGAL-0394. [42]

OECD (2021), *G20/OECD-INFE Report on Navigating the Storm: MSMEs' Financial and Digital Competencies in COVID-19 times*, OECD Publishing, Paris, https://doi.org/10.1787/002529a9-en. [66]

OECD (2021), *How's Life in Latin America?: Measuring Well-being for Policy Making*, OECD Publishing, Paris, https://doi.org/10.1787/2965f4fe-en. [130]

OECD (2021), *Key Indicators of Informality based on Individuals and their Household (KIIbIH) database*, OECD Publishing, Paris, https://www.oecd.org/dev/key-indicators-informality-individuals-household-kiibih.htm. [48]

OECD (2020), *Recommendation of the Council on Financial Literacy*, OECD/LEGAL/0461, OECD Publishing, Paris, https://legalinstruments.oecd.org/en/instruments/OECD-LEGAL-0461. [68]

OECD (2020), *The Financial System*, OECD Publishing, Paris, https://doi.org/10.1787/d45f979e-en. [3]

OECD (2019), *Equity Market Development in Latin America Enhancing Access to Corporate Finance*. [95]

OECD (2010), *Perspectivas Económicas de América Latina 2011: En qué medida es clase media América Latina*, OECD Publishing, Paris, https://doi.org/10.1787/leo-2011-es. [36]

OECD et al. (2023), *Perspectivas económicas de América Latina 2023: Invirtiendo para un desarrollo sostenible*, OECD Publishing, Paris, https://doi.org/10.1787/5cf30f87-es. [6]

OECD et al. (2019), *Perspectivas económicas de América Latina 2019: Desarrollo en transición*, OECD Publishing, Paris, https://doi.org/10.1787/g2g9ff1a-es. [129]

OECD/CAF/SELA (2024), *SME Policy Index: Latin America and the Caribbean 2024: Towards an Inclusive, Resilient, and Sustainable Recovery*, OECD Publishing, Paris, https://doi.org/10.1787/ba028c1d-en. [21]

Pal, S. and I. Bandyopadhyayv (2022), "Impact of financial inclusion on economic growth, financial development, financial eficiency, fnancial stability, and profitability: international evidence", *SN Business & Economics*, Vol. 2/9, pp. 1-29. [44]

Pirgaip, B., H. Ertuğrul and T. Ulussever (2021), "Is portfolio diversification possible in integrated markets? Evidence from South Eastern Europe", *Research in International Business and Finance*, Vol. 56, https://doi.org/10.1016/j.ribaf.2021.101384. [120]

Powell, A. and O. Valencia (2023), *Dealing with Debt: Less Risk for More Growth in Latin America and the Caribbean*, Inter-American Development Bank, https://doi.org/10.18235/0004707. [103]

Preqin (2024), *Preqin (Database)*, https://www.preqin.com/. [101]

Preqin (2024), *Preqin Pro glossary of terms*. [99]

Rajan, R. (2006), "Has finance made the world riskier?", *European financial management*, Vol. 12, pp. 499-533, https://onlinelibrary.wiley.com/doi/abs/10.1111/j.1468-036X.2006.00330. [14]

Red Iberoamericana de Garantías (2023), *Encuesta Sobre la Actividad de los Sistemas de Garantía Iberoamericanos*, https://redegarantias.com/publicacion/encuesta-sobre-la-actividad-de-los-sistemas-de-garantia-iberoamericanos/. [83]

Rodríguez Martínez, H. (2024), *Primera junta de accionistas del mercado integrado nuam exchange*, https://www.portafolio.co/negocios/empresas/primera-junta-de-accionistas-del-mercado-integrado-nuam-exchange-603908. [117]

Rogozinski, N. (2017), *Latin America: The Role of Development Banks*, Global Finance, https://gfmag.com/features/latin-america-development-breathing-room/. [84]

Rudolph, H., F. Miguel and J. Gonzalez-Uribe (2023), *FINANCE Venture Capital in Latin America and the Caribbean*, http://www.worldbank.org. [98]

Sahay, R. et al. (2020), *The promise of fintech : financial inclusion in the post COVID-19 era /*, International Monetary Fund, Washington, DC. [61]

Saona, P. (2016), "Intra- and extra-bank determinants of Latin American Banks' profitability", *International Review of Economics & Finance*, Vol. 45, pp. 197-214, https://doi.org/10.1016/j.iref.2016.06.004. [28]

SEC (2012), *Investor Bulletin: American Depositary Receipts*, Securities and Exchange Commission, https://www.sec.gov/investor/alerts/adr-bulletin.pdf. [127]

Statista (2024), *Number of Fintech Users in Latin America in 2023, by Segment*, Statista Research Department, https://www.statista.com/forecasts/1241612/latin-american-caribbean-fintech-users-segment. [65]

Strobbe, F., O. Nie and H. Rab (2023), "Expanding economic growth through a deeper financial sector in Indonesia", *World Bank Blogs*, https://blogs.worldbank.org/en/eastasiapacific/expanding-economic-growth-through-deeper-financial-sector-indonesia. [5]

Superintendencia Financiera de Colombia (2024), *Resultados FSAP evaluación 2012-2014 principios de valores IOSCO*. [126]

UN Women (2022), *Progress on the Sustainable Development Goals: The Gender Snapshot 2022*, UN Women, New York, https://unstats.un.org/sdgs/gender-snapshot/2022/GenderSnapshot.pdf. [60]

UNCTAD (2024), *Financing for Sustainable Development Report 2024: Financing for Development at a Crossroads*, Inter-agency Task Force on Financing for Development, UNCTAD, New York, https://developmentfinance.un.org/fsdr2024. [57]

UNEP (2023), *Unlocking Circular Economy Finance in Latin America and the Caribbean: The Catalyst for a Positive Change— Findings and recommendations for Policymakers and the Financial Sector*. [90]

Vest (2023), *Latin American Companies on Wall Street: A Path to Global Markets*, https://sproutfi.com/en-US/insights/latin-american-companies-on-wall-street-a-path-to-global-markets/. [94]

Vtyurina, S., A. Robles and B. Sutton (2017), "A License to Issue (Anywhere): Patterns and Drivers of Corporate Bonds in Latin America", *IMF Working Paper*. [107]

World Bank (2024), *The Enterprises Survey*, World Bank, Washington, DC, https://www.enterprisesurveys.org/en/enterprisesurveys. [24]

World Bank (2024), *World Development Indicators (Database)*, World Bank, Washington, DC, https://databank.worldbank.org/source/world-development-indicators. [16]

World Bank (2022), *Global Financial Development (Database)*, World Bank, Washington, DC, https://www.worldbank.org/en/publication/gfdr/data/global-financial-development-database. [15]

World Bank (2021), *The Global Findex Database 2021: Financial Inclusion, Digital Payments, and Resilience in the Age of COVID-19 (database)*, World Bank, Washington, DC, https://www.worldbank.org/en/publication/globalfindex. [19]

World Bank (2008), *Finance for All? Policies and Pitfalls in Expanding Access*, World Bank, Washington, DC, http://hdl.handle.net/10986/6905. [2]

Xu, J. et al. (2021), "What are Public Development Banks and Development Financing Institutions? Qualification criteria, stylized facts and development trends", *China Economic Quarterly International*, Vol. 1/4, pp. 271-294, https://www.nse.pku.edu.cn/docs/2021-10/20211025102148259508.pdf. [81]

Xu, J., X. Ren and X. Wu (2019), *Mapping Development Finance Institutions Wordlwide: Definitions, rationales and varieties*, Institute of New Structural Economics, Pekin University, https://www.researchgate.net/profile/Jiajun-Xu-2/publication/333718771_Mapping_Development_Finance_Institutions_Worldwide_Definitions_Rationales_and_Varieties/links/5d00a58692851c874c5fc9f0/Mapping-Development-Finance-Institutions-Worldwide-Definitions-Ra. [77]

Zuleta, L. (2017), "La Inclusión Financiera de las PyMEs en Colombia", *Revista Coyuntura PyME No 56*, Asociación Nacional de Instituciones Financieras (ANIF), Bogotá, https://www.cepal.org/es/notas/la-inclusion-financiera-pymes-colombia. [72]

4 Financiamiento internacional y alianzas para catalizar más recursos

De cara a la Cuarta Conferencia Internacional sobre la Financiación para el Desarrollo que se celebrará en 2025, América Latina y el Caribe (ALC) debe reevaluar sus prioridades estratégicas dado el difícil contexto internacional. Es fundamental contar con una agenda unificada para garantizar flujos financieros sostenibles. Esto permitiría abordar desafíos como el acceso a liquidez, las percepciones de riesgo, la financiación en condiciones favorables, la movilización de recursos privados y la coordinación entre los diferentes actores. Alinear los flujos privados con objetivos sostenibles, promover alianzas innovadoras y aprovechar el atractivo de la región y su potencial de inversión son tareas clave. Estas acciones buscan mitigar dificultades apremiantes, como los elevados niveles de deuda, las limitaciones en materia productiva y el incremento de las necesidades de financiamiento climático. Para crear instrumentos financieros a medida, es fundamental contar con una cooperación de mayor impacto, marcos de inversión claros y colaboraciones estratégicas. Estos esfuerzos permitirán que ALC fortalezca su influencia en la colaboración y el financiamiento internacional para el desarrollo, lo que garantizará que las demandas de sus países se traten de manera efectiva en la Conferencia de 2025.

Infografía 4.1. El financiamiento internacional y las alianzas pueden catalizar más recursos externos en ALC

El financiamiento internacional tendría un mayor impacto en el desarrollo con marcos regulatorios más sólidos y alianzas más ambiciosas

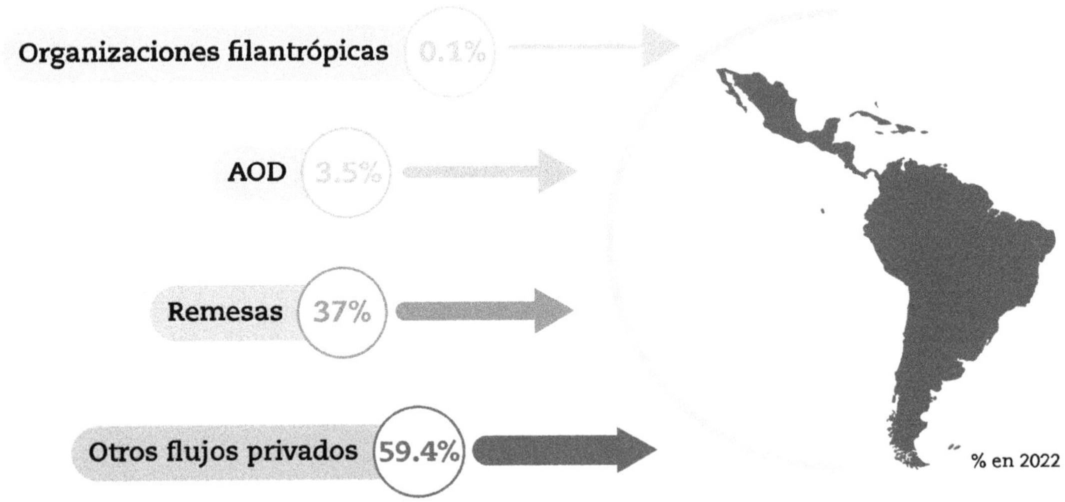

El uso adecuado de los instrumentos de deuda será clave para financiar el desarrollo sostenible

Emisión internacional de bonos en ALC
Bonos GSSS por tipo y como porcentaje del total, 2014-23

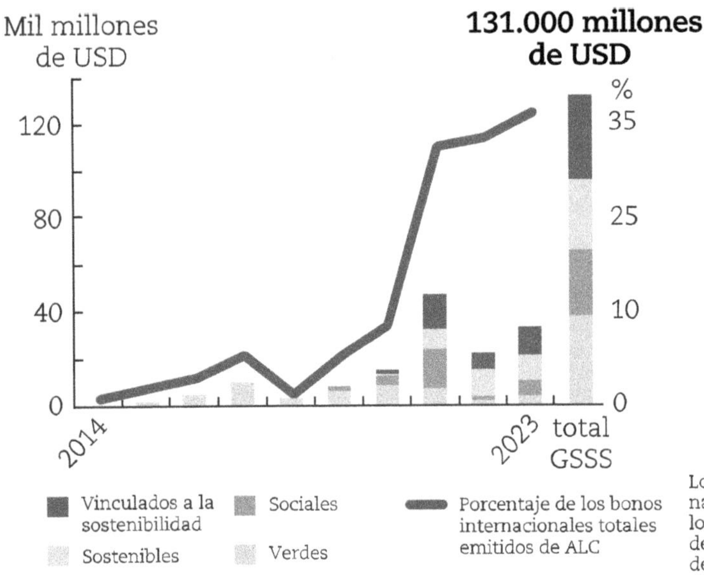

Los bonos para catástrofes pueden aumentar el endeudamiento externo de los gobiernos al transferir el riesgo financiero de los desastres a los inversionistas

Los canjes de deuda por naturaleza pueden ayudar a los países a reestructurar su deuda para generar ahorros destinados a la acción climática.

Las cláusulas sobre desastres naturales pueden vincular la capacidad de amortización de la deuda de los países a su exposición al riesgo

Introducción

La Agenda de Acción de Addis Abeba de 2015 (AAAA) sobre financiamiento para el desarrollo instaba a una movilización más amplia de recursos, particularmente de fondos privados. En un principio, se estimó que era necesario movilizar 2.5 billones de dólares estadounidenses (USD) más al año para poder cumplir los objetivos de desarrollo sostenible (ODS) hasta el año 2030 (UNCTAD, 2014[1]). En 2022, se actualizó dicha cifra a 3.9 billones de USD (OECD, 2022[2]). El objetivo de la AAAA era facilitar un nuevo marco mundial para financiar el desarrollo sostenible, alineando todos los flujos y las políticas de financiamiento con las prioridades económicas, sociales y medioambientales, además de llegar a acuerdos para crear marcos nacionales integrados destinados a financiar los ODS a escala nacional. Casi una década después, los logros han sido escasos. Aún se está lejos de alcanzar los ODS debido a las recientes crisis, entre ellas la pandemia del COVID-19, que golpeó de manera considerable a América Latina y el Caribe (ALC), en lo que la CEPAL ha denominado "la década más perdida" (OECD, 2022[3]).

Mientras la comunidad internacional se prepara para la Cuarta Conferencia Internacional sobre la Financiación para el Desarrollo (FfD4) que se celebrará en 2025, América Latina y el Caribe se encuentra en una encrucijada. La región goza de una posición privilegiada para contribuir a los esfuerzos internacionales en materia de transición energética, cambio climático, preservación de la biodiversidad y reconfiguración de las cadenas de suministro. Además, ALC disfruta de ratios de movilización de fondos privados e intervenciones públicas en materia de desarrollo superiores a los de otras regiones en desarrollo, pese a ser desigual entre los países que la conforman, y sigue siendo un destino importante de flujos de financiamiento privado. ALC se sitúa a la vanguardia en instrumentos de financiamiento de deuda sostenibles, como los bonos verdes, sociales, sostenibles y vinculados a la sostenibilidad (GSSS, por sus siglas en inglés), incluidos los bonos azules. También lidera en la emisión de bonos para catástrofes, la implementación de cláusulas sobre desastres naturales, los canjes de deuda por naturaleza, y en el tratamiento de los impactos financieros derivados de las pérdidas y daños ocasionados por el cambio climático. Este tipo de iniciativas ha recibido un apoyo considerable, lo cual demuestra el enfoque proactivo de esta región en cuanto a resiliencia climática. Los países de ALC también han comenzado a formular y reforzar sus marcos de finanzas sostenibles para adaptarlos a las mejores prácticas internacionales. Al mismo tiempo, la región está lidiando con desafíos de larga data, tales como el bajo crecimiento, la informalidad, los elevados índices de pobreza y desigualdad, los importantes niveles de deuda y una necesidad sin precedentes de movilizar un mayor volumen de financiamiento para avanzar en la transición verde y la transición digital.

La Conferencia FfD4 brinda una oportunidad única para comprometerse con la introducción de reformas en los marcos de financiamiento, a todos los niveles, con el fin de superar la brecha de financiación existente y aprovechar las fuentes de financiamiento de manera efectiva y eficiente. Las herramientas innovadoras de distribución y evaluación del riesgo, junto con instrumentos mixtos y regulaciones y normas reforzadas, ofrecen enormes posibilidades para mejorar el panorama financiero de ALC a mediano plazo. Esta 17ª edición de *Perspectivas Económicas de América Latina* contribuye a estos objetivos con una serie de opciones de políticas para mejorar el potencial de herramientas de financiación, basadas en acciones coordinadas entre los responsables de políticas, el sector privado y sus socios internacionales. La región debe aprovechar la oportunidad que brinda la Conferencia FfD4 para presentar, de manera unificada, sus propuestas para la creación de un entorno internacional que fomente la llegada de fondos esenciales para alcanzar los objetivos de desarrollo. Tras los aportes iniciales hechos al Documento de Elementos de la FfD4, los países de ALC deberían seguir abogando por una mejor gestión de los recursos públicos nacionales; las empresas y las finanzas privadas nacionales e internacionales; la cooperación internacional al desarrollo; el comercio internacional; la deuda y la sostenibilidad de la deuda; las cuestiones sistémicas del sistema financiero mundial; la ciencia, la tecnología, la innovación y la creación de capacidades; los datos y el control y seguimiento.

El capítulo comienza analizando el contexto actual de financiamiento internacional, presenta la evolución de los compromisos multilaterales y examina los factores clave que determinan la agenda de financiamiento de los países de ALC, en particular la sostenibilidad de la deuda y las evaluaciones de los riesgos. A continuación, presenta el potencial que ofrecen flujos de financiamiento internacionales claves que podrían aprovechar los países de ALC. El capítulo examina posteriormente formas novedosas de cooperación entre los países de ALC, socios multilaterales y el sector privado para movilizar nuevas fuentes de financiamiento hacia iniciativas de desarrollo sostenible. Entre estas formas de cooperación figura la influencia de la ayuda oficial al desarrollo (AOD) en la movilización de fondos privados, otros flujos de desarrollo de origen público, las remesas y las organizaciones filantrópicas internacionales. El capítulo presenta más adelante el potencial que ofrecen los instrumentos sostenibles de financiación de la deuda, en particular los bonos verdes, sociales, sostenibles y vinculados a la sostenibilidad (GSSS), así como las nuevas taxonomías verdes y sostenibles. Al final, concluye con mensajes principales en materia de políticas, orientados a impulsar el debate de cara a la Conferencia sobre la Financiación para el Desarrollo de 2025.

Afrontar un contexto financiero internacional difícil

En las últimas décadas, el contexto de financiamiento internacional ha experimentado cambios considerables. Las conferencias internacionales sobre la financiación para el desarrollo sostenible, desde el Consenso de Monterrey de 2002 hasta la AAAA de 2015, revelan un giro en la agenda mundial de desarrollo y financiamiento, con consecuencias profundas para el progreso de la región de ALC. El panorama mundial presenta una coyuntura compleja, marcado por disparidades económicas, tensiones geopolíticas, inestabilidad financiera tras eventos como la crisis de 2008 y la pandemia de COVID-19, y la urgente necesidad de un desarrollo sostenible frente a desafíos ambientales como el cambio climático. La aparición de nuevos actores, en particular economías emergentes y acreedores no tradicionales, intensifica la complejidad del entorno de financiamiento internacional.

La evolución de los compromisos multilaterales en el siglo XXI

La agenda mundial de desarrollo y financiamiento ha evolucionado considerablemente desde el Consenso de Monterrey de 2002, donde se declaró la necesidad de abordar los desafíos de financiamiento para el desarrollo a escala mundial, en particular en los países en vía de desarrollo. Asimismo, se reafirmó que la consecución de los objetivos de desarrollo consensuados internacionalmente exigía una nueva colaboración entre los países desarrollados y en vías desarrollo. Por lo tanto, la AOD adquirió un papel destacado como complemento de otras fuentes de financiamiento, en especial en los países con una menor capacidad para atraer inversión privada directa (Orliange and Granja e Barros, 2020[4]). Además, se asumió la importancia crítica de la movilización y el uso efectivo de recursos financieros, así como de mejorar las condiciones económicas nacionales e internacionales para erradicar la pobreza y lograr un desarrollo sostenible. Esta Conferencia afianzó los debates sobre financiamiento y arquitectura financiera internacional en la agenda de desarrollo.

La Segunda Conferencia Mundial sobre la Financiación para el Desarrollo se celebró en Doha en 2008, con el propósito de traducir los objetivos del Consenso de Monterrey en compromisos más concretos. Como consecuencia de la crisis económica de ese año, la Conferencia reconoció las repercusiones de ese tipo de crisis en los países en desarrollo e instó a todas las naciones a incrementar la equidad, la sostenibilidad y la estabilidad del sistema financiero mundial (UNDESA, 2024[5]).

En 2015, la AAAA introdujo otro punto de vista en el marco internacional de financiamiento para el desarrollo sostenible. Este fue también el año en el que se pusieron en marcha iniciativas multilaterales claves fundamentales, como la Agenda 2030, los ODS y el Acuerdo de París sobre el cambio climático. La Conferencia de Addis Abeba sirvió para ofrecer una idea más amplia del financiamiento internacional, al afirmar que el financiamiento público internacional y el sector privado debían complementar los esfuerzos de los países para movilizar recursos públicos internamente. Así, se hizo referencia al establecimiento de una colaboración reforzada y mejorada para el desarrollo sostenible. La AAAA, al tener carácter mundial, reafirmó los ODS y el Acuerdo de París de ese mismo año.

Desde la adopción del Consenso de Monterrey en 2002, se ha intensificado la cooperación internacional. No obstante, pese a desempeñar un papel esencial en la resolución de sucesivas crisis, su avance no ha nivelado el incremento de las demandas. La arquitectura de financiamiento multilateral está sometida a una presión cada vez mayor para hacer frente de manera más efectiva a los desafíos complejos que se registran en la actualidad (OECD, 2023[6]). En 2023, Francia acogió la Cumbre para un Nuevo Pacto Financiero Mundial, cuyo objetivo era asentar las bases de un sistema financiero renovado adaptado a los desafíos comunes del siglo XXI, entre otros la lucha contra las desigualdades, la respuesta al cambio climático y la protección de la biodiversidad. Esta Cumbre concluyó con el Pacto de París por los Pueblos y el Planeta (4P) (France Diplomacy, 2023[7]). En la semana de alto nivel de la Asamblea General de las Naciones Unidas de septiembre de 2024, los líderes mundiales reafirmaron su compromiso con la agenda 4P para reformar la arquitectura financiera internacional y apoyar una mayor representación de los países en desarrollo en la gobernanza de las instituciones financieras internacionales. Más específicamente, apoyaron el objetivo de la presidencia brasileña del G20 de un sistema de gobernanza global más justo, en particular en la reforma de la arquitectura financiera internacional (Elysée, 2024[8]).

Esta evolución histórica muestra cómo se ha avanzado en la adaptación del financiamiento internacional a una serie de desafíos mundiales, así como el surgimiento de nuevos actores y que las economías emergentes y los acreedores no tradicionales han ido adquiriendo cada vez mayor relevancia en el financiamiento para el desarrollo. Sin embargo, este panorama se vio golpeado por la pandemia del COVID-19, que desencadenó un proceso renovado y acelerado de reflexión sobre la mejor manera de adaptar el financiamiento internacional en un mundo interconectado con asimetrías mundiales. Mientras ALC se prepara para la cuarta edición de la Conferencia, los países de la región están presentando una serie de propuestas encaminadas a abordar las preocupaciones principales sobre el financiamiento para el desarrollo sostenible en ALC. Dichas propuestas reflejan la diversidad y la variedad de las posiciones existentes dentro de la región (Tabla 4.1).

Tabla 4.1. Prioridades de países de ALC seleccionados sobre financiamiento para el desarrollo

País	Propuestas principales
Brasil	Animar a los países desarrollados a que incrementen sus compromisos de AOD con la intención de alcanzar el objetivo del 0.7% del PIB.
	Reforzar la cooperación tributaria dentro del sistema de Naciones Unidas.
	Combatir los flujos financieros ilícitos y acelerar la repatriación de activos robados.
	Reducir el costo de las remesas.
	Promover la reforma de las instituciones financieras internacionales, aumentando la representación y participación de los países en desarrollo.
	Mejorar los mecanismos de tratamiento de la deuda.
	Promover la movilización de nuevas y adicionales fuentes de financiamiento para el desarrollo.
	Mantener un equilibrio entre las fuentes de financiamiento públicas y privadas, nacionales e internacionales.
	Movilizar financiamiento adicional directamente vinculado con la lucha contra el hambre y la pobreza.
	Apoyar la creación de un impuesto sobre el patrimonio del 2% aplicado a las grandes fortunas.
Colombia	Aumentar el financiamiento para la transición socioecológica.
	Incorporar la inclusión social en el financiamiento de la transición verde.
Guyana	Reformar la arquitectura financiera internacional.

	Adoptar un Índice de Vulnerabilidad Multidimensional, implementar las medidas de la Iniciativa de Bridgetown y abordar las ayudas a la liquidez, el capital privado, los préstamos al desarrollo, el comercio y una gobernanza más inclusiva de las instituciones financieras internacionales.
Jamaica	Prestar mayor atención a la reforma de la arquitectura financiera internacional.
	Plantear una cooperación tributaria internacional más inclusiva y efectiva abordando el intercambio de información.
	Mejorar la movilización de los recursos internos mediante reformas tributarias.
	Prestar la debida atención a medir el avance más allá del PIB, los criterios de graduación, la asignación de AOD y a facilitar acceso financiero a los pequeños Estados insulares en desarrollo.
México	Buscar mecanismos e instrumentos para aliviar la deuda de los países en desarrollo y de los pequeños Estados insulares y con ingresos medios.
	Reformar las instituciones financieras internacionales, en particular los bancos multilaterales de desarrollo, para promover líneas de financiamiento abiertas más flexibles para los países de ingresos medios.
	Movilizar recursos internacionales que no generen deuda, por ejemplo, la redistribución urgente de los derechos especiales de giro a los países. En este sentido, México apoya iniciativas tales como la propuesta del secretario general de las Naciones Unidas en relación con el estímulo de los ODS y Bridgetown 2.0.
Trinidad y Tobago	Impulsar soluciones innovadoras de financiamiento para que los países en desarrollo puedan acceder a recursos financieros en condiciones favorables, aumentar la liquidez y emplear mecanismos efectivos para el alivio de la deuda.
	Mejorar la cooperación tributaria internacional a través de un enfoque más equitativo, inclusivo y universal.
	Trabajar en un Índice de Vulnerabilidad Multidimensional como instrumento vital para ayudar a los pequeños Estados insulares en desarrollo a garantizar el acceso a financiamiento en condiciones favorables y mejorar la planificación nacional a largo plazo.

Nota: Se han resumido las propuestas principales de las declaraciones de los países en el Diálogo de Alto Nivel sobre Financiación para el Desarrollo que tuvo lugar el 20 de septiembre de 2023 durante el 78º Período de Sesiones de la Asamblea General de las Naciones Unidas y a partir de un cuestionario realizado por el Centro de Desarrollo de la OCDE a países miembros de ALC.
Fuente: Elaboración de los autores basándose en (UN, 2023[9]) y respuestas al cuestionario sobre financiamiento para el desarrollo realizado a las delegaciones de los países miembros de ALC por el Centro de Desarrollo de la OCDE.

Factores determinantes en la agenda de financiamiento de ALC

La búsqueda de financiamiento para el desarrollo sostenible de ALC se produce en una coyuntura mundial con un acceso desigual a los recursos y oportunidades de crecimiento asimétricas. La región se enfrenta a desafíos en la esfera del financiamiento internacional relacionados, entre otros aspectos, con los costos de los préstamos, la gestión de la deuda y la gobernanza mundial (Capítulos 1 y 2). Identificar estos obstáculos aporta información para la elaboración de soluciones en materia de políticas y contribuye al desarrollo de posiciones estratégicas sobre estas cuestiones en la región de ALC.

Reforzar la sostenibilidad de la deuda

Se han puesto en marcha iniciativas internacionales para abordar la gestión de la deuda, por ejemplo, la Iniciativa de Suspensión del Servicio de la Deuda (ISSD). En un esfuerzo por ayudar a los países en vías de desarrollo a soportar la carga económica que generó la pandemia del COVID-19, el Grupo de los 20 (G20) y el Club de París pusieron en marcha la ISSD en mayo de 2020. Esta iniciativa suspendió pagos del servicio de la deuda pública de 48 países participantes por un total de 12 900 millones de USD entre mayo de 2020 y diciembre de 2021 (World Bank, 2022[10]). La ISSD permitió liberar, de manera rápida y coordinada, recursos adicionales para los países beneficiarios, gravemente afectados por la pandemia, y en 2020 disminuyó la transferencia neta negativa de recursos —que se produce cuando los países pagan a sus acreedores una cantidad superior a la que reciben en concepto de nueva financiación—. Sin embargo, en esta iniciativa no participaron acreedores privados (o solo lo hicieron de forma voluntaria) y los países temieron que se produjese una rebaja de la calificación crediticia, ya que el crédito interno al sector privado era considerable, al situarse en el 56.3% del PIB de la región en 2022 (OSR, 2022[11]; World Bank, 2024[12]). Otra iniciativa es el Marco Común para los tratamientos de la deuda más allá de la ISSD, respaldado por el G20 y el Club de París. Su objetivo es apoyar a los países de ingresos bajos que mantienen una deuda insostenible a través de un enfoque coordinado, en función de cada caso, en el que participan acreedores tanto públicos como privados y que se sustenta en análisis del Fondo Monetario Internacional (FMI) y del Banco Mundial, para garantizar la sostenibilidad de la deuda a largo plazo (Ministero dell'Economia e delle Finanze, 2021[13]). El nuevo enfoque del FMI/Banco Mundial sobre las necesidades de financiamiento de los países vulnerables propone ayudar a los países de ingresos bajos y a las economías emergentes vulnerables a superar sus debilidades en relación con la deuda y generar espacio fiscal para financiar el desarrollo y crear resiliencia. Ese enfoque incluye tres pilares: i) reformas estructurales y movilización de recursos internos; ii) apoyo al financiamiento externo, incluyendo de instituciones financieras internacionales; iii) acciones específicas en el país para reducir la carga de la deuda según las circunstancias de cada caso.

No obstante, hasta la fecha, estas iniciativas han demostrado ser insuficientes para satisfacer la necesidad de liquidez inmediata de muchas economías en desarrollo y la transferencia neta de recursos negativa ha seguido deteriorándose en ALC. A pesar de ello, sí se reconoce que los períodos de crisis de la deuda soberana recurrentes a lo largo del tiempo resaltan la necesidad de una arquitectura de deuda pública más efectiva para ayudar a prevenir este tipo de crisis, promover que se facilite un financiamiento asequible para la inversión en los ODS y facilitar reestructuraciones más efectivas y justas cuando sea necesario (UN, 2023[14]).

Además, las asimetrías mundiales de gobernanza están en la raíz de las importantes disparidades en el acceso de los países a la liquidez en épocas de crisis, como lo demuestra el desigual reparto de los derechos especiales de giro (DEG) asignados a las naciones en desarrollo, puesto que los DEG se asignan a los países en proporción a sus cuotas en el FMI. Los DEG son activos de reserva internacionales y ofrecen diversas ventajas con respecto a otras líneas de crédito o financiación, entre ellas el hecho de que no generan deuda, tienen un costo de uso muy bajo y pueden reducir la prima de riesgo de países muy endeudados. Sin embargo, aunque los DEG tienen por objeto ofrecer liquidez a todas las naciones miembro del FMI, el reparto de las asignaciones de DEG favorece a los países más ricos. África, Asia, la Europa en desarrollo y ALC recibieron respectivamente un 5.2%, 21.5%, 1.1% y 7.9% de la asignación total de DEG en agosto de 2021 (ECA/ECLAC, 2022[15]). En consecuencia, los países en vías de desarrollo, que tal vez sean los que más necesiten la liquidez en épocas de crisis, se encuentran en una situación de desventaja y enfrentan a desafíos de acceso a recursos de DEG suficientes para afrontar sus necesidades económicas urgentes.

En su calidad presidencia rotatoria del Grupo de Presidentes de los Bancos Multilaterales de Desarrollo (BMD), el Banco de Desarrollo Interamericano (BID), en cooperación con el Banco Africano de Desarrollo, ha liderado una propuesta para volver a canalizar los DEG hacia los BMD, mediante la emisión de un préstamo de DEG estructurado a modo de instrumento de capital híbrido. Los países que deseen canalizar así esos recursos y a los que la ley se lo permita pueden examinar dicha posibilidad, respetando la condición de activo de reserva de las obligaciones denominadas en DEG resultantes y garantizando su liquidez. De este modo, se podrían ampliar las opciones de financiamiento de los países de ALC y, según las previsiones, el valor de aprovechamiento de los DEG podría multiplicarse por cuatro, lo que permitiría a los países financiar proyectos sociales y climáticos que podrían encontrar obstáculos en otras vías de financiamiento (IDB, 2024[16]). Este avance se enmarca en otros esfuerzos más amplios del BID y de su papel clave de aumentar la cooperación entre actores de desarrollo y promover su movilización. El BID, a través de su puesto en la presidencia rotatoria y como parte de su programa Impact+ aprobado recientemente, ha liderado iniciativas destinadas a aumentar la efectividad colectiva y un enfoque estratégico de la coordinación de los asociados para el desarrollo (IDB, 2024[17]). En el contexto de limitaciones económicas y teniendo en cuenta el mayor número de actores de desarrollo en la región, resulta evidente que es necesaria una mayor coordinación. Si los BMD fortalecen su cooperación y se amplía el uso de los DEG, surgirán más oportunidades para estos bancos, pero también será necesaria una mayor coordinación entre los actores del desarrollo.

Mejorar la evaluación de riesgos y aumentar la transparencia de la información sobre los activos

Las percepciones del riesgo son más volátiles en los países en vías de desarrollo y suelen ser procíclicas, lo que provoca que las contracciones económicas se conviertan en problemas económicos más graves (ECLAC, 2023[18]; IMF, 2023[19]). Esta circunstancia obliga a preguntarse cuáles son los factores considerados por los inversores al tomar decisiones sobre inversiones y cómo influyen dichos factores en el desarrollo.

Las escasas agencias de calificación crediticia que existen influyen de manera importante en las percepciones del riesgo registradas en los países de la región. Tres agencias de calificación crediticia representan más de un 90% del mercado de calificación crediticia (Hung et al., 2022[20]; OECD, 2023[6]). Las calificaciones utilizadas por todos los inversores para tomar decisiones sobre inversión suelen ser procíclicas, de manera que las economías de ALC experimentan rebajas de sus calificaciones con mayor rapidez que las economías desarrolladas. Las fases de reducción en las calificaciones suelen producirse de manera más rápida y pronunciada que las mejoras. Aunque las variables internas pueden atenuar el descenso de una calificación, no tienen el mismo efecto positivo durante las fases de mejora (Broto and Molina, 2016[21]). Las advertencias negativas de las agencias de calificación crediticia ("revisiones", "observaciones", "perspectivas") tienen un impacto más marcado en los diferenciales de los bonos de los países en desarrollo que en los de las economías avanzadas (160 puntos básicos frente a 100 puntos básicos) y los países en desarrollo son objeto de un 95% de las rebajas de las calificaciones crediticias, pese a experimentar contracciones económicas más moderadas (UNDESA, 2022[22]). Cuando los países en desarrollo reciben una puntuación crediticia baja, por debajo de "grado de inversión", tienen que endeudarse a un costo superior para financiar el desarrollo sostenible (Sachs, 2023[23]). Esto suele obligar a los países de ALC a elegir entre invertir en objetivos de desarrollo sostenible a largo plazo o procurar mejoras en la puntuación crediticia a corto plazo (OECD, 2023[6]).

La calidad de la deuda pública influye de manera importante a la hora de determinar cuál será el costo de acceso a financiamiento privado externo y la influencia que tienen las rebajas de calificación es muy superior a la de las alzas (ECLAC, 2018[24]). Esto resulta especialmente relevante dado el creciente papel del financiamiento privado en la Agenda 2030 para el desarrollo sostenible, y la urgente necesidad de incrementar la movilización de recursos para su implementación. Algunos análisis han destacado la necesidad de mejorar el funcionamiento de las agencias de calificación crediticia a través de medidas prácticas que podrían incluir la separación de las funciones de calificación de las de asesoramiento, la imposición de obligaciones jurídicas y la eliminación de la fiabilidad normativa de las calificaciones (Portes, 2008[25]).

También resulta crucial mejorar la disponibilidad de la información. Es necesario calcular con exactitud las vulnerabilidades de los países en vías de desarrollo, contabilizando mejor la influencia acumulada de la vulnerabilidad climática entre otras debilidades estructurales y económicas. Existe el riesgo de caer en una "trampa financiero-climática", en la que el deterioro o las catástrofes relacionadas con el clima agraven una mala situación fiscal y provoquen así la capacidad de un país para acceder a recursos internacionales destinados al financiamiento para el desarrollo sostenible y a prepararse para una transición sin problemas hacia una economía con bajas emisiones de carbono (AFD, 2023[26]; AFD, 2023[27]). Iniciativas tales como el Consorcio de bases de datos sobre riesgos de los mercados emergentes globales (GEM) tratan de contribuir a una mayor exactitud de las evaluaciones de riesgos de los países de ALC. La base de datos GEM constituye un repositorio completo y transparente de datos sobre riesgos que permiten tener una perspectiva más holística de los riesgos económicos y financieros. Esta base de datos, que reúne casi 30 años de datos anonimizados de cerca de 25 instituciones, puede contribuir a reducir la brecha entre los riesgos percibidos y los riesgos reales (GEMs, 2024[28]; IFC, 2024[29]). Mediante el uso de estas herramientas, los inversores, los responsables de la formulación de políticas y otros actores interesados pueden acceder a datos diversos y pormenorizados, lo que promueve un sistema financiero más informado y resiliente. De este modo, se favorece la mitigación de las deficiencias de las agencias tradicionales de calificación crediticia, al promover la adopción de decisiones mejor fundamentadas basándose en un conocimiento más nítido de los riesgos subyacentes.

Reforzar la cooperación entre los actores multilaterales

En un contexto de financiación limitada para el desarrollo sostenible, resulta esencial que el financiamiento existente sea coherente, al igual que la cooperación entre los actores de desarrollo antiguos y nuevos que trabajan en la región. Pese a que unos pocos actores responden de la mayoría del financiamiento multilateral para ALC, cada vez son más los grupos de desarrollo que han comenzado a trabajar en esta región en las dos últimas décadas. Sigue existiendo una elevada concentración en la esfera del financiamiento multilateral, ya que el BID, el Banco de Desarrollo de América Latina y el Caribe (CAF), el Banco Centroamericano de Integración Económica (BCIE), el Banco Mundial y la Unión Europea (UE) representaron más de un 95% del financiamiento multilateral en 2022 (Gráfico 4.1). Sin embargo, el número de actores multilaterales de la región ha pasado de 8 en 2002 a 40 en 2022, mientras que también ha aumentado el número de países no pertenecientes al Comité de Ayuda al Desarrollo (CAD), bancos regionales y organizaciones filantrópicas privadas que facilitan financiamiento para el desarrollo sostenible en la región (OECD, 2024[30]).

Gráfico 4.1. Porcentaje acumulado de compromisos de financiamiento multilateral en ALC, 2022

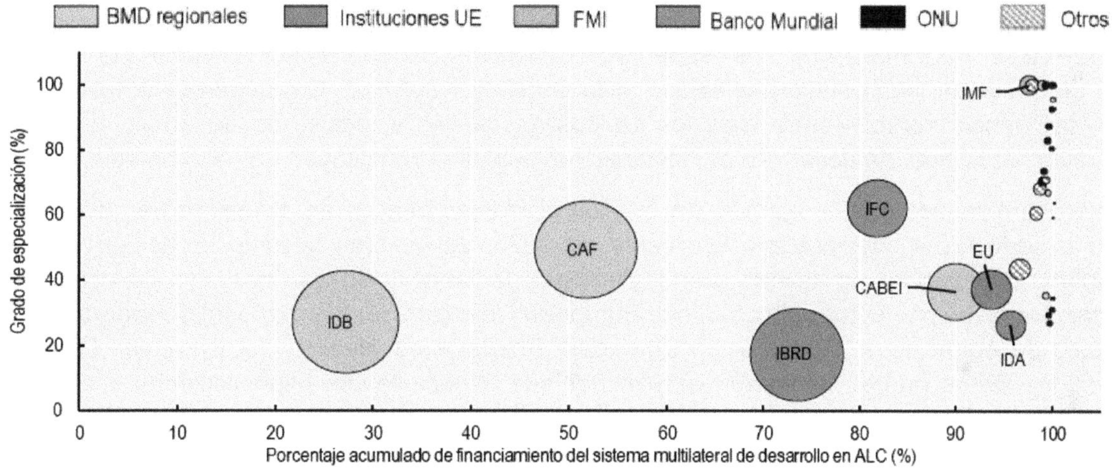

Nota: El eje horizontal muestra el financiamiento multilateral acumulado (como porcentaje del financiamiento total destinado a ALC procedente de fondos e instituciones multilaterales). El porcentaje acumulado de una institución determinada es el porcentaje de la suma de todos los compromisos hasta dicha institución, incluida, ordenados según el tamaño de izquierda a derecha en el eje horizontal. Por ejemplo, el CAF y el BID representaron en términos acumulados un 51.74% de los compromisos de financiamiento multilateral en 2022. El eje vertical muestra el grado de especialización (el porcentaje de financiamiento total de cada institución multilateral del mayor sector de su cartera). A mayor grado de especialización, mayor concentración por actividad sectorial. El tamaño del círculo representa el volumen de financiamiento de cada fondo o institución multilateral, que es la suma de la AOD y de otros flujos oficiales de cada institución.
Fuente: Cálculos de los autores basándose en (OECD, 2024[30]; OECD, 2023[6]).

StatLink https://stat.link/p9f7wr

El incremento en el número de organizaciones se debe al aumento de fondos altamente especializados, en particular los fondos y programas de las Naciones Unidas creados para responder a crisis específicas como la del COVID-19. El mayor grado de especialización de los fondos más pequeños contrasta con la situación en la UE y sus Estados miembros, donde el financiamiento se distribuye entre una gama mucho más amplia de sectores. La mayor participación de nuevos actores y fondos puede resultar positiva, en particular en el caso de las grandes economías latinoamericanas. Por ejemplo, ha aumentado del número de fondos específicos relacionados con el clima activos en la región de ALC. Dichos fondos contribuyen de manera importante a canalizar financiamiento privado hacia la consecución de objetivos climáticos específicos (véase más información en el apartado sobre instrumentos de financiamiento sostenible). Sin embargo, aunque sus actividades son relevantes, no sustituyen la necesidad de una reforma en materia de gobernanza. Es crucial impulsar esfuerzos que garantizan que el mayor número de actores propicie una especialización efectiva, sin perder de vista la necesidad de una coordinación adecuada.

Una mayor articulación entre los actores del desarrollo podría mejorar el impacto de la cooperación en este ámbito. Estas entidades aportan diferentes fortalezas: mientras que los BMD ofrecen recursos financieros y conocimientos técnicos especializados; los organismos bilaterales prestan ayuda directa, como préstamos y garantías; y socios como la UE contribuyen mediante subvenciones, préstamos, garantías y bonos (Capítulo 3). Estos actores también contraen compromisos en materia de AOD con diferentes sectores. Estados Unidos, por ejemplo, ha asumido compromisos relacionados principalmente con infraestructura social (42.2%) y ayuda humanitaria (31.9%). La AOD de las instituciones de la UE se encuentra más repartida entre diferentes sectores (OECD, 2024[31]). Más concretamente, la UE ha contraído compromisos importantes en relación con los sectores de la educación, la energía, las finanzas y la sanidad, lo que apunta a una concentración en un desarrollo sostenible holístico (OECD, 2024[31]).

La articulación entre los actores resulta crucial para ALC, pues permite reunir recursos, aprovechar capacidades complementarias e intensificar los esfuerzos de financiamiento destinados a superar los diversos desafíos en materia de desarrollo a los que se enfrentan los países de ALC. Así se puede garantizar un enfoque coordinado de la implementación de los proyectos, maximizar el impacto del financiamiento para el desarrollo y promover avances hacia la consecución de los objetivos de desarrollo sostenible. Es necesario un financiamiento más coherente, cooperativo y específico por parte de todos los proveedores, para maximizar sus respectivos beneficios, ya que, hasta la fecha, las acciones en materia de desarrollo han estado demasiado aisladas (CGD, 2022[32]). Los acuerdos entre los distintos actores de financiamiento —entre ellos los bancos nacionales y locales de desarrollo y también las instituciones financieras de desarrollo mundiales y regionales— constituyen un paso en esta dirección.

Los acuerdos recientes son un ejemplo de que los diferentes bancos de desarrollo han adoptado este enfoque basado en la colaboración. En marzo de 2023, un acuerdo suscrito en el marco de la UE contemplaba la asociación de las instituciones europeas de financiación para el desarrollo, una plataforma de cofinanciación de proyectos públicos (Joint European Financiers for International Cooperation) y la Red de Trabajo de Agencias de Cooperación Europeas (Practitioners' Network for European Development Cooperation). Estos grupos acordaron aprovechar sus conocimientos especializados y colaborar en acciones estratégicas encaminadas a promover la estrategia Global Gateway de la UE y las iniciativas de Team Europe, además de potenciar sus fortalezas comparativas con miras a lograr un impacto transformacional y contribuciones útiles a los objetivos de las políticas de la UE y sus países asociados (Practitioners' Network for European Development Co-operation, 2023[33]).

Este enfoque basado en la colaboración también se puede observar en una operación financiera llevada a cabo entre el CAF y la Agencia Francesa de Desarrollo (AFD) en mayo de 2024. Estos bancos pusieron en marcha un nuevo instrumento financiero estratégico para promover la colaboración a mediano y largo plazo, que incorporaba fondos no dedicados para alcanzar objetivos de la estrategia verde. Este mecanismo contribuye al objetivo del CAF de convertirse en el banco verde de la región, abordando el cambio climático y la biodiversidad, al canalizar un préstamo de 200 millones de euros (EUR) a ALC en combinación con asistencia técnica, además de intercambios técnicos entre expertos (CAF, 2024[34]).

Tomando como base los marcos existentes —por ejemplo, los de la Organización de Estados Americanos con el Consejo Interamericano para el Desarrollo Integral y su Agencia Interamericana para la Cooperación y el Desarrollo—, la región de ALC puede trabajar de manera más cohesionada con el fin de: i) reforzar la gobernanza de la cooperación para el desarrollo; ii) impulsar la cooperación y la coherencia de las políticas; y iii) garantizar un aprovechamiento efectivo de los esfuerzos nacionales a nivel regional. A través de una mayor cooperación, la región puede tratar de garantizar una colaboración efectiva entre los proveedores de desarrollo existentes al tiempo que se establecen nuevas vías de desarrollo, aprovechando la cooperación Sur-Sur y la cooperación triangular.

Por último, las colaboraciones entre los bancos de desarrollo de los países desarrollados y los bancos nacionales de desarrollo pueden financiar proyectos específicos a un costo económico inferior. Por ejemplo, la AFD firmó un acuerdo Tier 2 con el Banco Nacional de Costa Rica (BNCR) en 2021 para financiar proyectos relacionados con el cambio climático, centrándose de manera especial en la movilidad eléctrica (AFD, 2024[35]). Este programa de financiamiento, consistente en dos líneas de crédito (un préstamo preferente sin garantía de 50 millones de USD y un préstamo subordinado de Nivel 2 de 15 millones de USD), tiene por objetivo facilitar liquidez a largo plazo, además de maximizar el impulso que supone el compromiso de la AFD a través de otros compromisos financieros del BNCR. El programa se complementa con una subvención de la UE a cuatro años de 3 millones de EUR para asistencia técnica, destinada a ayudar al BNCR a alinear el financiamiento de sus proyectos con los objetivos climáticos de Costa Rica. Esta operación de financiamiento intermedio o *mezzanine* garantiza una alineación con la agenda de desarrollo sostenible del país y contribuye a la reducción del costo de financiamiento del banco nacional de desarrollo.

Desbloquear el potencial de los flujos financieros internacionales

Los flujos financieros internacionales públicos y privados son esenciales para el desarrollo de la región de ALC. Aunque dichos flujos sean relativamente menores que los registrados en otras regiones en desarrollo, la asistencia oficial al desarrollo sigue siendo crucial en ALC, ya que podría ser un elemento catalizador para atraer y "reducir el riesgo" de las inversiones del sector privado destinadas a atender las necesidades de desarrollo. Teniendo en cuenta el deterioro de las condiciones favorables, es necesario seguir movilizando financiamiento privado y otros flujos internacionales de desarrollo de manera integrada para cubrir las necesidades en la materia de manera más efectiva.

Ayuda oficial al desarrollo y otros flujos económicos

El acceso a subvenciones y préstamos en condiciones favorables es esencial para favorecer el financiamiento para el desarrollo sostenible en la región. Sin embargo, este se ha visto cada vez más limitado. Como proporción del ingreso nacional bruto (INB), la AOD para América Latina es la más baja del mundo, al situarse cerca del 1%, y sigue descendiendo. Este descenso era previsible, puesto que conforme los países avanzan en su desarrollo, también decrece la AOD como proporción del INB (Piemonté, Kim and Cattaneo, 2024[36]). De hecho, a medida que la región de ALC progresa y sus países van adquiriendo la condición de economías de ingresos medios (graduación), el porcentaje del INB que constituye la AOD va descendiendo paulatinamente (Cattaneo, Piemonté and Poensgen, 2020[37]). Por el contrario, la AOD de los pequeños estados insulares en desarrollo (PEID) ascendió en 2022 a un 10% del INB en promedio y constituye una modalidad esencial de financiamiento externo, ya que la mayoría de esos países siguen perteneciendo a la categoría de naciones de ingresos bajos (Gráfico 4.2).

Pese a los bajos niveles registrados en América Latina, la AOD sigue siendo relevante para abordar las necesidades de desarrollo críticas de la región y desempeña un papel crucial, principalmente en relación con el fortalecimiento de las capacidades de los países de ingresos altos-medios de esta región. Más allá del apoyo financiero directo, la AOD —en particular a través de la asistencia técnica y la financiación combinada— puede actuar como catalizador para movilizar recursos adicionales, como préstamos o inversiones del sector privado. Al proporcionar conocimientos técnicos, apoyar la preparación de proyectos y mitigar los riesgos, la asistencia técnica y la financiación combinada son los primeros pasos para desbloquear una mayor financiación de las instituciones financieras internacionales y los inversores privados (European Investment Bank, 2024[38]; The World Bank, 2024[39]) Sin embargo, la reciente crisis geopolítica está incidiendo en el financiamiento internacional y la ayuda al desarrollo, como demuestran los anuncios de descensos relativos en la ayuda procedente de algunos países de ingresos altos (Gavas and Pleeck, 2024[40]; Bollag, 2024[41]; DEVEX, 2024[42]). También se ha registrado una mayor demanda de

AOD en relación con crisis específicas. En 2022, por ejemplo, Ucrania recibió ayuda por importe de 26 000 millones de USD de los países que forman el CAD y de las instituciones europeas, casi el doble de los 13 520 millones de USD que recibió ALC ese mismo año (Carey, Desai and Ahmad, 2023[43]).

Gráfico 4.2. La AOD como porcentaje del INB, promedio por región y grupo de ingresos, 2000-22

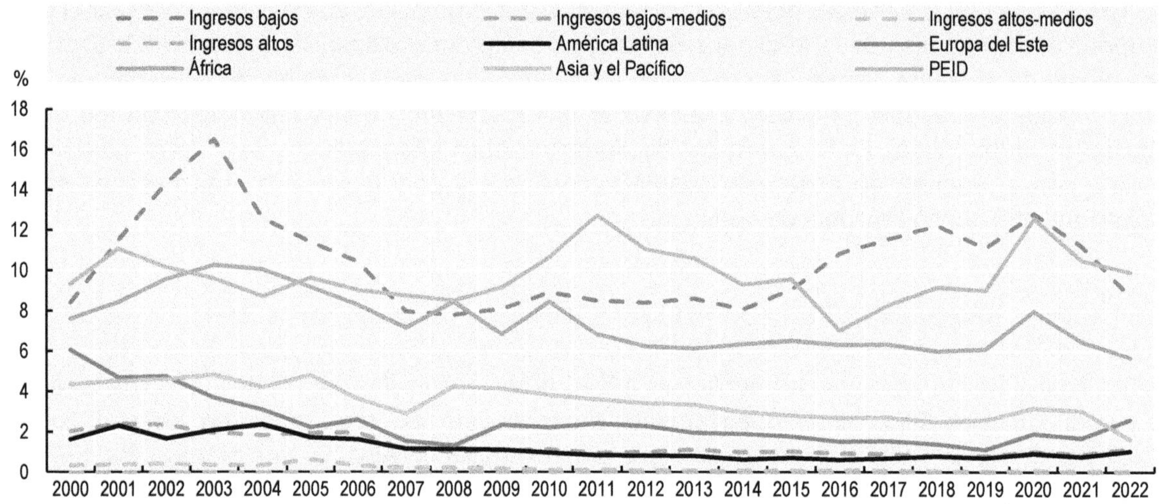

Nota: En precios corrientes. Tanto la AOD como el INB se miden en millones de USD. Regiones basadas en los agrupamientos de países de los datos sobre AOD de la OCDE y la lista de PEID de las Naciones Unidas. Los países de la categoría PEID no se incluyen en su categoría regional.

Fuente: Elaboración de los autores basándose en (OECD, 2024[44]; World Bank, 2024[45]).

StatLink https://stat.link/l7txiw

Aunque se cumpliesen todos los compromisos —incluido el consistente en dedicar el 0.7% del INB a la AOD o en destinar 100 000 millones de USD al financiamiento climático cada año—, la mayor parte del déficit de ALC relacionado con el financiamiento se mantendría, con ligeras diferencias en las distintas partes de esta región. Según muestran las estimaciones, por cada dólar que se invierte en financiamiento del desarrollo, la región de ALC necesitaría movilizar entre 5 y 6 USD procedentes de otras fuentes para cubrir un déficit de financiamiento de 650 000 millones de USD (IDB, 2019[46]). La cantidad de financiamiento en condiciones favorables que se encuentra disponible es, por lo tanto, muy limitada en relación con el tamaño de las economías de la región y no existen indicios de que la AOD que recibe ALC vaya a aumentar en los próximos años. Sin embargo, sí que podría hacerse un mejor uso de esa limitada ayuda. El Índice de Vulnerabilidad Multidimensional de las Naciones Unidas es una herramienta que puede ayudar a repartir los recursos de manera más efectiva y contribuir a que las naciones obtengan acceso al financiamiento en condiciones favorables que necesitan (OECD, 2024[47]).

A medida que se vaya incrementando el número de países de ALC que se gradúa porque su INB ha aumentado y de acuerdo con los criterios en vigor para poder recibir AOD, se beneficiarán de un volumen más reducido de ese tipo de ayuda. Sin embargo, dichos países seguirán presentando desafíos importantes en materia de financiamiento para el desarrollo. El acceso limitado a financiamiento en condiciones favorables a través de la AOD genera problemas para financiar el desarrollo sostenible que también pueden influir en la deuda. En la actualidad, se está hablando de un giro de la graduación a la "gradación", a fin de que los países que recientemente hayan pasado a una categoría superior con respecto a sus ingresos sigan teniendo acceso a financiamiento en condiciones favorables y exista un equilibrio entre la AOD y el financiamiento durante el proceso de transición (ECLAC/OECD, 2018[48]; Cattaneo and Piemonté, 2021[49]).

También se están llevando a cabo otras iniciativas para analizar el financiamiento del desarrollo y su relación con la generación de flujos de desarrollo suficientes. Un ejemplo sería el Apoyo Oficial Total para el Desarrollo Sostenible (TOSSD, por sus siglas en inglés) (Recuadro 4.1). Los flujos adicionales contabilizados en TOSSD se refieren a actividades emprendidas por los países que no se consideran proveedores de AOD, entre ellos Brasil, Chile o Indonesia. Los proyectos a los que se da seguimiento dentro de la matriz del TOSSD engloban, por ejemplo, un crédito ordinario para el desarrollo multidimensional de zonas populares en la ciudad de Guayaquil (Ecuador), concedido por el CAF en 2022. Este tipo de proyecto transversal contribuye a la consecución de varios ODS (3, 9, 11 y 17), al ofrecer acceso a agua corriente, reducir la duración de los desplazamientos y los costos del transporte y disminuir la incidencia de inundaciones en determinados sectores y la tendencia a contraer enfermedades por la exposición al polvo y las aguas residuales.

Recuadro 4.1. Apoyo Oficial Total para el Desarrollo Sostenible

El Apoyo Oficial Total para el Desarrollo Sostenible (TOSSD) es un indicador internacional para cuantificar toda la variedad de flujos financieros destinados a promover el desarrollo sostenible de los países en vías de desarrollo. Para potenciar el impacto de unos flujos financieros limitados para el desarrollo, el TOSSD ha tratado de mejorar su medición en relación con su impacto en el desarrollo sostenible (OECD, 2024[50]).

Puesto que, además de la AOD, en el TOSSD se contabilizan otros flujos oficiales, dicha medida excede la AOD destinada a la región de ALC, una situación que debería darse en todas las regiones. Esos otros flujos están relacionados con actividades llevadas a cabo por los países que no se consideran proveedores de AOD (es decir, que no son miembros del CAD de la OCDE), por ejemplo Brasil, Chile o Indonesia, así como las actividades financieras llevadas a cabo por proveedores tradicionales (por ejemplo, los miembros del CAD) que no pueden calificarse como AOD, entre otros el financiamiento en forma de préstamos no concedidos en condiciones favorables. En 2022, el TOSSD de ALC superó la AOD en más de 28 300 millones de USD (desembolsos brutos), de los cuales más de 21 000 millones de USD eran préstamos (OECD, 2024[51]). Por otra parte, los datos de los países no pertenecientes al CAD que solo comunican su ayuda al desarrollo al conjunto de datos del TOSSD, así como las actividades financiadas por el sistema multilateral a través de contribuciones para fines específicos, sumaron en total 4 000 millones de USD, incluidos 1 700 millones de USD en subvenciones, 1 400 millones de USD en préstamos, 488 millones de USD en gastos de proveedores directos y 423 millones de USD en otros títulos de deuda. El TOSSD ofrece un mayor detalle de las actividades financiadas con contribuciones para fines específicos a instituciones multilaterales, lo cual mejora la disponibilidad de la información sobre la ayuda destinada a los países en desarrollo que se canaliza a través del sistema multilateral.

Los datos más recientes del TOSSD (apoyo prestado en 2022) se refieren a las actividades de 121 proveedores bilaterales y multilaterales. De los 19 proveedores que enviaron datos sobre la cooperación Sur-Sur en 2022, 15 prestaron ayuda a la región de ALC. La cooperación Sur-Sur contabilizada a través del TOSSD muestra que, en 2022, ALC era la región con las iniciativas de cooperación más importantes, tanto en lo que se refiere a desembolsos brutos como por número de actividades. Brasil fue el país que facilitó la mayoría de las actividades de cooperación Sur-Sur (1 019), seguido del CAF (296) y de México (208). La ayuda relacionada con la educación representa casi la mitad del número total de actividades de este tipo. Cuatro países de América Central (Costa Rica, El Salvador, Honduras y Nicaragua) recibieron un 80% de los flujos de cooperación Sur-Sur destinados a ALC que se reportaron al TOSSD.

Fuente: (OECD, 2024[50]).

En 2022, Brasil facilitó, a través de expertos en cooperación técnica en especie, la creación de una metodología para la plantación de arroz con riego en la República Dominicana que contribuía a tres ODS (2, 6 y 12). El objetivo del proyecto era crear sistemas de producción con un uso eficiente del agua de riego, empleando variedades de alto rendimiento y tecnologías respetuosas con el medioambiente para el cultivo de arroz. El arroz es uno de los principales cultivos de la República Dominicana y lo producen principalmente mediante riego (un 98% de la producción) cerca de 30 000 productores (IICA, n.d.[52]).

En 2023, el Gobierno chileno y la UE pusieron en marcha la Plataforma Global Gateway de Financiación del Hidrógeno Renovable en Chile, por un monto de 225 millones de EUR. Con un componente subvencionado de 16 millones de EUR aportados por la UE (Instrumento para Inversiones en América Latina y el Caribe), KfW y el BEI movilizaron conjuntamente 200 millones de EUR en inversiones. Este fondo estará gestionado por la Corporación de Fomento de la Producción y se centrará en el desarrollo de proyectos concretos de producción y aplicación del hidrógeno renovable en Chile. Esta ayuda contribuye al plan de Chile de convertirse en el productor de hidrógeno verde más competitivo del planeta para 2030. Estos proyectos concretos generarán capacidad y conocimientos en el ámbito local para el futuro de Chile y del mundo.

En 2018, el BEI otorgó un préstamo a Fonplata, una institución financiera multilateral propiedad de Argentina, Bolivia, Brasil, Paraguay y Uruguay. La cartera de Fonplata consta de proyectos de desarrollo urbano, energía renovable, suministro de agua potable, infraestructura social, patrimonio cultural y accesibilidad rural en zonas remotas. Este proyecto ya ha facilitado el acceso a servicios básicos a 1 500 hogares vulnerables de comunidades rurales de Bolivia. Además, el proyecto busca dotar de acceso a servicios y equipamiento públicos, y mejorar la inclusión social a través del financiamiento de infraestructura urbana, vivienda, servicios recreativos y transporte en el municipio de Corumbá (Brasil). En la actualidad, 107 000 habitantes se benefician de carreteras recién pavimentadas, la construcción del Parque Jaguatiricas, la restauración de 10 edificios históricos, mejoras en la zona costera del río Paraguay, la construcción de un centro cívico y la reactivación del Eco Parque Cacimba da Saúde.

Además de estos ejemplos, se está conversando sobre la medición de todo el repertorio de financiamiento del desarrollo. Los bancos de desarrollo, incluida la AFD, y los países beneficiarios han hecho un llamamiento para dar un paso más en la mejora del seguimiento del impacto de los flujos de desarrollo. Dicho llamamiento expresa la necesidad de evaluar mejor el impacto de la AOD en el desarrollo y mejorar su integración con otros flujos de inversión para alinearlos con los ODS (AFD, 2022[53]). Otros análisis indican que una medida dual simplificada del financiamiento público internacional, que refleje tanto las iniciativas de solidaridad como los impactos financieros, podría cuantificar de manera efectiva las contribuciones de las instituciones internacionales de desarrollo a los ODS, como complemento a la AOD y al TOSSD (AFD, forthcoming[54]).

Si las medidas de financiamiento del desarrollo fueran más completas y estuviesen más armonizadas, podrían contribuir no solo a ofrecer una imagen más clara de todo el repertorio de fondos que se destinan al desarrollo sino también de los socios en la región. Por ejemplo, la diversificación del financiamiento del desarrollo en ALC ha trascendido los donantes del CAD, pues China se ha erigido como un actor importante en las últimas décadas. El número de proyectos y la cuantía de los préstamos de China a países de ALC ha disminuido en los últimos años. Entre 2019 y 2023, la región de ALC recibió un importe promedio ligeramente superior a 1 300 millones de USD al año, cifra que contrasta con el nivel máximo de préstamos registrado en 2010, cuando solo el Banco de Desarrollo de China aportó casi 25 000 millones de USD a la región (Gráfico 4.3). El financiamiento destinado a ALC procedente de China sigue concentrándose en un número reducido de países. Brasil sigue siendo un beneficiario ocasional de préstamos provenientes de instituciones chinas de financiamiento del desarrollo (Mayers and Ray, 2024[55]). Sin embargo, pese a ser un actor importante que no se considera proveedor de AOD, China todavía no reporta sus datos al TOSSD.

Gráfico 4.3. Financiamiento para el desarrollo de China a ALC, 2005-23

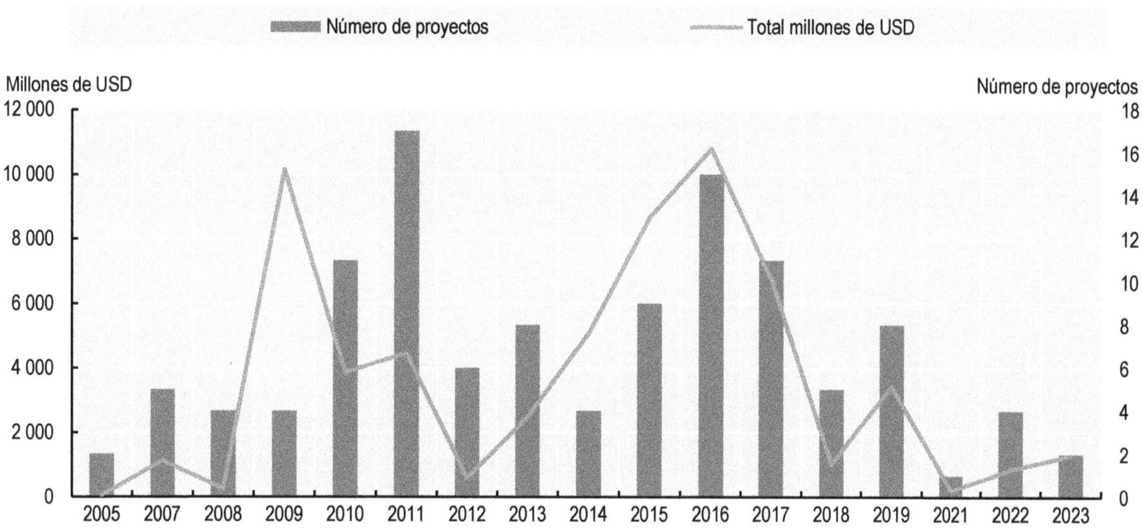

Nota: Los años 2006 y 2020 están en blanco porque no se identificaron préstamos chinos a la región. En el conjunto de datos solo se contabilizan préstamos públicos y con garantía pública (PPG) realizados a través de las dos instituciones de financiamiento del desarrollo, a saber: el Banco de Exportación e Importación de la República de China y el Banco de Desarrollo de China.
Fuente: Elaboración de los autores basándose en (The Dialogue, 2023[56]).

StatLink https://stat.link/17wlzd

ALC necesita asociaciones para acceder a financiamiento privado y garantizar su impacto en el desarrollo

El financiamiento privado es, con diferencia, el mayor flujo de financiamiento externo que recibe ALC. Los sectores privados son el acreedor externo más importante para los gobiernos de ALC y este porcentaje ha ido aumentando con el paso del tiempo (ECLAC, 2023[18]) (Gráfico 4.4). Este dato apunta al creciente desarrollo económico de la región y el descenso relativo del volumen de financiamiento público. Con los flujos de AOD por debajo de los niveles registrados al inicio de la década de los 2000 y la previsión de que esta tendencia decreciente se mantenga, tienen que integrarse mejor otros flujos a través de un marco de desarrollo sostenible, con el fin de garantizar una inversión de calidad y propiciar un entorno de desarrollo más coherente.

Gráfico 4.4. Componentes de los flujos de financiamiento externos destinados a la región de ALC, 2011-22

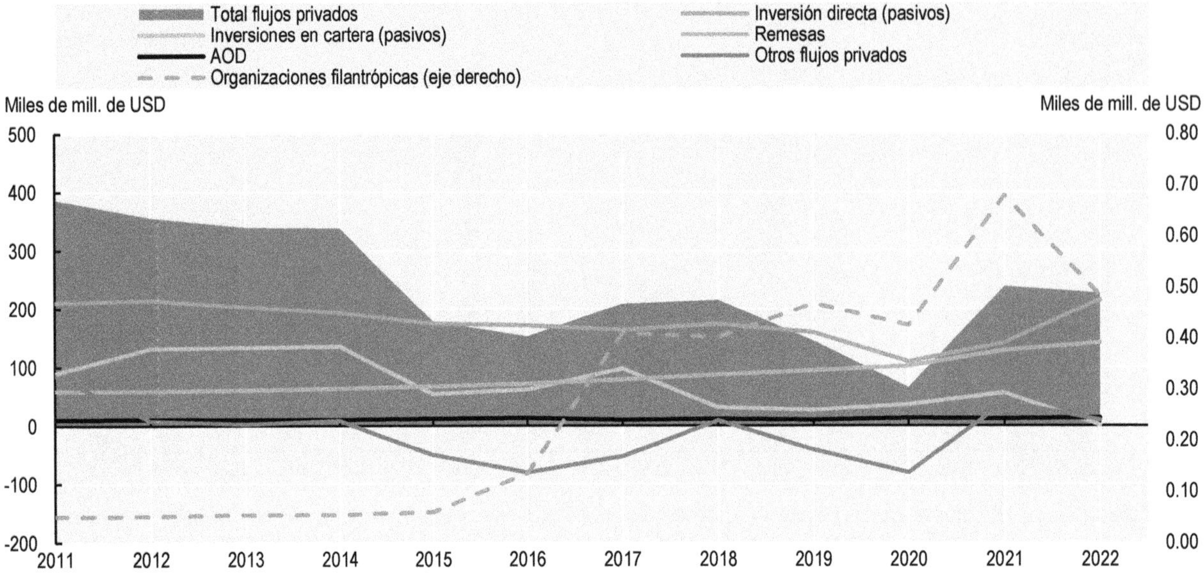

Nota: Los flujos privados totales incluyen inversiones directas (pasivos), inversiones en cartera y otros flujos privados tales como cuentas de capital, derivados financieros y otras inversiones (pasivos).
Fuente: Elaboración de los autores basándose en (OECD, 2024[44]; IMF, 2024[57]).

StatLink https://stat.link/15vurf

El refuerzo de los marcos regulatorios ayuda a atraer financiamiento privado

Se necesitan marcos regulatorios más sólidos en materia de financiamiento para el desarrollo, para garantizar que la inversión extranjera directa se destine de mejor manera a la transformación de la producción y el desarrollo sostenible en ALC, en particular a energías renovables, tecnologías verdes e innovación digital, que tienen un potencial enorme en esta región (ECLAC, 2023[58]). En la actualidad, el financiamiento para el desarrollo se destina principalmente a las economías más grandes, como Brasil y México (OECD, 2023[59]).

Establecer condiciones y marcos favorables contribuye a incentivar tanto a los inversores nacionales como a los extranjeros a destinar sus recursos a un determinado país o región. Esto incluye adoptar políticas y regulaciones que promuevan la transparencia, la previsibilidad y la protección jurídica de los inversores. También implica respetar las normas y mejores prácticas internacionales en esferas tales como la gobernanza, la protección ambiental y los derechos laborales (OECD et al., 2023[60]).

La cooperación internacional —a través de iniciativas como el Marco Común de Taxonomías de Finanzas Sostenibles y la Red Punto Azul de la OCDE— contribuye a que la región formule e integre nuevas políticas para canalizar financiamiento privado hacia la consecución de los ODS.

La movilización de financiamiento privado a través de flujos oficiales está aumentando en ALC

La movilización de financiamiento del sector privado para el desarrollo sostenible se considera, cada vez en mayor medida, un instrumento clave para reducir la brecha de financiamiento de los ODS. La movilización de capital privado puede comportar el uso de intervenciones oficiales en materia de desarrollo encaminadas a reducir los riesgos de la operación y atraer financiamiento del sector privado. La región de ALC cuenta con una posición mejor que la de otras regiones para atraer la participación de inversores privados, por varios motivos. En primer lugar, aproximadamente el 87% del financiamiento movilizado entre 2018 y 2020 se destinó a países de ingresos medios, que es la categoría en la que se encuentran la mayoría de los países de ALC (OECD, 2023[61]; World Bank, 2024[62]). Por otra parte, la capacidad institucional cada vez mayor de la región, el crecimiento de los mercados de capitales y las relativas similitudes socioeconómicas sitúan a ALC en una posición en la que puede beneficiarse de instrumentos de financiamiento sostenible innovadores (IDB, 2019[46]).

En 2022, ALC registró el mayor nivel de financiamiento privado movilizado para el desarrollo a escala mundial. En total, los fondos alcanzaron los 21 200 millones de USD, lo que supone un fuerte incremento desde 2017 (el año en el que se introdujo el financiamiento privado movilizado en el Sistema de Reportes de Crédito) (Gráfico 4.5) (OECD, 2024[63]). De manera similar a lo observado con las tendencias de financiamiento para el desarrollo, esto se ha debido principalmente a los amplios incrementos registrados en las economías más grandes de la región, entre otras Colombia, Brasil, México y Perú (OECD, 2024[63]). El sector del transporte impulsó un aumento considerable en Colombia y Perú; los sectores industrial y energético estimularon el incremento en Brasil; y el sector de las comunicaciones fue el responsable de la mayoría del crecimiento registrado en México (OECD, 2024[63]). Estos datos constituyen una mejora considerable desde el inicio de la década de 2010, cuando la región recibió el menor importe de financiamiento privado movilizado entre las diferentes regiones. Asimismo, esto indica una mayor interacción con asociaciones público-privadas dentro de ALC. Además, la región presenta la tasa más elevada de movilización de capital privado para infraestructura, con un promedio de 4.7 USD por dólar de dinero público, frente a 1.9 USD por dólar en Asia y el Pacífico (Global Infrastructure Hub, 2023[64]). Estas cifras demuestran la sólida posición que mantiene ALC y un gran empuje para conseguir tasas de movilización aún mayores.

Gráfico 4.5. Financiamiento privado movilizado mediante intervenciones oficiales de desarrollo por región, 2012-22

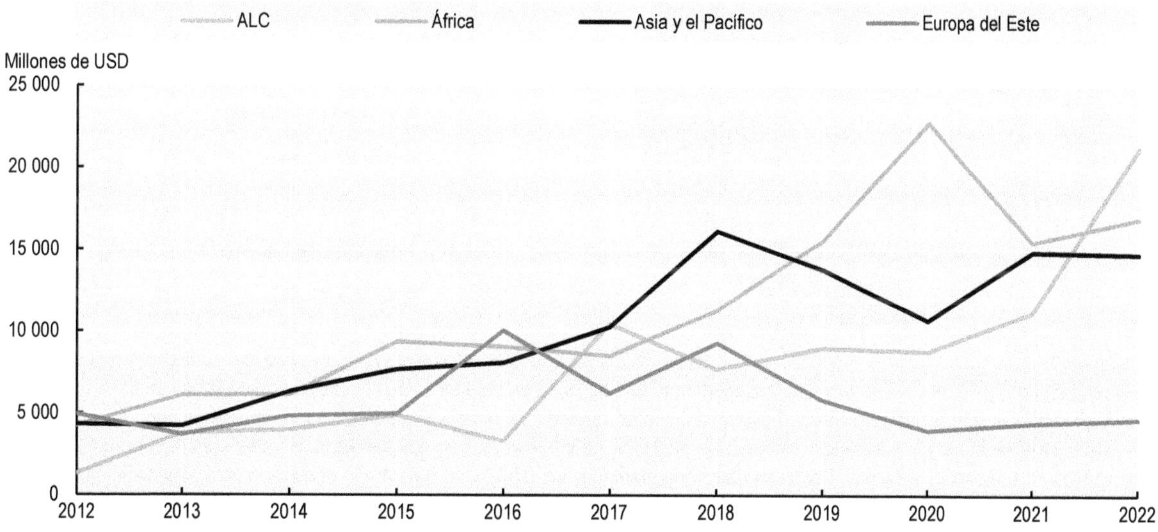

Nota: "Asia y el Pacífico" incluye Asia y Oceanía. Solo están incluidos los países que pueden beneficiarse de la AOD. En precios corrientes. "Financiamiento privado movilizado mediante intervenciones oficiales de desarrollo" se refiere al financiamiento del sector privado apalancado mediante mecanismos específicos destinados a estimular recursos financieros adicionales para los objetivos de desarrollo. Es necesario que exista un vínculo causal entre el financiamiento privado disponible para un proyecto específico y el instrumento de apalancamiento en cuestión. La OCDE considera los siguientes mecanismos de apalancamiento utilizados por proveedores de cooperación al desarrollo en su base de datos: préstamos sindicados, garantías, acciones en vehículos de inversión colectiva, inversión directa en empresas, líneas de crédito, financiamiento de proyectos y acuerdos de cofinanciamiento simple.
Fuente: Elaboración de los autores basándose en (OECD, 2024[63]).

StatLink https://stat.link/g048su

La cooperación internacional puede desempeñar un papel estratégico en incentivar el flujo de financiamiento privado que reciben sectores clave para el desarrollo que generan beneficios a más largo plazo. La cooperación al desarrollo puede contribuir a reducir obstáculos económicos y también los riesgos percibidos, al ofrecer acceso a "instrumentos de reducción de riesgos". Estos instrumentos tienen como objetivo distribuir los riesgos entre actores multilaterales, públicos y privados, entre otros el financiamiento mixto o las garantías otorgadas en condiciones favorables o competitivas para movilizar financiamiento privado (OECD et al., 2023[60]).

La distribución sectorial del financiamiento privado movilizado hacia la región mediante intervenciones oficiales de desarrollo apunta a que existen muchas oportunidades por explorar. En 2022, el financiamiento privado movilizado se dirigió principalmente a sectores con relevancia económica tradicionales, con un 77.2% asignado a la infraestructura y los servicios económicos y un 16.4% a los sectores de producción (Gráfico 4.6). El primero incluye a la banca y los servicios financieros, el transporte y el almacenamiento, la energía y las comunicaciones. Mientras tanto, los sectores de infraestructura social recibieron solo un 4.9% del financiamiento total movilizado en 2022, del cual solo un 0.5% se destinó a educación y salud. La cooperación internacional puede enfocarse mejor facilitando financiamiento público y recaudando financiamiento privado para sectores que generan importantes beneficios sociales y ambientales, pero no atraen flujos privados suficientes.

Gráfico 4.6. Financiamiento privado movilizado mediante intervenciones oficiales de desarrollo en ALC por sector, 2022

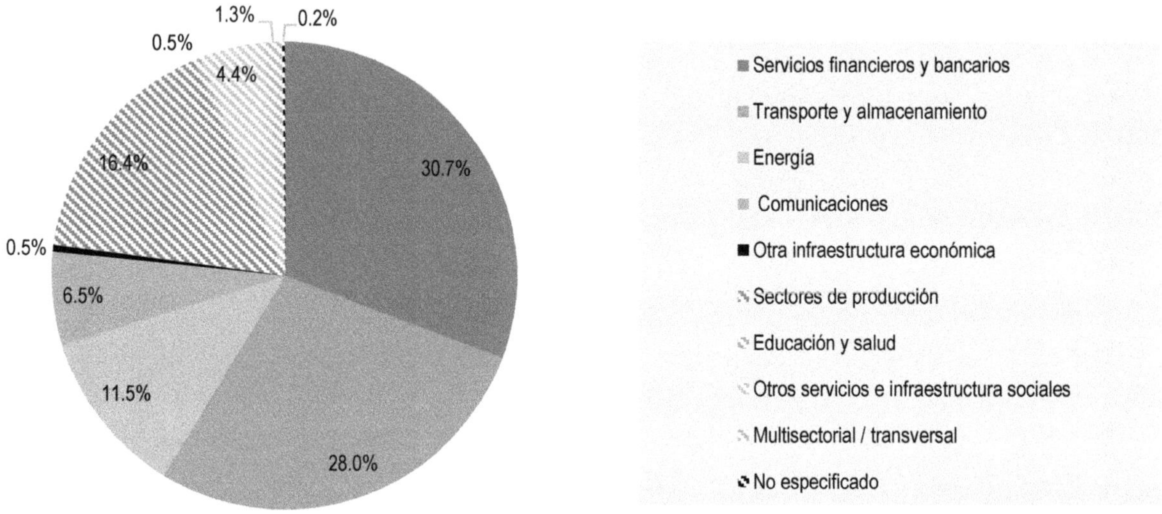

Nota: La infraestructura y los servicios económicos reciben un 77.2% del financiamiento privado movilizado, del cual los servicios financieros y bancarios reciben un 30.7%, el transporte y el almacenamiento un 28.0%, la energía un 11.52% y las comunicaciones un 6.5%. Les siguen los sectores de producción, que reciben un 16.4% del total, del cual la industria, la minería y la construcción representan un 14.7% mientras que, a la agricultura, la silvicultura y la pesca les corresponde un 1.5%. La infraestructura y los servicios sociales solo reciben un 4.9% del total, entre los cuales la educación y la salud representan conjuntamente un 0.5% y el otro 4.4% corresponde a abastecimiento de agua y saneamiento, administración y sociedad civil. Asimismo, la industria multisectorial y transversal recibió el 1.3% del total de la financiación privada movilizada. Por último, el 0.2% del total de la financiación movilizada se destinó a sectores no especificados.
Fuente: Elaboración de los autores basándose en (OECD, 2024[63]).

StatLink https://stat.link/zjqcmh

Los donantes multilaterales de desarrollo son la mayor fuente de financiamiento privado movilizado de la región, por lo que su papel es esencial para mejorar los resultados de movilización de recursos. Durante el período 2020-22, los proveedores multilaterales representaron cerca de un 83% del financiamiento movilizado y los bilaterales tan solo algo más del 17% (OECD, 2024[63]). Entre los proveedores multilaterales se encuentran los BMD y también las instituciones de la UE. Además del enorme porcentaje de movilización que representan, se ha concluido que las organizaciones multilaterales, y en particular los BMD atraen la participación de otras entidades bilaterales (Avellán et al., 2024[65]). Por lo tanto, los BMD son un inversor esencial para el desarrollo sostenible (OECD, 2024[63]).

Los BMD han desplegado esfuerzos coordinados para impulsar la cooperación y los préstamos colectivos. En 2023, los BMD más grandes contrajeron el compromiso de incrementar su colaboración para acelerar el desarrollo sostenible a través de una mejor movilización del sector privado (World Bank, 2023[66]). Este compromiso engloba una medida del marco de adecuación del capital que podría incrementar su capacidad de préstamo colectiva en cerca de 300 000 o 400 000 millones de USD a lo largo de la próxima década. Sin embargo, de no intensificarse el financiamiento en la medida en que se necesita, esas modificaciones serán insuficientes para aliviar las apremiantes necesidades económicas de las economías en desarrollo. Los BMD tendrán que incrementar anualmente en 260 000 millones de USD sus préstamos para responder al número cada vez mayor de desafíos en materia de desarrollo (CGD, 2023[67]).

Los préstamos de los BMD han aumentado de manera considerable en ALC. Los desembolsos anuales se incrementaron de 30 000 millones de USD en 2000 a 96 000 millones de USD en 2022, y los BMD prestaron un apoyo contracíclico esencial en las épocas de crisis, al aumentar sus desembolsos en 2009 y también tras la pandemia del COVID-19. Los bancos de desarrollo se encuentran en una posición única para acelerar las inversiones en desarrollo sostenible, aunque el tamaño de las bases de capital desembolsado de los BMD no ha aumentado en línea con la expansión de la economía mundial ni con las crecientes necesidades de inversión. El incremento de los recursos de los BMD se ha convertido en una prioridad fundamental para la comunidad internacional. Los BMD han comenzado a introducir una serie de reformas con el objetivo de ampliar su capacidad financiera.

Los proveedores bilaterales pueden satisfacer necesidades de desarrollo diferentes y complementarias. Los vehículos principales para la movilización de las entidades bilaterales son las instituciones de financiamiento del desarrollo, principalmente bancos de desarrollo públicos nacionales y subnacionales, que desempeñan una función esencial en la expansión del acceso de micro, pequeñas y medianas empresas (mipymes) a los mercados financieros, al prestar asistencia técnica y servicios financieros innovadores que impulsan el empleo (OECD et al., 2023[60]). Esto se puede ver, en parte, mediante las singulares herramientas de financiamiento que ofrecen, con tasas de utilización de las líneas de crédito (22%) y cofinanciamiento sencillo (11%) superiores a las de las instituciones multilaterales (Gráfico 4.7) (OECD, 2024[63]). Estos servicios más adaptados son esenciales a escala local, un ámbito en el que los conocimientos locales potencian la efectividad de los recursos movilizados. Entre 2020 y 2022, los Estados miembros de la UE fueron los segundos mayores proveedores bilaterales de movilización (35%) después de Estados Unidos (54%) (OECD, 2024[63]). Por lo tanto, en este sentido la UE y sus Estados miembros pueden contribuir de manera especial a la promoción de proyectos de movilización de financiamiento privado.

Los socios bilaterales también están innovando en los mecanismos para movilizar financiamiento privado. España, por ejemplo, puso en marcha el Fondo Huruma, su primer fondo de impacto social, cuyo objetivo es cubrir el déficit de financiamiento de agricultores pequeños y excluidos, principalmente de América Latina, el África subsahariana y Asia. A lo largo de sus 10 años de duración, el fondo pretende financiar a 45 000 agricultores en todo el mundo mediante la ampliación de las zonas de cultivo, impulsando la facturación de los agricultores, aumentando el acceso a financiamiento y creando puestos de trabajo sostenibles. El fondo, que ha conseguido movilizar más de 120 millones de EUR, incluidas importantes inversiones privadas, destaca el potencial que ofrece combinar recursos públicos y privados para conseguir reducir la pobreza a gran escala y lograr los objetivos de desarrollo en zonas de alto riesgo (OECD, 2022[68]).

Las instituciones multilaterales ofrecen mayor financiamiento a los gobiernos, contribuyen de manera esencial a los proyectos de desarrollo relacionados con la agenda climática y lideran la promoción de financiamiento del sector privado en el desarrollo de infraestructura (OECD, 2018[69]). Esta concentración en infraestructura a gran escala queda demostrada por el hecho de que las instituciones multilaterales utilicen préstamos sindicados (33.7%) e inversión directa en empresas y sociedades instrumentales (30.4%) a un nivel muy superior al de los proveedores bilaterales (8.8% y 22.3% respectivamente) (Gráfico 4.7) (OECD, 2024[63]). También se ha concluido que los organismos multilaterales promueven las inversiones en bienes públicos mundiales, lo que influye positivamente en la mitigación de la pobreza mediante el desarrollo de infraestructura regional y la mejora de las condiciones de desarrollo sostenible, aunque estos bienes públicos mundiales siguen estando infravalorados e infrasuministrados (Gulrajani, 2016[70]).

Gráfico 4.7. Financiamiento privado movilizado mediante intervenciones oficiales de desarrollo en ALC, 2020-22

Instrumentos de proveedores bilaterales y multilaterales

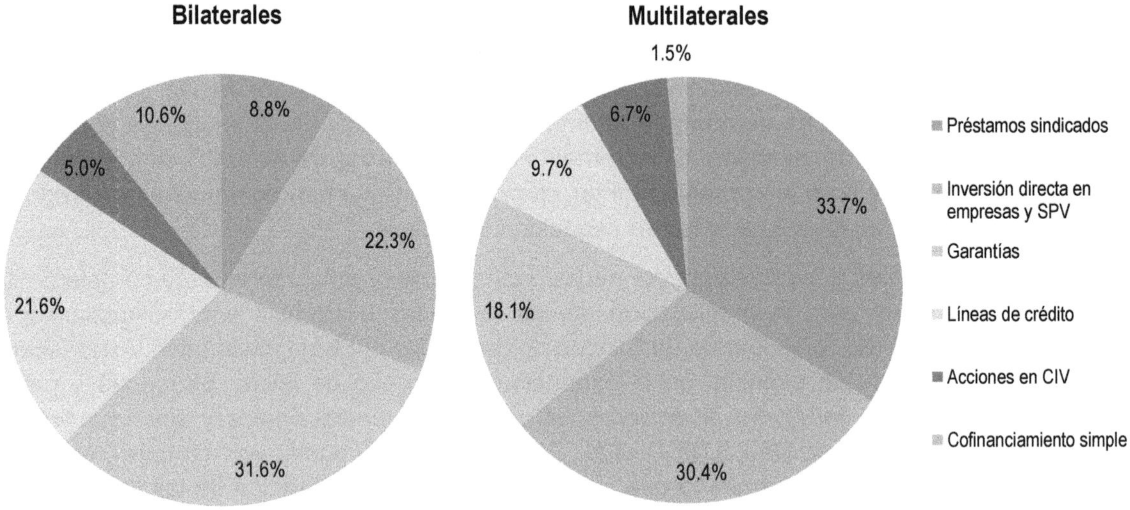

Nota: Los datos sobre organismos bilaterales se refieren solo a los países del CAD. SPV = vehículo de propósito especial. CIV = vehículos de inversión colectiva.
Fuente: Cálculos de los autores basándose en (OECD, 2024[63]).

StatLink https://stat.link/0871b6

Entre las asociaciones público-privadas innovadoras están los fondos que tienen como inversores a varias instituciones multilaterales. Por ejemplo, el Fondo Mezzanine de Infraestructura para Centroamérica II es un fondo de financiamiento intermedio o *mezzanine* de 12 años que ha invertido en medianas empresas o proyectos, tanto existentes como nuevos (*brownfield* y *greenfield*), en los sectores de infraestructura y áreas relacionadas de América Central, el Caribe, Colombia y México. Entre sus inversores se encuentran el BID, el BCIE, Finnfund, Obviam y Proparco. Este fondo tiene como objetivo reducir los obstáculos en cuanto a infraestructura, mejorar el desarrollo del sector privado, reforzar a los beneficiarios de las inversiones desde un punto de vista financiero y también de gobernanza y ayudarles a ampliar sus operaciones. Asimismo, ha ayudado a demostrar la justificación económica de proyectos de infraestructura privados y ha alentado a un mayor número de inversores privados a entrar en el sector en la región destinataria (IFC, 2024[71]). También existen muchos ejemplos de fondos exclusivamente privados destinados a atraer capital privado para el desarrollo sostenible en ALC.

Una cooperación más estrecha y mecanismos de financiamiento innovadores pueden facilitar la movilización de recursos donde más se necesitan

Se necesita una mayor cooperación entre proveedores multilaterales y bilaterales para garantizar su complementariedad. Se ha concluido que los proveedores bilaterales poseen cadenas de responsabilidad más claras, mientras que los organismos multilaterales poseen mayores capacidades económicas (Gulrajani, 2016[70]). Mediante la combinación de la cooperación entre los respectivos sectores de inversión y aumentando el nivel de colaboración entre proveedores en los proyectos, existen oportunidades para aumentar la tasa general de movilización y mejorar los resultados en materia de desarrollo sostenible. Los socios de cooperación bilateral y los donantes de ayuda oficial al desarrollo centran cada vez más sus esfuerzos en movilizar al sector privado a través de diversos tipos de iniciativas. Se han emprendido esfuerzos recientemente para movilizar de forma innovadora financiamiento del sector privado e intensificar la colaboración internacional.

Los principales socios de ALC, entre ellos la UE, han creado programas de colaboración innovadores como parte de su estrategia de desarrollo en la región. Con la Estrategia Global Gateway, la UE ha propuesto un enfoque holístico de las alianzas internacionales, con estructuras de financiamiento integradas que reúnen a los actores de inversión, comercio y cooperación con el objetivo de elevar los estándares ambientales, sociales, y de gobernanza. En el marco de la Agenda de Inversiones Global Gateway UE-ALC (AIGG), la UE se ha comprometido a movilizar 45 000 millones de EUR en ALC hasta 2027 a través de una agenda compuesta por más de 130 proyectos. Esta agenda, desarrollada conjuntamente con la región y presentada durante la III Cumbre EU-Comunidad de Estados Latinoamericanos y Caribeños en 2023, tiene como objetivo ejemplificar cómo reducir la brecha de inversión global y apoyar la recuperación económica mientras que se avanza en la doble transición verde y digital (European Commission, 2023[72]). El seguimiento de los flujos de financiamiento del desarrollo de Global Gateway seguirá, en la medida de lo posible, el indicador TOSSD.

Los desembolsos de TOSSD a ALC procedentes de las instituciones de la UE (y no de países individuales de la UE) han aumentado desde un total de 766 millones de USD en 2019 a 1 841 millones de USD en 2022 (Gráfico 4.8). La reducción de las subvenciones ordinarias a lo largo de este período confirma la disminución de la cuota de concesionalidad, puesto que las subvenciones no tienen que devolverse. Si bien las subvenciones representaron un 98% del TOSSD en 2019, solo supusieron un 34% de este en 2022, el resto correspondió a créditos ordinarios (un 65% del TOSSD recibido) y a acciones en vehículos de inversión colectiva (1%). La pandemia del COVID-19 explica en parte la mayor proporción de subvenciones estándar en el periodo 2019/20, ya que la UE desembolsó más subvenciones para ayudar a los países de ALC a hacer frente a la crisis, al tratarse de años atípicos. Sin embargo, los desembolsos de créditos ordinarios, tanto concesionales como los que no, aumentaron de 551 millones de USD en 2020 a 1 192 millones de USD en 2022. Además, el TOSSD de las instituciones de la UE beneficia a la mayoría de los países. En términos de volumen, Brasil es el mayor receptor.

Gráfico 4.8. Desembolsos de TOSSD de las instituciones de la UE a ALC 2019-22

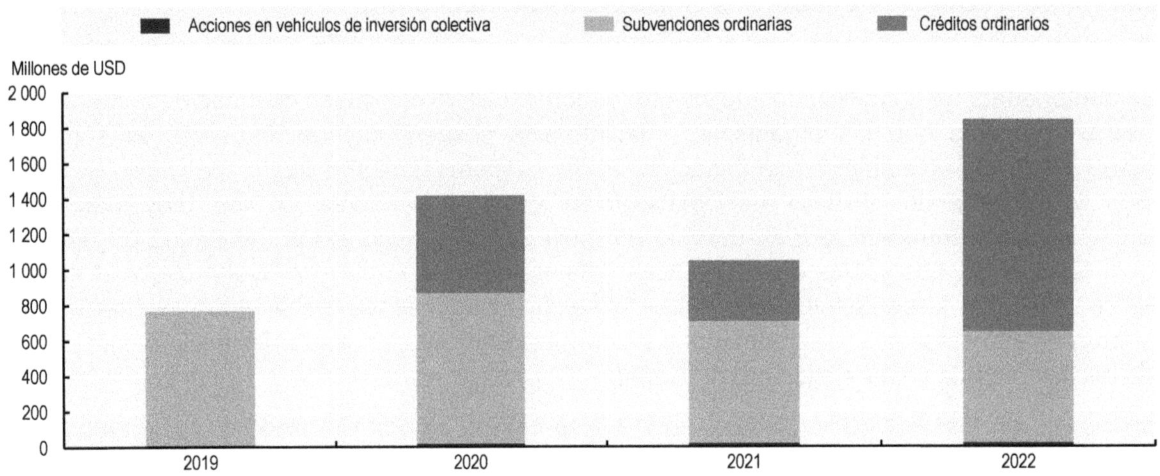

Nota: El TOSSD de las instituciones de la UE a ALC se mide utilizando tres instrumentos financieros. En primer lugar, las acciones en vehículos de inversión colectiva se refieren a instituciones colectivas a través de las cuales los inversores reúnen fondos para invertir en activos financieros o no financieros o en ambos. Dichos vehículos emiten acciones (si se utiliza la estructura de una sociedad) o participaciones (si se usa la estructura de un fondo). En segundo lugar, las subvenciones ordinarias son transferencias en efectivo o en especie con las que el beneficiario no incurre en ninguna deuda legal. En tercer lugar, los créditos ordinarios son transferencias en efectivo o en especie con los que el beneficiario incurre en una deuda legal (y el crédito resultante no está destinado a la comercialización). Esto incluye créditos amortizables en la moneda del prestatario tanto si el prestamista pretende repatriar las amortizaciones como si pretende usarlas en el país que contrae la deuda. Los créditos también incluyen la "venta a plazos" y la técnica de financiamiento islámica "*istisna'a*" (contrato de obra). Además, no hay datos disponibles sobre créditos ordinarios en 2019 porque, aunque la UE ejecutó seis proyectos que incluían créditos ordinarios para ALC (Brasil, Colombia y la República Dominicana), solo se dispone de datos correspondientes a los importes "comprometidos" pero no "desembolsados". Por este motivo, no se incluyen en el conjunto de datos, ya que este solo refleja los importes desembolsados.
Fuente: Elaboración de los autores basándose en (OECD, 2024[50]).

StatLink https://stat.link/fr5zjt

La AIGG fomenta, por lo tanto, la movilización de inversiones de calidad que generan valor agregado local y promueven el crecimiento, el empleo y la cohesión social. La oferta de la UE engloba no solo capital sino también tecnología demostrada, regulación y normas ambientales y sociales. El AIGG, que se aplica con un enfoque "Team Europe", ofrece una plataforma que reúne a los socios de ALC, la UE y sus Estados miembros, las instituciones financieras de desarrollo, los organismos de crédito a la exportación y el sector privado.

El principal instrumento financiero para movilizar inversiones en el marco de la AIGG es el Fondo Europeo de Desarrollo Sostenible Plus (FEDS+). El programa de garantía de FEDS+ ofrece financiamiento en condiciones competitivas favorables y se implementa a través de dos vías principales destinadas a movilizar inversiones privadas en favor de la consecución de los ODS. En primer lugar, la UE ofrece una cobertura de garantía de 26 700 millones de EUR a escala mundial en asociación con el Banco Europeo de Inversiones (BEI), para favorecer inversiones en países asociados en los que los riesgos soberanos y otros del sector público siguen constituyendo un obstáculo importante. En concreto, el BEI suscribió en 2023 un total de 969 millones de EUR en créditos a ALC, de los cuales un 71% están relacionados con la acción climática y la sostenibilidad ambiental (EIB, 2024[73]).

En segundo lugar, la UE ofrecerá una garantía con una cobertura de hasta 13 000 millones de EUR hasta 2027 a nivel mundial en el marco de la arquitectura abierta del FEDS+. El mecanismo de arquitectura abierta está orientado a inversiones del sector privado y es desplegado por diversos socios encargados de su implementación, entre los que figuran instituciones financieras internacionales e instituciones europeas de financiamiento del desarrollo. Estas garantías suelen contar con el respaldo de otros instrumentos, tales como la asistencia técnica y las subvenciones a través de financiamiento mixto (European Commission, 2023[74]) (Recuadro 4.2).

La UE también está llevando a cabo consultas sobre la integración de los créditos a la exportación para reforzar la coordinación de sus instrumentos de financiamiento del desarrollo externos como parte de la AIGG (European Commission, 2024[75]). Entre 2016 y 2020, se facilitaron a ALC 14 100 millones de EUR de créditos a la exportación, en comparación con los 32 300 millones de EUR de otros flujos de desarrollo de la UE (Council of the EU, 2023[76]). Incorporar la taxonomía de desarrollo sostenible en los créditos a la exportación como se ha planificado mejoraría la alineación de los flujos financieros con la agenda de desarrollo de ALC.

Recuadro 4.2. Desbloquear inversiones estratégicas: el ejemplo del Instrumento para Inversiones en América Latina y el Caribe (LACIF)

Los mecanismos mixtos han demostrado ser una herramienta de transformación importante en la región de ALC. Desde 2010, el Instrumento para Inversiones en América Latina y el Instrumento para Inversiones en el Caribe han aportado más de 720 millones de EUR en apoyo a 86 proyectos de inversión para promover el desarrollo sostenible (LACIF, 2024[77]). El Instrumento para Inversiones en América Latina y el Caribe (LACIF) contribuye en promedio con 56 millones de EUR anuales, con financiamiento complementado por instituciones financieras de desarrollo en una proporción de 1:24 (LACIF, 2024[77]).

El LACIF se centra en esferas fundamentales para el desarrollo sostenible como la energía renovable, la adaptación al cambio climático, la salud, el transporte y el apoyo a las pymes (LACIF, 2024[77]). Se ha orientado, por lo tanto, a países con inferiores niveles de ingresos per cápita que tienen dificultades para movilizar financiamiento privado, como Bolivia y Paraguay, que representan el 25% de los fondos del LACIF contratados. Más recientemente, el LACIF ayudó a desbloquear un proyecto de conectividad digital de 205 millones de EUR en Colombia y un proyecto de abastecimiento de agua y saneamiento de 85 millones de EUR en ciudades pequeñas de Bolivia (EFSD+, 2024[78]).

Además de los ejemplos específicos de los países antes mencionados, el LACIF también promueve inversiones en capital privado en la región. Un ejemplo es el eco.business Fund para América Latina y el Caribe (Subfondo EBF ALC), que es un fondo de inversión de impacto que trata de promover prácticas empresariales y de consumo que contribuyan a la conservación de la biodiversidad, el uso sostenible de los recursos naturales y la mitigación y adaptación al cambio climático. El Subfondo EBF ALC cerró 2023 con una cartera de préstamos de 644 millones de USD, repartidos entre 12 países (Colombia, Costa Rica, Ecuador, El Salvador, Guatemala, Honduras, México, Nicaragua, Panamá, Paraguay, Perú, y República Dominicana) y 37 instituciones socias (Eco Business Fund, 2024[79]).

Fuente: (European Commission, 2022[80]); (Council of the EU, 2023[76]).

Además de estos flujos privados, existen otros flujos financieros importantes, tales como las remesas y los fondos de organizaciones filantrópicas, que pueden ayudar a promover el financiamiento del desarrollo sostenible mejorando el entorno de inversión y mediante otras funciones adicionales de facilitación.

Las remesas pueden contribuir de manera importante al financiamiento del desarrollo sostenible

Las remesas constituyen una entrada importante y estable de financiamiento para ALC dado el alto nivel de emigración que presenta la región (IMF, 2017[81]). Sin embargo, existe una disparidad entre las entradas de remesas de los diferentes países. La mayoría de las remesas se concentran en unos pocos países de ALC y los seis principales beneficiarios —El Salvador, Guatemala, Haití, Honduras, Jamaica y Nicaragua— reciben importes considerablemente superiores al resto (Gráfico 4.9). Las remesas son una fuente importante de financiamiento para los hogares que se encuentran en el nivel de ingresos más bajo (IDB, 2023[82]). Estudios han concluido que las remesas influyen positivamente en el crecimiento y la reducción de la pobreza en el país de destino, porque los hogares privados reciben más fondos y pueden gastar ese dinero en la economía local y aumentar los depósitos en los bancos, lo que a su vez puede impulsar los préstamos a empresas (Fajnzylber and López, 2008[83]).

Gráfico 4.9. Remesas a países de ALC como porcentaje del PIB, 2003-22

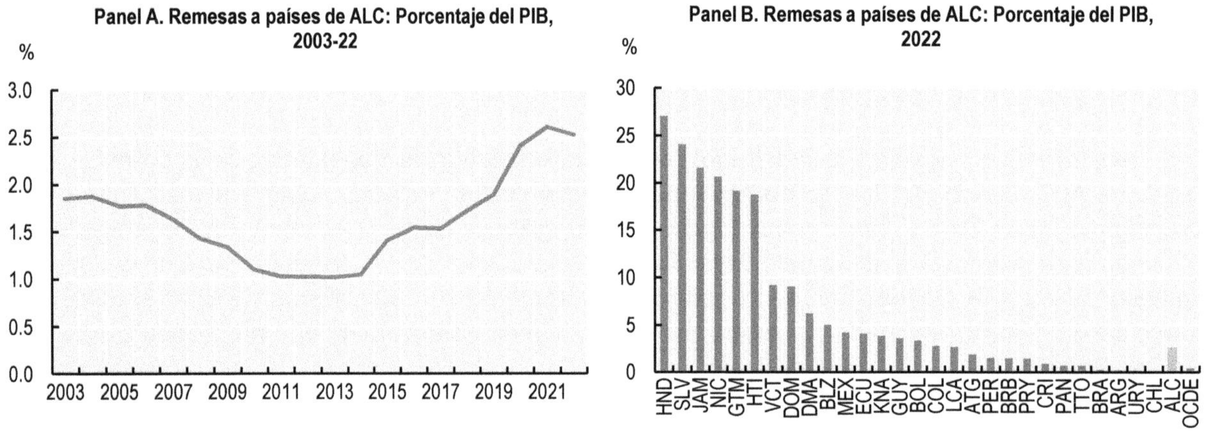

Fuente: Elaboración de los autores basándose en (World Bank, 2024[84]).

StatLink https://stat.link/xbo0f4

Recurrir a la diáspora en ALC puede ser una fuente de financiación verde muy buscada. Tras años de emigración, muchos países latinoamericanos han establecido grandes diásporas. Países como El Salvador (12.7%), Paraguay (5.8%), Nicaragua (5.2%) y México (4.7%) cuentan con importantes poblaciones de la diáspora como porcentaje de su población nacional (UNDESA, 2020[85]; UNDESA, 2024[86]). Los bonos de la diáspora se han desarrollado para dirigirse a las diásporas con el fin de recaudar fondos para sectores específicos y proyectos de infraestructuras. Se trata de instrumentos financieros emitidos por un país que busca la colaboración de su diáspora, basándose en la premisa de un dividendo patriótico, ofreciendo así financiación a un coste inferior al de los préstamos de inversores institucionales.

Los bonos de la diáspora se remontan a 1951, cuando Israel los emitió por primera vez. Hasta la fecha, pocos proyectos de bonos de la diáspora han tenido éxito, aunque India e Israel han recaudado en conjunto 35 000 millones de dólares, y proyectos en Kenia, Nigeria, Pakistán y Filipinas han dado resultados positivos (World Bank, 2023[87]; CABEI, 2021[88]; Gevorkyan, 2021[89]). Años de prueba y error sobre los bonos de la diáspora revelan que los retos se derivan del escaso conocimiento sobre el instrumento financiero, la falta de conocimiento de las preferencias de la diáspora y la limitada planificación a la hora de emitirlos. Sin embargo, para que estos bonos tengan éxito, la confianza entre la diáspora y los países emisores debe ser firme (OECD, 2007[90]). Una forma de conseguirlo es a través de un marco institucional específico para la emisión y gestión de los bonos, manteniendo al mismo tiempo un diálogo abierto entre las diásporas y las autoridades en el país de origen (World Bank, 2020[91]).

A nivel regional, las remesas como porcentaje del PIB se han mantenido estables en los últimos años, situándose en un 2.5% en 2023 (IDB, 2023[82]). Sin embargo, si nos fijamos en las subregiones, el tamaño relativo de las remesas varía de manera considerable. En América Central, las remesas representaron el 12.7% del PIB, en comparación con el 9.4% en el Caribe y tan solo el 0.7% en América del Sur. En términos absolutos, ha habido un importante crecimiento por subregión, del 13.2% en América Central, el 7.9% en América del Sur y solo el 2.6% en el Caribe en 2023 (IDB, 2023[82]). Este avance se ha visto impulsado por varios países en particular, registrándose el máximo crecimiento en Nicaragua (45%), Argentina (26%) y Perú (14%) (KNOMAD-World Bank, 2023[92]).

Estos flujos pueden satisfacer las necesidades de ciertas esferas de desarrollo mejor que otros, por ejemplo, la movilización privada. En primer lugar, parece que las remesas reducen la volatilidad de los ingresos en la región y por ello constituyen una barrera frente a la pobreza (IMF, 2017[81]). En segundo lugar, las remesas pueden ser una fuente importante de financiamiento para las mipymes, aunque en el caso de ALC las evidencias son todavía limitadas (Catrinescu et al., 2009[93]). Entre un 70% y un 80% de las remesas se destinan a gastos familiares relacionados con la comida, la salud, la vivienda y la educación, entre otros, y entre el 20% y el 30% restante se dedica al ahorro o la promoción empresarial (OECD, 2024[47]; ECLAC, 2020[94]).

Sin embargo, los beneficios que las remesas reportan a la economía solo pueden materializarse a través de estructuras institucionales adecuadas y de políticas específicas que contribuyan a que las remesas tengan una función complementaria en el desarrollo. Por ejemplo, la reducción de los costos de transacción podría incentivar el flujo de remesas a los países de ALC. Actualmente, los costos de transacción en ALC son más elevados que en regiones como Asia oriental y el Pacífico, Asia meridional y Oriente Medio y el norte de África. En promedio, enviar 200 USD en remesas cuesta un 6.1% en ALC frente a un 4.3% en Asia meridional (KNOMAD-World Bank, 2023[92]). En el marco del ODS 10, las Naciones Unidas se propone reducir los costos de transacción a menos del 3% y eliminar los corredores con un costo superior al 5% de aquí a 2030 (UN, 2015[95]). Reducir estos costos, a través de una mejor digitalización y otros medios, podría impulsar los flujos financieros.

También se podrían introducir mejoras para garantizar que los hogares con ingresos especialmente bajos accediesen con mayor facilidad a la banca digital para recibir remesas, puesto que un porcentaje considerable de estas se transfiere mediante transacciones de efectivo (IMF, 2017[81]). La política financiera, así como la salud y estabilidad del sector financiero, determinarán en última instancia el impacto de las remesas en el país de origen (OECD, 2017[96]). Por último, el entorno regulatorio influye considerablemente en los beneficios de las remesas. Se pueden facilitar canales de remesas formalizados mediante: i) la mejora de los marcos de lucha contra el blanqueo de capitales y el financiamiento del terrorismo: ii) la integración del conjunto de herramientas sobre flujos financieros ilícitos de la OCDE: y iii) la adopción de soluciones para el entorno regulatorio basadas en el ámbito regional (IMF, 2017[81]; OECD, 2016[97]). Por otra parte, la regulación financiera podría brindar mayor reconocimiento a las remesas como garantía de préstamos a pequeñas empresas (CABEI, 2021[88]).

Las organizaciones filantrópicas internacionales en ALC se centran en la sociedad civil y el medioambiente

Las organizaciones filantrópicas internacionales ofrecen a ALC fondos considerables para sectores por los que el sector privado no suele interesarse. Desde 2017, 40 grandes donantes internacionales con sede en países de la OCDE han desembolsado 71 500 millones de USD en actividades filantrópicas para el desarrollo o cerca de 12 000 millones al año, de los cuales solo un 6% (700 millones de USD) ha ido a parar a países de ALC (OECD, 2021[98]; OECD, 2023[99]). Las fundaciones nacionales con sede en la región también aportan importantes cantidades de capital destinadas a la consecución de objetivos de desarrollo, por ejemplo aportando más capital que las organizaciones internacionales a México a fecha de 2019 (OECD, 2021[98]).

Aunque los flujos de las organizaciones filantrópicas internacionales se encuentran enormemente concentrados por donante y destino, han comenzado a diversificarse. Cerca del 75% de los fondos recibidos de grandes donantes en ALC los han aportado los diez donantes filántropos internacionales más importantes (OECD, 2023[99]). Sin embargo, otros donantes están comenzando a sumarse. Por zonas geográficas, unos pocos países de la región se benefician de la mayor parte de los fondos procedentes de organizaciones filantrópicas internacionales. Sobresalen sobre todo dos grandes grupos de países: Brasil, Colombia, El Salvador y México, que recibieron cada uno entre 90 y 100 millones de USD al año de fundaciones filantrópicas, y Ecuador, Guatemala, Haití y Perú, que recibieron cada uno entre 10 y 20 millones de USD al año.

A diferencia de las organizaciones filantrópicas para el desarrollo a escala mundial, que se centran sobre todo en la salud y la educación, los fondos filantrópicos destinados a ALC se concentran principalmente en el financiamiento de la sociedad civil (cerca de 2 000 millones de USD), en particular en organizaciones no gubernamentales (ONG), seguido de la protección ambiental (500 millones) (Gráfico 4.10). En el caso de algunos de estos grandes donantes, la mayoría de su trabajo programático relacionado con el medioambiente y el cambio climático se centra en la región de ALC. Por ejemplo, la Fundación Ford en la región andina se dedica principalmente a la conservación de los recursos naturales y la inclusión de las comunidades marginadas (Ford Foundation, 2024[100]).

Gráfico 4.10. Sectores que reciben financiamiento filantrópico en ALC en comparación con otras regiones, 2017-22

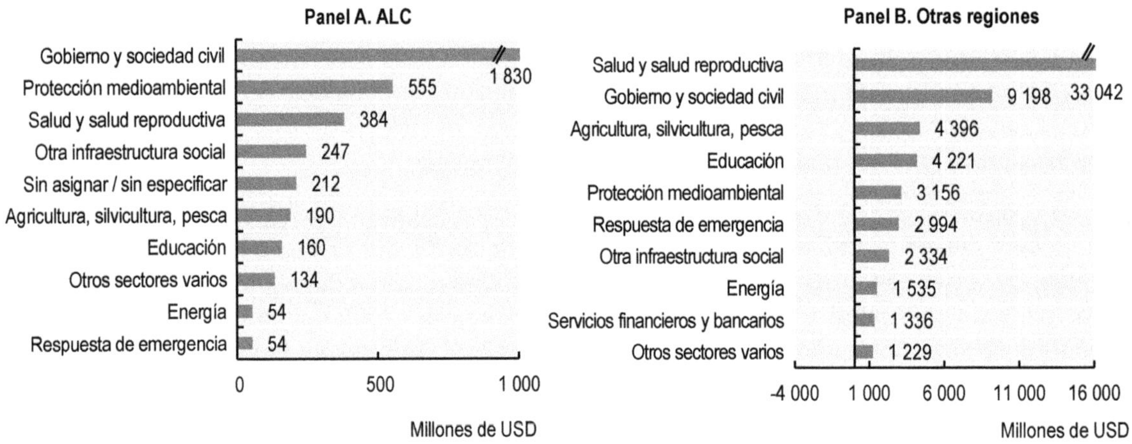

Nota: "Otras regiones" incluye los países en desarrollo de Europa, África, Asia y Oceanía. Los datos de 2022 no incluyen las fundaciones de Open Society.
Fuente: Elaboración de los autores basándose en (OECD, 2023[99]).

StatLink https://stat.link/s0i42c

Las fundaciones filantrópicas también pueden contribuir a impulsar la colaboración entre los proveedores de cooperación internacional, gracias a su poder de convocatoria como agentes no estatales y de los objetivos específicos de sus misiones. Como su posición es neutral, pueden colaborar con diferentes administraciones públicas, actores del sector privado, ONGs y comunidades locales para abordar desafíos específicos. Las fundaciones suelen facilitar recursos para proyectos piloto prometedores que más tarde se pueden ampliar mediante colaboraciones. Aprovechando tanto los recursos económicos como los conocimientos específicos internos, las organizaciones filantrópicas pueden impulsar la cooperación necesaria para enfrentar problemas que otros actores no pueden solucionar de manera independiente. La flexibilidad que tienen las fundaciones para operar suele permitirles aportar inversores para nuevas iniciativas o innovaciones, lo que puede resolver problemas de actuación colectiva en la colaboración internacional.

Este tipo de cooperación puede servir como modelo de la forma en que las fundaciones filantrópicas con sede en ALC pueden trabajar conjuntamente con organizaciones internacionales para promover el desarrollo sostenible, resaltando la función esencial de los actores regionales en la superación de desafíos locales.

Ampliar los instrumentos de deuda para financiar la agenda de desarrollo sostenible

Para financiar la agenda de desarrollo sostenible, es fundamental mejorar y ampliar el uso de instrumentos de deuda, como los bonos verdes, sociales, sostenibles y vinculados a la sostenibilidad (GSSS) (incluidos los bonos azules), los bonos para catástrofes (CAT), los canjes por naturaleza o por adaptación climática y las cláusulas sobre desastres naturales. Los bonos GSSS pueden movilizar inversión directa en actividades sostenibles, además de promover el desarrollo de mercados de capital sostenibles. Los bonos CAT pueden aumentar la capacidad de endeudamiento externo de los gobiernos mediante la transferencia del riesgo financiero de los sucesos catastróficos a los inversores, al tiempo que las cláusulas sobre desastres naturales pueden ayudar a alinear las obligaciones de servicio de la deuda con la capacidad de un país para gestionar los sucesos catastróficos y recuperarse de ellos. En el caso de los países con una gran biodiversidad que están muy endeudados, los canjes de deuda por naturaleza o por adaptación climática pueden servir como importantes instrumentos de financiación sostenible. Conforme va arraigando en la región el uso de estos instrumentos, es esencial mejorar la regulación y la supervisión para garantizar su efectividad y mitigar los riesgos.

Los bonos GSSS pueden movilizar inversión en actividades sostenibles

Hasta la fecha, el mercado de bonos GSSS apenas representa una pequeña parte del mercado mundial de bonos. Se sigue considerando un nicho, que representa solo el 1% del total de activos en circulación y alrededor del 2% de las nuevas emisiones a nivel mundial (OECD, 2022[101]; OECD, 2024[102]). En ALC, sin embargo, los bonos GSSS están demostrado ser un mecanismo de financiamiento atractivo, que ha aumentado del 9.3% del total de los bonos internacionales emitidos en la región en 2020 hasta casi un 35% en 2023 (ECLAC, 2024[103]; OECD, 2024[102]). Para los emisores de ALC, la captación de fondos a través de estos activos en sustitución de los bonos tradicionales se ha convertido en una opción atractiva para aumentar la rentabilidad sobre el capital global líquido, diversificar la base de inversores, movilizar capital directamente hacia actividades sostenibles y conseguir apoyo financiero para crear mercados de capitales sostenibles. Entre 2014 y 2023, el mercado internacional de bonos GSSS de ALC alcanzó un valor acumulado de 131 000 millones de USD (Recuadro 4.3). La emisión total de bonos verdes en la región prácticamente se ha duplicado a lo largo de cuatro años, desde 18 800 millones de USD en 2019 a 36 000 millones de USD en 2023. Entre dichos fondos se encuentra el Fondo Verde del Clima, que ofrece financiamiento para proyectos en los que participan países de ALC por importe de 3 400 millones de USD (GCF, 2024[104]).

Gráfico 4.11. Emisión internacional de bonos en ALC: bonos GSSS por tipo y como porcentaje del total, 2014-23

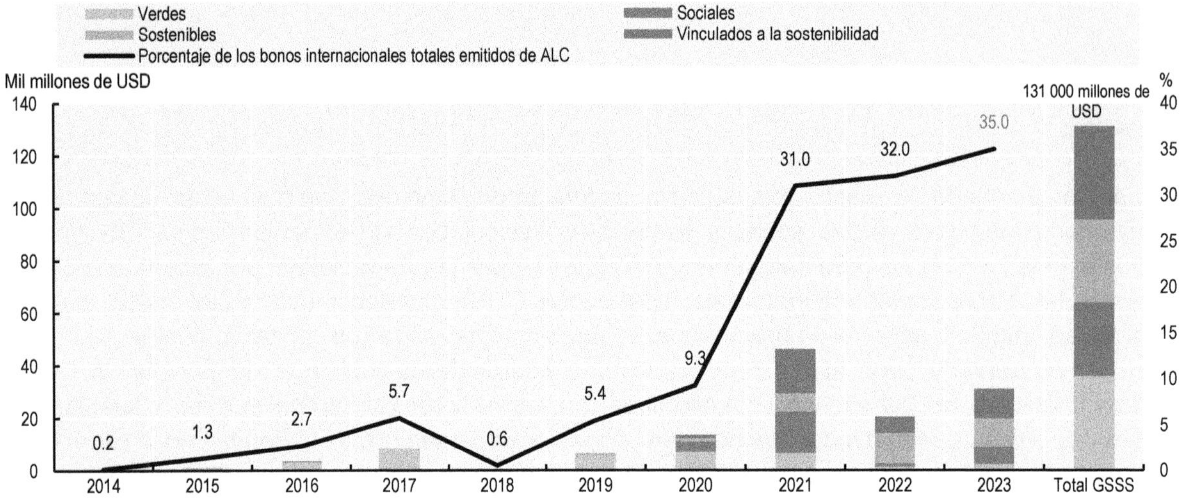

Nota: Bonos GSSS se refiere a bonos verdes, sociales, sostenibles y vinculados a la sostenibilidad. El total de bonos sostenibles incluye los bonos azules emitidos.
Fuente: Cálculos de los autores basándose en (OECD et al., 2023[60]; ECLAC, 2024[103]; OECD, 2024[102]).

StatLink https://stat.link/31oiq0

Debido al éxito de la emisión de bonos verdes en Europa, la UE está preparando el lanzamiento de la Iniciativa Global de Bonos Verdes (GGBI), un vehículo de inversión destinado a promover el desarrollo del mercado de bonos verdes en los países de ingresos medios-bajos (Recuadro 4.3). El propósito de esta iniciativa es movilizar entre 15 000 y 20 000 millones de EUR para inversión sostenible (Présidence de la République, 2023[105]). Otro ejemplo es el Fondo LAGreen, que fue el primer fondo de bonos verdes de la región constituido en 2021 con el apoyo del mecanismo mixto del LACIF. Mediante la inversión en bonos verdes y el apoyo a nuevos emisores usando asistencia técnica, LAGreen facilita acceso a este instrumento innovador para financiar iniciativas verdes en la región. El fondo promueve las mejores prácticas y normas de alto impacto, con el objetivo de consolidar los bonos verdes como un instrumento para movilizar financiamiento procedente de mercados internacionales de capitales, financiando así la transición a modelos económicos más sostenibles. Al final de 2023, el fondo LAGreen ya había suscrito nueve bonos GSSS en siete países, tras haber movilizado una inversión total de 620 millones para inversiones verdes (LAGreen, 2023[106]).

Recuadro 4.3. La Iniciativa Global de Bonos Verdes (GGBI) de la UE

La GGBI es la iniciativa de la UE para ampliar los mercados de bonos verdes en países de ingresos bajos y medios en el marco de la estrategia Global Gateway. Propone un enfoque holístico con tres pilares para el desarrollo de los mercados de bonos verdes locales y facilitar el flujo de capital de la UE hacia proyectos verdes en los países de ingresos bajos y medios.

Pilar 1: Crear un fondo de inversión en la UE, el fondo de la GGBI

El fondo de la GGBI adquirirá —como inversor principal— una parte de los bonos verdes emitidos por entidades soberanas, subsoberanas y privadas en países de ingresos bajos y medios, enviando así un mensaje contundente sobre la calidad de la emisión de bonos verdes, lo que a su vez atraerá a otros inversores locales o internacionales a participar en la transacción. El fondo GGBI agrupará recursos de entidades públicas (entre ellas instituciones europeas de financiamiento del desarrollo, bancos de desarrollo multilaterales y regionales, y el Fondo Verde del Clima de las Naciones Unidas) y de inversores privados.

Pilar 2: Apoyar a posibles emisores de bonos verdes mediante el fortalecimiento de capacidades y la asistencia técnica

La GGBI contará con un programa integral de asistencia técnica para acompañar a los emisores en cada paso del camino de diseño y emisión de los bonos verdes, compartiendo al mismo tiempo la experiencia y los conocimientos especializados de la UE. Este programa será implementado por una red de socios estratégicos, entre ellos bancos de desarrollo regionales y locales.

Ya se está prestando apoyo específico a los emisores de bonos verdes en el marco del GGBI. En 2024, la República Dominicana emitió su primer bono verde soberano con el apoyo del Instituto Global para el Crecimiento Verde para financiar proyectos sostenibles en energía limpia, transporte, gestión de residuos, etc. Esta emisión, que ascendió a 750 millones de USD, constituye el primer bono soberano temático de la región del Caribe y América Central (GGGI, 2024[107]).

Pilar 3: Un mecanismo de cupones verdes

Para paliar los elevados costos de emisión de bonos (es decir, los cupones) de algunos posibles emisores de bonos verdes, el Mecanismo de Cupones Verdes abonará a los emisores una parte de los costos de emisión, mediante la subvención de los cupones en determinados casos específicos.

Los bonos sociales, sostenibles y vinculados a la sostenibilidad también han experimentado un crecimiento considerable, al alcanzar una emisión acumulada de 95 100 millones de USD en 2023 desde la puesta en marcha de este segmento de mercado en 2016. Este importante aumento destaca el potencial de estos instrumentos financieros diversos para abordar los desafíos estructurales multidimensionales de la región, que podrían abarcar dimensiones tanto sociales como ambientales.

Dentro de la categoría más amplia de los bonos GSSS, los bonos azules se están erigiendo en un poderoso instrumento en la región, relacionado con iniciativas de financiamiento destinadas a proteger los océanos y fomentar "economías azules" sostenibles —actividades económicas que dependen de o inciden en el uso de recursos costeros y marinos (OECD/IDB, 2024[108])—. Los bonos azules brindan una oportunidad esperanzadora para aprovechar el potencial financiero de las economías azules en la región de ALC, en especial en el Caribe, abriendo vías para la inversión sustancial y a largo plazo (OECD/IDB, 2024[108]). En 2021, BB Blue, un vehículo de propósito especial (SPV) creado para gestionar el canje de deuda por naturaleza de Barbados, emitió dos bonos azules por un valor de 71.6 millones de USD. Esto permitió a Barbados recomprar bonos en euros por un valor de 77.6 millones de USD con vencimiento en 2029 a un precio con descuento. Respaldados por Credit Suisse y garantizados por el BID y The Nature Conservancy, estos bonos recibieron mejores calificaciones crediticias que los bonos soberanos convencionales emitidos por Barbados (Government of Mexico, 2023[109]). Este acuerdo destacó un enfoque de financiamiento mixto, facilitado por instituciones financieras como CIBC FirstCaribbean y Credit Suisse (The Nature Conservancy, 2023[110]). Ese mismo año, una subsidiaria de The Nature Conservancy, Belize Blue Investment Company, LLC (BZBIC), respaldada por Credit Suisse, organizó bonos azules que financiaron un préstamo de 364 millones de USD para que Belice pudiera recomprar un "superbono" de 553 millones de USD (OECD/IDB, 2024[108]). Este superbono representaba la totalidad de la deuda comercial externa del gobierno, equivalente al 30% del PIB (Owen, 2022[111]). En 2022, Bahamas emitió dos bonos azules que ascendieron en total a 385 millones de USD, lo que atrajo una gran demanda al mercado de deuda internacional (ECLAC, 2023[112]).

La cooperación financiera internacional será esencial para prevenir la fragmentación del mercado de bonos GSSS en ALC. Contribuirá a armonizar las normas, las taxonomías y los marcos regulatorios en materia de bonos entre los diferentes países, además de desarrollar capacidad en los países de ALC que necesitan ayuda para la emisión, certificación, seguimiento y desarrollo de marcos (véase más adelante el apartado sobre marcos de finanzas sostenibles). Es importante alinear las normas y las taxonomías en materia de bonos con la normativa internacional para seguir impulsando la confianza de los inversores y racionalizar los diferentes requisitos en cuanto a presentación de informes.

El giro gradual desde los bonos convencionales hacia los títulos de deuda sostenibles apunta a que el interés de los inversores por los proyectos sostenibles es cada vez mayor. Esta tendencia puede ayudar a emisores tanto privados como públicos a cumplir sus objetivos de sostenibilidad. El porcentaje de emisiones de bonos GSSS como proporción del total de bonos emitidos en los mercados internacionales ha aumentado en la región de ALC, lo que ha reducido la cuota de mercado de los bonos convencionales (OECD, 2024[102]) (Gráfico 4.12, Panel A). En concreto, el porcentaje de bonos soberanos GSSS del total de bonos soberanos emitidos en los mercados internacionales ha aumentado considerablemente, desde el 36% en 2022 al 50% en 2023. En consecuencia, la proporción de bonos soberanos convencionales cayó de un 64% en 2022 a solo un 50% en 2023. En el sector empresarial, el porcentaje máximo de bonos GSSS alcanzó el 39% del total de bonos corporativos emitidos en 2022. Sin embargo, este porcentaje experimentó un descenso notable en 2023, atribuido principalmente a una mayor aversión al riesgo entre los inversores y al aumento de los costos de endeudamiento. De manera similar, en el caso de los emisores supranacionales y cuasisoberanos, el porcentaje de bonos GSSS del total de bonos emitidos experimentó un drástico descenso, del 40% en 2022 al 15% en 2023. En 2023, las emisiones de deuda soberana representaron el mayor porcentaje de emisiones GSSS, con un 74%, seguido de las emisiones corporativas, un 18%, y de las emisiones supranacionales y cuasisoberanas, un 9% (Gráfico 4.12, Panel B).

Gráfico 4.12. Bonos GSSS y bonos convencionales emitidos en ALC, por tipo de emisor, 2020-23

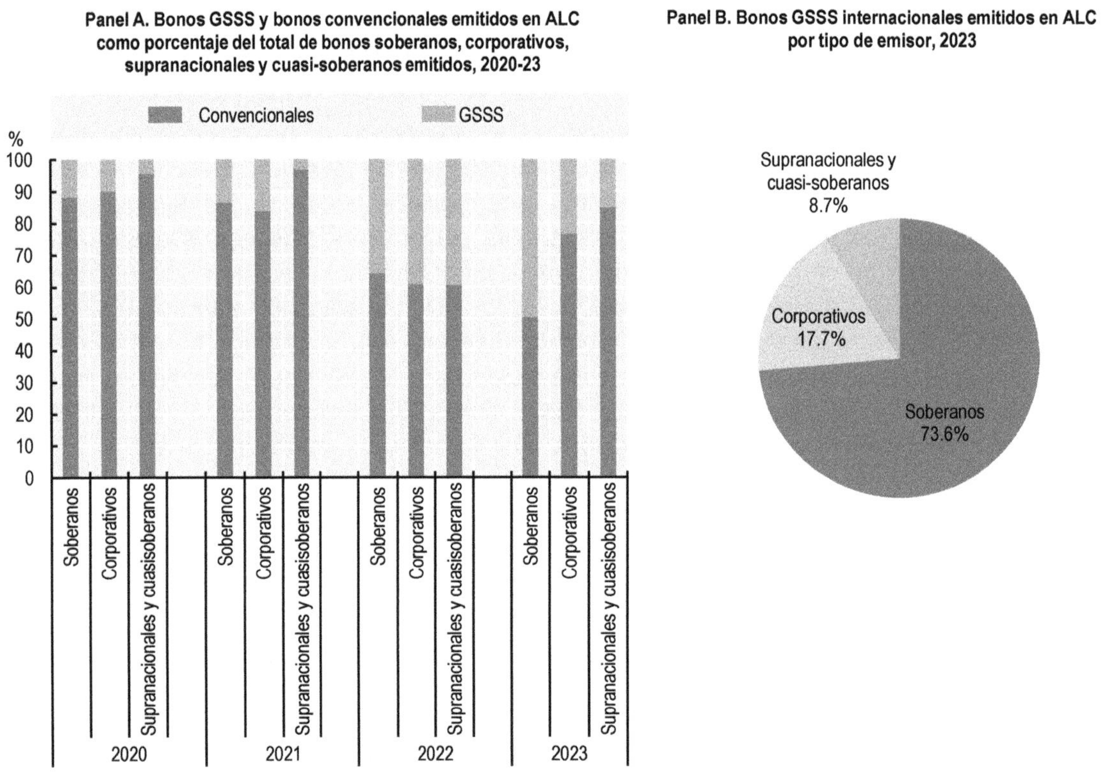

Nota: Los emisores cuasisoberanos se definen como empresas con propiedad o control gubernamental total o parcial. Los emisores supranacionales se definen como entidades formadas por dos o más gobiernos centrales para promover el desarrollo económico de los países miembros.
Fuente: Cálculos de los autores basándose en (ECLAC, 2021[113]; ECLAC, 2022[114]; ECLAC, 2023[112]; ECLAC, 2024[103]).

StatLink https://stat.link/0lb635

En comparación con los bonos verdes, sociales y sostenibles (GSS), los vinculados a la sostenibilidad (SLB) se distinguen por características financieras condicionadas a que los emisores cumplan indicadores clave de rendimiento (KPI) y objetivos de desempeño en sostenibilidad (SPT) predeterminados. Estos están relacionados, por ejemplo, con el compromiso de los emisores de reducir las emisiones de gases de efecto invernadero (GEI) o adoptar tecnologías más limpias (OECD, 2024[115]; OECD et al., 2023[60]). Los SLB pueden presentar una estructura innovadora, que brinda la posibilidad de obtener ventajas en forma de tipos de cupón más bajos para los emisores, si se cumplen todos los objetivos de sostenibilidad, o impone sanciones si no se cumplen dichos objetivos. Por lo tanto, estos tipos de bonos resultan realmente prometedores para las iniciativas de financiamiento en esferas como la biodiversidad, la adaptación al cambio climático y el desarrollo social, sectores que normalmente carecen de la gran cantidad de activos rentables que son necesarios para emitir bonos GSS tradicionales. Además, a diferencia de los bonos GSS, que necesitan activos subyacentes, los SLB se pueden respaldar con el balance íntegro del emisor, lo que permite emitirlos por valores superiores y con vencimientos más largos (OECD, 2024[115]).

Las estructuras innovadoras de los SLB en ALC están financiando esferas fundamentales del desarrollo con varios objetivos sostenibles. En 2023, el porcentaje de SLB del total de bonos GSSS emitidos en los mercados internacionales de ALC se mantuvo en el 36%, liderando las emisiones los títulos soberanos. Pese a la elevada volatilidad registrada en años recientes, las emisiones de SLB en los países en desarrollo aumentaron de forma considerable tras la primera emisión en 2019 (OECD, 2024[115]).

Los SLB soberanos pueden estar relacionados con compromisos existentes en materia de sostenibilidad, lo que aumenta su credibilidad y pertinencia. Además de la movilización de recursos internos, principalmente a través de impuestos (véase el Capítulo 2), y de la elaboración de presupuestos verdes —que integran consideraciones ambientales y de sostenibilidad en la planificación financiera y la elaboración de los presupuestos—, estos instrumentos pueden ayudar también al gobierno nacional a cumplir con sus obligaciones en el marco de sus Contribuciones Determinadas a Nivel Nacional y del Acuerdo de París. Chile y Uruguay se convirtieron en 2022 en pioneros, al ser las primeras naciones del mundo en emitir bonos soberanos vinculados a la sostenibilidad; a fecha de abril de 2024, seguían siendo los únicos emisores de la región de ALC (OECD et al., 2023[60]). En marzo de 2022, Chile emitió un bono soberano de 2 000 millones de USD vinculado a dos indicadores clave de rendimiento: la reducción de las emisiones de GEI y el impulso de la producción energética. Con esta emisión, Chile se convirtió en el primer gobierno en vincular su compromiso oficial en materia de cambio climático en términos de CDN (Contribuciones Determinadas a Nivel Nacional) a una emisión de bonos. Desde entonces, Chile ha seguido liderando las emisiones de SLB soberanos, con seis emisiones en 2023 que ascendieron en total a 8 000 millones de USD. En noviembre de 2022, Uruguay emitió su primer bono indexado a indicadores de cambio climático. El país emitió otro SLB en 2023 por un importe total de 700 millones de USD (OECD et al., 2023[60]). En 2023, los SLB soberanos tenían un valor promedio de 1 200 millones de USD, superior al de otros bonos temáticos. En 2023, también tuvieron un promedio de vencimiento superior, de 16 años, y cupones promedio inferiores, del 5%. Las rentabilidades de los SLB están vinculadas a la consecución o el incumplimiento de los KPI/objetivos, con ajustes que van desde los 5 hasta los 100 puntos básicos, si no se cumplen varios objetivos (OECD, 2024[102]).

Para aumentar el número de bonos SLB en la región, es crucial la cooperación financiera internacional para superar barreras que frenan el desarrollo de los mercados, en particular el establecimiento y la alineación de los mecanismos de control y supervisión con las normas internacionales para impulsar la confianza de los inversores evitando prácticas de *green/SDG washing*. En la actualidad, los SLB corren el riesgo de que se incurra en ese tipo de prácticas en países con taxonomías o marcos limitados. Existen mejores prácticas internacionales (entre ellas la Taxonomía de la UE), sin embargo, algunos países carecen de la capacidad para alinear sus marcos nacionales con ellas. Los KPI y los SPT que no son sustanciales o ambiciosos, la insuficiente calidad de los datos y la escasez de analistas competentes para evaluar los KPI de los SLB plantean otros de los riesgos de que se incurra en prácticas de *greenwashing*.

La cooperación internacional puede ampliar la capacidad de las autoridades regulatorias para garantizar una mayor calidad y disponibilidad de los datos e indicadores y dar seguimiento así a los avances en materia de sostenibilidad. Es necesario mejorar la regulación y la supervisión, y las definiciones deberían armonizarse a escala regional e internacional para aumentar la transparencia en los mercados (véase más adelante el apartado sobre marcos de finanzas sostenibles). Asimismo, la colaboración internacional en materia de fortalecimiento de capacidades resulta esencial para reducir las carencias regulatorias y de coordinación. Formular y utilizar directrices sobre SLB adaptadas al ámbito local, que den prioridad a la sostenibilidad, será crucial para el avance de los mercados de bonos en moneda local, la mitigación del riesgo de cambio y el incremento de la resiliencia económica (OECD, 2024[115]).

Los bonos para catástrofes pueden permitir a los gobiernos aumentar su endeudamiento externo

Los bonos para catástrofes ofrecen la posibilidad de incrementar considerablemente la capacidad de endeudamiento externo de los gobiernos, transfiriendo el riesgo financiero que plantean los sucesos catastróficos a los inversores, a quienes les atrae la posibilidad de obtener rentabilidades superiores y de diversificación de la cartera (OECD et al., 2022[116]). En 2009, México se convirtió en el primer país en emitir un bono para catástrofes con cobertura para diferentes riesgos y diferentes regiones, por un importe de 290 millones de USD, usando el Programa MultiCat del Banco Mundial. Este bono CAT ofrecía cobertura contra el riesgo de sismos en tres regiones próximas a la Ciudad de México y contra huracanes en las costas del Atlántico y el Pacífico (World Bank, 2013[117]). Ocho años más tarde, en 2017, México recibió un pago de 150 millones de USD del bono CAT respaldado por el Banco Mundial (Artemis, 2017[118]). En 2021, Jamaica emitió un bono CAT de 185 millones de USD, con el respaldo del Banco Mundial, que está ayudando al país a superar su falta de financiamiento ofreciendo cobertura durante tres estaciones de huracanes. A través de este acuerdo de transferencia de riesgos similar a un seguro, Jamaica están en posición de recibir los fondos que necesite en el caso de que las tormentas superen los umbrales de intensidad predefinidos en el futuro. La experiencia de Jamaica destaca la importancia que reviste colaborar con instituciones financieras internacionales durante la fase de emisión de una operación con bonos CAT y durante las fases previas a esta. El Banco Mundial ayudó a Jamaica a conseguir financiación bilateral en forma de subvenciones de países donantes para sufragar los costos de transacción y las primas de los bonos CAT en relación con su diseño, estructura y colocación (OECD, 2024[119]). Pese a ser limitada, la implementación de los bonos CAT soberanos por parte de los países en desarrollo (p. ej., Jamaica y México) demuestra que existe interés en el mercado por este instrumento financiero sofisticado cuando es introducido por países vulnerables y con una gran exposición (OECD, 2024[119]).

Los bonos CAT de varios países ofrecen una solución para las naciones que no pueden emitir este tipo de bonos de manera independiente. Estos instrumentos permiten a varios países agrupar recursos para obtener beneficios regionales. El ejemplo de la Alianza del Pacífico, que agrupa a Chile, Colombia, México y Perú, demuestra cómo pueden reducir esas iniciativas los costos de transacción y atraer a una base más amplia de inversores, lo que conduce en última instancia a una reducción de las tasas de prima. Estos bonos CAT tienen un valor total de 1 360 millones de USD, de modo que representan la mayor operación de aseguramiento de riesgo soberano y la mayor emisión de bonos CAT facilitada por el Banco Mundial hasta la fecha (OECD, 2024[119]). Además, permiten a varias naciones soberanas entrar en los mercados de bonos CAT de manera independiente, sin necesidad de un instrumento de agrupación de los riesgos. Esta transacción ofrece a Chile, Colombia y Perú una vía de acceso a los mercados de capitales para obtener por primera vez un seguro contra el riesgo de desastres. La transacción utilizó cinco clases de bonos: una por cada país (Chile, Colombia y Perú) y dos por un total de 260 millones de USD para México (OECD, 2024[119]). En la actualidad, se están desplegando esfuerzos, con ayuda del Banco Mundial, para crear un bono CAT regional para el Caribe.

Para avanzar en el uso de bonos para catástrofes en ALC, resulta esencial superar una serie de desafíos, tales como la creación de marcos jurídicos sólidos que promuevan una transferencia efectiva de los riesgos. La cooperación internacional es fundamental para establecer regulaciones y procedimientos claros que rijan la emisión y la gestión de los bonos CAT, y garanticen la transparencia y el cumplimiento de la normativa internacional. Asimismo, existe una necesidad fundamental de definir y aclarar las funciones y las responsabilidades de todas las partes interesadas que participan en el ecosistema de bonos CAT. Esto incluye a emisores, inversores, reaseguradoras, órganos reguladores y organismos gubernamentales, entre otros. Establecer pautas y protocolos claros para la participación de cada parte interesada contribuirá a racionalizar los procesos, mitigar los riesgos y aumentar la confianza del mercado (OECD et al., 2022[116]; OECD, 2024[119]).

Las cláusulas sobre desastres naturales pueden ayudar a mitigar el impacto financiero de las catástrofes

Las cláusulas sobre desastres naturales pueden vincular la capacidad de amortización de la deuda de los países a su exposición al riesgo. Estas cláusulas, al considerar el impacto financiero de los desastres, ayudan a alinear las obligaciones de servicio de la deuda con la capacidad de un país para gestionar los sucesos catastróficos y recuperarse de ellos. En la iniciativa de reestructuración de la deuda de Granada realizada en 2016, se incorporó una cláusula sobre desastres naturales que permitía al país capitalizar el interés y diferir los vencimientos del capital de los bonos en el caso de que se produjesen desastres naturales importantes, con sujeción a condiciones específicas. En 2018, Barbados introdujo el Programa de Recuperación y Transformación Económica del país. Esta iniciativa de reforma, que incluía la reestructuración de la deuda interna y externa, constituyó la base del programa de ayudas del Servicio Ampliado del FMI. A finales de 2018, se alcanzó un acuerdo con los acreedores nacionales y se añadieron cláusulas sobre desastres naturales a los bonos del Estado reestructurados. Por ejemplo, el nuevo bono, con vencimiento en 2029, permitía capitalizar los intereses y diferir el pago durante dos años después de un desastre natural importante (ECLAC, 2021[120]).

Las cláusulas sobre desastres pueden incrementar los costos de endeudamiento, al alentar a los gobiernos a contratar más préstamos con rentabilidades superiores, lo que expone a los inversores a retrasos en las amortizaciones. Sin embargo, análisis recientes sugieren que la introducción de este tipo de cláusulas mejora las condiciones de endeudamiento en términos generales. Los gobiernos tienden a aumentar el endeudamiento hasta que el riesgo de impago se asemeja al de las economías sin cláusulas para desastres, con la expectativa de diferir las amortizaciones. Esto reduce los costos esperados de servicio de la deuda pese al incremento de los diferenciales. De este modo, los gobiernos aceptan diferenciales superiores con un impacto mínimo en los costos generales de endeudamiento (OECD et al., 2022[116]).

Los canjes de deuda por naturaleza o por adaptación climática también pueden servir como instrumentos de financiación sostenible importantes

Un canje de deuda por naturaleza (DFNS) es un ejercicio de gestión de deuda, en el que un país emite un instrumento garantizado (un préstamo o un bono) en condiciones más favorables y posteriormente usa los ingresos obtenidos para recomprar la deuda soberana pendiente más cara, generando ahorros en el cupón de la tasa de interés o en el capital. Estos ahorros se utilizarán para financiar actividades de conservación de la naturaleza o relacionadas con la mitigación/adaptación al cambio climático. Los DFNS ya se han empleado en la región y se están formulando nuevas propuestas, en particular entre los países del Caribe que poseen una gran biodiversidad, pero están muy endeudados y tienen calificaciones crediticias bajas y acceso limitado a los mercados (OECD/IDB, 2024[108]). Estas naciones pueden aprovechar los canjes de deuda por naturaleza o por adaptación climática para enfrentar sus dificultades económicas cada vez más numerosas. En mayo de 2023, Ecuador ejecutó el mayor DFNS hasta la fecha, al sustituir 1 650 millones de USD de deuda por un préstamo de 656 millones de USD financiado mediante un bono azul. Este canje generó un descuento promedio del 60% y se financió mediante un préstamo otorgado al país por un SPV. El préstamo se reforzó con una garantía de 85 millones de USD del BID y un seguro de riesgo político de 656 millones de USD de la Corporación Financiera de Desarrollo de Estados Unidos. El SPV financió el préstamo mediante la emisión del Bono Marino Galápagos, un bono vinculado a la conservación del medio marino de 656 millones de USD con vencimiento en 2041. Credit Suisse coordinó y estructuró la emisión, con ayuda de 11 aseguradoras del sector privado que aportaron más de un 50% del reaseguro, lo que mejoró las iniciativas de conservación de Ecuador (West, 2023[121]).

Otros países de ALC también han implementado DFNS para gestionar la sostenibilidad de la deuda. En 2021, The Nature Conservancy y el gobierno de Belice finalizaron la conversión de una deuda de 364 millones de USD destinada a la conservación del medio marino (la protección del 30% del océano de Belice) (Green Finance Institute, 2021[122]). Esta iniciativa no solo redujo la deuda de Belice en un 12% del PIB, sino que además generó aproximadamente 180 millones de USD para trabajos de conservación (Green Finance Institute, 2021[122]). Al igual que en el caso de los DFNS de Ecuador, la Corporación Financiera de Desarrollo de Estados Unidos realizó una contribución fundamental al facilitar un seguro contra el riesgo político, lo que mejoró el perfil crediticio de los bonos a Aa2, un nivel considerablemente superior a la calificación Caa2 de Belice (US International Development Finance Corporation, 2023[123]). Esta transacción representa el mayor refinanciamiento de deuda de todo el mundo destinado a la conservación del océano (Green Finance Institute, 2021[122]). En 2022, Barbados realizó un canje de deuda por naturaleza, una operación con bonos internacionales por importe de 150 millones de USD, gracias a la cual se destinaron 50 millones de USD a iniciativas de conservación marina. Este canje reviste especial importancia para una nación isleña que depende en gran medida de sus prístinas aguas y playas para atraer turismo (Savage, 2023[124]). En julio de 2024, el BEI y el BID aprobaron garantías para Barbados por un total de 300 millones de USD, destinadas a respaldar un innovador canje de deuda por acción climática, desbloqueando recursos para invertir en proyectos clave de infraestructura de adaptación al cambio climático (European Investment Bank, 2024[125]). En noviembre de 2024, con el apoyo del BID, The Nature Conservancy y otros socios, las Bahamas lanzaron un proyecto de conversión de deuda que permitirá ahorrar 124 millones de USD en 15 años, con el objetivo de promover la conservación de los océanos y fortalecer la gestión de su Sistema de Áreas Protegidas. El proyecto facilitó la recompra de 300 millones de USD en deuda mediante los ingresos de un nuevo préstamo gestionado por Standard Chartered Bank (IDB, 2024[126]).

Las islas caribeñas también están preparándose para negociar canjes de deuda con acreedores, teniendo en cuenta sus necesidades de financiamiento sostenible (OECD/IDB, 2024[108]). En 2018, Antigua y Barbuda, Santa Lucía y San Vicente y las Granadinas comenzaron a negociar con los acreedores los canjes de deuda, con el objetivo de lograr una reducción de su ratio de deuda sobre el PIB de al menos un 12.2%. Esto podría generar aproximadamente un 1% del PIB del crecimiento resiliente, lo que podría elevar la tasa de crecimiento promedio ponderado de estas tres naciones a niveles registrados antes de la crisis económica mundial (ECLAC, 2018[127]). Se calcula que el valor total de reducción de la deuda necesario para lograr un incremento de un punto porcentual en el crecimiento de los tres países es de aproximadamente 525.9 millones de USD, oscilando el valor total de recorte de la deuda entre 105.2 millones de USD en un escenario de recorte del 20% y 263.3 millones de USD en un escenario de recorte del 50% (ECLAC, 2018[127])

Los países de la región deben valorar atentamente las desventajas de los DFNS antes de emplearlos. Estudios financieros sobre las tres transacciones con DFNS de la región indican que estos canjes por sí solos no pueden reducir estructuralmente la deuda ni mejorar la calidad crediticia soberana (Caballero, Gonzalez and Nieto, 2024[128]). Pese a que han reducido las cargas de la deuda y mejorado ligeramente el indicador de las necesidades de financiamiento externo brutas, las necesidades de financiamiento soberano en general siguen siendo elevadas, al superar el 100% de los ingresos en cuenta corriente, con una escasa mejora sustancial de los indicadores externos. Desde una perspectiva fiscal, los DFNS pueden ser menos eficientes que otros mecanismos similares, como las subvenciones condicionales y la reestructuración de la deuda general. Por ese motivo, dichos instrumentos pueden ser útiles, pero como herramientas complementarias a las reestructuraciones de la deuda (Lazard, 2021[129]). Estas últimas son más efectivas en cuanto a garantizar que los recursos transferidos lleguen a los objetivos previstos, ya sea el financiamiento de inversiones climáticas o la reducción de las cargas de la deuda, en lugar de beneficiar a otros acreedores (Chamon et al., 2022[130]). Desde la perspectiva de la sostenibilidad, la capacidad de los gobiernos para cumplir los compromisos de conservación a largo plazo es incierta. Las transacciones de DFNS suelen carecer de claridad sobre los proyectos verdes o azules que respaldan, y algunos bonos "azules" no tienen especificado el uso de sus beneficios. Esto incrementa el riesgo de prácticas de *greenwashing* o *bluewashing*. Además, la ampliación de la duración de los compromisos ambientales aumenta su vulnerabilidad ante cambios políticos. La aplicación efectiva de los contratos climáticos será crucial en los próximos años, ya que el incumplimiento de los compromisos puede afectar al futuro de los canjes de deuda por naturaleza (Caballero, Gonzalez and Nieto, 2024[128]).

De cara al futuro, es crucial garantizar que los DFNS de la región cumplan dos objetivos principales: en primer lugar, aumentar los recursos fiscales para los países deudores que no puedan financiar íntegramente inversiones en el clima solo a través de préstamos y, en segundo lugar, priorizar los beneficios para el deudor. Para conseguirlo, es esencial reducir los costos de agencia y de transacción actuales. Los DFNS deberían garantizar que los fondos ahorrados con la reducción del servicio de la deuda se dirijan a inversiones específicas y no a obligaciones de deuda generales, como ha demostrado el reciente canje de conservación del medio marino de Belice (Chamon et al., 2022[130]). Estas transacciones, al conllevar recompras de deuda comercial, deberían estar gestionadas por terceros donantes o acreedores para poder obtener precios inferiores a los de los países deudores. Las políticas para incrementar el uso de DFNS deberían alinearse con objetivos financieros climáticos más generales, vinculando los canjes a las asignaciones presupuestarias, estableciendo indicadores de desempeño climático estandarizados para instrumentos de deuda y usando créditos de carbono para incentivar canjes de fuentes privadas y públicas. Implementar mecanismos eficientes de seguimiento y supervisión aumentará la transparencia y fortalecerá los marcos institucionales. Las asociaciones internacionales en las que participen las organizaciones multilaterales, la sociedad civil, las ONG y el sector privado pueden ampliar la colaboración, el seguimiento y la estandarización (Fuller et al., 2018[131]). Las organizaciones internacionales pueden ayudar a estandarizar el instrumento, para reducir los costos de estructuración mediante la implementación de modelos de DFNS específicos que ofrezcan a los profesionales de los países deudores directrices claras y mejores prácticas (Lazard, 2021[129]). Todos estos esfuerzos podrían reducir los costos de transacción, promover reducciones efectivas de las emisiones y aumentar los beneficios fiscales de los DFNS y otros mecanismos de financiamiento relacionados con el clima (Chamon et al., 2022[130]).

Se necesitan una regulación y una supervisión firmes para garantizar su efectividad y mitigar los riesgos

Los países de ALC se están centrando en ampliar, mejorar y armonizar los marcos de finanzas sostenibles, que son esenciales para regular, supervisar y verificar la emisión de bonos GSSS y otros instrumentos financieros sostenibles. Los marcos conceptuales de medición y toma de decisiones también son fundamentales para reorientar los flujos externos, a fin de recalibrar los riesgos sociales y promover una inversión de calidad. Los marcos más consolidados o interoperables tienen potencial para reducir los costos de transacción para los inversores, lo que hará más atractivos los mercados de capitales de la región. Dichos marcos pueden incluir información, principios, normas y/o taxonomías que cumplan dos propósitos principales: i) reducir y gestionar los riesgos ambientales, sociales y de gobernanza (ASG) de las actividades financieras; y ii) fomentar el flujo de capitales hacia activos, proyectos, sectores y empresas que generen beneficios ambientales, climáticos y sociales. Los marcos de finanzas sostenibles orientan la emisión de bonos GSSS a escala internacional, regional y nacional (OECD, 2024[102]).

En el ámbito mundial, los principios de la Asociación Internacional de Mercados de Capitales (ICMA) y los Principios de Helsinki se utilizan a menudo como marcos rectores generales para la emisión de bonos GSSS a escala regional y nacional (OECD et al., 2023[60]). El conjunto de instrumentos de la ICMA —los Principios de los Bonos Verdes, los Principios de los Bonos Sociales, la Guía de los Bonos Sostenibles y los Principios de los Bonos Vinculados a la Sostenibilidad)— han adquirido cada vez más importancia en los mercados internacionales. Varios países y empresas de todo el mundo los utilizan ahora como referencia para desarrollar sus propios marcos para la emisión de bonos GSSS y otros instrumentos financieros sostenibles (OECD et al., 2023[60]). También se están adoptando de manera general otros marcos internacionales destinados a mejorar la gestión de riesgos ASG, puesto que las gestoras de activos que invierten no solo en bonos GSSS sino también en todo tipo de valores, incluida la renta variable, demandan cada vez más información sobre sostenibilidad de las empresas (OECD, 2023[132]). Entre estos marcos se encontraría, por ejemplo, el marco de la OCDE para la medición del desempeño no financiero de las empresas y los Principios para la Inversión Responsable de las Naciones Unidas, así como indicadores ASG más solventes que den cuenta del desempeño social más general de las empresas (OECD, 2022[133]).

Si bien los principios y las guías generales ofrecen recomendaciones de utilidad, resulta esencial que los emisores establezcan normas y taxonomías más claras y vinculantes a escala nacional. A finales de diciembre de 2023, 14 países de ALC habían puesto en marcha iniciativas destinadas a crear marcos de finanzas sostenibles, incluidos protocolos, normativas, guías y/o taxonomías que en total sumaban 221 actuaciones (OECD, 2024[102]). Estas iniciativas engloban acciones encabezadas por los gobiernos (p. ej., ministerios, bancos centrales o de desarrollo y órganos reguladores), entidades del sector privado (tales como asociaciones industriales, entidades del mercado de capitales, bolsas de valores, compañías aseguradoras y empresas de consultoría), así como esfuerzos conjuntos, incluida la cooperación internacional (OECD, 2024[102]).

Cuando se examinan los marcos de finanzas sostenibles de los países de ALC, destacan las taxonomías verdes y sostenibles. Estas iniciativas se han adoptado cada vez en mayor medida en toda la región desde 2022. A fecha de mayo de 2024, se habían publicado en Argentina, Chile, Colombia, la República Dominicana, México y Panamá, y se encontraban en fase de formulación en países como Brasil, Costa Rica y Perú (Tabla 4.2). Dichas taxonomías establecen criterios de evaluación técnica y definen las actividades verdes, sociales, sostenibles y vinculadas a la sostenibilidad basándose en sectores prioritarios y en objetivos de desarrollo sostenible. En abril de 2022, el gobierno colombiano publicó la primera taxonomía verde de la región, centrada en sectores de uso de la tierra. Desde entonces, siete países más han publicado o avanzado considerablemente en la formulación de taxonomías sostenibles o verdes, centrándose en la mitigación o adaptación al cambio climático, la economía circular, la protección de la biodiversidad y sectores tales como el uso de la tierra, la electricidad y el agua. La interoperabilidad y la armonización siguen siendo cruciales, puesto que cada taxonomía determina las prioridades ambientales basándose en su singular contexto. Esto resulta esencial para los inversores internacionales que buscan un conjunto de criterios transparentes para dar seguimiento al impacto ambiental de los proyectos en los que invierten. Una forma de estandarizar es seguir los criterios de clasificación y la taxonomía verde de la UE. De cara al futuro, resulta fundamental garantizar que las taxonomías nacionales sean integrales y engloben a todos los sectores de producción esenciales para la sostenibilidad, la mitigación del cambio climático y la inclusión digital (OECD, 2024[102]).

Tabla 4.2. Sinopsis de las iniciativas de taxonomía en países seleccionados de ALC

País	Fase de desarrollo de la taxonomía	Nombre	Fecha	Participantes	Prioridad de la taxonomía
Argentina	Publicada	Marco de finanzas sostenibles	Mayo de 2023	Ministerios del gobierno a través de la Mesa Técnica de Finanzas Sostenibles	Objetivos económicos y sociales dentro del contexto de la Agenda para el Desarrollo Sostenible de las Naciones Unidas
Brasil	En desarrollo: Plan de acción publicado	Taxonomía sostenible	Diciembre de 2023	Ministerio de Hacienda, GIZ	Adaptación y mitigación del cambio climático en sectores tales como el de la agricultura, las industrias extractivas, la electricidad y el gas, el abastecimiento de agua y la gestión de las aguas residuales, y el transporte
Chile	Publicada	Taxonomía verde	Agosto de 2023	CBI, BID, CAF, GIZ, Ministerio de Hacienda	Mitigación y adaptación al cambio climático, agua y recursos marinos, economía circular, contaminación, ecosistemas y biodiversidad
Colombia	Publicada	Taxonomía verde	Abril de 2022	Ministerios del gobierno	Sectores de uso de la tierra (silvicultura, agricultura y ganadería)
Costa Rica	Propuesta de documentos iniciales	Taxonomía de Finanzas Sostenibles	Abril de 2023	Fondo Verde del Clima, PNUMA, Comisión Europea, ministerios del gobierno, superintendencias y el banco central	Crear un marco para esquematizar, cuantificar e informar de los riesgos financieros relacionados con el clima. Estas metodologías se probarán en las carteras de los bancos y las aseguradoras para valorar su exposición a dichos riesgos y definir estrategias de mitigación
República Dominicana	Publicada	Taxonomía verde	Junio de 2024	IFC, ministerios del gobierno	Energía, transporte, construcción, tecnologías de la información y la comunicación (TIC), industria, agua y residuos
México	Publicada	Taxonomía sostenible	Marzo de 2023	GIZ, AFD, CEPAL, IFC, GGGI, UK PACT, Banco de México, Banco Mundial, Subsecretaría de Hacienda y Crédito Público	Cambio climático, igualdad de género y acceso a los servicios básicos en los municipios
Panamá	Publicada	Taxonomía de Finanzas Sostenibles	Marzo de 2024	Ministerio de Ambiente, la Superintendencia de Bancos y la Superintendencia de Seguros, PNUMA	Mitigación y adaptación al cambio climático, recursos hídricos, uso de la tierra, economía circular, contaminación y biodiversidad
Perú	En desarrollo: Hoja de ruta publicada	Taxonomía de Finanzas Verdes	Junio de 2023	Ministerio del Ambiente, GIZ	Cambio climático, biodiversidad y servicios de ecosistemas, infraestructura natural, eco y bioempresas, economía circular y producción limpia

Nota: CBI = Climate Bonds Initiative, GGGI = Instituto Global para el Crecimiento Verde, GIZ = Agencia de Cooperación Internacional Alemana (Deutsche Gesellschaft für Internationale Zusammenarbeit), AFD = Agencia Francesa de Desarrollo (Agence Française de Développement) y PNUMA = Programa de las Naciones Unidas para el Medio Ambiente.

Fuente: (OECD et al., 2022[116]; Green Finance For Latin America and the Caribbean, 2023[134]) (Presidencia Argentina, 2023[135]) (Ministry of Economy of Argentina, 2023[136]) (Ministry of Finance of Brazil, 2023[137]) (Government of Mexico, 2023[138]; Ministry of Finance of Chile, 2023[139]) (UNEP FI, 2024[140]) (Ministry of Finance of Peru, 2023[141]).

Dentro del ámbito regional de la UE, se emplea el Marco de Finanzas Sostenibles de la UE como referencia principal para la emisión de GSSS y otros mecanismos financieros sostenibles. Este marco engloba la Taxonomía de la UE, reglamentos para la presentación de información y normas que ayudan a las empresas y al sector financiero, en particular facilitando financiamiento privado para tecnologías y proyectos de transición. Esta taxonomía, formulada en 2020, sienta las bases para identificar y etiquetar las actividades sostenibles desde el punto de vista medioambiental con condiciones y criterios técnicos claros (European Commission, 2020[142]). En 2023, la Comisión Europea amplió el alcance de la Taxonomía de la UE, al incluir más actividades y proponer nuevos reglamentos para los proveedores de calificaciones ASG. Estas medidas tienen por objeto aumentar la transparencia del mercado en inversiones sostenibles, así como facilitar la identificación de las actividades que pueden optar a la obtención de financiación sostenible (European Commission, 2023[143]).

La Taxonomía de la UE es un ejemplo de un marco regional armonizado que incrementa la confianza del mercado y la transparencia para facilitar la inversión en actividades sostenibles. Resulta crucial garantizar la interoperabilidad y la claridad entre las taxonomías nacionales de ALC y la Taxonomía de la UE. La interoperabilidad conlleva el uso de principios rectores y elementos centrales similares, por ejemplo objetivos, clasificaciones sectoriales y criterios basados en la ciencia con umbrales e indicadores comparables (Climate Bonds Initiative/Ambire Global, 2023[144]). Los estudios comparativos sobre taxonomías, como los realizados en relación con Colombia y México con fondos de la UE, pueden mejorar la transparencia para los inversores y las partes interesadas tanto de la UE como internacionales. Este tipo de estudios puede promover la claridad en el mercado, reducir los costos de transacción e investigación y contribuir a la movilización de capital transfronterizo para inversiones sostenibles.

El primer Marco Común de taxonomías de finanzas sostenibles para ALC constituye el primer paso hacia la creación de un marco armonizado similar al de la UE. Publicado en junio de 2023 por el sistema de las Naciones Unidas en ALC, este marco regional fue elaborado por el Grupo de Trabajo sobre Taxonomías de Finanzas Sostenibles para América Latina y el Caribe y financiado por la UE a través del Programa EUROCLIMA (UNDP, 2023[145]). Este marco sirve como guía voluntaria para las entidades de la región que estén desarrollando o planean desarrollar taxonomías. También ofrece orientación para lograr una interoperabilidad de las taxonomías dentro de ALC y a nivel mundial. Armonizar las metodologías de las diferentes taxonomías aumentará la confianza de los inversores y reducirá al mínimo los costos de transacción (OECD et al., 2023[60]).

Recomendaciones de políticas

Ahora que América Latina y el Caribe se prepara para la Cuarta Conferencia Internacional sobre la Financiación para el Desarrollo que se celebrará en 2025, surgen oportunidades para evaluar las prioridades estratégicas de la región a la vista del difícil contexto internacional. Contar con una agenda común puede ayudar a ALC a presentar propuestas y soluciones a los desafíos actuales a escala global adaptadas a sus necesidades. Una agenda de este tipo, común e integradora, le puede permitir aprovechar sus oportunidades de desarrollo y movilizar mayores flujos financieros. Dicha agenda debería abordar los desafíos existentes en el contexto financiero internacional, entre otros el acceso a la liquidez, las percepciones de los riesgos y el acceso a financiamiento concesional, así como la fragmentación y la necesidad de coordinación entre los proveedores de desarrollo.

Para aportar soluciones y propuestas concretas de cara a la Conferencia, es necesario un enfoque más unificado por parte de los países de ALC. De ese modo, se conseguirá una mayor coherencia y se garantizará que los intereses de la región estén debidamente representados y tengan la influencia adecuada en las negociaciones. En primer lugar, se deben garantizar mecanismos que permitan asegurar que los flujos privados están alineados con objetivos de desarrollo y que son sostenibles. Esto conlleva mejorar y armonizar los marcos regulatorios; canalizar mejor las políticas públicas y la inversión extranjera hacia ámbitos de transformación productiva, entre otros la financiación de la UE a través de la AIGG; y dotar a la región de herramientas para que cumpla sus objetivos de aquí a 2030. En segundo lugar, se necesita una mayor articulación entre los actores del sistema financiero internacional, en particular los BMD y las instituciones de financiación del desarrollo de economías desarrolladas y emergentes, con el fin de maximizar la coherencia y la efectividad de los limitados recursos financieros. Para ello, es necesario utilizar flujos tanto públicos como privados, aprovechando las fortalezas de diferentes actores y brindando opciones de financiamiento integradas a la región. ALC puede mejorar sus perspectivas de financiamiento promoviendo alianzas innovadoras en materia de desarrollo con actores privados (p. ej., proveedores filantrópicos) y aprovechando flujos de financiamiento internacionales con los diferentes países en desarrollo. Para asegurarse de que estos flujos privados y públicos se empleen en inversiones de calidad, se requiere un entorno sólido y propicio, con marcos regulatorios claros para la inversión. Las alianzas estratégicas (p. ej., con la UE) ofrecen oportunidades, por ejemplo, para armonizar las taxonomías sostenibles e instrumentos de movilización encaminados a lograr un desarrollo más sostenible.

Asimismo, es clave promover las alianzas internacionales para avanzar hacia soluciones de financiamiento que aprovechen las fortalezas de la región, entre otras su rico entorno natural y el potencial en materia de energía renovable. Los instrumentos de deuda para financiar la agenda de desarrollo sostenible pueden abordar algunos de los desafíos más apremiantes de la región, como son el sobreendeudamiento, las catástrofes climáticas y el riesgo de pérdida de biodiversidad. Una cooperación efectiva para desarrollar dichos instrumentos y adaptarlos de manera que satisfagan las necesidades de la región puede conllevar la superación de algunas de las deficiencias de los instrumentos financieros preexistentes. La implementación efectiva de estos instrumentos requiere el perfeccionamiento de la regulación y la supervisión para mejorar la gobernanza y el desarrollo de capacidades.

Estas soluciones pueden ayudar a recabar un consenso y permitir una representación más efectiva de los intereses de ALC el próximo año, en la Cuarta Conferencia Internacional sobre la Financiación para el Desarrollo. La región tiene potencial para impulsar cambios globales en la colaboración y el financiamiento para el desarrollo. Por lo tanto, se beneficiaría de una mejor coordinación y de la participación en soluciones de desarrollo constructivas para afrontar la difícil coyuntura actual, tanto en el ámbito regional como internacional.

Recuadro 4.4. Principales mensajes en materia de políticas

Replantear la arquitectura financiera internacional

- Potenciar los mecanismos multilaterales de diálogo y el diálogo sobre políticas ahora que la región se prepara para la Cuarta Conferencia Internacional sobre la Financiación para el Desarrollo.
- Impulsar el diálogo y la cooperación internacionales dentro de la región para consensuar las propuestas y buscar una voz unificada sobre los desafíos a los que se enfrentan los países de ALC y de ingresos medios.
- Mejorar los mecanismos de coordinación entre los actores de desarrollo (BMD, instituciones de financiación del desarrollo de economías desarrolladas y emergentes y en desarrollo) para facilitar la implementación de proyectos de cooperación con el objetivo de promover nuevas inversiones privadas.
- Dialogar con las instituciones financieras internacionales, en particular con los BMD, para incrementar las líneas de financiamiento flexible para los países de ingresos medios.
- Avanzar en el debate sobre la mejora de las evaluaciones de riesgos, en particular sobre las calificaciones crediticias, y potenciar el intercambio de información y la transparencia entre diferentes actores financieros.
- Hacer un llamado a una movilización de recursos internacionales que no afecte la deuda, por ejemplo, de los DEG, y procurar que aumente el financiamiento en condiciones favorables para

los más necesitados y dirigido a sectores en los que resulte difícil conseguir una inversión exclusivamente privada.

Fomentar flujos financieros públicos y privados internacionales

- Fomentar soluciones de financiamiento integradas que combinen financiación en condiciones favorables o no y también privada, promoviendo la coordinación de los diferentes actores y aprovechando sus diferentes capacidades.
- Promover la inversión sostenible de calidad, con normas estrictas y cumpliendo los criterios ASG.
- Promover un enfoque gubernamental para garantizar la coordinación y la efectividad en la movilización de flujos oficiales internacionales.
- Establecer marcos regulatorios claros que potencien un entorno empresarial propicio e impulsen la inversión extranjera directa y la transferencia de tecnología.
- Apoyar iniciativas que aumenten la transparencia y faciliten el intercambio de información sobre la percepción del riesgo para los inversores, ayudando así a reducir la brecha entre los riesgos percibidos y los riesgos reales. Promover más instrumentos de distribución del riesgo compartido entre los BMD, las instituciones financieras de desarrollo y las instituciones privadas.
- Potenciar los mecanismos de financiación de proyectos específicos, incluidas las garantías y las operaciones *mezzanine*, entre los BMD y las instituciones financieras de desarrollo de los países desarrollados y en vías de desarrollo para reducir los costes financieros.
- Promover el uso de métricas de financiamiento para el desarrollo internacional, como TOSSD, para mapear todos los recursos recibidos por ALC e informar las estrategias de financiamiento externo.
- Medir el impacto del uso de los flujos de financiamiento oficial para atraer inversiones del sector privado como las operaciones de financiamiento mixto y otros mecanismos de movilización de recursos privados.
- Identificar las dificultades de los países para utilizar plenamente el financiamiento combinado y otros instrumentos de mitigación de riesgos y brindar capacitación para un mejor uso de estos instrumentos.
- Promover asociaciones público-privadas, también con instituciones financieras de desarrollo y actores multilaterales tales como inversores, que contribuyan a encarar desafíos globales, como las transiciones verde y digital.
- Formular regulaciones para reducir el costo de las remesas y facilitar instrumentos innovadores para incrementar las transferencias financieras.
- Intensificar iniciativas piloto que sean prometedoras, financiadas por donantes filantrópicos mediante la colaboración con fundaciones y velando por la implantación de mecanismos que garanticen tanto el impacto como la escalabilidad.

Aprovechar los instrumentos de deuda sostenibles

- Incrementar los bonos GSSS ampliando el mercado de deuda interno y forjando asociaciones internacionales de desarrollo de capacidades que alineen los marcos regulatorios con las mejores prácticas internacionales y cubran las carencias en materia de coordinación entre las partes interesadas.

- Capacitar a inversores y emisores de todos los tamaños y dialogar con ellos en relación con los bonos GSSS en toda ALC, centrándose en países que carezcan de la capacidad para avanzar en la emisión, la certificación, el seguimiento y la creación de marcos.
- Apoyar la expansión y el ajuste de los bonos vinculados a la sostenibilidad con estructuras innovadoras, reorientando los flujos de capitales hacia proyectos que promuevan la mitigación y adaptación al cambio climático, al tiempo que se refuerzan las dimensiones social y sostenible.
- Mejorar el uso de bonos para catástrofes creando marcos jurídicos sólidos que promuevan una transferencia efectiva de los riesgos. Establecer pautas y protocolos claros para la participación de cada parte interesada con el fin de racionalizar los procesos, mitigar los riesgos y aumentar la confianza del mercado.
- Evaluar los impactos de los canjes de deuda por naturaleza y mejorar las estructuras de gobernanza a través de mecanismos de transparencia, seguimiento y supervisión optimizados para fomentar una mayor interacción con los acreedores. Las colaboraciones internacionales con gobiernos, la sociedad civil, las ONG y el sector privado pueden impulsar la cooperación para definir marcos más transparentes de canje de deuda por naturaleza.
- Formular cláusulas sobre desastres naturales bien diseñadas y reguladas en los contratos de deuda para vincular la capacidad de amortización de la deuda del país a su exposición al riesgo. Al permitir a los países aplazar los pagos de intereses o del principal (o de ambos) durante un plazo determinado, estos instrumentos clave mejoran la resistencia financiera frente a los desastres.
- Mejorar los marcos de finanzas sostenibles y fomentar la coordinación y la armonización entre los diferentes países sobre instrumentos de deuda sostenibles, tales como los bonos GSSS, para impulsar la confianza de los inversores. Aprovechar los marcos regionales establecidos, como el Marco de Finanzas Sostenibles y la Taxonomía de la UE. Crear sistemas sólidos de seguimiento y verificación como pilares de la transparencia del mercado y para prevenir prácticas de *green/SDG washing*.

Referencias

AFD (2024), *Supporting the financing of Costa Rica's climate targets alongside BNCR*, Agence Française de Développement, Paris, https://www.afd.fr/en/carte-des-projets/costa-rica-supporting-financing-climate-targets-bncr (accessed on 1 July 2024). [35]

AFD (2023), *Climate-financial trap: an empirical approach to detecting situations of double vulnerability*, Agence Française de Développement, Paris, https://www.afd.fr/en/ressources/climate-financial-trap-empirical-approach-detecting-situations-double-vulnerability (accessed on 30 August 2024). [26]

AFD (2023), *Low-carbon transition and macroeconomic vulnerabilities: A multidimensional approach in tracing vulnerabilities and its application in the case of Colombia*, Agence Française de Développement, Paris, https://www.afd.fr/en/ressources/low-carbon-transition-and-macroeconomic-vulnerabilities-multidimensional-approach-tracing-vulnerabilities-and-its-application-case-colombia (accessed on 30 August 2024). [27]

AFD (2022), "Official Development Assistance at the age of consequences", *Policy Paper*, No. 11, Agence Française de Développement, Paris, https://www.afd.fr/en/ressources/official-development-assistance-age-consequences. [53]

AFD (forthcoming), *Double standards in financing for development*, Agence Française de Développement, Paris. [54]

Artemis (2017), *Mexico confirms $150m cat bond payout for quake*, https://www.artemis.bm/news/mexico-confirms-150m-cat-bond-payout-for-quake/. [118]

Avellán, L. et al. (2024), "Bridging the gap: Mobilization of multilateral development banks in infrastructure", *IDB Working Paper Series*, No. 1299, Inter-American Development Bank, https://doi.org/10.18235/0004006. [65]

Bollag, B. (2024), *French government criticized over $806M cut to aid*, Devex, https://www.devex.com/news/french-government-criticized-over-806m-cut-to-aid-107193. [41]

Broto, C. and L. Molina (2016), "Sovereign ratings and their asymmetric response to fundamentals", *Journal of Economic Behavior & Organization*, Vol. 130, pp. 206-224, https://www.sciencedirect.com/science/article/abs/pii/S0167268116301524. [21]

Caballero, C., K. Gonzalez and F. Nieto (2024), *Debt-For-Nature Swaps Are Gaining Traction Among Lower-Rated Sovereigns*, S&P Global, https://www.spglobal.com/ratings/en/research/articles/240227-debt-for-nature-swaps-are-gaining-traction-among-lower-rated-sovereigns-13010020 (accessed on 30 August 2024). [128]

CABEI (2021), *Remittances in Central America: The role of CABEI*, https://www.bcie.org/fileadmin/user_upload/Remittances_in_Central_America_the_Role_of_CABEI.pdf. [88]

CAF (2024), *CAF receives AFD's support with an innovative financial mechanism to consolidate its position as the green bank of Latin America and the Caribbean*, Development Bank of Latin America and the Caribbean, https://www.caf.com/en/currently/news/2024/05/caf-receives-afds-support-with-an-innovative-financial-mechanism-to-consolidate-its-position-as-the-green-bank-of-latin-america-and-the-caribbean/ (accessed on 15 July 2024). [34]

Carey, E., H. Desai and Y. Ahmad (2023), "Tracing the impacts of Russia's war of aggression against Ukraine on official development assistance (ODA)", in *Development Co-operation Profiles*, OECD Publishing, Paris, https://doi.org/10.1787/5096b978-en. [43]

Catrinescu, N. et al. (2009), "Remittances, institutions, and economic growth", *World Development*, Vol. 37/1, pp. 81-92, https://www.sciencedirect.com/science/article/pii/S0305750X08001344. [93]

Cattaneo, O. and C. Piemonté (2021), "Transition Finance Compendium: Challenges and recommendations for the Development Assistance Committee", *OECD Development Co-operation Working Papers*, No. 94, OECD Publishing, Paris, https://doi.org/10.1787/90f219b1-en. [49]

Cattaneo, O., C. Piemonté and K. Poensgen (2020), "Transition finance country study of Chile: Better managing graduation from ODA eligibility", *OECD Development Co-operation Working Papers*, No. 70, OECD Publishing, Paris, https://doi.org/10.1787/608cbf6d-en. [37]

CGD (2023), *Strengthening Multilateral Development Banks: The triple agenda*, Report of the Independent Experts Working Group, No. 1, Centre for Global Development, https://www.cgdev.org/sites/default/files/The_Triple_Agenda_G20-IEG_Report_Volume1_2023.pdf. [67]

CGD (2022), *Global Cooperation for Development: Current Failures and the Case for Collaboration*, Centre for Global Development, https://www.cgdev.org/blog/global-cooperation-development-current-failures-and-case-collaboration (accessed on 12 March 2024). [32]

Chamon, M. et al. (2022), "Debt-for-climate Swaps: Analysis, design, and implementation", *IMF Working Papers*, No. 162, International Monetary Fund, https://www.imf.org/en/Publications/WP/Issues/2022/08/11/Debt-for-Climate-Swaps-Analysis-Design-and-Implementation-522184. [130]

Climate Bonds Initiative/Ambire Global (2023), *Comparison Study Between the Colombian and EU Taxonomies*, Climate Bonds Initiative, https://www.climatebonds.net/files/reports/cbi_col_eu_taxonomy_01e.pdf. [144]

Council of the EU (2023), *Joint Staff Working Document : Main outcomes of the mapping of external tools of the EU*, Council of the European Union, Brussels, https://data.consilium.europa.eu/doc/document/ST-8157-2023-INIT/en/pdf. [76]

DEVEX (2024), *How Germany is cutting billions from foreign aid*, https://www.devex.com/news/how-germany-is-cutting-billions-from-foreign-aid-107055 (accessed on 3 April 2024). [42]

ECA/ECLAC (2022), *Special Drawing Rights (SDRs) and the COVID-19 crisis*, United Nations Economic Commision for Africa/United Nations Economic Commission for Latin America and the Caribbean, https://repositorio.cepal.org/server/api/core/bitstreams/a4d76467-4802-421e-bb51-207cdb91bccf/content. [15]

ECLAC (2024), *Capital Flows to Latin America and the Caribbean: 2023 year-in-review and early 2024 developments*, United Nations Economic Commission for Latin America and the Caribbean, https://repositorio.cepal.org/server/api/core/bitstreams/ce02481f-b84e-409d-8ccd-30ae1c14efb1/content. [103]

ECLAC (2023), *Capital Flows to Latin America and the Caribbean: 2022 year-in-review and early 2023 developments*, United Nations Economic Commission for Latin America and the Caribbean, https://repositorio.cepal.org/server/api/core/bitstreams/7e7681e0-0855-45f3-9bbe-38ad9feedd63/content. [112]

ECLAC (2023), *Foreign Direct Investment in Latin American and the Caribbean*, United Nations Economic Commission for Latin America and the Caribbean, https://repositorio.cepal.org/server/api/core/bitstreams/fd2ce029-2846-4900-a0e6-14818f6191b3/content. [58]

ECLAC (2023), *Public debt and development distress in Latin America and the Caribbean*, United Nations Economic Commission for Latin America and the Caribbean, https://repositorio.cepal.org/server/api/core/bitstreams/d84a5041-0a2c-4b8e-9b01-d91b187477ce/content. [18]

ECLAC (2022), *Capital Flows to Latin America and the Caribbean: 2021 year-in-review and the first four months of 2022*, United Nations Economic Commission for Latin America and the Caribbean, https://www.cepal.org/en/notes/capital-flows-latin-america-and-caribbean-2021-year-review-and-first-four-months-2022. [114]

ECLAC (2021), "An innovative financing for development agenda for the recovery in Latin America and the Caribbean", *Special Report Covid-19*, No. 12, United Nations Economic Commission for Latin America and the Caribbean, Santiago, https://www.cepal.org/en/publications/47490-innovative-financing-development-agenda-recovery-latin-america-and-caribbean. [120]

ECLAC (2021), *Capital flows to Latin America and the Caribbean: 2020 year-in-review in times of COVID-19*, United Nations Economic Commission for Latin America and the Caribbean, https://repositorio.cepal.org/handle/11362/46697. [113]

ECLAC (2020), *Designing Strategies to Promote Investment of Family Remittances in Value Chains: A toolkit*, https://repositorio.cepal.org/server/api/core/bitstreams/610da794-bea9-4058-9ee9-3eba4db05dad/content. [94]

ECLAC (2018), *Debt for climate adaptation: swap initiative for Caribbean SIDS*, United Nations Economic Commission for Latin America and the Caribbean, https://www.cepal.org/sites/default/files/news/files/19-00814-debt_initiative_flyer-web.pdf. [127]

ECLAC (2018), "Sovereign credit ratings in Latin America and the Caribbean: Trends and impact on debt spreads", *Studies and Perspective Series*, No. 18, United Nations Economic Commission for Latin America and the Caribbean, Washington, DC, https://repositorio.cepal.org/server/api/core/bitstreams/d18622fb-d743-4512-971c-b1d2c61c0f87/content. [24]

ECLAC/OECD (2018), *Emerging challenges and shifting paradigms: New perspectives on international cooperation for development*, United Nations Economic Commission for Latin America and the Caribbean/OECD Development Centre, https://repositorio.cepal.org/server/api/core/bitstreams/414911fd-ec99-4ae8-8e0a-dd3c5a2478e0/content. [48]

Eco Business Fund (2024), *New Horizons - Impact Report 2023*, https://www.ecobusiness.fund/en/impact#:~:text=New%20Horizons%20%2D%20Impact%20Report%202023&text=The%20report%20looks%20back%20at,farmers%20and%20value%20chain%20actors (accessed on 30 August 2024). [79]

EFSD+ (2024), "Board approved INTPA blending operations as of 2021", in *European Fund for Sustainable Development Plus: International partnerships*, European Commission, Brussels, https://international-partnerships.ec.europa.eu/funding-and-technical-assistance/funding-instruments/european-fund-sustainable-development-plus_en#paragraph_5400 (accessed on 29 August 2024). [78]

EIB (2024), *EIB 2023/2024 Global Impact Report*, https://www.eib.org/attachments/lucalli/20240125_eib_global_impact_report_2023_2024_en.pdf. [73]

EIB (2024), *European Investment Bank*, https://www.eib.org/en/products/mandates-partnerships/eu-blending-facilities/index (accessed on 16 October 2024). [148]

Elysée (2024), *4P Leaders working lunch - United Nations General Assembly.*, https://www.elysee.fr/en/emmanuel-macron/2024/09/26/4p-leaders-working-lunch-united-nations-general-assembly (accessed on 3 October 2024). [8]

European Commission (2024), *Civil society dialogue regarding the EU's strategy on export credits*, Brussels, https://policy.trade.ec.europa.eu/eu-trade-meetings-civil-society/civil-society-dialogue-regarding-eus-strategy-export-credits-2024-04-10_en (accessed on 26 June 2024). [75]

European Commission (2023), *Joint Communication to the European Parliament and the Council: A New Agenda for Relations between the EU and Latin America and the Caribbean*, https://www.eeas.europa.eu/sites/default/files/documents/2023/JOIN_2023_17_1_EN_ACT_part1_v7.pdf. [72]

European Commission (2023), *Neighbourhood, Development and International Cooperation instrument – Global Europe*, https://commission.europa.eu/strategy-and-policy/eu-budget/performance-and-reporting/programme-performance-statements/neighbourhood-development-and-international-cooperation-instrument-global-europe-performance_en#:~:text=NDICI%20%E2%80%93%20Global%20Euro. [74]

European Commission (2023), "Sustainable finance package", European Commission, https://finance.ec.europa.eu/publications/sustainable-finance-package-2023_en. [143]

European Commission (2022), *Global Gateway: EU greenlights 40 new guarantee programmes under the European Fund for Sustainable Development plus*, https://ec.europa.eu/commission/presscorner/detail/en/ip_22_7799. [80]

European Commission (2020), *EU taxonomy for sustainable activities*, European Commission, https://finance.ec.europa.eu/sustainable-finance/tools-and-standards/eu-taxonomy-sustainable-activities_en. [142]

European Investment Bank (2024), *Barbados: EIB and Inter-American Development Bank approve guarantees to support climate and fiscal resilience*, European Investment Bank, https://www.eib.org/en/press/all/2024-300-inter-american-development-bank-and-european-investment-bank-approve-guarantees-to-support-climate-and-fiscal-resilience-in-barbados. [125]

European Investment Bank (2024), *Barbados: EIB and Inter-American Development Bank approve guarantees to support climate and fiscal resilience*, European Investment Bank, https://www.eib.org/en/press/all/2024-300-inter-american-development-bank-and-european-investment-bank-approve-guarantees-to-support-climate-and-fiscal-resilience-in-barbados. [38]

Fajnzylber, P. and J. López (eds.) (2008), *Remittances and Development: Lessons from Latin America*, World Bank, Washington, DC, https://publications.iadb.org/en/remittances-and-development-lessons-latin-america. [83]

Ford Foundation (2024), *Our work around the world: Andean Region*, https://www.fordfoundation.org/our-work-around-the-world/andean-region/ (accessed on 5 April 2024). [100]

France Diplomacy (2023), *The Paris Pact for People and the Planet (4P)*, https://pactedeparis.org/pdf/the-paris-pact-for-people-and-the-planet.pdf (accessed on 27 March 2024). [7]

Fuller, F. et al. (2018), *Debt for Climate Swaps: Caribbean Outlook*, IMPACT, https://ca1-clm.edcdn.com/assets/debt_for_climate_swap_impact_briefing.pdf?v=1679478182#:~:text=There%20is%20existing%20experience%20with,climate%20swaps%20in%20the%20region. [131]

Gavas, M. and S. Pleeck (2024), “Maximising EU Concessional Finance for Greater Leverage and Impact”, *CGD Blog post*, Centre for Global Development, https://www.cgdev.org/blog/maximising-eu-concessional-finance-greater-leverage-and-impact. (accessed on 3 April 2024). [40]

GCF (2024), *GCF Spotlight: Latin America and the Caribbean*, Green Climate Fund, https://www.greenclimate.fund/document/gcf-latin-america-and-caribbean-factsheet. [104]

GEMs (2024), *Global Emerging Markets: Risk Database Consortium*, GEMs, Luxembourg, https://www.gemsriskdatabase.org/. [28]

Gevorkyan, A. (2021), *Can Diaspora Bonds Supercharge Development Investment?*, https://www.migrationpolicy.org/article/diaspora-bonds-supercharge-development-investment. [89]

GGGI (2024), *Dominican Republic’s Green Bond Debut (USD 750 Million) after Publication of Green, Social, Sustainable Bonds Framework*, https://gggi.org/dominican-republics-green-bond-debut-usd-750-million-after-publication-of-green-social-sustainable-bonds-framework/. [107]

Global Infrastructure Hub (2023), *Infrastructure Monitor 2023: Global trends in private investment in infrastructure*, GI Hub, Sydney, https://cdn.gihub.org/umbraco/media/5462/gihub_infrastructuremonitor_2023-02.pdf. [64]

Government of Mexico (2023), *Taxonomía Sostenible de México*, Secretariat of Finance and Public Credit, Mexico., https://www.gob.mx/cms/uploads/attachment/file/809773/Taxonom_a_Sostenible_de_M_xico_.pdf. [138]

Government of Mexico (2023), *Taxonomía Sostenible de México*, Secretariat of Finance and Public Credit, Mexico, https://www.gob.mx/cms/uploads/attachment/file/809773/Taxonom_a_Sostenible_de_M_xico_.pdf. [109]

Green Finance For Latin America and the Caribbean (2023), *“Avances hacia una taxonomía verde en Latinoamérica”*, GFL, https://greenfinancelac.org/es/recursos/articulos/avances-hacia-una-taxonomia-verde-en-latinoamerica/. [134]

Green Finance for Latin America and the Caribbean (2023), “Avances hacia una taxonomía verde en Latinoamérica”, https://greenfinancelac.org/es/recursos/articulos/avances-hacia-una-taxonomia-verde-en-latinoamerica/. [149]

Green Finance Institute (2021), *“Government of Belize debt conversion for marine conservation”*, GFI Hive, https://www.greenfinanceinstitute.com/gfihive/case-studies/government-of-belize-debt-conversion-for-marine-conservation/. [122]

Gulrajani, N. (2016), “Bilateral versus multilateral aid channels: Strategic choices for donors, ODI Report”, *Overseas Development Institute*, https://odi.cdn.ngo/media/documents/10492.pdf. [70]

Hung, M. et al. (2022), *Market Power and Credit Rating Standards: Global Evidence*, Journal of Accounting and Economics, Vol. 73/2-3, https://doi.org/10.1016/j.jacceco.2021.101474. [20]

IDB (2024), *IDB and AfDB Welcome IMF Executive Board’s Decision Approving Use of SDRs for Hybrid Capital Instruments*, Inter-American Development Bank, Washington, DC, https://www.iadb.org/en/news/idb-and-afdb-welcome-imf-executive-boards-decision-approving-use-sdrs-hybrid-capital. [16]

IDB (2024), *IDB IMpact +*, Inter-American Development Bank, Washington, DC, https://www.iadb.org/en/home/idbimpact. [17]

IDB (2024), *The Bahamas Launches Debt for Ocean Conservation Swap with the support of IDB*, Inter-American Development Bank, Washington D.C., https://www.iadb.org/en/news/bahamas-launches-debt-ocean-conservation-swap-support-idb. [126]

IDB (2023), "Remittances to Latin America and the Caribbean in 2023: Consolidating long-term trends", *IDB Technical Note*, No. 2845, Inter-American Development Bank, Washington, DC, https://publications.iadb.org/en/publications/english/viewer/Remittances-to-Latin-America-and-the-Caribbean-in-2023pdf. [82]

IDB (2019), *The road to SDG Financing: A new destination for private investment*, Inter-American Development Bank, Washington, DC, https://www.iadb.org/en/news/road-sdg-financing-new-destination-private-investment (accessed on 19 March 2024). [46]

IFC (2024), *Central America Mezzanine Infrastructure Fund II*, IFC Project Information and Data Portal, International Finance Corporation, https://disclosures.ifc.org/project-detail/SII/32338/central-america-mezzanine-infrastructure-fund-ii (accessed on 10 April 2024). [71]

IFC (2024), *Global Emerging Markets Risk Database (GEMs) Consortium*, International Finance Corporation, https://www.ifc.org/en/what-we-do/sector-expertise/syndicated-loans-and-mobilization/global-emerging-markets-risk-database-consortium (accessed on 10 April 2024). [29]

IICA (n.d.), "El cultivo del arroz en República Dominicana", *Interamerican Institute for Cooperation on Agriculture*, https://iica.int/es/prensa/noticias/el-cultivo-del-arroz-en-republica-dominicana. [52]

IMF (2024), *Balance of Payments and International Investment Position Statistics (BOP/IIP)*, International Monetary Fund, Washington, DC, https://data.imf.org/?sk=7a51304b-6426-40c0-83dd-ca473ca1fd52. [57]

IMF (2023), "Sub-Saharan Africa's risk perception premium: in the search of missing factors", *IMF Working Papers*, No. 2023/130, International Monetary Fund, Washington, DC, https://www.imf.org/en/Publications/WP/Issues/2023/06/23/Sub-Saharan-Africas-Risk-Perception-Premium-In-the-Search-of-Missing-Factors-534885. [19]

IMF (2017), "Migration and remittances in Latin America and the Caribbean: Engines of growth and macroeconomic stabilizers?", *IMF Working Papers*, No. 2017/144, International Monetary Fund, Washington, DC, https://www.imf.org/en/Publications/REO/WH/Issues/2017/05/10/wreo0517?intcid=OBanner. [81]

KNOMAD-World Bank (2023), "Migration and Development Brief 39", in *Leveraging diaspora finances for private capital mobilization*, The Global Knowledge Partnership on Migration and Development, World Bank, Washington, DC, https://knomad.org/publication/migration-and-development-brief-39. [92]

LACIF (2024), *Facts & figures LACIF*, Latin American and Caribbean Investment Facility, Brussels, https://www.eulaif.eu/en/facts-figures. [77]

LAGreen (2023), *Impact Report 2023*, https://lagreen.lu/wp-content/uploads/2023/04/LAGreen-Impact-Report-2023-1.pdf. [106]

Lazard (2021), *Debt-for-SDGs swaps in indebted countries: The right instrument to meet the funding gap? A review of past implementation and challenges lying ahead*, Lazard, https://capacity4dev.europa.eu/discussions/debt-sdgs-swaps-indebted-countries-right-instrument-meet-funding-gap_en. [129]

Mayers, M. and R. Ray (2024), *Feeling the stones: Chinese Development Finance to Latin America and the Caribbean 2023*, The Dialogue, Global Development Policy Centre, https://www.bu.edu/gdp/files/2024/06/GCI-CLLAC-Report-2024-FIN.pdf. [55]

Ministero dell'Economia e delle Finanze (2021), *The Common Framework for debt treatment beyond the DSSI, G20 Italy*, https://www.mef.gov.it/en/G20-Italy/common-framework.html (accessed on 3 June 2024). [13]

Ministry of Economy of Argentina (2023), *Argentina's Sustainable Finance Framework*, https://www.argentina.gob.ar/sites/default/files/argentinas-sustainable-finance-framework-2023.pdf. [136]

Ministry of Finance of Brazil (2023), *Sustainable Taxonomy of Brazil: Action Plan*, https://www.gov.br/fazenda/pt-br/orgaos/spe/taxonomia-sustentavel-brasileira/arquivos-taxonomia/sustainable-taxonomy-of-brazil-december-v2.pdf. [137]

Ministry of Finance of Chile (2023), *Estructura del Sistema de Clasificación o Taxonomía de Actividades Económicas Medioambientalmente Sostenibles para Chile*, https://www.hacienda.cl/areas-de-trabajo/finanzas-internacionales/finanzas-verdes/taxonomia-para-actividades-economicas-medioambientales-sostenibles/documentos/estructura-del-sistema-de-clasificacion-o-taxonomia-de-actividades-economicas. [139]

Ministry of Finance of Peru (2023), *Hoja de Ruta de Finanzas Verdes para el Perú*, https://www.scribd.com/document/654498117/DECRETO-SUPREMO-N%C2%BA-007-2023-MINAM. [141]

OECD (2024), *Aid (ODA) by sector and donor - Bilateral ODA commitments by donor and recipient*, OECD Publishing, Paris, https://data-explorer.oecd.org/vis?tm=ODA%20by%20sector%20bilateral%20commitments&pg=0&snb=5&df[ds]=dsDisseminateFinalDMZ&df[id]=DSD_DAC1%40DF_DAC5&df[ag]=OECD.DCD.FSD&df[vs]=1.1&dq=ALLD.528....Q.&lom=LASTNPERIODS&lo=5&to[TIME_PERIOD]=false (accessed on 2024 August 30). [31]

OECD (2024), *Creditor Reporting System (CRS)*, OECD Publishing, Paris, https://stats.oecd.org/Index.aspx?DataSetCode=crs1#. [30]

OECD (2024), *Fostering Catastrophe Bond Markets in Asia and the Pacific*, The Development Dimension, OECD Publishing, Paris, https://doi.org/10.1787/ab1e49ef-en. [119]

OECD (2024), *Mobilised private finance for development (database)*, OECD Publishing, Paris, https://data-explorer.oecd.org/vis?tm=mobilised%20private%20finance%20for%20development&pg=0&snb=8&vw=tb&df[ds]=dsDisseminateFinalDMZ&df[id]=DSD_MOB%40DF_MOBILISATION&df[ag]=OECD.DCD.FSD&df[vs]=1.0&dq=ALLD.A.100%2B110%2B120%2B130%2B140%2B150%2B200%2B210%2 (accessed on 9 July 2024). [63]

OECD (2024), *ODA Official development assistance: disbursements*, OECD Publishing, Paris, https://data-explorer.oecd.org/vis?tm=ODA%20Official%20development%20assistance%3A%20disbursements&pg=0&snb=11&df[ds]=dsDisseminateFinalDMZ&df[id]=DSD_DAC2%40DF_DAC2A&df[ag]=OECD.DCD.FSD&df[vs]=1.1&dq=.DPGC.206.USD.Q&lom=LASTNPERIODS&lo=5&to[TIME_PERIOD]=. [44]

OECD (2024), "Sustainability-Linked Bonds: How to make them work in developing countries, and how donors can help", *OECD Development Perspectives*, No. 44, OECD Publishing, Paris, https://doi.org/10.1787/7ca58c00-en. [115]

OECD (2024), "The surge of Green, Social, Sustainability and Sustainability-linked (GSSS) bonds in Latin America and the Caribbean: Facts and policy implications", *OECD Development Policy Papers*, No. 56, OECD Publishing, Paris, https://doi.org/10.1787/f1c893a3-en. [102]

OECD (2024), *TOSSD Data Visualisation Tool (online dataset)*, Total Official Support for Sustainable Development, https://tossd.online/app (accessed on 2024 July 19). [51]

OECD (2024), *Total Official Support for Sustainable Development (TOSSD) website*, https://www.tossd.org/ (accessed on 1 July 2024). [50]

OECD (2024), *Using the new UN MVI to identify and fill in vulnerability financing gaps in SIDS*, OECD Publishing, Paris, https://one.oecd.org/document/DCD(2024)16/en/pdf. [47]

OECD (2023), *Bottlenecks to Access SDG Finance for Developing Countries*, OECD Publishing, Paris, https://www.oecd.org/g20/oecd-g20-bottlenecks-sdg-finance-developing-countries.pdf. [6]

OECD (2023), "Creditor Reporting System: Private philanthropy for development (Edition 2023)", *OECD International Development Statistics* (database), https://doi.org/10.1787/dd620077-en (accessed on 26 November 2024). [99]

OECD (2023), *Foreign Direct Investment (FDI)*, OECD, Paris, https://www.oecd.org/investment/statistics.htm. [59]

OECD (2023), "Private finance mobilised by official development finance interventions", *OECD Development Perspectives*, No. 29, OECD Publishing, Paris, https://doi.org/10.1787/c5fb4a6c-en. [61]

OECD (2023), *Sustainability Policies and Practices for Corporate Governance in Latin America*, Corporate Governance, OECD Publishing, Paris, https://doi.org/10.1787/76df2285-en. [132]

OECD (2022), *Global Outlook on Financing for Sustainable Development 2023: No Sustainability Without Equity*, OECD Publishing, Paris, https://doi.org/10.1787/fcbe6ce9-en. [2]

OECD (2022), *Green, Social, Sustainability and Sustainability-Linked Bonds in Developing Countries: How Can Donors Support Public Sector Issuances?*, OECD Publishing, Paris, https://web-archive.oecd.org/2023-03-17/641975-green-social-sustainability-and-sustainability-linked-bonds.pdf. [101]

OECD (2022), "Measuring the social performance of firms through the lens of the OECD Well-being Framework", *OECD Policy Insights on Well-being, Inclusion and Equal Opportunity*, No. 3, OECD Publishing, Paris, https://doi.org/10.1787/41f3823b-en. [133]

OECD (2022), "Spain's Huruma Fund: attracting private investment for smallholder agriculture", *OECD Case Study*, OECD Publishing, Paris, https://www.oecd.org/en/publications/2021/03/development-co-operation-tips-tools-insights-practices_d307b396/spain-s-huruma-fund-attracting-private-investment-for-smallholder-agriculture_ad085d01.html. [68]

OECD (2022), *The Short and Winding Road to 2030: Measuring Distance to the SDG Targets*, OECD Publishing, Paris, https://doi.org/10.1787/af4b630d-en. [3]

OECD (2021), *Private Philanthropy for Development – Second Edition: Data for Action*, The Development Dimension, OECD Publishing, Paris, https://doi.org/10.1787/cdf37f1e-en. [98]

OECD (2018), *Multilateral Development Finance: Towards a New Pact on Multilateralism to Achieve the 2030 Agenda Together*, OECD Publishing, Paris, https://doi.org/10.1787/9789264308831-en. [69]

OECD (2017), *Interrelations between Public Policies, Migration and Development*, OECD Publishing, Paris, https://doi.org/10.1787/9789264265615-en. [96]

OECD (2016), *Better Policies for Sustainable Development 2016: A New Framework for Policy Coherence*, OECD Publishing, Paris, https://doi.org/10.1787/9789264256996-en. [97]

OECD (2007), *Policy Coherence for Development 2007: Migration and Developing Countries*, OECD Publishing, Paris, https://doi.org/10.1787/9789264026100-en. [90]

OECD et al. (2023), *Perspectivas económicas de América Latina 2023: Invirtiendo para un desarrollo sostenible*, OECD Publishing, Paris, https://doi.org/10.1787/5cf30f87-es. [60]

OECD et al. (2022), *Perspectivas económicas de América Latina 2022: Hacia una transición verde y justa*, OECD Publishing, Paris, https://doi.org/10.1787/f2f0c189-es. [116]

OECD/IDB (2024), *Caribbean Development Dynamics 2025*, OECD Publishing, Paris, https://doi.org/10.1787/a8e79405-en. [108]

Orliange, P. and A. Granja e Barros (2020), "From Monterrey to Addis Ababa and beyond: A new global framework for public finance for sustainable development?", *Carta International*, Vol. 15/3, https://doi.org/10.21530/ci.v15n3.2020.1046. [4]

OSR (2022), *G20's Debt Service Suspension Initiative: A historical comparison*, Observer Research Foundation, https://www.orfonline.org/expert-speak/g20s-debt-service-suspension-initiative (accessed on 27 March 2024). [11]

Owen, N. (2022), "Belize: Swapping debt for nature", *IMF Country Focus*, 4 May, International Monetary Fund, Washington, DC, https://www.imf.org/en/News/Articles/2022/05/03/CF-Belize-swapping-debt-for-nature. [111]

Piemonté, C., J. Kim and O. Cattaneo (2024), "Financing sustainable development in the Organisation of Eastern Caribbean States: A transition finance diagnostic", *OECD Development Co-operation Working Papers*, No. 115, OECD Publishing, Paris. [36]

Portes, R. (2008), *Ratings agency reform*, VoxEU Column, Centre for Economic Policy Research (CEPR), https://cepr.org/voxeu/columns/ratings-agency-reform (accessed on 15 July 2024). [25]

Practitioners' Network for European Development Co-operation (2023), *EDFI, JEFIC and PN Statement of intent on enhanced collaboration of the three networks*, https://www.dev-practitioners.eu/media/documents/EDFI-JEFIC-PN_Statement_of_Intent_-_Final_Version_-_Updated_13-03-2023.pdf. [33]

Présidence de la République (2023), *Chair's summary of discussions at the Summit on a New Global Financing Pact*, https://www.elysee.fr/admin/upload/default/0001/15/4748a23641c5b2d55a47d63d7ed2e16963c11195.pdf. [105]

Presidencia Argentina (2023), *Ministerio de Economía: Resolucion 696/2023*, Ministerio de Economía, Argentina, https://www.boletinoficial.gob.ar/detalleAviso/primera/287232/20230529. [135]

Sachs, J. (2023), "Money makes the world go round – and development succeed", JDS, https://www.jeffsachs.org/newspaper-articles/money-makes-the-world-go-round. [23]

Savage, R. (2023), "Barbados 'debt-for-climate' swap backed by $300 mln EIB, IADB guarantee statement", Reuters, https://www.reuters.com/sustainability/sustainable-finance-reporting/barbados-debt-for-climate-swap-backed-by-300-mln-eib-iadb-guarantee-statement-2023-11-10/#:~:text=In%20September%202022%2C%20Barbados%20carried,vital%20for%20the%20tourism%20sector. [124]

The Dialogue (2023), *China-Latin America Finance Databases*, https://www.thedialogue.org/map_list/ (accessed on 17 September 2024). [56]

The Nature Conservancy (2023), *Case Study: Barbados Blue Bond for Ocean Conservation*, The Nature Conservancy, Arlington, Virginia, https://www.nature.org/content/dam/tnc/nature/en/documents/TNC-Barbados-Blue-Bonds_Case-Study.pdf. [110]

The World Bank (2024), *World Bank*, https://documents.worldbank.org/en/publication/documents-reports/documentdetail/264181468156582056/technical-assistance (accessed on 31 October 2024). [39]

UN (2023), *Financing the 2030 Agenda for Sustainable Development, High-level Dialogue on Financing for Development*, United Nations, New York, https://www.un.org/esa/ffd/ffddialogue2023/#home (accessed on 4 June 2024). [9]

UN (2023), "Reforms to the International Financial Architecture", *Our Common Agenda Policy Brief*, No. 6, United Nations, New York, https://sdgs.un.org/sites/default/files/2023-08/our-common-agenda-policy-brief-international-finance-architecture-en.pdf. [14]

UN (2015), *Transforming our World: The 2030 Agenda for Sustainable Development*, United Nations, New York, https://sustainabledevelopment.un.org/content/documents/21252030%20Agenda%20for%20Sustainable%20Development%20web.pdf. [95]

UNCTAD (2014), *World Investment Report 2014: Investing in the SDGs: An Action Plan*, United Nations Conference on Trade and Development, https://unctad.org/system/files/official-document/wir2014_en.pdf. [1]

UNDESA (2024), *Financing for development*, United Nations Department of Economic and Social Affairs, New York, https://www.un.org/en/development/desa/financial-crisis/financing-for-development.html (accessed on 27 March 2024). [5]

UNDESA (2024), *World Population Prospects (website)*, United Nations Deparment of Economic and Social Affairs, Population Division, https://population.un.org/wpp/. [86]

UNDESA (2022), "Credit rating agencies and sovereign debt: Four proposals to support achievement of the SDGs", *UN DESA Policy Brief*, No. 131, United Nations Department of Economic and Social Affairs, New York, https://www.un.org/development/desa/dpad/publication/un-desa-policy-brief-no-131-credit-rating-agencies-and-sovereign-debt-four-proposals-to-support-achievement-of-the-sdgs/. [22]

UNDESA (2020), *International Migrant Stock (website)*, United Nations Department of Economic and Social Affairs, Population Division, https://www.un.org/development/desa/pd/content/international-migrant-stock. [85]

UNDP (2023), *Common Framework of Sustainable Finance Taxonomies for Latin America and the Caribbean*, United Nations Development Programme, https://climatepromise.undp.org/sites/default/files/research_report_document/common-framework-of-sustainable-finance-taxonomies-lac.pdf. [145]

UNEP (2023), *Unlocking Circular Economy Finance in Latin America and the Caribbean: The Catalyst for a Positive Change— Findings and recommendations for Policymakers and the Financial Sector*. [146]

UNEP FI (2024), *Taxonomía de Finanzas Sostenibles de Panamá*, UN Environment Programme Finance Initiative, United Nations, https://www.unepfi.org/wordpress/wp-content/uploads/2024/03/Taxonomia-de-Finanzas-Sostenibles-de-Panama.pdf. [140]

US International Development Finance Corporation (2023), *In Belize, innovative debt-for-nature swap yields tangible progress in conservation*, https://dfcgov.medium.com/in-belize-innovative-debt-for-nature-swap-yields-tangible-progress-in-conservation-c4518344a25d. [123]

West, O. (2023), "Ecuador pushes through turmoil to pull off largest ever debt-for-nature swap", *GlobalCapital*, https://www.globalcapital.com/article/2bnfn5ca2hpix3y11m9s0/emerging-markets/em-latam/ecuador-pushes-through-turmoil-to-pull-off-largest-ever-debt-for-nature-swap. [121]

World Bank (2024), *Domestic credit to the private sector (% of GDP), World Bank Development Indicators (database)*, World Bank, Washington, DC, https://databank.worldbank.org/reports.aspx?source=2&series=FS.AST.PRVT.GD.ZS&country=LAC. [12]

World Bank (2024), *GNI (current US$), World Development Indicators (database)*, World Bank, Washington, DC, https://databank.worldbank.org/reports.aspx?source=2&series=NY.GNP.MKTP.CD&country=#. [45]

World Bank (2024), *Personal remittances, received (% of GDP) - Latin America & Caribbean, World Bank Group Data (database)*, World Bank, Washington, DC, https://data.worldbank.org/indicator/BX.TRF.PWKR.DT.GD.ZS?end=2022&locations=ZJ&start=2003. [84]

World Bank (2024), *Technical assistance*, Lessons and Practices, https://documents.worldbank.org/en/publication/documents-reports/documentdetail/264181468156582056/technical-assistance. [147]

World Bank (2024), *World Bank Country and Lending Groups (database)*, World Bank, Washington, DC, https://datahelpdesk.worldbank.org/knowledgebase/articles/906519-world-bank-country-and-lending-groups. [62]

World Bank (2023), *Leveraging Diaspora Finances for Private Capital Mobilization*, https://documents1.worldbank.org/curated/en/099740408142422676/pdf/IDU184dfd61b1e135142421a20213728b2e8fa86.pdf. [87]

World Bank (2023), *Statement of the Heads of Multilateral Development Banks group: Strengthening our collaboration for greater impact.*, World Bank, Washington, DC, https://www.worldbank.org/en/news/statement/2023/10/13/statement-of-the-heads-of-multilateral-development-banks-group-strengthening-our-collaboration-for-greater-impact (accessed on 18 March 2024). [66]

World Bank (2022), *Debt Service Suspension Initiative*, World Bank Group, Washington, DC, https://www.worldbank.org/en/topic/debt/brief/covid-19-debt-service-suspension-initiative. [10]

World Bank (2020), *Measuring Policy Coherence for Migration and Development : A New Set of Tested Tools*, World Bank, https://documents1.worldbank.org/curated/en/099435008192425541/pdf/IDU1fa80cd2f18a5b14f621b70214919676c2856.pdf. [91]

World Bank (2013), *Mexico MultiCat Bond: Transferring catastrophe risk to the capital markets*, Global Facility for Disaster Reduction and Recovery, World Bank Group, Washington, DC, https://openknowledge.worldbank.org/server/api/core/bitstreams/42f4a9ed-6f3d-5bbb-bb5b-e5c2cc6703ae/content. [117]

5 Notas país

Guía del Lector

Los cuadros estadísticos siguen las principales áreas identificadas en las *Perspectivas económicas de América Latina (LEO)*: 1) desarrollo social; 2) productividad e innovación; 3) inversión y financiamiento privado; 4) percepción de los ciudadanos e instituciones; 5) transiciones verde y digital; y 6) situación fiscal.

El promedio de **América Latina y el Caribe (ALC)** es un promedio simple del mayor conjunto de países de ALC del que se disponía de datos en julio de 2024.

El promedio de la Organización para la Cooperación y el Desarrollo Económicos (OCDE) es un promedio simple del mayor conjunto de países miembros de la OCDE sobre los que se disponía de datos en julio de 2024.

Los países de los que no se dispone de datos para los dos años seleccionados se han excluido de los promedios para garantizar la comparabilidad entre dichos años. En las notas encontrará una explicación sobre estas excepciones.

En la presente edición se han aplicado los mismos criterios que en las ediciones anteriores de *LEO*. La selección de datos da prioridad a la comparabilidad entre los países de ALC y muestra los últimos datos comparables disponibles en la fecha de publicación del informe.

Desarrollo social

Pobreza extrema:[1] hace referencia a la proporción (%) de la población cuyos ingresos promedio per cápita son inferiores al umbral de pobreza extrema, tal como lo especifica la Comisión Económica para América Latina y el Caribe de las Naciones Unidas. Método de cálculo: "n" se define como el número total de personas e "i" es el número de personas cuyos ingresos per cápita se encuentran por debajo del umbral de la pobreza extrema; el porcentaje de personas que viven en la pobreza extrema se expresa como I=(i/n)x100 (conocido como "índice de recuento"). Los ingresos promedio per cápita se calculan dividiendo los ingresos totales de cada hogar entre el número de personas que lo forman. Datos de (ECLAC, 2024[1]), CEPALSTAT. Bases de Datos y Publicaciones Estadísticas, https://statistics.cepal.org/portal/cepalstat/.

Pobreza:[1] hace referencia a la proporción (%) de la población cuyos ingresos promedio per cápita son inferiores al umbral de la pobreza, tal como lo especifica la Comisión Económica para América Latina y el Caribe de las Naciones Unidas. Método de cálculo: "n" es el número total de personas y "p" es el número de personas cuyos ingresos per cápita se encuentran por debajo del umbral de pobreza; el porcentaje de personas que viven en la pobreza se expresa como P=(p/n)x100 Este indicador incluye a las personas que se encuentran por debajo del umbral de pobreza extrema, por definición. Los ingresos promedio per cápita se calculan dividiendo los ingresos totales de cada hogar entre el número de personas que lo forman. Datos de (ECLAC, 2024[1]), CEPALSTAT. Bases de Datos y Publicaciones Estadísticas, https://statistics.cepal.org/portal/cepalstat/.

Coeficiente de Gini:[2] mide hasta qué punto la distribución de los ingresos (o, en algunos casos, el gasto en consumo) entre los individuos u hogares de una economía se desvía de una distribución perfectamente igualitaria. Un coeficiente de Gini de cero representa una igualdad perfecta; un coeficiente de 100 representa una desigualdad perfecta. Datos de (World Bank, 2024[2]), *World Bank Open Data*, https://data.worldbank.org/indicator/SI.POV.GINI.

Proporción de la población total en hogares informales:[3] proporciona la distribución de la población total que vive en hogares informales. Un hogar es considerado informal si todos los trabajadores del hogar operan en el sector informal. Datos de (OECD, 2023[3]), *Base de datos de indicadores clave de informalidad basados en las personas y sus hogares*, www.oecd.org/dev/key-indicators-informality-individuals-household-kiibih.htm.

Proporción de la población total en hogares mixtos: proporciona la distribución de la población total que vive en hogares mixtos. Un hogar mixto tiene tanto trabajadores formales como informales. Datos de (OCDE, 2023), *Base de datos de indicadores clave de informalidad basados en las personas y sus hogares*, www.oecd.org/dev/key-indicators-informality-individuals-household-kiibih.htm.

Índice de instituciones sociales y género (SIGI): mide la discriminación contra la mujer en instituciones sociales (p. ej., leyes formales e informales, normas y prácticas sociales). Los valores más bajos indican niveles más bajos de discriminación en las instituciones sociales: el índice SIGI oscila entre el 0% (ausencia total de discriminación) y el 100% (niveles muy altos de discriminación). Datos del (OECD, 2023[4]), *Índice de Instituciones Sociales y Género (SIGI)*, https://data-explorer.oecd.org/.

Puntuación del Programa para la Evaluación Internacional de Alumnos (PISA) en ciencias:[4] refleja la puntuación promedio del desempeño en ciencias conforme al Programa para la Evaluación Internacional de Alumnos (PISA) para cada país. El desempeño en ciencias mide la alfabetización científica de un joven de 15 años en el uso de conocimientos científicos para identificar preguntas, adquirir nuevos conocimientos, explicar fenómenos científicos y sacar conclusiones con base empírica con respecto a cuestiones relacionadas con la ciencia. Datos de (OECD, 2023[5]), Indicador del desempeño en ciencias (PISA), https://data.oecd.org/pisa/science-performance-pisa.htm#indicator-chart.

Productividad e innovación

Productividad laboral: estimación que mide la producción por hora trabajada como porcentaje de la producción de la OCDE por hora trabajada (en USD internacionales de 2022, convertidos utilizando la paridad del poder adquisitivo) Datos del (The Conference Board, 2024[6]), *Total Economy Database*, www.conference-board.org/data/economydatabase/totaleconomy-database-productivity.

Exportaciones de productos de alta tecnología:[5] mide las exportaciones de productos que tienen una alta intensidad en investigación y desarrollo (I+D) como porcentaje del total de exportaciones manufactureras. Datos de (World Bank, 2024[2]), *World Bank Open Data*, https://data.worldbank.org/indicator/TX.VAL.TECH.MF.ZS.

Solicitudes de patentes por millón de personas: mide las solicitudes de patentes presentadas en todo el mundo a través del procedimiento del Tratado de Cooperación en materia de Patentes o ante una oficina nacional de patentes para obtener derechos exclusivos sobre una invención, expresadas por millón de personas. Cálculo de los autores basado en datos de (World Bank, 2024[2]), *World Bank Open Data*, https://data.worldbank.org/indicator/IP.PAT.RESD.

Gasto en I+D:[6] mide los gastos corrientes y de capital como porcentaje del PIB en cuatro sectores principales: empresas, gobierno, educación superior y privado sin ánimo de lucro. La I+D abarca la investigación básica, la investigación aplicada y el desarrollo experimental. Datos de (World Bank, 2024[2]), *World Bank Open Data*, https://data.worldbank.org/indicator/GB.XPD.RSDV.GD.ZS.

Inversión y financiamiento privado

Inversión total:[7] mide la formación bruta de capital fijo (FBCF) como porcentaje del PIB. La FBCF incluye las mejoras del terreno; la compra de instalaciones, maquinaria y equipos; y la construcción de carreteras, vías férreas y similares (incluidas escuelas, oficinas, hospitales, viviendas residenciales privadas y edificios comerciales e industriales). Según el Sistema de Cuentas Nacionales (SNA) de 1993, las adquisiciones netas de objetos de valor también se consideran formación de capital. Datos de (World Bank, 2024[2]), *World Bank Open Data*, https://data.worldbank.org/indicator/NE.GDI.FTOT.ZS.

Inversión extranjera directa (IED) - entradas netas como % del PIB: mide las entradas netas de inversión para adquirir una participación de gestión duradera (10% o más de las acciones con derecho a voto) en una empresa que opera en una economía distinta a la del inversor como porcentaje del PIB. Es la suma del capital social, la reinversión de beneficios, otro capital a largo plazo y el capital a corto plazo, tal y como aparecen en la balanza de pagos. Esta serie muestra las entradas netas (entradas de nuevas inversiones menos desinversiones) en la economía declarante procedentes de inversores extranjeros y se divide por el PIB. Datos de (World Bank, 2024[2]), *World Bank Open Data*, https://data.worldbank.org/indicator/BX.KLT.DINV.WD.GD.ZS.

Crédito interno al sector privado por bancos: mide los recursos financieros, como porcentaje del PIB, proporcionados al sector privado por otras sociedades depositarias (sociedades que acepten depósitos, salvo los bancos centrales), por ejemplo, a través de préstamos, compras de valores no participativos y créditos comerciales y otras cuentas por cobrar, que establezcan un derecho de reembolso. En algunos países, estos derechos incluyen el crédito a empresas públicas. Datos (World Bank, 2024[2]), *World Bank Open Data*, https://data.worldbank.org/indicator/FD.AST.PRVT.GD.ZS.

Ahorro: mide la renta nacional bruta menos el consumo total, más las transferencias netas, como porcentaje del PIB. Datos de (World Bank, 2024[2]), *World Bank Open Data*, https://data.worldbank.org/indicator/NY.GNS.ICTR.ZS.

Capitalización bursátil: mide el precio de las acciones multiplicado por el número de acciones en circulación (incluidas sus diversas clases) de las empresas nacionales que cotizan en bolsa, como porcentaje del PIB. Se excluyen los fondos de inversión, los fondos comunes de inversión y las empresas cuyo único objetivo comercial es poseer acciones de otras empresas que cotizan en bolsa. Datos de (World Bank, 2024[2]), *World Bank Open Data*, https://data.worldbank.org/indicator/CM.MKT.LCAP.GD.ZS.

Percepciones de los ciudadanos e instituciones

Satisfacción con el sistema educativo: mide el porcentaje de la población de la ciudad o zona en la que vive que está satisfecha con el sistema educativo o los centros escolares. Esta métrica responde a la pregunta: "¿Está usted satisfecho o insatisfecho con el sistema educativo o los centros escolares de la ciudad o zona donde vive?". Datos de (Gallup, 2024[7]) , *sistema educativo* https://ga.gallup.com/Charts/.

Satisfacción con el sistema de salud: mide el porcentaje de la población de la ciudad o zona en la que vive que está satisfecha con la oferta de servicios de salud de calidad. Esta métrica responde a la pregunta: "¿Está usted satisfecho o insatisfecho con la oferta de los centros de salud de calidad en la ciudad o zona en la que vive?". Datos de (Gallup, 2024[7]), *sistema de salud,* https://ga.gallup.com/Charts/.

Satisfacción con el nivel de vida: mide el porcentaje de personas satisfechas con su nivel de vida. Esta métrica responde a la pregunta: "¿Está satisfecho o insatisfecho con su nivel de vida, con todas las cosas que puede comprar y hacer?". Datos de (Gallup, 2024[7]), *nivel de vida,* https://ga.gallup.com/Charts/.

Confianza en el sistema judicial: mide el porcentaje de la población que expresa confianza en el sistema judicial y en los tribunales de su país. Esta métrica responde a la pregunta: "En este país, ¿confía o no en cada una de las siguientes cuestiones? ¿Y en el sistema judicial y los tribunales?". Datos de (Gallup, 2024[7]), *confianza en el sistema judicial,* https://ga.gallup.com/Charts/.

Índice de percepción de la corrupción: mide la percepción que tienen los ciudadanos de los niveles de corrupción local en su país, donde 0 es completamente corrupto y 100 es totalmente incorrupto. Datos de

(Transparency International, 2024[8]), índice de percepción de la corrupción, http://www.transparency.org/en/cpi/2023.

Indicador de riesgos de seguridad: tiene en cuenta las amenazas a la seguridad de un Estado, como bombardeos, atentados y muertes en combate, movimientos rebeldes, motines, golpes de Estado o terrorismo. El índice de riesgos de seguridad también contempla factores delictivos graves, como la delincuencia organizada y el número de homicidios, y la confianza percibida de los ciudadanos en la seguridad nacional. Un 0 significa riesgos de seguridad bajos y un 10, riesgos de seguridad altos. Datos de (The Fund for Peace, 2024[9]), *Fragile States Index*, https://fragilestatesindex.org/global-data/.

Transiciones verde y digital

Proporción de usuarios de internet:[8] mide las personas con acceso a internet (desde cualquier lugar) en los últimos tres meses. Se incluye el acceso a través de ordenador, teléfono móvil, asistente digital personal, videoconsola, televisión digital, etc. Datos de (World Bank, 2024[2]), *World Bank Open Data*, https://data.worldbank.org/indicator/IT.NET.USER.ZS.

Abonos de banda ancha fija:[9] mide los abonos fijos al acceso de alta velocidad a la internet pública (conexión TCP/IP), a velocidades de bajada iguales o superiores a 256 kbit/s. Esto incluye módem por cable, DSL, fibra hasta el hogar/edificio, otros abonos de banda ancha fija (por cable), banda ancha por satélite y banda ancha inalámbrica fija terrestre. Este total se mide con independencia del método de pago. Excluye los abonos que tienen acceso a comunicaciones de datos (incluido internet) a través de redes móviles-celulares. Debe incluir WiMAX fijo y cualquier otra tecnología inalámbrica fija. Incluye tanto los abonos residenciales como los abonos de organizaciones. Datos de (World Bank, 2024[2]), *World Bank Open Data*, https://data.worldbank.org/indicator/IT.NET.BBND.P2.

Ingresos tributarios ambientales:[10] mide los ingresos procedentes de impuestos relacionados con el medioambiente como porcentaje del PIB. Incluye los impuestos sobre las emisiones de gases de efecto invernadero (GEI), impuestos sobre combustibles, impuestos sobre el uso de carreteras, impuestos forestales e ingresos procedentes de la subasta de permisos de sistemas de comercio de emisiones de GEI. Datos (OECD et al., 2024[10]), *Ingresos tributarios ambientales*, https://stats.oecd.org/Index.aspx?DataSetCode=ERTR.

Emisiones de gases de efecto invernadero per cápita (excluyendo cambios en el uso del suelo) (t CO_2e/cápita): mide las emisiones anuales totales de seis gases de efecto invernadero (CO2, CH4, N2O, HFCs, PFCs, SF6) provenientes de los sectores de energía, industria, residuos y agricultura, ajustadas a equivalentes de dióxido de carbono y divididas por la población. Excluye las emisiones derivadas de cambios en el uso del suelo y silvicultura debido a mayores incertidumbres. Datos (World Bank, 2024[2]), *World Bank Open Data*, https://data.worldbank.org/indicator/EN.GHG.ALL.PC.CE.AR5

Consumo de energías renovables: mide la proporción de fuentes de energía renovables dentro del consumo total de energía final, expresada como porcentaje. Datos de (Banco Mundial, 2023), *World Bank Open Data*, https://data.worldbank.org/indicator/EG.FEC.RNEW.ZS

Situación fiscal

Total de ingresos tributarios:[11] mide los ingresos tributarios totales como porcentaje del PIB. Datos de (OECD et al., 2024[10]), *Estadísticas de ingresos en América Latina y el Caribe 2024*, https://stats.oecd.org/Index.aspx?DataSetCode=RS_GBL.

Proporción del IVA (impuesto sobre el valor agregado):[10] mide el IVA como porcentaje del PIB. Datos de (OECD et al., 2024[10]), *Estadísticas de ingresos en América Latina y el Caribe 2024*, https://stats.oecd.org/Index.aspx?DataSetCode=RS_GBL.

Impuesto sobre la renta a las personas naturales:[10] mide los impuestos sobre los ingresos, beneficios y ganancias de capital a las personas naturales como porcentaje del PIB. Datos de (OECD et al., 2024[10]), *Estadísticas de ingresos en América Latina y el Caribe 2024*, https://stats.oecd.org/Index.aspx?DataSetCode=RS_GBL.

Impuesto sobre las sociedades:[10] mide los impuestos sobre los ingresos, beneficios y ganancias de capital a las empresas como porcentaje del PIB. Datos de (OECD et al., 2024[10]), *Estadísticas de ingresos en América Latina y el Caribe 2024*, https://stats.oecd.org/Index.aspx?DataSetCode=RS_GBL.

Moral tributaria: mide la proporción (%) de la población adulta que encuentra algún grado de justificación en evadir impuestos, excluyendo a los que creen que la evasión fiscal no es justificable en absoluto. Datos de (Latinobarómetro, 2023[11]), *Opinión Pública Latinoamericana*, www.latinobarometro.org/latOnline.jsp.

Servicio de la deuda pública: mide el servicio de la deuda pública como porcentaje de los ingresos tributarios. El servicio de la deuda pública se calcula como la capacidad/necesidad primaria de financiación del sector público menos la capacidad/necesidad neta de financiación del sector público. Los cálculos de los autores se basan en datos de (International Monetary Fund, 2023[12]), *base de datos de Perspectivas de la economía mundial*, www.imf.org/en/Publications/WEO/weo-database/2023/April y (OECD et al., 2024[10]), *Estadísticas de ingresos en América Latina y el Caribe 2024*, https://stats.oecd.org/Index.aspx?DataSetCode=RS_GBL.

Gasto social:[12] mide el gasto público social como porcentaje del PIB. Los principales ámbitos de las políticas sociales son: población adultos mayores, supervivientes, prestaciones por incapacidad, salud, familia, políticas activas de mercado laboral, desempleo y vivienda, entre otros. En el caso de los países de la OCDE, los datos hacen referencia al *Gasto social* de (OECD, 2023[13]), *OECDStat*, https://stats.oecd.org/Index.aspx?DataSetCode=SOCX_AGG o en el caso de los países de ALC, los datos hacen referencia al *Gasto público social* de (ECLAC, 2024[1]), *CEPALSTAT*, https://statistics.cepal.org/portal/cepalstat/.

Notas

[1] Pobreza y pobreza extrema: Todos los datos son datos a nivel nacional, excepto los de Argentina, para los cuales solo se dispone de datos a nivel urbano (por lo que Argentina está excluida de los promedios de ALC). En el caso del promedio de ALC de 2016, los datos de Chile son de 2015. En el caso del promedio de ALC de 2023, los datos de Chile and México son de 2022. Los promedios ponderados de ALC para pobreza y pobreza extrema se pueden consultar en el Capítulo 1.

[2] Coeficiente de Gini: En el caso de los promedios de la OCDE y ALC de 2016, los datos de Chile son de 2015. En el caso del promedio de ALC de 2022, los datos de Bolivia son de 2021, y los de Panamá son de 2023. En el caso del promedio de la OCDE de 2022: los datos de Islandia son 2017; los de Australia, Canadá y Suiza son de 2018; los de Alemania y Noruega son de 2019; los datos de Austria, Bélgica, República Checa, Dinamarca, Estonia, Finlandia, Francia, Grecia, Hungría, Irlanda, Israel, Italia, Corea, Letonia, Lituania, Luxemburgo, Países Bajos, Polonia, Portugal, Serbia, Eslovenia, España, Suecia, Turquía, Reino Unido y Estados Unidos, son de 2021.

[3] Indicadores de informalidad: En el caso de los promedios de informalidad: en 2009, los datos de Argentina, Costa Rica, Colombia, México y Perú son de 2010; los datos de El Salvador y Honduras son de 2014; y los datos de Uruguay son de 2008. En el caso de los promedios de 2021, los datos de Chile son de 2017; los datos de Argentina, Bolivia, República Dominicana, Paraguay y Uruguay son de 2018; los datos de Brasil, Honduras y Perú son de 2019, y los datos de Costa Rica y México son de 2020. Los países de los que no se dispone de datos para los dos años seleccionados no se han excluido de los promedios de los indicadores relativos a la proporción de la población total en hogares informales.

[4] Puntuación PISA en ciencias: El promedio de los países de ALC y de la OCDE es simple y no está ponderado siguiendo el esquema de ponderaciones replicadas como en www.oecd.org/pisa/sitedocument/PISA-2015-Technical-Report-Chapter-8-Survey-Weighting.pdf.

[5] Exportaciones de productos de alta tecnología: En el caso del promedio de ALC de 2016, los datos de Belice son de 2017. En el caso del promedio de ALC de 2022, los datos de San Cristóbal y Nieves son de 2017; los datos de Bahamas y Santa Lucía son de 2020; y los datos de Honduras y San Vicente y las Granadinas son de 2021.

[6] Gasto en I+D: En el caso del promedio de la OCDE de 2016, los datos de Australia, Suiza y Nueva Zelanda son de 2017. En el caso del promedio de la OCDE de 2022, los datos de Australia son de 2019; los de Chile y Colombia son de 2020 y los datos de Austria, Bélgica, Costa Rica, República Checa, Dinamarca, Estonia, Finlandia, Francia, Alemania, Grecia, Hungría, Islandia, Irlanda, Israel, Italia, Japón, Corea, Letonia, Lituania, Luxemburgo, Países Bajos, Nueva Zelanda, Noruega, Polonia, República Eslovaca, Eslovenia, España, Suecia, Suiza, Turquía, Reino Unido y Estados Unidos son de 2021. En el caso del promedio de ALC de 2022, los datos de Brasil, Chile y Colombia son de 2020, y los de Argentina, Costa Rica, Cuba, El Salvador, Guatemala, Paraguay, Trinidad y Tobago y Uruguay son de 2021.

[7] Inversión total: En el caso del promedio de ALC de 2022, los datos de Panamá son de 2017 y los de Jamaica, de 2019.

[8] Proporción de usuarios de Internet: En el caso de los promedios de la OCDE y ALC de 2016, los datos de Chile son de 2015. En el caso del promedio de ALC de 2022, los datos de Bahamas, Belice, Bolivia, Chile, Cuba, El Salvador, Granada, Guatemala, Haití, México, Panamá, República Dominicana y Santa Lucía son de 2021. En el caso del promedio de la OCDE de 2022: los datos de Reino Unido, Estados Unidos, Suiza, República Eslovaca, Nueva Zelanda, México, Japón, Islandia, Irlanda, Israel, Canadá, Chile y Australia son de 2021.

[9] Abonos de banda ancha fija: En el caso del promedio de ALC de 2022, los datos de Antigua y Barbuda, Belice, Bermudas, Bolivia, Dominica, Granada, Guyana, Haití, San Cristóbal y Nieves y Santa Lucía son de 2021.

[10] Ingresos tributarios ambientales: En el caso del promedio de ALC, los datos de Colombia son de 2020. En el caso del promedio de la OCDE, los datos de Colombia, Grecia y Suiza son de 2020.

[11] Ingresos tributarios: En el caso del promedio de la OCDE con respecto al total de ingresos tributarios en 2021, los datos de Australia y Japón son de 2020. En el caso de los promedios de la OCDE con respecto a la proporción del IVA, del impuesto sobre la renta a las personas naturales y del impuesto sobre las sociedades en 2021, los datos de Australia, Grecia y Japón son de 2019.

[12] Gasto social: En el caso del promedio de ALC de 2021, los datos de Bolivia, Cuba y Panamá son de 2020. En el caso del promedio de la OCDE de 2021, los datos de Australia, México y Turquía son de 2019, y los de Canadá, Costa Rica y Japón son de 2020.

Referencias

ECLAC (2024), *CEPALSTAT. Statistical Databases and Publications*, https://statistics.cepal.org/portal/cepalstat/dashboard.html. [1]

Gallup (2024), *Gallup Analytics (database)*, https://ga.gallup.com/Charts/. [7]

International Monetary Fund (2023), *World Economic Outlook Database*, https://www.imf.org/en/Publications/WEO/weo-database/2023/April. [12]

Latinobarómetro (2023), *Latinobarómetro: Opinión Pública Latinoamericana*, https://www.latinobarometro.org/latOnline.jsp. [11]

OECD (2023), *Key Indicators of Informality based on Individuals and their Household (KIIbIH)*, https://www.oecd.org/dev/key-indicators-informality-individuals-household-kiibih.htm. [3]

OECD (2023), *OECDStat Social Expenditure*, https://stats.oecd.org/Index.aspx?DataSetCode=SOCX_AGG. [13]

OECD (2023), *Science performance (PISA)*, https://doi.org/10.1787/91952204-en (accessed on 8 September 2023). [5]

OECD (2023), *Social Institutions and Gender Index*, https://stats.oecd.org/Index.aspx?DataSetCode=SIGI2023. [4]

OECD et al. (2024), *Estadísticas tributarias en América Latina y el Caribe 2024*, OECD Publishing, Paris, https://doi.org/10.1787/ec57392c-es. [10]

The Conference Board (2024), *The Conference Board Total Economy Database™*, http://www.conference-board.org/data/economydatabase/total-economy-database-productivity. [6]

The Fund for Peace (2024), *Fragile States Index*, https://fragilestatesindex.org/global-data/. [9]

Transparency International (2024), *Corruption Perception Index*, http://www.transparency.org/en/cpi/2022. [8]

World Bank (2024), *World Bank Open Data*, https://data.worldbank.org/. [2]

Argentina

Políticas para promover el financiamiento del desarrollo

En lo que respecta a las **políticas para movilizar recursos internos para el desarrollo y mejorar las condiciones fiscales**, Argentina ha adoptado varias medidas tributarias. Las principales iniciativas legislativas de 2024, como la Ley de Medidas Fiscales Paliativas y Relevantes y la Ley de Bases y Puntos de Partida para la Libertad de los Argentinos, busca mejorar la transparencia y reforzar la gobernanza fiscal. Estas reformas contemplan regímenes especiales para la regularización de activos e impuestos sobre bienes personales y van dirigidas a aliviar la carga tributaria de los pequeños contribuyentes incentivando los pagos electrónicos. A su vez, Argentina ha reforzado sus prácticas de evaluación presupuestaria intensificando el seguimiento mensual de los objetivos físicos, integrando indicadores de resultados en la supervisión del Presupuesto Nacional y mejorando la evaluación de entre 20 y 30 programas clave, tal y como se estipula en el proyecto de ley de presupuestos de 2025 presentado al Congreso para su aprobación.

Por lo que se refiere a las **políticas para promover unos mercados financieros robustos, inclusivos y sostenibles,** Argentina ha implantado una serie de medidas. La Resolución General 788/2019 ha agilizado la emisión de bonos sociales, verdes y sostenibles, alineándose con los estándares internacionales para respaldar proyectos beneficiosos para el medioambiente y la sociedad. Esta iniciativa fue actualizada por la Resolución General 963/2023, que revisó los "Lineamientos para la emisión de valores negociables temáticos en Argentina" e introduce nuevas etiquetas temáticas como "azul" y "vinculado a la sostenibilidad" para ampliar las opciones de financiamiento en proyectos de sostenibilidad. Por otra parte, la creación de los denominados Productos de Inversión Colectiva Sustentables en virtud de la Resolución General 885/2021 pone de manifiesto el compromiso de Argentina con la integración de la sostenibilidad en su sector financiero. Además, la Resolución 963/2023 permite a los fondos con impacto Ambiental, Social y de Gobernanza (ASG) asignar hasta el 75% de su capital a activos ASG. Por su parte, la Resolución General 940/2022 profundiza aún más en estas iniciativas y simplifica el proceso de emisión de bonos de impacto social, lo cual ofrece unas importantes oportunidades de financiamiento a las empresas sociales y a las organizaciones sin ánimo de lucro. Estas reformas se complementan con el Código de Gobierno Corporativo, que promueve la transparencia y las mejores prácticas entre las empresas cotizadas, mejorando en conjunto la accesibilidad del mercado, la eficiencia reguladora y la confianza de los inversores. La Resolución General 896/2021 sobre Guías Sustentables generó materiales educativos para promover el mercado de deuda sostenible y concienciar sobre los bonos temáticos como opción de financiamiento, resaltando el rol de los revisores externos y de los inversores socialmente responsables. Por último, la Resolución General 1006/2024 fomenta la inversión privada en proyectos de infraestructura pública, con el objetivo de diversificar las fuentes de financiamiento y estimular el desarrollo económico en todo el país.

En lo que respecta al **financiamiento regional e internacional y a las asociaciones para catalizar recursos internacionales**, Argentina ha tratado de impulsar las colaboraciones con el objetivo de captar inversiones extranjeras. Argentina se ha asociado con la Unión Europea en el marco de la Agenda de Inversiones Global Gateway, que incluye compromisos en materia de desarrollo de infraestructura, gestión de residuos y del agua, y refuerzo de las capacidades de transmisión de electricidad. Además, Argentina participa en iniciativas regionales con Brasil, Chile y Uruguay, impulsando así las experiencias compartidas en beneficio de empresas transfronterizas en toda América Latina. Las asociaciones con el Instituto Interamericano de Cooperación para la Agricultura o la Iniciativa de Integridad del Mercado Voluntario del Carbono tienen como objetivo promover prácticas agrícolas sostenibles y acceder al financiamiento del mercado de carbono.

Argentina: Indicadores clave

	Argentina		ALC		OCDE	
Desarrollo social	**2016**	**2023**	**2016**	**2023**	**2016**	**2022**
Pobreza (Pobreza extrema)	21.5 (2.9)	30.1 (4.0)	25.8 (8.0)	22.5 (7.4)	N/A	N/A
Coeficiente de Gini	42.3	40.7 (2022)	46.3	44.4 (2022)	33.9	33.4 (2021)
Proporción de la población total en hogares informales (%)	34.5 (2010)	36.8 (2018)	47.9 (2009)	46 (2021)	N/A	N/A
Proporción de la población total en hogares mixtos (%)	26.1 (2010)	23.5 (2018)	23.2 (2009)	21.3 (2021)	N/A	N/A
Índice de instituciones sociales y género (SIGI)	N/A	17.7	25.4 (2019)	21.6	17.5 (2019)	15.3 (2023)
Puntuación del Programa para la Evaluación Internacional de Alumnos (PISA) en ciencias	406 (2012)	406 (2022)	411 (2015)	408 (2022)	489 (2015)	485
Productividad e innovación	**2016**	**2023**	**2016**	**2023**	**2016**	**2023**
Productividad laboral (% de la OCDE)	58	49	36	33	100	100
Exportaciones de productos de alta tecnología (% de las exportaciones de productos manufacturados)	9	5.4	8.5	8	16.5	18.1
Solicitudes de patentes por millón de personas	20.3	8.9 (2021)	13.8	12.8 (2021)	631.2	572.8 (2021)
Gasto en I+D (% del PIB)	0.6	0.5 (2021)	0.3	0.3 (2022)	1.8	2.1 (2022)
Inversión y financiamiento privado	**2016**	**2023**	**2016**	**2023**	**2016**	**2023**
Inversión total, formación bruta de capital fijo (% del PIB)	14.3	19.1	20.7	20.9	21.9	23
Inversión extranjera directa (IED), entrada neta de capital (% del PIB)	0.6	3.7	4.3	4.6	N/A	N/A
Crédito bancario al sector privado (% del PIB)	13.5	12	45.2	44.4	86.8	76.8
Ahorro (% del PIB)	14.6	15.1	18.8	20.6	23.8	24.6
Capitalización bursátil (% del PIB)	8.8 (2019)	8.4 (2022)	50.2 (2019)	35.9 (2022)	69.5 (2019)	64.7 (2022)
Percepciones de los ciudadanos e instituciones	**2011**	**2023**	**2011**	**2023**	**2011**	**2023**
Satisfacción con el sistema educativo (% de la población)	66	57	67	65	66	67
Satisfacción con el sistema de salud (% de la población)	65	52	55	52	70	66
Proporción de personas satisfechas con su nivel de vida (%)	75	63	70	73	73	77
Confianza en el sistema judicial (% de la población)	40	28	33	40	50	57
Índice de percepción de corrupción (puntuación en una escala de 0 [muy corrupto] a 100 [totalmente incorrupto])	36 (2016)	37	41.2 (2016)	40.2	67.3 (2016)	66.1
Índice de riesgos de seguridad (puntuación de 0 [riesgos bajos] a 10 [riesgos altos])	4 (2016)	4.6 (2022)	5.9 (2016)	5.6 (2022)	2.8 (2016)	2.6 (2022)
Transiciones verde y digital	**2016**	**2023**	**2016**	**2022**	**2016**	**2022**
Proporción de usuarios de internet (% de la población)	71	89.2	54.5	75.4	81.8	90.7
Abonos de banda ancha fija (por cada 100 habitantes)	16.5	25.4	11.2	17 (2023)	30.6	36 (2023)
Ingresos tributarios ambientales (% del PIB)	1.2	0.8 (2022)	1.0	0.8	1.6	1.8
Emisiones de GEI (excl. uso del suelo) (t CO2e/cápita)	8.6	8.3 (2022)	5.3	5.1	10.7	9.5
Consumo de energía renovable (% del consumo total de energía final)	9.4	9.2 (2021)	28.9	33.9 (2021)	12.5	14.9 (2021)
Situación fiscal	**2016**	**2022**	**2016**	**2022**	**2016**	**2022**
Total de ingresos tributarios (% del PIB)	30.7	29.6	21.9	21.5	33.6	34.0
Proporción del IVA I IRPF I IS	7.1 2.1 2.9	7.1 2.5 2.9	5.9 2 3.2	6.1 2 3.4	6.6 7.8 2.9	7.0 8.2 3.9
Moral tributaria (% que justifica la evasión)	36.1	55.2 (2023)	53.4	58.0 (2023)	N/A	N/A
Servicio de deuda pública (% de los ingresos fiscales)	6.2	6.9	11.3	12.2	5.4	4.8
Gasto social (% del PIB)	14.2	13.5	11.3	11.5	20.1	21.4

Nota: Para definiciones y fuentes, véase la Guía del Lector.

StatLink https://stat.link/kr1x40

Brasil

Políticas para promover el financiamiento del desarrollo

En lo que respecta a las **políticas para movilizar recursos internos para el desarrollo y promover la inversión**, Brasil ha adoptado medidas que se centran en la tributación y que alinean las estrategias de los bancos de desarrollo con los Planes Nacionales de Desarrollo. En 2023 se presentó el Nuevo Plan de Aceleración del Crecimiento (PAC) dirigido a generar empleo e ingresos y a reducir las desigualdades sociales y regionales. Brasil también presentó el plan "Mais Produção" destinado a impulsar la industria nacional a través de una mayor autonomía, la transición ecológica y la modernización de los parques industriales brasileños. Estas iniciativas dan prioridad a la infraestructura, la inclusión digital y el desarrollo sostenible, con importantes inversiones del banco de desarrollo de Brasil, por un total de 270 000 millones de reales brasileños (BRA) para el Nuevo PAC y 280 000 millones de BRA para el plan "Mais Produção". Por último, el Plan de Transformación Ecológica subraya aún más el compromiso de Brasil con el desarrollo sostenible mediante un financiamiento específico destinado a reducir las emisiones y promover las industrias verdes. En cuanto a las medidas tributarias, Brasil está en proceso de convergencia de su sistema de precios de transferencia con las normas de la OCDE y así reducir la doble imposición, evitar la erosión de las bases imponibles y el traslado de beneficios. Además, la Ley n.º 14.754/23 introdujo normas sobre sociedades controladas en el extranjero para que las personas físicas estén sujetas al impuesto anual sobre los beneficios extraterritoriales. Además, el gobierno ha permitido la actualización del valor de base de los activos en el extranjero, lo que ha dado lugar a una importante recaudación de ingresos. Asimismo, se envió al Congreso una importante reforma en la fiscalidad del consumo que pretende simplificar el sistema al combinar los impuestos estatales y los municipales.

Por lo que se refiere a las **políticas para promover unos mercados financieros robustos, inclusivos y sostenibles**, Brasil se ha centrado en PIX, su Sistema de Pagos Instantáneos, que aspira a impulsar el acceso a los pagos electrónicos. El banco central de Brasil presentó este sistema, que ofrece una solución de pago altamente compatible y eficiente en costos que fomenta la innovación y los nuevos modelos de negocio. Desde su lanzamiento en noviembre de 2020, PIX ha desempeñado un papel fundamental en la digitalización y mejora de la eficiencia del sistema financiero brasileño. PIX se ha convertido rápidamente en el principal método de pago del país, con más de 1 000 millones de transacciones a la semana a diciembre de 2023. Gracias a la implicación activa de las industrias financiera y de pagos y a una importante asignación de recursos, PIX contaba con una base de usuarios registrados de 149.1 millones de personas y 14.2 millones de empresas en junio de 2024, impulsando así la inclusión financiera y respaldando el crecimiento económico.

En lo que respecta al **financiamiento regional e internacional y a las asociaciones para catalizar recursos internacionales**, Brasil ha puesto en marcha una serie de iniciativas destinadas a mejorar la coordinación del financiamiento recibido de socios externos. La Autorización para la Elaboración de Programas y Proyectos en el ámbito de la Comisión de Financiamiento Externo (Cofiex) supervisa y aprueba proyectos o programas del sector público respaldados por bancos multilaterales de desarrollo y agencias gubernamentales extranjeras, asegurando que los proyectos estén garantizados por la administración federal. En esta iniciativa participan bancos multilaterales como el Banco de Desarrollo de América Latina y el Caribe (CAF), el Banco Interamericano de Desarrollo (BID) y el Banco Internacional de Reconstrucción y Fomento (BIRF), junto con organismos gubernamentales de Francia, Alemania, Japón y España. Cofiex impulsa la transparencia y la previsibilidad al tiempo que proporciona formación a las entidades públicas en la gestión de operaciones de crédito, y ha facilitado diversos proyectos en Brasil, que han beneficiado a los sectores de infraestructura, salud, educación y medioambiente.

Brasil: Indicadores clave

	Brasil		ALC		OCDE	
Desarrollo social	**2016**	**2023**	**2016**	**2023**	**2016**	**2022**
Pobreza (Pobreza extrema)	20.9 (5.3)	16.1 (3.6)	25.8 (8.0)	22.5 (7.4)	N/A	N/A
Coeficiente de Gini	53.4	52 (2022)	46.3	44.4 (2022)	33.9	33.4 (2021)
Proporción de la población total en hogares informales (%)	37.7 (2009)	29.8 (2019)	47.9 (2009)	46 (2021)	N/A	N/A
Proporción de la población total en hogares mixtos (%)	28.3 (2009)	22.3 (2019)	23.2 (2009)	21.3 (2021)	N/A	N/A
Índice de instituciones sociales y género (SIGI)	21.2 (2019)	21.6	25.4 (2019)	21.6	17.5 (2019)	15.3 (2023)
Puntuación del Programa para la Evaluación Internacional de Alumnos (PISA) en ciencias	401 (2015)	403 (2022)	411 (2015)	408 (2022)	489 (2015)	485
Productividad e innovación	**2016**	**2023**	**2016**	**2023**	**2016**	**2023**
Productividad laboral (% de la OCDE)	31	30	36	33	100	100
Exportaciones de productos de alta tecnología (% de las exportaciones de productos manufacturados)	16	9.8	8.5	8	16.5	18.1
Solicitudes de patentes por millón de personas	25.1	21.8 (2021)	13.8	12.8 (2021)	631.2	572.8 (2021)
Gasto en I+D (% del PIB)	1.3	1.1 (2020)	0.3	0.3 (2022)	1.8	2.1 (2022)
Inversión y financiamiento privado	**2016**	**2023**	**2016**	**2023**	**2016**	**2023**
Inversión total, formación bruta de capital fijo (% del PIB)	15.5	16.5	20.7	20.9	21.9	23
Inversión extranjera directa (IED), entrada neta de capital (% del PIB)	4.1	3	4.3	4.6	N/A	N/A
Crédito bancario al sector privado (% del PIB)	62.2	71.6	45.2	44.4	86.8	76.8
Ahorro (% del PIB)	13.4	15.6	18.8	20.6	23.8	24.6
Capitalización bursátil (% del PIB)	63.4 (2019)	40.7 (2022)	50.2 (2019)	35.9 (2022)	69.5 (2019)	64.7 (2022)
Percepciones de los ciudadanos e instituciones	**2011**	**2023**	**2011**	**2023**	**2011**	**2023**
Satisfacción con el sistema educativo (% de la población)	55	67	67	65	66	67
Satisfacción con el sistema de salud (% de la población)	36	51	55	52	70	66
Proporción de personas satisfechas con su nivel de vida (%)	77	76	70	73	73	77
Confianza en el sistema judicial (% de la población)	46	49	33	40	50	57
Índice de percepción de corrupción (puntuación en una escala de 0 [muy corrupto] a 100 [totalmente incorrupto])	40 (2016)	36	41.2 (2016)	40.2	67.3 (2016)	66.1
Índice de riesgos de seguridad (puntuación de 0 [riesgos bajos] a 10 [riesgos altos])	6.4 (2016)	6.5 (2022)	5.9 (2016)	5.6 (2022)	2.8 (2016)	2.6 (2022)
Transiciones verde y digital	**2016**	**2023**	**2016**	**2022**	**2016**	**2022**
Proporción de usuarios de internet (% de la población)	60.9	84.2	54.5	75.4	81.8	90.7
Abonos de banda ancha fija (por cada 100 habitantes)	13.2	22.9	11.2	17 (2023)	30.6	36 (2023)
Ingresos tributarios ambientales (% del PIB)	0.9	0.7 (2022)	1.0	0.8	1.6	1.8
Emisiones de GEI (excl. uso del suelo) (t CO2e/cápita)	6.2	6.1 (2022)	5.3	5.1	10.7	9.5
Consumo de energía renovable (% del consumo total de energía final)	45.4	46.5 (2021)	28.9	33.9 (2021)	12.5	14.9 (2021)
Situación fiscal	**2016**	**2022**	**2016**	**2022**	**2016**	**2022**
Total de ingresos tributarios (% del PIB)	31.6	33.3	21.9	21.5	33.6	34.0
Proporción del IVA I IRPF I IS	6.6 2.6 3.2	7 3.1 4.4	5.9 2 3.2	6.1 2 3.4	6.6 7.8 2.9	7.0 8.2 3.9
Moral tributaria (% que justifica la evasión)	45.4	44.8 (2023)	53.4	58.0 (2023)	N/A	N/A
Servicio de deuda pública (% de los ingresos fiscales)	20.5	15.8	11.3	12.2	5.4	4.8
Gasto social (% del PIB)	16.7	16.4	11.3	11.5	20.1	21.4

Nota: Para definiciones y fuentes, véase la Guía del Lector.

StatLink https://stat.link/usg19o

Chile

Políticas para promover el financiamiento del desarrollo

En lo que respecta a las **políticas para movilizar recursos internos para el desarrollo y mejorar las condiciones fiscales**, Chile ha aplicado importantes políticas que se centran en reformas tributarias y en alianzas estratégicas con los bancos de desarrollo. Un nuevo proyecto de reforma tributaria, presentado en enero de 2024, pretende aumentar los ingresos fiscales a través de medidas que mejoren el cumplimiento de las obligaciones tributarias, ajusten las tasas del impuesto sobre sociedades, incrementen los impuestos sobre las plusvalías de las acciones e introduzcan un nuevo impuesto sobre el patrimonio para las personas físicas con grandes patrimonios. Esta medida forma parte de un pacto fiscal más amplio que incluye principios para un sistema tributario moderno, prioridades de gasto público y compromisos de transparencia y eficacia. Además, el gobierno ha propuesto nuevas obligaciones en materia del impuesto sobre el valor agregado para determinados bienes importados y transacciones en el mercado. El Banco de Desarrollo de América Latina (CAF) ha alineado su Estrategia País 2023-2026 con los planes nacionales de desarrollo de Chile. Esta estrategia se centra en las iniciativas de apoyo regional, la protección del medioambiente, la transición energética y la digitalización. Los objetivos son descentralizar el desarrollo en las regiones de Chile, apoyar los objetivos medioambientales y climáticos, contribuir a la descarbonización de la matriz energética y mejorar la conectividad digital.

Por lo que se refiere a las **políticas para promover un mercado financiero robusto, inclusivo y sostenible**, Chile ha adoptado políticas importantes para fomentar la inclusión financiera y profundizar en el sector bancario. La introducción de la Ley Fintech en Chile aspira a mejorar la transparencia y la resiliencia del sector, facilitando un sistema financiero abierto que reduzca la asimetría de la información y fomente la innovación en los servicios financieros. La entidad pública BancoEstado ha desempeñado un papel clave en la mejora de la inclusión financiera a través de iniciativas como la denominada CuentaRUT, que proporciona un acceso bancario simplificado a un amplio segmento de la población. Además, el Banco Europeo de Inversiones ha concedido un préstamo de 200 millones de euros a BancoEstado para financiar hipotecas para viviendas nuevas que incluyan mejores estándares de eficiencia energética en el marco del programa Ecovivienda. Los mercados financieros de Chile también se han visto reforzados por su liderazgo en la emisión de bonos verdes, sociales, sostenibles y vinculados a la sostenibilidad, que constituyen aproximadamente el 30% del *stock* de deuda soberana. Estos bonos —entre los que se incluyen la primera emisión de la historia de bonos soberanos vinculados a la sostenibilidad— han ampliado de forma considerable la base de inversores y han movilizado recursos para proyectos destinados a la adaptación al cambio climático y a iniciativas sociales.

En lo que respecta al **financiamiento regional e internacional y a las asociaciones para catalizar recursos internacionales**, Chile ha formalizado alianzas estratégicas de cooperación internacional a través de la Agencia Chilena de Cooperación Internacional para el Desarrollo. Esta agencia lidera los esfuerzos para apoyar las iniciativas de desarrollo centradas en la erradicación de la pobreza, la reducción de la desigualdad y el desarrollo sostenible. Chile comparte experiencias y políticas con las naciones de ALC, haciendo hincapié en la cooperación Sur-Sur y fomentando así el desarrollo mutuo. Además, Chile colabora con países como Colombia, México y Alemania, y con la Comisión Económica para América Latina y el Caribe, para promover políticas exteriores feministas y la cooperación internacional para el desarrollo. Esta colaboración pretende mejorar las capacidades de los ministerios de asuntos exteriores y de las agencias de cooperación internacional. Además, las alianzas formalizadas con instituciones financieras internacionales como el Banco Europeo de Inversiones y la CAF demuestran el compromiso con el desarrollo regional, la protección del medioambiente, la transición energética y la conectividad digital.

Chile: Indicadores clave

	Chile		ALC		OCDE	
Desarrollo social	**2015**	**2022**	**2016**	**2023**	**2016**	**2022**
Pobreza (Pobreza extrema)	13.2 (1.7)	8.1 (2.1)	25.8 (8.0)	22.5 (7.4)	N/A	N/A
Coeficiente de Gini	45.3	43	46.3	44.4 (2022)	33.9	33.4 (2021)
Proporción de la población total en hogares informales (%)	24.5 (2009)	20.2 (2017)	47.9 (2009)	46 (2021)	N/A	N/A
Proporción de la población total en hogares mixtos (%)	23.6 (2009)	20.6 (2017)	23.2 (2009)	21.3 (2021)	N/A	N/A
Índice de instituciones sociales y género (SIGI)	36.1 (2019)	27.2 (2023)	25.4 (2019)	21.6	17.5 (2019)	15.3 (2023)
Puntuación del Programa para la Evaluación Internacional de Alumnos (PISA) en ciencias	447	444	411 (2015)	408 (2022)	489 (2015)	485
Productividad e innovación	**2016**	**2023**	**2016**	**2023**	**2016**	**2023**
Productividad laboral (% de la OCDE)	49	49	36	33	100	100
Exportaciones de productos de alta tecnología (% de las exportaciones de productos manufacturados)	8.4	10.7	8.5	8	16.5	18.1
Solicitudes de patentes por millón de personas	21.3	20.6 (2021)	13.8	12.8 (2021)	631.2	572.8 (2021)
Gasto en I+D (% del PIB)	0.4	0.3 (2020)	0.3	0.3 (2022)	1.8	2.1 (2022)
Inversión y financiamiento privado	**2016**	**2023**	**2016**	**2023**	**2016**	**2023**
Inversión total, formación bruta de capital fijo (% del PIB)	24.1	23.8	20.7	20.9	21.9	23
Inversión extranjera directa (IED), entrada neta de capital (% del PIB)	4.6	6.5	4.3	4.6	N/A	N/A
Crédito bancario al sector privado (% del PIB)	80	79.9	45.2	44.4	86.8	76.8
Ahorro (% del PIB)	21.1	19.3	18.8	20.6	23.8	24.6
Capitalización bursátil (% del PIB)	146.5 (2019)	94.4 (2022)	50.2 (2019)	35.9 (2022)	69.5 (2019)	64.7 (2022)
Percepciones de los ciudadanos e instituciones	**2011**	**2023**	**2011**	**2023**	**2011**	**2023**
Satisfacción con el sistema educativo (% de la población)	44	56	67	65	66	67
Satisfacción con el sistema de salud (% de la población)	39	45	55	52	70	66
Proporción de personas satisfechas con su nivel de vida (%)	69	76	70	73	73	77
Confianza en el sistema judicial (% de la población)	24	31	33	40	50	57
Índice de percepción de corrupción (puntuación en una escala de 0 [muy corrupto] a 100 [totalmente incorrupto])	66 (2016)	66	41.2 (2016)	40.2	67.3 (2016)	66.1
Índice de riesgos de seguridad (puntuación de 0 [riesgos bajos] a 10 [riesgos altos])	2.9 (2016)	3.9 (2022)	5.9 (2016)	5.6 (2022)	2.8 (2016)	2.6 (2022)
Transiciones verde y digital	**2016**	**2023**	**2016**	**2022**	**2016**	**2022**
Proporción de usuarios de internet (% de la población)	83.6	94.1	54.5	75.4	81.8	90.7
Abonos de banda ancha fija (por cada 100 habitantes)	15.9	23	11.2	17 (2023)	30.6	36 (2023)
Ingresos tributarios ambientales (% del PIB)	1.2	0.8 (2022)	1.0	0.8	1.6	1.8
Emisiones de GEI (excl. uso del suelo) (t CO2e/cápita)	7	7 (2022)	5.3	5.1	10.7	9.5
Consumo de energía renovable (% del consumo total de energía final)	24.6	24.2 (2021)	28.9	33.9 (2021)	12.5	14.9 (2021)
Situación fiscal	**2016**	**2022**	**2016**	**2022**	**2016**	**2022**
Total de ingresos tributarios (% del PIB)	20.2	23.9	21.9	21.5	33.6	34.0
Proporción del IVA I IRPF I IS	8.3 | 1.8 | 4.2	9.3 | 2.5 | 5.7	5.9 | 2 | 3.2	6.1 | 2 | 3.4	6.6 | 7.8 | 2.9	7.0 | 8.2 | 3.9
Moral tributaria (% que justifica la evasión)	41.3	40.9 (2023)	53.4	58.0 (2023)	N/A	N/A
Servicio de deuda pública (% de los ingresos fiscales)	1.4	N/A	11.3	12.2	5.4	4.8 (2022)
Gasto social (% del PIB)	16.2	17.9	11.3	11.5	20.1	21.4 (2022)

Nota: Para definiciones y fuentes, véase la Guía del Lector.

StatLink https://stat.link/0d3p2v

Colombia

Políticas para promover el financiamiento del desarrollo

En lo que respecta a las **políticas para movilizar recursos internos para el desarrollo y mejorar las condiciones fiscales**, Colombia ha alineado su marco fiscal y las estrategias de los bancos de desarrollo con los Planes Nacionales de Desarrollo (PND). El Marco Nacional Integrado de Financiamiento del Programa de las Naciones Unidas para el Desarrollo garantiza que el Presupuesto General de la Nación para 2020-2024 se integre perfectamente con los Objetivos de Desarrollo Sostenible, optimizando las asignaciones presupuestarias en todos los sectores. El Plan Estratégico Institucional de Colombia (2023-2026) y el PND (2022-2026) coordinan los esfuerzos para reforzar el sistema fiscal y fomentar el crecimiento económico sostenible. El Fondo para el Financiamiento del Sector Agropecuario democratizó el crédito, promoviendo la inclusión financiera y destinando 35 600 millones de pesos colombianos (COP) a créditos verdes para la agricultura sostenible durante el periodo 2022-26. Las líneas de crédito directas de la Financiera de Desarrollo Territorial S.A. (Findeter) a las empresas eléctricas, y la adopción de políticas como el Decreto 263 de 2024 para el desarrollo de viviendas subvencionadas, ponen aún más de relieve el compromiso de Colombia con el crecimiento sectorial y la resiliencia frente a los retos medioambientales.

Por lo que se refiere a las **políticas para promover un mercado financiero robusto, inclusivo y sostenible,** Colombia ha puesto en marcha iniciativas lideradas por el Ministerio de Hacienda y Crédito Público y entidades como Banca de las Oportunidades, Findeter y Bancoldex, para profundizar en la inclusión financiera, apoyar a las pequeñas empresas e impulsar la agricultura a través de programas como "Creo" y Crédito de Desarrollo. Iniciativas como Datos Abiertos y Sistemas de Pagos de Bajo Valor Inmediatos mejoran los productos financieros y agilizan las transacciones, mientras que los esfuerzos para promover la equidad de género, la educación financiera y el desarrollo de los mercados de capitales contribuyen a captar inversiones. La Ley de Financiamiento y modernización del mercado de capitales amplían los instrumentos de mercado y reducen las cargas operativas. Colombia también está integrando la negociación de derivados denominados en COP para el 2025. Esfuerzos como "Colombia, destino de inversión" y la Ley 1955 de 2019 amplían la accesibilidad al mercado, mientras que las reformas normativas impulsan el desarrollo del ecosistema financiero. La agenda en materia de finanzas sostenibles queda evidenciada a través de las emisiones de bonos verdes, sociales y sostenibles, junto con iniciativas como la plataforma de *crowdfunding* A2censo, que diversifica el financiamiento de las empresas locales. La Superintendencia Financiera impulsa la innovación con los proyectos de finanzas abiertas y supervisión digital, promoviendo el crecimiento de las *fintech*, el intercambio seguro de datos y la evaluación de riesgos.

En lo que respecta al **financiamiento regional e internacional y a las asociaciones para catalizar recursos internacionales**, la Estrategia Nacional de Cooperación Internacional 2023-26 de Colombia asegura 96 millones de USD —destinados a la acción por el clima, la justicia medioambiental y la inclusión de la población migrante— procedentes de donantes bilaterales e instituciones multilaterales. Iniciativas como "Colombia + Competitiva" promueven la inclusión financiera de las micro, pequeñas y medianas empresas, complementada por el Proyecto de Crédito del Banco Mundial dirigido a impulsar la transformación sostenible de la agricultura. La colaboración con la Agencia Francesa de Desarrollo está impulsando la movilidad con vehículos eléctricos. La preparación de la Cuarta Conferencia Internacional sobre la Financiación para el Desarrollo destaca el compromiso de Colombia, centrado en una cartera de transición socioecológica de 4 500 millones de USD para la conservación de la biodiversidad, la mitigación del cambio climático, las energías renovables y el desarrollo rural sostenible.

Colombia: Indicadores clave

	Colombia		ALC		OCDE	
Desarrollo social	**2016**	**2023**	**2016**	**2023**	**2016**	**2022**
Pobreza (Pobreza extrema)	29.7 (11.4)	32.7 (15.9)	25.8 (8.0)	22.5 (7.4)	N/A	N/A
Coeficiente de Gini	50.6	54.8 (2022)	46.3	44.4 (2022)	33.9	33.4 (2021)
Proporción de la población total en hogares informales (%)	62.6 (2010)	54.1 (2021)	47.9 (2009)	46 (2021)	N/A	N/A
Proporción de la población total en hogares mixtos (%)	21.1 (2010)	17.2 (2021)	23.2 (2009)	21.3 (2021)	N/A	N/A
Índice de instituciones sociales y género (SIGI)	15 (2019)	23.5	25.4 (2019)	21.6	17.5 (2019)	15.3 (2023)
Puntuación del Programa para la Evaluación Internacional de Alumnos (PISA) en ciencias	416 (2015)	411 (2022)	411 (2015)	408 (2022)	489 (2015)	485
Productividad e innovación	**2016**	**2023**	**2016**	**2023**	**2016**	**2023**
Productividad laboral (% de la OCDE)	26	26	36	33	100	100
Exportaciones de productos de alta tecnología (% de las exportaciones de productos manufacturados)	10.2	8.6	8.5	8	16.5	18.1
Solicitudes de patentes por millón de personas	11.4	8.4 (2021)	13.8	12.8 (2021)	631.2	572.8 (2021)
Gasto en I+D (% del PIB)	0.3	0.3 (2020)	0.3	0.3 (2022)	1.8	2.1 (2022)
Inversión y financiamiento privado	**2016**	**2023**	**2016**	**2023**	**2016**	**2023**
Inversión total, formación bruta de capital fijo (% del PIB)	22.1	17.6	20.7	20.9	21.9	23
Inversión extranjera directa (IED), entrada neta de capital (% del PIB)	4.9	4.7	4.3	4.6	N/A	N/A
Crédito bancario al sector privado (% del PIB)	47	42.5	45.2	44.4	86.8	76.8
Ahorro (% del PIB)	17.5	10.8	18.8	20.6	23.8	24.6
Capitalización bursátil (% del PIB)	40.9 (2019)	19.8 (2022)	50.2 (2019)	35.9 (2022)	69.5 (2019)	64.7 (2022)
Percepciones de los ciudadanos e instituciones	**2011**	**2023**	**2011**	**2023**	**2011**	**2023**
Satisfacción con el sistema educativo (% de la población)	71	63	67	65	66	67
Satisfacción con el sistema de salud (% de la población)	49	44	55	52	70	66
Proporción de personas satisfechas con su nivel de vida (%)	76	70	70	73	73	77
Confianza en el sistema judicial (% de la población)	32	27	33	40	50	57
Índice de percepción de corrupción (puntuación en una escala de 0 [muy corrupto] a 100 [totalmente incorrupto])	37 (2016)	40	41.2 (2016)	40.2	67.3 (2016)	66.1
Índice de riesgos de seguridad (puntuación de 0 [riesgos bajos] a 10 [riesgos altos])	7 (2016)	6.6 (2022)	5.9 (2016)	5.6 (2022)	2.8 (2016)	2.6 (2022)
Transiciones verde y digital	**2016**	**2022**	**2016**	**2022**	**2016**	**2022**
Proporción de usuarios de internet (% de la población)	58.1	72.8	54.5	75.4	81.8	90.7
Abonos de banda ancha fija (por cada 100 habitantes)	12.5	17 (2023)	11.2	17 (2023)	30.6	36 (2023)
Ingresos tributarios ambientales (% del PIB)	0.8	0.5	1.0	0.8	1.6	1.8
Emisiones de GEI (excl. uso del suelo) (t CO2e/cápita)	4.1	4.2	5.3	5.1	10.7	9.5
Consumo de energía renovable (% del consumo total de energía final)	30.5	29.7 (2021)	28.9	33.9 (2021)	12.5	14.9 (2021)
Situación fiscal	**2016**	**2022**	**2016**	**2022**	**2016**	**2022**
Total de ingresos tributarios (% del PIB)	19.1	19.7	21.9	21.5	33.6	34.0
Proporción del IVA I IRPF I IS	4.8 1.1 4.9	6.3 1.3 5	5.9 2 3.2	6.1 2 3.4	6.6 7.8 2.9	7.0 8.2 3.9
Moral tributaria (% que justifica la evasión)	53	61.1 (2023)	53.4	58.0 (2023)	N/A	N/A
Servicio de deuda pública (% de los ingresos fiscales)	10.1	19.5	11.3	12.2	5.4	4.8
Gasto social (% del PIB)	12.5	11.6	11.3	11.5	20.1	21.4

Nota: Para definiciones y fuentes, véase la Guía del Lector.

StatLink https://stat.link/6381wl

Costa Rica

Políticas para promover el financiamiento del desarrollo

En lo que respecta a las **políticas para movilizar recursos internos para el desarrollo y mejorar las condiciones fiscales**, Costa Rica ha realizado importantes esfuerzos para hacer hincapié en las mejoras del sistema fiscal y alinear las estrategias con los objetivos nacionales de desarrollo. La regla fiscal limita el crecimiento del gasto público en función de los niveles de deuda y las tasas de crecimiento del PIB de los últimos años. Además, la Dirección General de Tributación ha puesto en marcha un plan de recaudación para hacer frente a los atrasos fiscales, que se traducirá en la recaudación de más de 70 000 millones de colones costarricenses (CRC) hasta agosto de 2024. Por otra parte, el Sistema Nacional de Banca para el Desarrollo ha facilitado el acceso a financiamiento y garantías para las micro, pequeñas y medianas empresas, beneficiando a 95 000 entidades y promoviendo el crecimiento inclusivo en diversos sectores.

Por lo que se refiere a las **políticas para promover unos mercados financieros robustos, inclusivos y sostenibles**, Costa Rica ha dado prioridad a la mejora de los sistemas de pago minoristas, sobre todo a través de iniciativas como SINPE-Móvil y SINPE-TP para el pago del transporte público. El sistema SINPE-Móvil está operado por el Banco Central y facilita los pagos móviles instantáneos, promoviendo la accesibilidad y reduciendo los costos de transacción para los usuarios. SINPE-TP permite los pagos sin contacto en autobuses y trenes, mejorando así la comodidad y la eficiencia en las transacciones del transporte público. Costa Rica también ha implantado políticas basadas en datos para impulsar la alfabetización financiera y la resiliencia de toda la población, lo cual incluye la publicación periódica de indicadores de inclusión financiera específicos de género y encuestas estratégicas como la Encuesta Nacional de Demanda de Inclusión Financiera. Las superintendencias, en colaboración con el Banco Central y los ministerios de Hacienda y Medio Ambiente, aprobaron la Taxonomía de Finanzas Sostenibles. Este marco identifica las actividades económicas ambientalmente sostenibles que contribuyen a la mitigación y prevención del cambio climático, con el objetivo de movilizar el capital de forma efectiva hacia inversiones consideradas estratégicas. También promueve una mayor credibilidad, integridad y transparencia en la divulgación de información financiera.

En lo que respecta al **financiamiento regional e internacional y a las asociaciones para catalizar recursos internacionales**, Costa Rica ha puesto en marcha de forma activa una serie de iniciativas destinadas a mejorar la coordinación y la eficacia del financiamiento externo. El país ha implantado estrategias para alinear el financiamiento en condiciones favorables y en condiciones de mercado, con el fin de hacer un uso óptimo de los recursos financieros para alcanzar los objetivos nacionales de desarrollo. Un ejemplo clave es la autorización, en virtud de la Ley 10332, a emitir títulos internacionales (eurobonos) en el marco de la estrategia de gestión de la deuda a mediano plazo de Costa Rica. Este enfoque pretende diversificar las fuentes de financiamiento, reducir la dependencia del mercado nacional de capitales, ampliar los vencimientos de la deuda y mejorar las tasas de interés aprovechando las condiciones favorables de los mercados mundiales. Para supervisar este proceso entre 2023 y 2025, el Ministerio de Hacienda colabora estrechamente con bancos de colocación internacionales, agencias de calificación crediticia y asesores jurídicos. Estos esfuerzos reflejan el compromiso de Costa Rica de trabajar con la comunidad financiera internacional para apoyar sus objetivos de desarrollo.

Costa Rica: Indicadores clave

	Costa Rica		ALC		OCDE	
Desarrollo social	**2016**	**2023**	**2016**	**2023**	**2016**	**2022**
Pobreza (Pobreza extrema)	16.5 (4.2)	15.9 (3.5)	25.8 (8.0)	22.5 (7.4)	N/A	N/A
Coeficiente de Gini	48.7	46.7	46.3	44.4 (2022)	33.9	33.4 (2021)
Proporción de la población total en hogares informales (%)	26.9 (2010)	26.8 (2020)	47.9 (2009)	46 (2021)	N/A	N/A
Proporción de la población total en hogares mixtos (%)	27.2 (2010)	16.6 (2020)	23.2 (2009)	21.3 (2021)	N/A	N/A
Índice de instituciones sociales y género (SIGI)	27.9 (2019)	10.9	25.4 (2019)	21.6	17.5 (2019)	15.3 (2023)
Puntuación del Programa para la Evaluación Internacional de Alumnos (PISA) en ciencias	420 (2015)	411 (2022)	411 (2015)	408 (2022)	489 (2015)	485
Productividad e innovación	**2016**	**2023**	**2016**	**2023**	**2016**	**2023**
Productividad laboral (% de la OCDE)	41	46	36	33	100	100
Exportaciones de productos de alta tecnología (% de las exportaciones de productos manufacturados)	18.4	20.4 (2022)	8.5	8	16.5	18.1
Solicitudes de patentes por millón de personas	1.8	2.9 (2021)	13.8	12.8 (2021)	631.2	572.8 (2021)
Gasto en I+D (% del PIB)	0.4	0.3 (2021)	0.3	0.3 (2022)	1.8	2.1 (2022)
Inversión y financiamiento privado	**2016**	**2023**	**2016**	**2023**	**2016**	**2023**
Inversión total, formación bruta de capital fijo (% del PIB)	18.8	16.2	20.7	20.9	21.9	23
Inversión extranjera directa (IED), entrada neta de capital (% del PIB)	4.5	5.4	4.3	4.6	N/A	N/A
Crédito bancario al sector privado (% del PIB)	57.8	50.1	45.2	44.4	86.8	76.8
Ahorro (% del PIB)	15.9	12.6	18.8	20.6	23.8	24.6
Capitalización bursátil (% del PIB)	3.4 (2019)	3.2 (2022)	50.2 (2019)	35.9 (2022)	69.5 (2019)	64.7 (2022)
Percepciones de los ciudadanos e instituciones	**2011**	**2023**	**2011**	**2023**	**2011**	**2023**
Satisfacción con el sistema educativo (% de la población)	79	77	67	65	66	67
Satisfacción con el sistema de salud (% de la población)	63	65	55	52	70	66
Proporción de personas satisfechas con su nivel de vida (%)	79	78	70	73	73	77
Confianza en el sistema judicial (% de la población)	32	48	33	40	50	57
Índice de percepción de corrupción (puntuación en una escala de 0 [muy corrupto] a 100 [totalmente incorrupto])	58 (2016)	55	41.2 (2016)	40.2	67.3 (2016)	66.1
Índice de riesgos de seguridad (puntuación de 0 [riesgos bajos] a 10 [riesgos altos])	3.3 (2016)	3.2 (2022)	5.9 (2016)	5.6 (2022)	2.8 (2016)	2.6 (2022)
Transiciones verde y digital	**2016**	**2023**	**2016**	**2022**	**2016**	**2022**
Proporción de usuarios de internet (% de la población)	65.9	85.1	54.5	75.4	81.8	90.7
Abonos de banda ancha fija (por cada 100 habitantes)	13.1	22.5	11.2	17 (2023)	30.6	36 (2023)
Ingresos tributarios ambientales (% del PIB)	2.4	2 (2022)	1.0	0.8	1.6	1.8
Emisiones de GEI (excl. uso del suelo) (t CO2e/cápita)	3.2	3.3 (2022)	5.3	5.1	10.7	9.5
Consumo de energía renovable (% del consumo total de energía final)	34.1	34.2 (2021)	28.9	33.9 (2021)	12.5	14.9 (2021)
Situación fiscal	**2016**	**2022**	**2016**	**2022**	**2016**	**2022**
Total de ingresos tributarios (% del PIB)	23.5	25.5	21.9	21.5	33.6	34.0
Proporción del IVA I IRPF I IS	4.4 I 1.3 I 2.3	5 I 1.6 I 2.7	5.9 I 2 I 3.2	6.1 I 2 I 3.4	6.6 I 7.8 I 2.9	7.0 I 8.2 I 3.9
Moral tributaria (% que justifica la evasión)	43.7	41.9 (2023)	53.4	58.0 (2023)	N/A	N/A
Servicio de deuda pública (% de los ingresos fiscales)	11.8	19.4	11.3	12.2	5.4	4.8
Gasto social (% del PIB)	11.9	10.5	11.3	11.5	20.1	21.4

Nota: Para definiciones y fuentes, véase la Guía del Lector.

StatLink https://stat.link/fsvcw6

República Dominicana

Políticas para promover el financiamiento del desarrollo

En lo que respecta a las **políticas para movilizar recursos internos para el desarrollo y mejorar las condiciones fiscales**, República Dominicana se está centrando en las próximas reformas tributarias que buscan minimizar el déficit fiscal, garantizar una contribución equitativa de todos los sectores de la sociedad y fortalecer la gestión tributaria general. Los principales elementos de estas medidas incluyen la eliminación de exenciones para ampliar la base impositiva, la mejora del cumplimiento y la administración tributaria, y la transición hacia una estructura fiscal más progresiva. El Plan Nacional Plurianual del Sector Público de la República Dominicana, diseñado por el Ministerio de Economía, Planificación y Desarrollo, alinea la inversión pública con la Estrategia Nacional de Desarrollo y establece las prioridades del gobierno en un horizonte de cuatro años. Estos esfuerzos refuerzan colectivamente el compromiso de República Dominicana con el desarrollo sostenible y la asignación estratégica de recursos, mejorando su capacidad para alcanzar los objetivos de desarrollo nacionales e internacionales, incluidos los que se definen en la Agenda 2030, y alianzas como la formalizada con el Programa Mundial de Alimentos.

Por lo que se refiere a las **políticas para promover un mercado financiero robusto, inclusivo y sostenible**, República Dominicana ha adoptado medidas importantes para fomentar la inclusión financiera y profundizar en el sector bancario. La Estrategia Nacional de Inclusión Financiera tiene como objetivo aumentar el acceso a los servicios financieros, sobre todo en las poblaciones desatendidas, a través de la banca móvil, de programas de educación financiera y de iniciativas de microfinanciamiento. El Quinto Plan de Acción Nacional de Gobierno Abierto (2022-2024) incorpora compromisos en materia de género e inclusión social, con el objetivo de reducir las brechas de desigualdad. Además, el proyecto de mapeo de género en las finanzas con perspectiva de género de la Alianza para la Inclusión Financiera (AFI) apoya la inclusión financiera de las mujeres mediante la identificación de obstáculos y catalizadores en el sector financiero. Para promover el desarrollo del mercado de capitales, se han introducido marcos reguladores para mejorar la transparencia y la eficiencia. Iniciativas como el plan de acción para países pequeños insulares de BID Invest y las alianzas estratégicas del Banco de Desarrollo de América Latina y el Caribe (CAF) pretenden financiar proyectos sostenibles y promover una agenda verde, diversificando los instrumentos financieros disponibles para los inversores y proporcionando a las empresas fuentes de financiamiento alternativas.

En lo que respecta al **financiamiento regional e internacional y a las asociaciones para catalizar recursos internacionales**, República Dominicana ha buscado de forma activa la colaboración para atraer inversión extranjera y promover el desarrollo sostenible. A través de la asociación entre la Unión Europea (UE) y República Dominicana, el país colabora con el Equipo Europa (la UE, el Banco Europeo de Inversiones y naciones europeas clave) para fomentar el crecimiento inclusivo. Las iniciativas estratégicas del gobierno incluyen el aprovechamiento del capital privado en el sector energético y la creación de asociaciones público-privadas con el objetivo de atraer más de 1 000 millones de USD en inversiones privadas. Además, la línea de financiamiento de 40 millones de USD proporcionada por la Corporación Andina de Fomento (CAF) apoya iniciativas para empresas dirigidas por mujeres y mejoras en los parques industriales. República Dominicana se está preparando para la Cuarta Conferencia Internacional sobre la Financiación para el Desarrollo en 2025 y está dando prioridad a la obtención de recursos para la resiliencia frente al cambio climático, la infraestructura social y el crecimiento económico sostenible. Estas medidas concuerdan estrechamente con la estrategia de la UE para 2021-2027 en el marco de Europa Global: Instrumento de Vecindad, Cooperación al Desarrollo y Cooperación Internacional, que hace hincapié en la colaboración y el desarrollo sostenible.

República Dominicana: Indicadores clave

	República Dominicana		ALC		OCDE	
Desarrollo social	**2016**	**2023**	**2016**	**2023**	**2016**	**2022**
Pobreza (Pobreza extrema)	26.7 (7.0)	18.2 (4.9)	25.8 (8.0)	22.5 (7.4)	N/A	N/A
Coeficiente de Gini	45.7	37 (2022)	46.3	44.4 (2022)	33.9	33.4 (2021)
Proporción de la población total en hogares informales (%)	N/A	42.3 (2018)	47.9 (2009)	46 (2021)	N/A	N/A
Proporción de la población total en hogares mixtos (%)	N/A	25.2 (2018)	23.2 (2009)	21.3 (2021)	N/A	N/A
Índice de instituciones sociales y género (SIGI)	18.2 (2019)	14.8	25.4 (2019)	21.6	17.5 (2019)	15.3 (2023)
Puntuación del Programa para la Evaluación Internacional de Alumnos (PISA) en ciencias	332 (2015)	360 (2022)	411 (2015)	408 (2022)	489 (2015)	485
Productividad e innovación	**2016**	**2023**	**2016**	**2023**	**2016**	**2023**
Productividad laboral (% de la OCDE)	32	36	36	33	100	100
Exportaciones de productos de alta tecnología (% de las exportaciones de productos manufacturados)	4.4	6 (2022)	8.5	8	16.5	18.1
Solicitudes de patentes por millón de personas	2.7	0.6 (2021)	13.8	12.8 (2021)	631.2	572.8 (2021)
Gasto en I+D (% del PIB)	N/A	N/A	0.3	0.3 (2022)	1.8	2.1 (2022)
Inversión y financiamiento privado	**2016**	**2023**	**2016**	**2023**	**2016**	**2023**
Inversión total, formación bruta de capital fijo (% del PIB)	22.9	32.2	20.7	20.9	21.9	23
Inversión extranjera directa (IED), entrada neta de capital (% del PIB)	3.3	3.9	4.3	4.6	N/A	N/A
Crédito bancario al sector privado (% del PIB)	25.6	29.5	45.2	44.4	86.8	76.8
Ahorro (% del PIB)	21.6	27.5	18.8	20.6	23.8	24.6
Capitalización bursátil (% del PIB)	N/A	N/A	50.2 (2019)	35.9 (2022)	69.5 (2019)	64.7 (2022)
Percepciones de los ciudadanos e instituciones	**2011**	**2023**	**2011**	**2023**	**2011**	**2023**
Satisfacción con el sistema educativo (% de la población)	67	75	67	65	66	67
Satisfacción con el sistema de salud (% de la población)	54	62	55	52	70	66
Proporción de personas satisfechas con su nivel de vida (%)	68	72	70	73	73	77
Confianza en el sistema judicial (% de la población)	29	46	33	40	50	57
Índice de percepción de corrupción (puntuación en una escala de 0 [muy corrupto] a 100 [totalmente incorrupto])	31 (2016)	35	41.2 (2016)	40.2	67.3 (2016)	66.1
Índice de riesgos de seguridad (puntuación de 0 [riesgos bajos] a 10 [riesgos altos])	5.5 (2016)	5.8 (2022)	5.9 (2016)	5.6 (2022)	2.8 (2016)	2.6 (2022)
Transiciones verde y digital	**2016**	**2022**	**2016**	**2022**	**2016**	**2022**
Proporción de usuarios de internet (% de la población)	63.9	84.4	54.5	75.4	81.8	90.7
Abonos de banda ancha fija (por cada 100 habitantes)	7.2	11.1 (2023)	11.2	17 (2023)	30.6	36 (2023)
Ingresos tributarios ambientales (% del PIB)	1.8	1.7	1.0	0.8	1.6	1.8
Emisiones de GEI (excl. uso del suelo) (t CO2e/cápita)	3.9	3.7	5.3	5.1	10.7	9.5
Consumo de energía renovable (% del consumo total de energía final)	15.3	14.8 (2021)	28.9	33.9 (2021)	12.5	14.9 (2021)
Situación fiscal	**2016**	**2022**	**2016**	**2022**	**2016**	**2022**
Total de ingresos tributarios (% del PIB)	13	13.9	21.9	21.5	33.6	34.0
Proporción del IVA I IRPF I IS	4.6 I 1.2 I 2	5 I 1.4 I 2.2	5.9 I 2 I 3.2	6.1 I 2 I 3.4	6.6 I 7.8 I 2.9	7.0 I 8.2 I 3.9
Moral tributaria (% que justifica la evasión)	53.4	62.6 (2023)	53.4	58.0 (2023)	N/A	N/A
Servicio de deuda pública (% de los ingresos fiscales)	19.5	20.4	11.3	12.2	5.4	4.8
Gasto social (% del PIB)	7.7	8.6	11.3	11.5	20.1	21.4

Nota: Para definiciones y fuentes, véase la Guía del Lector.

StatLink https://stat.link/fmv96j

Ecuador

Políticas para promover el financiamiento del desarrollo

En lo que respecta a las **políticas para movilizar recursos internos para el desarrollo y mejorar las condiciones fiscales,** Ecuador se ha centrado en promover políticas económicas redistributivas y una recaudación tributaria equitativa, tal y como se especifica en su Plan Nacional de Desarrollo (PND) 2024-2025. El PND también se centra en mejorar la eficiencia aduanera y garantizar un gasto público progresivo para impulsar la movilidad social. El Banco de Desarrollo de Ecuador desempeña un papel fundamental financiando proyectos de infraestructura y obras públicas en todo el país. Por ejemplo, en el primer trimestre de 2024, el banco facilitó 146.7 millones de USD a través de 65 operaciones de crédito que beneficiaron a más de 7 millones de personas en varias provincias. El objetivo estratégico del banco de apoyar el desarrollo territorial se alinea con las políticas nacionales que pretenden reducir la desigualdad y abordar la malnutrición infantil crónica mediante el financiamiento de proyectos específicos. En sus esfuerzos por atraer nuevas fuentes de inversión privada, el Gobierno de Ecuador promueve el contrato de inversión como instrumento legal tanto a nivel nacional como internacional. Este contrato define los términos, beneficios e incentivos disponibles para las empresas que realicen nuevas inversiones en el país. Permite a los inversores asegurarse los incentivos fiscales aplicables, acceder a arbitrajes nacionales o internacionales y aprovechar ventajas adicionales. El desarrollo del Sistema Nacional de Atracción y Facilitación de Inversiones se centra en la Ventanilla Única de Inversiones, una herramienta que coordina los esfuerzos entre instituciones públicas y privadas para simplificar, facilitar y optimizar los procesos de apoyo y ejecución de proyectos de inversión nacionales y extranjeros.

Por lo que se refiere a las **políticas para promover un mercado financiero robusto, inclusivo y sostenible**, Ecuador ha puesto en marcha la Estrategia Nacional de Inclusión Financiera para impulsar el acceso a los servicios financieros, sobre todo en las poblaciones desatendidas de las zonas rurales. Esta estrategia incluye el despliegue de unidades de banca móvil y la ampliación de los servicios de microfinanciamiento.

En lo que respecta al **financiamiento regional e internacional y a las asociaciones para catalizar recursos internacionales**, Ecuador logró un hito importante en 2023 con un histórico canje de deuda por naturaleza de 1 600 millones de USD, el mayor de este tipo, que redujo el *stock* de deuda de Ecuador en 1 000 millones de USD y ahorró 1 500 millones de USD en el servicio de la deuda. Esta iniciativa pretende destinar un volumen significativo de fondos a la conservación de las Islas Galápagos, reforzando el liderazgo de Ecuador en el uso de mecanismos financieros para la protección del medioambiente. EIB Global aportó 125 millones de USD para mejorar el sistema de interconexión eléctrica entre Ecuador y Perú en el marco de la Agenda de Inversiones Global Gateway entre la UE y América Latina y el Caribe. Para combatir el crimen organizado y el narcotráfico, la Unión Europea financió el proyecto de fortalecimiento de los mecanismos de coordinación de la seguridad en Guayaquil, que también mejora la coordinación entre las principales instituciones de seguridad ecuatorianas. Además, el Marco de Asociación País para Ecuador del Grupo Banco Mundial ha facilitado la reanudación del compromiso en determinadas áreas de desarrollo. Además, el proyecto de Promoción de la Cooperación Sur-Sur y Triangular, apoyado por un programa de canje de deuda con Italia y administrado por el Programa de las Naciones Unidas para el Desarrollo, pretende impulsar la cooperación institucional. Ecuador también aprovecha el financiamiento climático internacional en condiciones favorables para cumplir sus objetivos de Contribuciones Determinadas a Nivel Nacional. Esta iniciativa cuenta con un importante apoyo de la UE y promueve inversiones privadas estratégicas, sobre todo en el sector minero, para alinear su normativa con los estándares internacionales.

Ecuador: Indicadores clave

	Ecuador		ALC		OCDE	
Desarrollo social	**2016**	**2023**	**2016**	**2023**	**2016**	**2022**
Pobreza (Pobreza extrema)	24.3 (7.5)	25.3 (7.4)	25.8 (8.0)	22.5 (7.4)	N/A	N/A
Coeficiente de Gini	45	44.6	46.3	44.4 (2022)	33.9	33.4 (2021)
Proporción de la población total en hogares informales (%)	N/A	N/A	47.9 (2009)	46 (2021)	N/A	N/A
Proporción de la población total en hogares mixtos (%)	N/A	N/A	23.2 (2009)	21.3 (2021)	N/A	N/A
Índice de instituciones sociales y género (SIGI)	28.9 (2019)	17	25.4 (2019)	21.6	17.5 (2019)	15.3 (2023)
Puntuación del Programa para la Evaluación Internacional de Alumnos (PISA) en ciencias	N/A	N/A	411 (2015)	408 (2022)	489 (2015)	485
Productividad e innovación	**2016**	**2023**	**2016**	**2023**	**2016**	**2023**
Productividad laboral (% de la OCDE)	31	27	36	33	100	100
Exportaciones de productos de alta tecnología (% de las exportaciones de productos manufacturados)	9.2	6.7 (2022)	8.5	8	16.5	18.1
Solicitudes de patentes por millón de personas	2.7	2 (2021)	13.8	12.8 (2021)	631.2	572.8 (2021)
Gasto en I+D (% del PIB)	N/A	N/A	0.3	0.3 (2022)	1.8	2.1 (2022)
Inversión y financiamiento privado	**2016**	**2023**	**2016**	**2023**	**2016**	**2023**
Inversión total, formación bruta de capital fijo (% del PIB)	20.7	19.7	20.7	20.9	21.9	23
Inversión extranjera directa (IED), entrada neta de capital (% del PIB)	0.8	0.3	4.3	4.6	N/A	N/A
Crédito bancario al sector privado (% del PIB)	29.4	53.7	45.2	44.4	86.8	76.8
Ahorro (% del PIB)	21.3	23.5	18.8	20.6	23.8	24.6
Capitalización bursátil (% del PIB)	N/A	N/A	50.2 (2019)	35.9 (2022)	69.5 (2019)	64.7 (2022)
Percepciones de los ciudadanos e instituciones	**2011**	**2023**	**2011**	**2023**	**2011**	**2023**
Satisfacción con el sistema educativo (% de la población)	75	62	67	65	66	67
Satisfacción con el sistema de salud (% de la población)	56	36	55	52	70	66
Proporción de personas satisfechas con su nivel de vida (%)	70	68	70	73	73	77
Confianza en el sistema judicial (% de la población)	26	25	33	40	50	57
Índice de percepción de corrupción (puntuación en una escala de 0 [muy corrupto] a 100 [totalmente incorrupto])	31 (2016)	34	41.2 (2016)	40.2	67.3 (2016)	66.1
Índice de riesgos de seguridad (puntuación de 0 [riesgos bajos] a 10 [riesgos altos])	6.5 (2016)	5.6 (2022)	5.9 (2016)	5.6 (2022)	2.8 (2016)	2.6 (2022)
Transiciones verde y digital	**2016**	**2023**	**2016**	**2022**	**2016**	**2022**
Proporción de usuarios de internet (% de la población)	54.1	72.7	54.5	75.4	81.8	90.7
Abonos de banda ancha fija (por cada 100 habitantes)	9.8	16.1	11.2	17 (2023)	30.6	36 (2023)
Ingresos tributarios ambientales (% del PIB)	0.4	0.3 (2022)	1.0	0.8	1.6	1.8
Emisiones de GEI (excl. uso del suelo) (t CO2e/cápita)	4.4	4.3 (2022)	5.3	5.1	10.7	9.5
Consumo de energía renovable (% del consumo total de energía final)	14.8	18.9 (2021)	28.9	33.9 (2021)	12.5	14.9 (2021)
Situación fiscal	**2016**	**2022**	**2016**	**2022**	**2016**	**2022**
Total de ingresos tributarios (% del PIB)	19.9	20.9	21.9	21.5	33.6	34.0
Proporción del IVA I IRPF I IS	6 N/A N/A	6.8 N/A N/A	5.9 2 3.2	6.1 2 3.4	6.6 7.8 2.9	7.0 8.2 3.9
Moral tributaria (% que justifica la evasión)	53.5	53.6 (2023)	53.4	58.0 (2023)	N/A	N/A
Servicio de deuda pública (% de los ingresos fiscales)	7.7	2.1	11.3	12.2	5.4	4.8
Gasto social (% del PIB)	8.8	11	11.3	11.5	20.1	21.4

Nota: Para definiciones y fuentes, véase la Guía del Lector.

StatLink https://stat.link/snyorf

El Salvador

Políticas para promover el financiamiento del desarrollo

En lo que respecta a las **políticas para movilizar recursos internos para el desarrollo y mejorar las condiciones fiscales**, El Salvador ha emprendido esfuerzos considerables, como ponen de manifiesto las recientes reformas a su Ley del Impuesto sobre la Renta, adoptadas en marzo de 2024. Reformas como la exención de tributación de las rentas pasivas de fuente en el exterior se han diseñado para atraer la inversión extranjera y simplificar la normativa fiscal. Estas iniciativas son clave en el marco de otras medidas más amplias para aumentar la transparencia fiscal, mejorar el clima empresarial y alinearse con los objetivos del Plan Nacional de Desarrollo (PND), conocido como el Plan Cuscatlán. El PND aborda cuestiones fundamentales como la vulnerabilidad climática, la pobreza, la inseguridad alimentaria y la migración, con el objetivo de lograr vías de crecimiento inclusivas y sostenibles. Estas estrategias dan prioridad al desarrollo de la infraestructura y a la resiliencia económica, lo cual refleja el compromiso de El Salvador de promover el desarrollo a largo plazo.

Por lo que se refiere a las **políticas para promover un mercado financiero robusto, inclusivo y sostenible**, El Salvador ha implantado iniciativas importantes de políticas públicas para promover la inclusión financiera y profundizar en su sector bancario. La Política Nacional de Inclusión Financiera (PNIF), presentada en 2021, está dirigida a ampliar el acceso y los servicios financieros a los grupos marginados. Coordinada por el Banco Central de Reserva de El Salvador y otras partes interesadas, la PNIF se centra en impulsar los servicios financieros digitales, promover las competencias financieras y desarrollar productos financieros innovadores. Esta iniciativa desempeña un papel clave en la mejora del acceso a los servicios financieros para las personas de bajos ingresos y para las mujeres, así como para las micro, pequeñas y medianas empresas, fomentando así el empoderamiento económico y la resiliencia. Paralelamente, El Salvador se ha comprometido a desarrollar sus mercados de capitales a través de iniciativas destinadas a fortalecer los mercados de renta fija y variable y las inversiones de capital riesgo. Estas medidas son fundamentales para diversificar las fuentes de financiamiento, atraer inversiones tanto nacionales como extranjeras y establecer una infraestructura financiera sólida y esencial para el crecimiento económico sostenible.

En lo que respecta al **financiamiento regional e internacional y a las asociaciones para catalizar recursos internacionales**, El Salvador participa en iniciativas estratégicas destinadas a mejorar la coordinación y movilizar el financiamiento externo. El país prioriza el crecimiento económico sostenible e inclusivo, y se centra en la inclusión productiva, la transformación digital y la transición hacia una economía verde. Las inversiones en energías renovables e infraestructura pública desempeñan un papel clave a la hora de crear empleos de calidad, impulsar el crecimiento de los ingresos y promover la sostenibilidad medioambiental. Estas inversiones cuentan con el apoyo de instituciones como el Fondo Europeo para el Desarrollo Sostenible Plus y el Banco Europeo de Inversiones, así como con el compromiso activo del sector privado de la Unión Europea. Además, la participación de El Salvador en la estrategia de cooperación para el desarrollo regional de la Agencia de Estados Unidos para el Desarrollo Internacional tiene como objetivo abordar retos regionales como la prosperidad económica, la gobernanza, la seguridad y la resiliencia medioambiental. Estos esfuerzos se alinean con el PND de El Salvador y sus compromisos con los marcos de desarrollo sostenible.

El Salvador: Indicadores clave

	El Salvador		ALC		OCDE	
Desarrollo social	**2016**	**2023**	**2016**	**2023**	**2016**	**2022**
Pobreza (Pobreza extrema)	40.4 (10.7)	27.9 (8.6)	25.8 (8.0)	22.5 (7.4)	N/A	N/A
Coeficiente de Gini	40	38.8 (2022)	46.3	44.4 (2022)	33.9	33.4 (2021)
Proporción de la población total en hogares informales (%)	52.4 (2015)	54.4 (2021)	47.9 (2009)	46 (2021)	N/A	N/A
Proporción de la población total en hogares mixtos (%)	21.6 (2015)	22.2 (2021)	23.2 (2009)	21.3 (2021)	N/A	N/A
Índice de instituciones sociales y género (SIGI)	22.9 (2019)	19.6	25.4 (2019)	21.6	17.5 (2019)	15.3 (2023)
Puntuación del Programa para la Evaluación Internacional de Alumnos (PISA) en ciencias	N/A	N/A	411 (2015)	408 (2022)	489 (2015)	485
Productividad e innovación	**2016**	**2023**	**2016**	**2023**	**2016**	**2023**
Productividad laboral (% de la OCDE)	N/A	N/A	36	33	100	100
Exportaciones de productos de alta tecnología (% de las exportaciones de productos manufacturados)	5.4	6.4	8.5	8	16.5	18.1
Solicitudes de patentes por millón de personas	0.6	0.3 (2021)	13.8	12.8 (2021)	631.2	572.8 (2021)
Gasto en I+D (% del PIB)	0.1	0.2 (2021)	0.3	0.3 (2022)	1.8	2.1 (2022)
Inversión y financiamiento privado	**2016**	**2023**	**2016**	**2023**	**2016**	**2023**
Inversión total, formación bruta de capital fijo (% del PIB)	15.5	22	20.7	20.9	21.9	23
Inversión extranjera directa (IED), entrada neta de capital (% del PIB)	2	1.9	4.3	4.6	N/A	N/A
Crédito bancario al sector privado (% del PIB)	48.7	52.1	45.2	44.4	86.8	76.8
Ahorro (% del PIB)	13.7	18.1	18.8	20.6	23.8	24.6
Capitalización bursátil (% del PIB)	N/A	N/A	50.2 (2019)	35.9 (2022)	69.5 (2019)	64.7 (2022)
Percepciones de los ciudadanos e instituciones	**2011**	**2023**	**2011**	**2023**	**2011**	**2023**
Satisfacción con el sistema educativo (% de la población)	72	81	67	65	66	67
Satisfacción con el sistema de salud (% de la población)	61	68	55	52	70	66
Proporción de personas satisfechas con su nivel de vida (%)	62	77	70	73	73	77
Confianza en el sistema judicial (% de la población)	29	67	33	40	50	57
Índice de percepción de corrupción (puntuación en una escala de 0 [muy corrupto] a 100 [totalmente incorrupto])	36 (2016)	31	41.2 (2016)	40.2	67.3 (2016)	66.1
Índice de riesgos de seguridad (puntuación de 0 [riesgos bajos] a 10 [riesgos altos])	7 (2016)	6.3 (2022)	5.9 (2016)	5.6 (2022)	2.8 (2016)	2.6 (2022)
Transiciones verde y digital	**2016**	**2022**	**2016**	**2022**	**2016**	**2022**
Proporción de usuarios de internet (% de la población)	29	62.9	54.5	75.4	81.8	90.7
Abonos de banda ancha fija (por cada 100 habitantes)	6.4	10.7	11.2	17 (2023)	30.6	36 (2023)
Ingresos tributarios ambientales (% del PIB)	0.6	0.4	1.0	0.8	1.6	1.8
Emisiones de GEI (excl. uso del suelo) (t CO2e/cápita)	2	2.1	5.3	5.1	10.7	9.5
Consumo de energía renovable (% del consumo total de energía final)	20.7	21.9 (2021)	28.9	33.9 (2021)	12.5	14.9 (2021)
Situación fiscal	**2016**	**2022**	**2016**	**2022**	**2016**	**2022**
Total de ingresos tributarios (% del PIB)	20.5	22.9	21.9	21.5	33.6	34.0
Proporción del IVA I IRPF I IS	7.5 3 3.2	9.1 3.3 4.1	5.9 2 3.2	6.1 2 3.4	6.6 7.8 2.9	7.0 8.2 3.9
Moral tributaria (% que justifica la evasión)	33.7	53.7 (2023)	53.4	58.0 (2023)	N/A	N/A
Servicio de deuda pública (% de los ingresos fiscales)	14.2	20.1	11.3	12.2	5.4	4.8
Gasto social (% del PIB)	7.8	10.8	11.3	11.5	20.1	21.4

Nota: Para definiciones y fuentes, véase la Guía del Lector.

StatLink https://stat.link/8fqlxi

Guatemala

Políticas para promover el financiamiento del desarrollo

En lo que respecta a las **políticas para movilizar recursos internos para el desarrollo y mejorar las condiciones fiscales**, Guatemala ha realizado esfuerzos considerables para mejorar su sistema fiscal y alinear las estrategias de los bancos de desarrollo con los Planes Nacionales de Desarrollo (PND). El Plan Nacional de Desarrollo K'atun Nuestra Guatemala 2032 pretende abordar los retos regulatorios e institucionales que impiden mejorar la administración tributaria, la transparencia, el control y la rendición de cuentas. El gobierno ha dado prioridad a las políticas destinadas a mejorar la gestión de las finanzas públicas y la movilización de los ingresos nacionales, así como a reforzar la aplicación de la legislación fiscal y optimizar la eficacia del sistema de recaudación tributaria. La iniciativa "Guatemala No Se Detiene" apoya aún más la movilización de recursos y se centra en áreas clave como el capital humano, la infraestructura y la seguridad jurídica.

Por lo que se refiere a las **políticas para promover un mercado financiero robusto, inclusivo y sostenible,** Guatemala ha enfocado su Estrategia Nacional de Inclusión Financiera 2019-2023 en áreas temáticas y líneas transversales para potenciar la inclusión financiera en todo el país. Elaborada por el Banco de Guatemala, el Ministerio de Economía de Guatemala (MINECO) y la Superintendencia de Bancos, esta estrategia integral pretende coordinar los esfuerzos de los sectores público y privado. Hace hincapié en los métodos de pago modernos, seguros y fiables e impulsa el acceso a diversos productos de crédito, el desarrollo de servicios de ahorro accesibles y las coberturas de seguros. También incluye programas de educación financiera, salvaguardas legales para los usuarios de servicios financieros, comunicación eficaz, apoyo al emprendimiento y al desarrollo de las micro, pequeñas y medianas empresas, fomentando así el crecimiento económico y reduciendo la pobreza.

En lo que respecta al **financiamiento regional e internacional y a las asociaciones para catalizar recursos internacionales,** Guatemala ha iniciado colaboraciones estratégicas para mejorar su competitividad industrial y aprovechar los procesos de deslocalización al país. Por ejemplo, se han implantado con éxito varios programas innovadores destinados a financiar la reducción de los riesgos de catástrofes socionaturales en Guatemala a través de la colaboración con organizaciones asociadas y entidades del sector privado. Las iniciativas lideradas por el Programa Mundial de Alimentos, Aseguradora Rural, MiCRO, Harvest Plus, la Universidad de Columbia y el Centro Internacional de Agricultura Tropical han dado como resultado el desarrollo de una aplicación móvil para simplificar la contratación de microseguros, la inclusión financiera y la formación. Además, la Estrategia Nacional de Atracción de Inversiones pretende alcanzar los 1 600 millones de dólares en IED para 2024, centrándose en sectores como los alimentos procesados, los productos farmacéuticos y los servicios empresariales. Esta estrategia, supervisada por el MINECO, implica la colaboración con instituciones como el Ministerio de Relaciones Exteriores y el Ministerio de Agricultura. El objetivo es fomentar el crecimiento económico a largo plazo y la creación de empleo formal, centrándose en dos estrategias clave: i) mejorar la competitividad de Guatemala en 20 sectores industriales establecidos con el objetivo de fomentar la diversificación y mejorar las capacidades de exportación; y ii) aprovechar los procesos de deslocalización para atraer inversiones hacia cuatro sectores avanzados: productos farmacéuticos, dispositivos médicos, fabricación de equipos electrónicos y servicios empresariales. Además, Guatemala se está promocionando con fuerza como destino de inversión preferente con el apoyo de entidades como el Programa Nacional de Competitividad y la Asociación Guatemalteca de Exportadores. La creación de Invest Guatemala es fundamental para facilitar las inversiones extranjeras y ayudar a las empresas locales en sus esfuerzos de expansión.

Guatemala: Indicadores clave

	Guatemala		ALC		OCDE	
Desarrollo social	**2016**	**2023**	**2016**	**2023**	**2016**	**2022**
Pobreza (Pobreza extrema)	N/A	N/A	25.8 (8.0)	22.5 (7.4)	N/A	N/A
Coeficiente de Gini	N/A	N/A	46.3	44.4 (2022)	33.9	33.4 (2021)
Proporción de la población total en hogares informales (%)	N/A	N/A	47.9 (2009)	46 (2021)	N/A	N/A
Proporción de la población total en hogares mixtos (%)	N/A	N/A	23.2 (2009)	21.3 (2021)	N/A	N/A
Índice de instituciones sociales y género (SIGI)	28.6 (2019)	25.7	25.4 (2019)	21.6	17.5 (2019)	15.3 (2023)
Puntuación del Programa para la Evaluación Internacional de Alumnos (PISA) en ciencias	N/A	N/A	411 (2015)	408 (2022)	489 (2015)	485
Productividad e innovación	**2016**	**2023**	**2016**	**2023**	**2016**	**2023**
Productividad laboral (% de la OCDE)	17	18	36	33	100	100
Exportaciones de productos de alta tecnología (% de las exportaciones de productos manufacturados)	5.8	5.8	8.5	8	16.5	18.1
Solicitudes de patentes por millón de personas	0.2	0.5 (2021)	13.8	12.8 (2021)	631.2	572.8 (2021)
Gasto en I+D (% del PIB)	0.02	0.1 (2021)	0.3	0.3 (2022)	1.8	2.1 (2022)
Inversión y financiamiento privado	**2016**	**2023**	**2016**	**2023**	**2016**	**2023**
Inversión total, formación bruta de capital fijo (% del PIB)	13.9	16.6	20.7	20.9	21.9	23
Inversión extranjera directa (IED), entrada neta de capital (% del PIB)	1.3	1.5	4.3	4.6	N/A	N/A
Crédito bancario al sector privado (% del PIB)	35.1	37.4	45.2	44.4	86.8	76.8
Ahorro (% del PIB)	14.8	19.3	18.8	20.6	23.8	24.6
Capitalización bursátil (% del PIB)	N/A	N/A	50.2 (2019)	35.9 (2022)	69.5 (2019)	64.7 (2022)
Percepciones de los ciudadanos e instituciones	**2011**	**2023**	**2011**	**2023**	**2011**	**2023**
Satisfacción con el sistema educativo (% de la población)	72	75	67	65	66	67
Satisfacción con el sistema de salud (% de la población)	55	59	55	52	70	66
Proporción de personas satisfechas con su nivel de vida (%)	70	81	70	73	73	77
Confianza en el sistema judicial (% de la población)	38	51	33	40	50	57
Índice de percepción de corrupción (puntuación en una escala de 0 [muy corrupto] a 100 [totalmente incorrupto])	28 (2016)	23	41.2 (2016)	40.2	67.3 (2016)	66.1
Índice de riesgos de seguridad (puntuación de 0 [riesgos bajos] a 10 [riesgos altos])	7.3 (2016)	6.5 (2022)	5.9 (2016)	5.6 (2022)	2.8 (2016)	2.6 (2022)
Transiciones verde y digital	**2016**	**2022**	**2016**	**2022**	**2016**	**2022**
Proporción de usuarios de internet (% de la población)	34.5	54.4	54.5	75.4	81.8	90.7
Abonos de banda ancha fija (por cada 100 habitantes)	3.1	5.1 (2023)	11.2	17 (2023)	30.6	36 (2023)
Ingresos tributarios ambientales (% del PIB)	0.9	0.8	1.0	0.8	1.6	1.8
Emisiones de GEI (excl. uso del suelo) (t CO2e/cápita)	2.5	2.6	5.3	5.1	10.7	9.5
Consumo de energía renovable (% del consumo total de energía final)	63.2	62.1 (2021)	28.9	33.9 (2021)	12.5	14.9 (2021)
Situación fiscal	**2016**	**2022**	**2016**	**2022**	**2016**	**2022**
Total de ingresos tributarios (% del PIB)	13.2	14.4	21.9	21.5	33.6	34.0
Porción del IVA I IRPF I IS	4.8 0.4 2.9	5.9 0.5 3	5.9 2 3.2	6.1 2 3.4	6.6 7.8 2.9	7.0 8.2 3.9
Moral tributaria (% que justifica la evasión)	49.9	60.7 (2023)	53.4	58.0 (2023)	N/A	N/A
Servicio de deuda pública (% de los ingresos fiscales)	11.6	11.6	11.3	12.2	5.4	4.8
Gasto social (% del PIB)	7.2	7.7	11.3	11.5	20.1	21.4

Nota: Para definiciones y fuentes, véase la Guía del Lector.

StatLink https://stat.link/gkzxb8

México

Políticas para promover el financiamiento del desarrollo

En lo que respecta a las **políticas para movilizar recursos internos para el desarrollo y mejorar las condiciones fiscales**, México ha realizado importantes esfuerzos para eliminar la compensación universal entre diferentes tipos de impuestos con el objetivo de reducir la evasión fiscal y mejorar la transparencia y la rendición de cuentas en el sistema tributario. Desde 2019, esta medida ha generado recursos considerables y ha proporcionado un mayor control sobre los saldos del Impuesto al Valor Agregado (IVA). La adopción de una estrategia en el ámbito BEPS (erosión de la base imponible y traslado de beneficios) ha alineado el sistema tributario de México con los estándares internacionales. Iniciativas como la Tasa Cero de IVA en productos de higiene femenina, que busca reducir los obstáculos económicos para las mujeres y, garantiza un acceso equitativo a productos esenciales. Además, el subsidio para el empleo introducido en 2024 se dirige específicamente a las personas con ingresos más bajos, impulsando su renta disponible y promoviendo una distribución fiscal más justa. El país también ha modernizado su legislación tributaria para incluir las transacciones de la economía digital, lo cual facilita la recaudación del IVA de los proveedores extranjeros de servicios digitales y promueve la formalización de la economía.

Por lo que se refiere a las **políticas para promover un mercado financiero robusto, inclusivo y sostenible**, México ha puesto en marcha su Política Nacional de Inclusión Financiera (PNIF) para 2020-2024 con el fin de mejorar la inclusión y la salud financieras en todo el país. Esta política aspira a lograr la ampliación del acceso a los productos y servicios financieros, la promoción de los pagos digitales y el fortalecimiento de la infraestructura financiera para mitigar las asimetrías de información. La PNIF también hace hincapié en mejorar la alfabetización económica y financiera, al tiempo que garantiza mecanismos de protección financiera para grupos vulnerables. En apoyo de los Objetivos de Desarrollo Sostenible (ODS), México ha introducido bonos soberanos vinculados a los ODS, que han movilizado cerca de 18 000 millones de USD desde 2020. Por su parte, la Estrategia de Movilización de Financiamiento Sostenible busca redirigir los flujos de capital hacia proyectos sostenibles. Además, la Taxonomía Sostenible de México es un instrumento pionero de política financiera que forma parte integral de esta estrategia, y su objetivo es orientar las inversiones hacia actividades con impactos ambientales y sociales positivos, con la igualdad de género como objetivo prioritario. También incluye programas de inclusión y alfabetización financieras y aboga por la integración de la igualdad de género en las instituciones financieras y en las iniciativas de inclusión financiera.

En lo que respecta al **financiamiento regional e internacional y a las asociaciones para catalizar recursos internacionales**, México ha iniciado colaboraciones estratégicas para mejorar la solidez institucional y la innovación en diversos sectores. Por ejemplo, ha puesto en marcha un nuevo proceso normativo para gestionar la cooperación técnica y garantizar la transparencia, la regulación y el apoyo coordinado de los organismos financieros internacionales a sus países miembros. Esta cooperación incluye la recopilación de información, transferencia de conocimientos, capacitación, cursos, certificaciones, estudios y análisis orientados a apoyar el diseño y la implantación de políticas públicas y proyectos estratégicos a través de recursos no reembolsables. Implica la colaboración del conjunto del sector público mexicano y de las entidades federativas, con el objetivo de impulsar el crecimiento y desarrollo económico sostenible. La Secretaría de Hacienda y Crédito Público supervisa la asignación de estos recursos, y se está avanzando en la creación de un documento normativo que oriente la regulación interna. Esta iniciativa destaca el compromiso de México de cara a aprovechar las alianzas internacionales en materia de innovación y el fortalecimiento de sus capacidades institucionales.

México: Indicadores clave

	México		ALC		OCDE	
Desarrollo social	**2016**	**2022**	**2016**	**2023**	**2016**	**2022**
Pobreza (Pobreza extrema)	37.6 (8.4)	28.6 (6.2)	25.8 (8.0)	22.5 (7.4)	N/A	N/A
Coeficiente de Gini	46.9	43.5	46.3	44.4 (2022)	33.9	33.4 (2021)
Proporción de la población total en hogares informales (%)	41.6 (2010)	36.8 (2020)	47.9 (2009)	46 (2021)	N/A	N/A
Proporción de la población total en hogares mixtos (%)	24.8 (2010)	27.2 (2020)	23.2 (2009)	21.3 (2021)	N/A	N/A
Índice de instituciones sociales y género (SIGI)	29 (2019)	21.9 (2023)	25.4 (2019)	21.6	17.5 (2019)	15.3 (2023)
Puntuación del Programa para la Evaluación Internacional de Alumnos (PISA) en ciencias	416 (2015)	410	411 (2015)	408 (2022)	489 (2015)	485
Productividad e innovación	**2016**	**2023**	**2016**	**2023**	**2016**	**2023**
Productividad laboral (% de la OCDE)	57	50	36	33	100	100
Exportaciones de productos de alta tecnología (% de las exportaciones de productos manufacturados)	20.6	17.6	8.5	8	16.5	18.1
Solicitudes de patentes por millón de personas	10.8	8.8 (2021)	13.8	12.8 (2021)	631.2	572.8 (2021)
Gasto en I+D (% del PIB)	0.4	0.3 (2022)	0.3	0.3 (2022)	1.8	2.1 (2022)
Inversión y financiamiento privado	**2016**	**2023**	**2016**	**2023**	**2016**	**2023**
Inversión total, formación bruta de capital fijo (% del PIB)	23.7	24.4	20.7	20.9	21.9	23
Inversión extranjera directa (IED), entrada neta de capital (% del PIB)	3.5	1.7	4.3	4.6	N/A	N/A
Crédito bancario al sector privado (% del PIB)	25.1	25.4	45.2	44.4	86.8	76.8
Ahorro (% del PIB)	19.4	19.7	18.8	20.6	23.8	24.6
Capitalización bursátil (% del PIB)	31.7 (2019)	31.1 (2022)	50.2 (2019)	35.9 (2022)	69.5 (2019)	64.7 (2022)
Percepciones de los ciudadanos e instituciones	**2011**	**2023**	**2011**	**2023**	**2011**	**2023**
Satisfacción con el sistema educativo (% de la población)	64	70	67	65	66	67
Satisfacción con el sistema de salud (% de la población)	54	60	55	52	70	66
Proporción de personas satisfechas con su nivel de vida (%)	69	83	70	73	73	77
Confianza en el sistema judicial (% de la población)	32	47	33	40	50	57
Índice de percepción de corrupción (puntuación en una escala de 0 [muy corrupto] a 100 [totalmente incorrupto])	30 (2016)	31	41.2 (2016)	40.2	67.3 (2016)	66.1
Índice de riesgos de seguridad (puntuación de 0 [riesgos bajos] a 10 [riesgos altos])	8 (2016)	8.6 (2022)	5.9 (2016)	5.6 (2022)	2.8 (2016)	2.6 (2022)
Transiciones verde y digital	**2016**	**2023**	**2016**	**2022**	**2016**	**2022**
Proporción de usuarios de internet (% de la población)	59.5	81.2	54.5	75.4	81.8	90.7
Abonos de banda ancha fija (por cada 100 habitantes)	13	20.5	11.2	17 (2023)	30.6	36 (2023)
Ingresos tributarios ambientales (% del PIB)	1.5	1.0 (2022)	1.0	0.8	1.6	1.8
Emisiones de GEI (excl. uso del suelo) (t CO2e/cápita)	6.6	6.4 (2022)	5.3	5.1	10.7	9.5
Consumo de energía renovable (% del consumo total de energía final)	9.2	13 (2021)	28.9	33.9 (2021)	12.5	14.9 (2021)
Situación fiscal	**2016**	**2022**	**2016**	**2022**	**2016**	**2022**
Total de ingresos tributarios (% del PIB)	16.6	16.9	21.9	21.5	33.6	34.0
Proporción del IVA I IRPF I IS	3.9 3.4 3.5	4.3 3.7 4	5.9 2 3.2	6.1 2 3.4	6.6 7.8 2.9	7.0 8.2 3.9
Moral tributaria (% que justifica la evasión)	62.6	66.9 (2023)	53.4	58.0 (2023)	N/A	N/A
Servicio de deuda pública (% de los ingresos fiscales)	18.8	29.9	11.3	12.2	5.4	4.8
Gasto social (% del PIB)	9.9	10.2	11.3	11.5	20.1	21.4

Nota: Para definiciones y fuentes, véase la Guía del Lector.

StatLink https://stat.link/jrn4mg

Panamá

Políticas para promover el financiamiento del desarrollo

En lo que respecta a las **políticas para movilizar recursos internos para el desarrollo y mejorar las condiciones fiscales**, Panamá ha realizado importantes esfuerzos para impulsar un entorno favorable a la inversión caracterizado por unas tasas impositivas históricamente bajas. Este enfoque busca atraer inversiones al tiempo que reconoce que conlleva dificultades, como unos déficits fiscales crónicos y el limitado margen fiscal para el desarrollo de políticas de inclusión social. El país ha priorizado el crecimiento económico y la resiliencia a través de asociaciones con bancos nacionales de desarrollo, alineando estos esfuerzos con el Plan Nacional de Desarrollo de Panamá. Las inversiones se dirigen estratégicamente hacia sectores clave como infraestructura, energías renovables y resiliencia al cambio climático, con el apoyo del financiamiento internacional de entidades como el Banco Mundial y el Fondo Verde para el Clima. Paralelamente, Panamá ha puesto en marcha iniciativas como el Plan Nacional de Desarrollo de los Pueblos Indígenas y el Plan Nacional de Adaptación, que pretenden diversificar la economía, promover la sostenibilidad y abordar los retos actuales de inclusión social. Con el apoyo del Banco de Desarrollo de América Latina, Panamá está impulsando la implantación de la Estrategia Nacional de Educación Financiera.

Por lo que se refiere a las **políticas para promover un mercado financiero robusto, inclusivo y sostenible**, Panamá ha adoptado varias iniciativas estratégicas. Gracias a un proyecto del Banco Mundial, dotado con 40 millones de USD, se van a mejorar los sistemas de gestión de las finanzas públicas durante un periodo de cinco años con el objetivo de optimizar la sostenibilidad fiscal y la eficiencia del gasto mediante la consolidación del Sistema de Información de Gestión de las Finanzas Públicas de Panamá. El nuevo Marco de Asociación con el País (2024-2028) del Grupo Banco Mundial se centra en prioridades como la creación de empleo, la diversificación económica, la inclusión y la resiliencia ante los desastres naturales y el cambio climático, con especial atención al financiamiento de pymes y a la gestión de la inversión pública. El sector bancario de Panamá está experimentando una transformación digital, impulsada por las innovaciones *fintech* que promueven la inclusión financiera. La Agenda Digital, presentada en 2020, pretende transformar la administración estatal, reducir la desigualdad y mejorar la competitividad. Panamá también está realizando importantes inversiones en proyectos de infraestructura como el sistema de gestión del agua del Canal de Panamá, el Instituto Conmemorativo Gorgas, el Hospital Panamá Norte y una interconexión eléctrica con Colombia. Estos esfuerzos están orientados a mejorar la infraestructura pública y fomentar el crecimiento económico nacional.

En lo que respecta al **financiamiento regional e internacional y a las asociaciones para catalizar recursos internacionales**, Panamá participa activamente en los esfuerzos de colaboración destinados a impulsar los Objetivos de Desarrollo Sostenible y mejorar la resiliencia económica. Asimismo, se ha presentado “La Agenda Impostergable hacia un Desarrollo Sostenible en Panamá”, una iniciativa de Naciones Unidas que pretende orientar los planes nacionales de desarrollo para abordar las persistentes desigualdades, sobre todo en sectores clave como los sistemas alimentarios, la energía, la conectividad digital, la educación, el empleo y la protección social. Desarrollada con el Tribunal Electoral de cara a las elecciones de mayo de 2024, esta iniciativa subraya el compromiso de Panamá por acelerar el desarrollo sostenible a través de marcos políticos integrales alineados con la Agenda 2030. Panamá también ha establecido alianzas con la Unión Europea en el marco de la Agenda de Inversión Global Gateway. Estas colaboraciones priorizan las transiciones verde y digital, la salud, la educación y la recuperación económica sostenible. Su objetivo es aprovechar el financiamiento y los conocimientos internacionales para impulsar la resiliencia frente al cambio climático de Panamá y lograr la neutralidad climática para el año 2050. Iniciativas como la Taxonomía de las Finanzas Sostenibles son fundamentales para alinear los flujos financieros con los objetivos climáticos, y refuerzan el compromiso de Panamá con el desarrollo sostenible y los objetivos mundiales en materia del clima.

Panamá: Indicadores clave

	Panamá		ALC		OCDE	
Desarrollo social	**2016**	**2023**	**2016**	**2023**	**2016**	**2022**
Pobreza (Pobreza extrema)	16.7 (7.4)	14.3 (6.5)	25.8 (8.0)	22.5 (7.4)	N/A	N/A
Coeficiente de Gini	50.4	48.9	46.3	44.4 (2022)	33.9	33.4 (2021)
Proporción de la población total en hogares informales (%)	N/A	N/A	47.9 (2009)	46 (2021)	N/A	N/A
Proporción de la población total en hogares mixtos (%)	N/A	N/A	23.2 (2009)	21.3 (2021)	N/A	N/A
Índice de instituciones sociales y género (SIGI)	N/A	15.2	25.4 (2019)	21.6	17.5 (2019)	15.3 (2023)
Puntuación del Programa para la Evaluación Internacional de Alumnos (PISA) en ciencias	365 (2018)	388 (2022)	411 (2015)	408 (2022)	489 (2015)	485
Productividad e innovación	**2016**	**2023**	**2016**	**2023**	**2016**	**2023**
Productividad laboral (% de la OCDE)	N/A	N/A	36	33	100	100
Exportaciones de productos de alta tecnología (% de las exportaciones de productos manufacturados)	1.2	1	8.5	8	16.5	18.1
Solicitudes de patentes por millón de personas	16.9	8 (2021)	13.8	12.8 (2021)	631.2	572.8 (2021)
Gasto en I+D (% del PIB)	0.1	0.2 (2022)	0.3	0.3 (2022)	1.8	2.1 (2022)
Inversión y financiamiento privado	**2016**	**2023**	**2016**	**2023**	**2016**	**2023**
Inversión total, formación bruta de capital fijo (% del PIB)	38.4	29.5 (2022)	20.7	20.9	21.9	23
Inversión extranjera directa (IED), entrada neta de capital (% del PIB)	9.1	2.8	4.3	4.6	N/A	N/A
Crédito bancario al sector privado (% del PIB)	79.1	68.3	45.2	44.4	86.8	76.8
Ahorro (% del PIB)	29.7	37.2 (2022)	18.8	20.6	23.8	24.6
Capitalización bursátil (% del PIB)	24.8 (2019)	20.4 (2022)	50.2 (2019)	35.9 (2022)	69.5 (2019)	64.7 (2022)
Percepciones de los ciudadanos e instituciones	**2011**	**2023**	**2011**	**2023**	**2011**	**2023**
Satisfacción con el sistema educativo (% de la población)	73	57	67	65	66	67
Satisfacción con el sistema de salud (% de la población)	65	50	55	52	70	66
Proporción de personas satisfechas con su nivel de vida (%)	77	74	70	73	73	77
Confianza en el sistema judicial (% de la población)	32	42	33	40	50	57
Índice de percepción de corrupción (puntuación en una escala de 0 [muy corrupto] a 100 [totalmente incorrupto])	38 (2016)	35	41.2 (2016)	40.2	67.3 (2016)	66.1
Índice de riesgos de seguridad (puntuación de 0 [riesgos bajos] a 10 [riesgos altos])	5.4 (2016)	4.9 (2022)	5.9 (2016)	5.6 (2022)	2.8 (2016)	2.6 (2022)
Transiciones verde y digital	**2016**	**2022**	**2016**	**2022**	**2016**	**2022**
Proporción de usuarios de internet (% de la población)	54	73.6	54.5	75.4	81.8	90.7
Abonos de banda ancha fija (por cada 100 habitantes)	10.7	18.1 (2023)	11.2	17 (2023)	30.6	36 (2023)
Ingresos tributarios ambientales (% del PIB)	0.7	0.4	1.0	0.8	1.6	1.8
Emisiones de GEI (excl. uso del suelo) (t CO2e/cápita)	4.3	4.2	5.3	5.1	10.7	9.5
Consumo de energía renovable (% del consumo total de energía final)	22.1	28 (2021)	28.9	33.9 (2021)	12.5	14.9 (2021)
Situación fiscal	**2016**	**2022**	**2016**	**2022**	**2016**	**2022**
Total de ingresos tributarios (% del PIB)	15.5	13.1	21.9	21.5	33.6	34.0
Proporción del IVA I IRPF I IS	2.6 1.5 1.8	1.8 1.9 1.2	5.9 2 3.2	6.1 2 3.4	6.6 7.8 2.9	7.0 8.2 3.9
Moral tributaria (% que justifica la evasión)	46.7	52.4 (2023)	53.4	58.0 (2023)	N/A	N/A
Servicio de deuda pública (% de los ingresos fiscales)	10.5	13.1	11.3	12.2	5.4	4.8
Gasto social (% del PIB)	8.5	10	11.3	11.5	20.1	21.4

Nota: Para definiciones y fuentes, véase la Guía del Lector.

StatLink https://stat.link/rm9ive

Paraguay

Políticas para promover el financiamiento del desarrollo

En lo que respecta a las **políticas para movilizar recursos internos para el desarrollo y mejorar las condiciones fiscales**, Paraguay ha aplicado importantes medidas dirigidas a modernizar el sistema tributario y adoptar reformas estratégicas. La introducción y aplicación de una ley de 2019 para modernizar y simplificar el sistema tributario nacional ha desempeñado un papel clave en la ampliación de la base impositiva de Paraguay y en el aumento de los ingresos. Esta reforma unificó impuestos anteriores, como el Impuesto a la Renta Comercial, Industrial o de Servicios y el Impuesto a la Renta de Actividades Agropecuarias, al tiempo que introdujo nuevas medidas como la ampliación de las bases imponibles, la deducción de pérdidas tributarias trasladadas a ejercicios posteriores y la regulación de los precios de transferencia. Estas iniciativas son clave para aumentar la transparencia fiscal, mejorar el clima empresarial y alinearse con los objetivos del Plan Nacional de Desarrollo (PND). El PND define la visión de desarrollo de Paraguay para 2030 y se centra en cuatro ejes estratégicos: i) reducir la pobreza y promover el desarrollo social; ii) conseguir un crecimiento económico inclusivo; iii) mejorar la inserción global de Paraguay; y iv) fortalecer el entorno político-institucional.

Por lo que se refiere a las **políticas para promover un mercado financiero robusto, inclusivo y sostenible**, Paraguay ha implantado estrategias integrales. Los esfuerzos incluyen iniciativas para mejorar la alfabetización financiera, ampliar el acceso a internet y reducir los costos de transacción. Estos esfuerzos son fundamentales para lograr la plena inclusión financiera para el 2030 con arreglo al PND. En particular, Paraguay presentó en 2022 un Sistema de Pagos Instantáneos que permite realizar transacciones en tiempo real y mejorar la eficiencia y la transparencia del sistema de pagos. Las iniciativas legislativas, como la propuesta de una Ley de Inclusión Financiera, pretenden formalizar la economía promoviendo la adopción generalizada de métodos de pago —sobre todo electrónicos— que identifiquen con precisión a las partes implicadas y mejoren la trazabilidad de las transacciones. Asimismo, en 2022 entró en vigor la Ley de Servicios de Confianza para las Transacciones Electrónicas, que proporciona un marco seguro y fiable para las transacciones electrónicas, promoviendo una mayor participación en la economía formal y fomentando la innovación en el sector financiero. Además, Paraguay ha estado a la vanguardia de la integración de los bonos ODS (Objetivos de Desarrollo Sostenible) en la normativa nacional, lo que demuestra su compromiso con el financiamiento sostenible y la resiliencia económica. Este compromiso quedó patente con la emisión de un bono sostenible por parte de la Agencia Financiera de Desarrollo a través de la Bolsa de Valores de Asunción en diciembre de 2023. Estas iniciativas destacan colectivamente el enfoque proactivo de Paraguay a la hora de fomentar un ecosistema financiero resiliente alineado con los objetivos globales de sostenibilidad.

En lo que respecta al **financiamiento regional e internacional y a las asociaciones para catalizar recursos internacionales**, Paraguay ha formalizado colaboraciones estratégicas destinadas a promover el desarrollo económico sostenible y a mejorar su papel en los mercados mundiales. Estas colaboraciones hacen hincapié en la integración de prácticas sostenibles como el financiamiento verde y el desarrollo de la resiliencia frente a los riesgos socionaturales. Entre las principales alianzas se incluyen el apoyo continuado del Banco Mundial en proyectos de infraestructura, las inversiones del Banco Interamericano de Desarrollo en eficiencia energética y las colaboraciones con el Global Green Growth Institute para fomentar las inversiones verdes. El PND de Paraguay prioriza el crecimiento sostenible, las inversiones verdes y la inclusión social, lo que refuerza el compromiso de Paraguay con el fomento de la resiliencia económica. En 2024, Paraguay actuó como anfitrión de la Asamblea General de la Organización de Estados Americanos y de la Cumbre del Mercosur, lo cual subraya su compromiso con la cooperación regional y los esfuerzos realizados en el ámbito de la integración económica, dirigidos a fortalecer los lazos con los países vecinos y a avanzar en los objetivos de desarrollo mutuo.

Paraguay: Indicadores clave

	Paraguay		ALC		OCDE	
Desarrollo social	**2016**	**2023**	**2016**	**2023**	**2016**	**2022**
Pobreza (Pobreza extrema)	24 (7.9)	19.6 (7.3)	25.8 (8.0)	22.5 (7.4)	N/A	N/A
Coeficiente de Gini	47.9	45.1 (2022)	46.3	44.4 (2022)	33.9	33.4 (2021)
Proporción de la población total en hogares informales (%)	66.3 (2009)	57.4 (2018)	47.9 (2009)	46 (2021)	N/A	N/A
Proporción de la población total en hogares mixtos (%)	21.3 (2009)	25.5 (2018)	23.2 (2009)	21.3 (2021)	N/A	N/A
Índice de instituciones sociales y género (SIGI)	32.8 (2019)	20.6	25.4 (2019)	21.6	17.5 (2019)	15.3 (2023)
Puntuación del Programa para la Evaluación Internacional de Alumnos (PISA) en ciencias	N/A	N/A	411 (2015)	408 (2022)	489 (2015)	485
Productividad e innovación	**2016**	**2023**	**2016**	**2023**	**2016**	**2023**
Productividad laboral (% de la OCDE)	25	24	36	33	100	100
Exportaciones de productos de alta tecnología (% de las exportaciones de productos manufacturados)	7.6	10	8.5	8	16.5	18.1
Solicitudes de patentes por millón de personas	5.4 (2018)	1.5 (2021)	13.8	12.8 (2021)	631.2	572.8 (2021)
Gasto en I+D (% del PIB)	0.1	0.1 (2021)	0.3	0.3 (2022)	1.8	2.1 (2022)
Inversión y financiamiento privado	**2016**	**2023**	**2016**	**2023**	**2016**	**2023**
Inversión total, formación bruta de capital fijo (% del PIB)	19.1	20.6	20.7	20.9	21.9	23
Inversión extranjera directa (IED), entrada neta de capital (% del PIB)	2.1	0.6	4.3	4.6	N/A	N/A
Crédito bancario al sector privado (% del PIB)	41.3	52.5	45.2	44.4	86.8	76.8
Ahorro (% del PIB)	24.4	20.1	18.8	20.6	23.8	24.6
Capitalización bursátil (% del PIB)	N/A	N/A	50.2 (2019)	35.9 (2022)	69.5 (2019)	64.7 (2022)
Percepciones de los ciudadanos e instituciones	**2011**	**2023**	**2011**	**2023**	**2011**	**2023**
Satisfacción con el sistema educativo (% de la población)	67	71	67	65	66	67
Satisfacción con el sistema de salud (% de la población)	63	51	55	52	70	66
Proporción de personas satisfechas con su nivel de vida (%)	61	79	70	73	73	77
Confianza en el sistema judicial (% de la población)	32	37	33	40	50	57
Índice de percepción de corrupción (puntuación en una escala de 0 [muy corrupto] a 100 [totalmente incorrupto])	30 (2016)	28	41.2 (2016)	40.2	67.3 (2016)	66.1
Índice de riesgos de seguridad (puntuación de 0 [riesgos bajos] a 10 [riesgos altos])	6.8 (2016)	6 (2022)	5.9 (2016)	5.6 (2022)	2.8 (2016)	2.6 (2022)
Transiciones verde y digital	**2016**	**2023**	**2016**	**2022**	**2016**	**2022**
Proporción de usuarios de internet (% de la población)	53.4	78.1	54.5	75.4	81.8	90.7
Abonos de banda ancha fija (por cada 100 habitantes)	3.9	12.8	11.2	17 (2023)	30.6	36 (2023)
Ingresos tributarios ambientales (% del PIB)	1.0	0.8 (2022)	1.0	0.8	1.6	1.8
Emisiones de GEI (excl. uso del suelo) (t CO_2e/cápita)	6.7	6.7 (2022)	5.3	5.1	10.7	9.5
Consumo de energía renovable (% del consumo total de energía final)	62.5	58.8 (2021)	28.9	33.9 (2021)	12.5	14.9 (2021)
Situación fiscal	**2016**	**2022**	**2016**	**2022**	**2016**	**2022**
Total de ingresos tributarios (% del PIB)	13.4	14.7	21.9	21.5	33.6	34.0
Proporción del IVA I IRPF I IS	5.1 0.2 2	5.1 0.2 2.8	5.9 2 3.2	6.1 2 3.4	6.6 7.8 2.9	7.0 8.2 3.9
Moral tributaria (% que justifica la evasión)	67.8	57.2 (2023)	53.4	58.0 (2023)	N/A	N/A
Servicio de deuda pública (% de los ingresos fiscales)	6.6	12.4	11.3	12.2	5.4	4.8
Gasto social (% del PIB)	8.5	9.7	11.3	11.5	20.1	21.4

Nota: Para definiciones y fuentes, véase la Guía del Lector.

StatLink https://stat.link/azt9fk

Perú

Políticas para promover el financiamiento del desarrollo

En lo que respecta a las **políticas para movilizar recursos internos para el desarrollo y mejorar las condiciones fiscales**, Perú ha dado prioridad a la plena aplicación de la Norma Antielusiva General para hacer frente a la elusión tributaria. La Ley 31110 tiene como objetivo fortalecer los sectores agrarios y riego, agroexportador y agroindustrial de Perú, al tiempo que se refuerzan los derechos laborales de acuerdo con las normas nacionales e internacionales. Establece un incremento gradual en el tiempo del impuesto a la renta en función de los ingresos netos anuales del contribuyente, para llegar finalmente a la tasa oficial del 29.5%. Con esta medida se busca impulsar la competitividad del sector y los niveles generales de desarrollo. Perú promulgó el Decreto Legislativo 1488 y la Ley 31652 para fomentar la inversión privada a través de regímenes especiales de depreciación y medidas temporales para edificaciones, construcción y vehículos eléctricos. La Ley 30309 promueve la investigación científica y la innovación tecnológica mediante deducciones fiscales adicionales para los gastos relacionados. Además, Perú ha mejorado la administración tributaria y el cumplimiento mediante la aplicación de la asistencia administrativa mutua en el ámbito del intercambio de información y el levantamiento del secreto bancario con fines de auditoría, con el objetivo de reducir la evasión fiscal. El Decreto Legislativo 1424 limita las deducciones de intereses para evitar el traslado de beneficios, mientras que el Decreto Legislativo 1381 se centra en la elusión fiscal, abordando específicamente los países y territorios no cooperantes.

Por lo que se refiere a las **políticas para promover unos mercados financieros robustos, inclusivos y sostenibles**, Perú ha adoptado la Política Nacional de Inclusión Financiera (PNIF), aprobada por el Decreto Supremo n.º 255-2019-EF, con vigencia hasta 2030. Impulsada por el Ministerio de Economía y Finanzas y respaldada por otras instituciones clave, la PNIF tiene cinco objetivos principales: i) generar una mayor confianza de todos los segmentos de la población en el sistema financiero; ii) contar con una oferta de servicios financieros suficiente y adecuada; iii) mitigar las fricciones en el funcionamiento del mercado; iv) desarrollar infraestructura de telecomunicaciones y plataformas digitales; y v) fortalecer los mecanismos de articulación de esfuerzos institucionales. Entre los logros más significativos se encuentran la capacitación de más de 360 000 personas en cuestiones de inclusión financiera, la ampliación de la capacitación en pagos digitales para micro y pequeñas empresas, la extensión del servicio de internet a más de 2 000 nuevas localidades y el lanzamiento de la Cuenta DNI, que ha facilitado la apertura de 24 millones de cuentas para mejorar la accesibilidad financiera. Además, Perú ha emitido bonos sociales, verdes y sostenibles y ha dado prioridad a los bonos soberanos a tipo fijo en moneda local para aumentar la proporción de moneda local en la cartera de deuda pública y fortalecer los mercados de capitales.

En lo que respecta al **financiamiento regional e internacional y a las asociaciones para catalizar recursos internacionales**, la financiación de BID Invest y Corporación Financiera Internacional desempeña un papel clave en la promoción de la inversión del sector privado en diversos sectores, como la infraestructura social, el turismo, la industria manufacturera y la economía digital. Además, el Plan Nacional de Infraestructuras Sostenibles para la Competitividad se centra en proyectos a gran escala por valor de casi 40 000 millones de USD, sobre todo en infraestructuras sostenibles en sectores como la sanidad, la educación, el transporte y la energía. La Política Nacional de Promoción de la Inversión Privada en Asociaciones Público-Privadas y Proyectos en Activos trata de cerrar la brecha existente en el ámbito de la infraestructura pública e impulsar el crecimiento económico fomentando la participación del sector privado. Esta política, apoyada por el Banco Mundial, hace hincapié en la importancia de contar con unos marcos normativos transparentes y una gestión eficaz de los proyectos.

Perú: Indicadores clave

	Perú		ALC		OCDE	
Desarrollo social	**2016**	**2023**	**2016**	**2023**	**2016**	**2022**
Pobreza (Pobreza extrema)	19.1 (5.2)	18.3 (4.2)	25.8 (8.0)	22.5 (7.4)	N/A	N/A
Coeficiente de Gini	43.6	40.3 (2022)	46.3	44.4 (2022)	33.9	33.4 (2021)
Proporción de la población total en hogares informales (%)	67.2 (2010)	60.6 (2019)	47.9 (2009)	46 (2021)	N/A	N/A
Proporción de la población total en hogares mixtos (%)	24.2 (2010)	26.5 (2019)	23.2 (2009)	21.3 (2021)	N/A	N/A
Índice de instituciones sociales y género (SIGI)	24.5 (2019)	18.6	25.4 (2019)	21.6	17.5 (2019)	15.3 (2023)
Puntuación del Programa para la Evaluación Internacional de Alumnos (PISA) en ciencias	397 (2015)	408 (2022)	411 (2015)	408 (2022)	489 (2015)	485
Productividad e innovación	**2016**	**2023**	**2016**	**2023**	**2016**	**2023**
Productividad laboral (% de la OCDE)	21	20	36	33	100	100
Exportaciones de productos de alta tecnología (% de las exportaciones de productos manufacturados)	4.8	4.6 (2022)	8.5	8	16.5	18.1
Solicitudes de patentes por millón de personas	2.3	2.8 (2021)	13.8	12.8 (2021)	631.2	572.8 (2021)
Gasto en I+D (% del PIB)	0.1	0.2 (2022)	0.3	0.3 (2022)	1.8	2.1 (2022)
Inversión y financiamiento privado	**2016**	**2023**	**2016**	**2023**	**2016**	**2023**
Inversión total, formación bruta de capital fijo (% del PIB)	21.4	21.3	20.7	20.9	21.9	23
Inversión extranjera directa (IED), entrada neta de capital (% del PIB)	3.5	1.5	4.3	4.6	N/A	N/A
Crédito bancario al sector privado (% del PIB)	42.8	45.6 (2022)	45.2	44.4	86.8	76.8
Ahorro (% del PIB)	20.4	19.5	18.8	20.6	23.8	24.6
Capitalización bursátil (% del PIB)	43.3 (2019)	28.9 (2022)	50.2 (2019)	35.9 (2022)	69.5 (2019)	64.7 (2022)
Percepciones de los ciudadanos e instituciones	**2011**	**2023**	**2011**	**2023**	**2011**	**2023**
Satisfacción con el sistema educativo (% de la población)	50	51	67	65	66	67
Satisfacción con el sistema de salud (% de la población)	41	38	55	52	70	66
Proporción de personas satisfechas con su nivel de vida (%)	62	65	70	73	73	77
Confianza en el sistema judicial (% de la población)	15	17	33	40	50	57
Índice de percepción de corrupción (puntuación en una escala de 0 [muy corrupto] a 100 [totalmente incorrupto])	35 (2016)	33	41.2 (2016)	40.2	67.3 (2016)	66.1
Índice de riesgos de seguridad (puntuación de 0 [riesgos bajos] a 10 [riesgos altos])	7.3 (2016)	5.8 (2022)	5.9 (2016)	5.6 (2022)	2.8 (2016)	2.6 (2022)
Transiciones verde y digital	**2016**	**2022**	**2016**	**2022**	**2016**	**2022**
Proporción de usuarios de internet (% de la población)	45.5	74.7	54.5	75.4	81.8	90.7
Abonos de banda ancha fija (por cada 100 habitantes)	6.9	10.4 (2023)	11.2	17 (2023)	30.6	36 (2023)
Ingresos tributarios ambientales (% del PIB)	0.4	0.4	1.0	0.8	1.6	1.8
Emisiones de GEI (excl. uso del suelo) (t CO2e/cápita)	3.2	3.1	5.3	5.1	10.7	9.5
Consumo de energía renovable (% del consumo total de energía final)	27.2	30.6 (2021)	28.9	33.9 (2021)	12.5	14.9 (2021)
Situación fiscal	**2016**	**2022**	**2016**	**2022**	**2016**	**2022**
Total de ingresos tributarios (% del PIB)	16.1	19.2	21.9	21.5	33.6	34.0
Proporción del IVA I IRPF I IS	6 1.8 3.8	7.3 2 5.8	5.9 2 3.2	6.1 2 3.4	6.6 7.8 2.9	7.0 8.2 3.9
Moral tributaria (% que justifica la evasión)	60.8	56.8 (2023)	53.4	58.0 (2023)	N/A	N/A
Servicio de deuda pública (% de los ingresos fiscales)	5.8	7.1	11.3	12.2	5.4	4.8
Gasto social (% del PIB)	N/A	N/A	11.3	11.5	20.1	21.4

Nota: Para definiciones y fuentes, véase la Guía del Lector.

StatLink https://stat.link/4xd8ot

Uruguay

Políticas para promover el financiamiento del desarrollo

En lo que respecta a las **políticas para movilizar recursos internos para el desarrollo y mejorar las condiciones fiscales**, Uruguay ha realizado importantes esfuerzos al introducir el Impuesto Específico Interno (IMESI) sobre las emisiones de carbono procedentes de la gasolina, junto con la reducción o eliminación de dicho impuesto en el caso de los vehículos híbridos y eléctricos. Asimismo, las políticas que limitan las exenciones en el impuesto a la propiedad rural (Contribución Inmobiliaria Rural) y en el Impuesto al Patrimonio en determinadas áreas forestadas respaldan aún más los objetivos medioambientales. Para aliviar la carga fiscal de los contribuyentes con rentas más bajas, Uruguay ha aumentado las deducciones en el Impuesto a la Renta de las Personas Físicas y ha incrementado el mínimo no imponible en el Impuesto a la Asistencia de la Seguridad Social. Además, se han efectuado ajustes en las escalas progresivas del Impuesto a las Rentas de las Actividades Económicas que pretenden apoyar a las microempresas y a las pequeñas empresas.

Por lo que se refiere a las **políticas para promover un mercado financiero robusto, inclusivo y sostenible**, Uruguay ha puesto en marcha una serie de iniciativas estratégicas con un fuerte énfasis en la sostenibilidad y la innovación. Una iniciativa clave es la emisión del Bono Indexado a Indicadores de Cambio Climático (BIICC) en octubre de 2022. Este bono vincula directamente la estrategia de financiamiento del gobierno a la consecución de los objetivos climáticos y basados en la naturaleza para el año 2025, y presenta una novedosa estructura de tasa de interés bidireccional que se ajusta en función del desempeño ambiental de Uruguay. El BIICC pretende complementar el programa de financiamiento del gobierno, diversificar la base de inversores y alinear la financiación soberana con los objetivos medioambientales. Además, la Mesa de Finanzas Sostenibles, creada en diciembre de 2021, sirve de plataforma de colaboración entre los sectores público y privado para promover las finanzas sostenibles en el país. Apoyada por el Banco Interamericano de Desarrollo y el Sistema de Naciones Unidas, esta mesa se centra en integrar los criterios medioambientales, sociales y de gobernanza en las prácticas financieras. Además, en noviembre de 2023, el Banco Mundial aprobó un Préstamo Indexado a Indicadores de Cambio Climático (PIICC), que ofrece reducciones potenciales en las tasas de interés si Uruguay supera sus objetivos de reducción de emisiones de metano en la producción de carne de vacuno. Estas iniciativas, coordinadas por el Ministerio de Economía y Finanzas en colaboración con otras instituciones nacionales, destacan el compromiso de Uruguay con el desarrollo financiero sostenible y el cuidado del medioambiente. El gobierno también ha introducido normativas para simplificar la emisión de valores cotizados, con el objetivo de promover su uso y revitalizar el mercado de valores. Otros incentivos relacionados incluyen el programa de préstamos garantizados del Sistema Nacional de Garantías para Empresas (SiGa).

En lo que respecta al **financiamiento regional e internacional y a las asociaciones para catalizar recursos internacionales,** Uruguay ha presentado varias iniciativas estratégicas para reforzar la competitividad industrial e impulsar las transiciones energéticas sostenibles. La Hoja de Ruta de Hidrógeno Verde, introducida por el Ministerio de Industria, Energía y Minería, pretende promover cambios significativos en las fuentes de energía y las materias primas industriales e incluye la creación de una Ventanilla Única de Inversiones para el hidrógeno verde. De cara a 2040, Uruguay aspira a consolidar una industria del hidrógeno verde capaz de alcanzar una facturación anual de 1 900 millones de USD y de generar más de 30 000 empleos de calidad. Esta estrategia integral alinea el desarrollo industrial de Uruguay con los objetivos globales de sostenibilidad, fomentando el crecimiento económico y la creación de empleo a través de inversiones internacionales del sector privado en el sector de la energía verde.

Uruguay: Indicadores clave

	Uruguay		ALC		OCDE	
Desarrollo social	**2016**	**2023**	**2016**	**2023**	**2016**	**2022**
Pobreza (Pobreza extrema)	3.6 (0.2)	4.5 (0.2)	25.8 (8.0)	22.5 (7.4)	N/A	N/A
Coeficiente de Gini	39.7	40.6 (2022)	46.3	44.4 (2022)	33.9	33.4 (2021)
Proporción de la población total en hogares informales (%)	28.5 (2008)	16.3 (2018)	47.9 (2009)	46 (2021)	N/A	N/A
Proporción de la población total en hogares mixtos (%)	27.7 (2008)	18.3 (2018)	23.2 (2009)	21.3 (2021)	N/A	N/A
Índice de instituciones sociales y género (SIGI)	22.2 (2019)	19.4	25.4 (2019)	21.6	17.5 (2019)	15.3 (2023)
Puntuación del Programa para la Evaluación Internacional de Alumnos (PISA) en ciencias	435 (2015)	435 (2022)	411 (2015)	408 (2022)	489 (2015)	485
Productividad e innovación	**2016**	**2023**	**2016**	**2023**	**2016**	**2023**
Productividad laboral (% de la OCDE)	60	62	36	33	100	100
Exportaciones de productos de alta tecnología (% de las exportaciones de productos manufacturados)	10.6	10.7	8.5	8	16.5	18.1
Solicitudes de patentes por millón de personas	7.6	6.7 (2017)	13.8	12.8 (2021)	631.2	572.8 (2021)
Gasto en I+D (% del PIB)	0.4	0.4 (2021)	0.3	0.3 (2022)	1.8	2.1 (2022)
Inversión y financiamiento privado	**2016**	**2023**	**2016**	**2023**	**2016**	**2023**
Inversión total, formación bruta de capital fijo (% del PIB)	16.9	17.4	20.7	20.9	21.9	23
Inversión extranjera directa (IED), entrada neta de capital (% del PIB)	-0.9	-0.6	4.3	4.6	N/A	N/A
Crédito bancario al sector privado (% del PIB)	25.6	28.8	45.2	44.4	86.8	76.8
Ahorro (% del PIB)	18.3	13.8	18.8	20.6	23.8	24.6
Capitalización bursátil (% del PIB)	N/A	N/A	50.2 (2019)	35.9 (2022)	69.5 (2019)	64.7 (2022)
Percepciones de los ciudadanos e instituciones	**2011**	**2023**	**2011**	**2023**	**2011**	**2023**
Satisfacción con el sistema educativo (% de la población)	62	60	67	65	66	67
Satisfacción con el sistema de salud (% de la población)	75	62	55	52	70	66
Proporción de personas satisfechas con su nivel de vida (%)	74	74	70	73	73	77
Confianza en el sistema judicial (% de la población)	50	48	33	40	50	57
Índice de percepción de corrupción (puntuación en una escala de 0 [muy corrupto] a 100 [totalmente incorrupto])	71 (2016)	73	41.2 (2016)	40.2	67.3 (2016)	66.1
Índice de riesgos de seguridad (puntuación de 0 [riesgos bajos] a 10 [riesgos altos])	3.5 (2016)	3.9 (2022)	5.9 (2016)	5.6 (2022)	2.8 (2016)	2.6 (2022)
Transiciones verde y digital	**2016**	**2022**	**2016**	**2022**	**2016**	**2022**
Proporción de usuarios de internet (% de la población)	66.4	89.9	54.5	75.4	81.8	90.7
Abonos de banda ancha fija (por cada 100 habitantes)	27.3	32.4 (2023)	11.2	17 (2023)	30.6	36 (2023)
Ingresos tributarios ambientales (% del PIB)	1.6	1.4	1.0	0.8	1.6	1.8
Emisiones de GEI (excl. uso del suelo) (t CO_2e/cápita)	12.3	12.2	5.3	5.1	10.7	9.5
Consumo de energía renovable (% del consumo total de energía final)	60.3	57.8 (2021)	28.9	33.9 (2021)	12.5	14.9 (2021)
Situación fiscal	**2016**	**2022**	**2016**	**2022**	**2016**	**2022**
Total de ingresos tributarios (% del PIB)	25.5	26.6	21.9	21.5	33.6	34.0
Proporción del IVA I IRPF I IS	7.1 3 2.6	6.8 3.9 2.8	5.9 2 3.2	6.1 2 3.4	6.6 7.8 2.9	7.0 8.2 3.9
Moral tributaria (% que justifica la evasión)	39.8	47.1 (2023)	53.4	58.0 (2023)	N/A	N/A
Servicio de deuda pública (% de los ingresos fiscales)	9.5	7.5	11.3	12.2	5.4	4.8
Gasto social (% del PIB)	14.7	12.9	11.3	11.5	20.1	21.4

Nota: Para definiciones y fuentes, véase la Guía del Lector.

StatLink https://stat.link/rq5luo

www.ingramcontent.com/pod-product-compliance
Ingram Content Group UK Ltd.
Pitfield, Milton Keynes, MK11 3LW, UK
UKHW051646031026
15588UKWH00007B/1349

9 789264 719415